「史学史研究」文选

中国古代史学卷 上

总主编◎杨共乐 本卷主编◎汪高鑫

华夏出版社

# 《史学史研究》文选顾问委员会

**顾　问**

刘家和　瞿林东　陈其泰
吴怀祺　郑师渠　晁福林

**主　任**

杨共乐

**副主任**

李　帆　易　宁

**委　员**

（按姓氏笔画排序）

向燕南　李　帆　杨共乐
张昭军　汪高鑫　张　越
周文玖　易　宁　董立河

# 序

今年是《史学史研究》创办五十五周年。五十五年来，《史学史研究》在培养青年史学研究人才、发表原创性论文等方面都取得了很好的成绩，对推动中国史学研究的发展做出了重大的贡献。

《史学史研究》创刊于1961年。初名《中国史学史参考资料》《中国史学史资料》，不定期出刊，1964年7月停刊，共出九期。1979年复刊，更名为《史学史资料》。1981年再次更名为《史学史研究》，由原全国人民代表大会副委员长楚图南先生题写刊名，季刊，国内外公开发行。

《史学史研究》首任主编为白寿彝先生（1981—2000），主要编辑人员有朱仲玉先生、瞿林东教授、吴怀祺教授、陈其泰教授和许殿才教授等；第二任主编为郑师渠教授（2001—2009），主要编辑人员有吴怀祺教授、许殿才教授、易宁教授和汪高鑫教授（2007年起担任编辑部主任）等；第三任主编为杨共乐教授（2010至今），副主编为李帆教授和易宁教授，编辑部主任为汪高鑫教授，主要编辑人员还有许殿才教授、向燕南教授和周文玖教授等。现主办单位为北京师范大学，承办单位为历史学院史学研究所、教育部人文社会科学重点研究基地史学理论与史学史研究中心。

《史学史研究》作为发表历史理论、历史教育、历史文献学和历史编纂学研究成果的专门刊物，是国内研究史学理论与史学史的主要理论阵地。刊物开辟的栏目非常丰富，主要有：专论、中外史学史、历史文献学、历史编纂学、人物志、方志学、史林偶拾、书刊春秋和读书会等。近年来，栏目出现了一些新的变化，增加了"历史理论"专栏，更加重视对理论问题的探讨；将中国史学发展史细化为"中国古代史学""中国近现代史学"和"中国少数民族史学"三个栏目，不但使中国史学发展史的阶段性更为清晰，内容更加丰富，而且促进了中国少数民族史学研究的进一步深入，揭示了中国史学史的统一性与多样性特点；在"外国史学"栏目中，重视引介西方学人的学术研究与学术观点，重视对中西史学理论与史学史的比较研究；通过"学术信息"栏目，及时报道海内外史学理论与史学史研究的学术会议与研究动态；等等。本刊不但一贯重视刊发国内外史学理论与史学史研究专家的学术成果，发挥学科研究的引领作用，而且重视提携后学，中青年学者论文刊用比例较高，为全国高校和科研机构培养了大批史学理论与史学史研究的专门人才。

长期以来，本刊一直坚持正确的理论方向，用马克思主义唯物史观来指导史学研究。尽管政治气候经常变化，却能保持不受政治风浪的影响，不迎合时尚，不追赶潮流，不搞实用主义。我们坚信，马克思主义者不只是说明世界，更重要的是要改造世界，所以一直坚持理论联系实际的学风，关注社会，关注现实，积极开展社会热点问题的讨论，引领学术发展方向。一贯讲究实事求是的治学态度，重视学术求真，追求刊文的原创性，反对言之无物。提倡严谨扎实的治学精神，对于作者来稿，要求既要有正确的、独到的理论观点，又要充分地占有史料，强调理论与资料的结合，也就是要"言必有物"。

本刊关注理论热点与学术前沿问题，及时反映理论动态。通过"专论""历史理论"等栏目，发表了大量反映理论前沿动态的文章，起到了引领学术理论研究方向的积极作用。近年来，本刊探讨的理论问题主要有：史学在教育工作中的重大意义、历史和现实的关系、马克思主义史学在中国的传播和发展、历史认识的发展过程和史学的社会作用、历史的二重性、历史上统一规模和统一意识、历史教育、地理条件与历史进程、史学工作者的历史责任、唯物史观、历史规律、培育和弘扬民族精神、人类精神的觉醒、历史观念、文化反思、史学的"求真"与"致用"、历史文化认同传统以及史学的民族性与时代性，等等。这些理论问题的探讨，其时代性非常鲜明，密切了史学与社会的关系，同时加深了人们对史学理论与史学史的认识。

本刊在历任主编、主要编辑人员和史学所、历史学院教师的共同努力下，已经成为在国内有较大影响、在海外也有较高知名度的学术期刊。在国内，本刊通过刊发大量高质量的史学理论与史学史论文，已经成为全国高校和科研单位从事史学理论与史学史教学、研究的重要参考资料和发表学术观点的重要平台。同时，本刊重视坚持正确的政治方向和舆论导向，产生了良好的社会政治影响。本刊1999年第3期刊发了时任中共中央总书记江泽民同志写给北京师范大学白寿彝教授的贺信，祝贺其主编的《中国通史》全部出版，这是教育界、史学界的一件大事，江总书记关于史学工作重要性的重要论述，是对史学工作者的巨大鼓舞，对促进史学研究的繁荣和社会主义精神文明建设都有着重要的意义和深远的影响。在海外，本刊发行到美、俄、英、法、德、意、荷兰、加拿大、澳大利亚、日本、韩国、越南、新加坡和中国香港、台湾等十五个国家和地区，不但在这些国家和地区有了相当高的知名度，而且对当地学者了解中国史学理论与史学史的研究状况也发挥了重要作用。2015年，本刊在中国国际图书贸易集团有限公司对国外代理中国出版的九千多种期刊中排名前五十位，被该公司评选为"2015年度中文报刊海外发行最受海外机构欢迎期刊"。

1992年，本刊在全国首次中文核心期刊测定中入选为历史类中文核心期刊，此后每评选皆得入选，现为全国中文（历史类）核心期刊、中文社会科学引文索引（CSSCI）期刊源刊物、中国人文社会科学论文与引文数据库（CHSPCD）期刊源刊物、美国《历史文摘》(Historical Abstracts)和《美国：历史和生活》(America: History and Life)摘要与索引的来源期刊，并进入期刊方阵，成为中华人民共和国新闻出版署认定的双效期刊。

在此刊物创办五十五周年纪念之际，我们在认真研读《史学史研究》全部刊文的基础上，分类选辑，精心出版《〈史学史研究〉文选》，内容包括《史学理论》、《中国古代史学》（上、下）、《中国近现代史学》、《外国史学》和《人物志》（上、下），共七卷，旨在展示五十五年来史学理论与史学史研究的主要成果，反映五十五年来史学理论与史学史研究的理论探索历程。我们对我们的前辈和作者深怀敬意，我们对我们的刊物充满信心。我们将以更大的热忱把《史学史研究》办好，办出水平，办出影响。

杨共乐<br>
2016年9月25日

# 目 录

白寿彝
1   中国史学的童年

杨翼骧
11   我国史学的起源与奴隶社会的史学

斯维至
28   古代史官与典籍的形成及其作用

张孟伦
37   孔子和中国古代史学

李学勤
56   清华简与《尚书》《逸周书》的研究

吴怀祺
65   说《周易》的变通史学思想

晁福林
77   西周时期史学的发展和特征

林晓平
92   先秦诸子论历史盛衰

翦伯赞
105   中国历史学的开创者司马迁

侯外庐
110 司马迁著作中的思想性和人民性

白寿彝
117 司马迁寓论断于序事

任继愈
134 司马迁的哲学思想

齐思和
145 《史记》产生的历史条件和它在世界史学上的地位

刘家和
152 《史记》与汉代经学

杨燕起
171 司马迁的《史记》与中国史学的自觉

易 宁
184 论《史记》释《尚书·西伯戡黎》

冉昭德
198 班固与《汉书》

赵光贤
208 评班氏父子对司马迁的批评

陈其泰
219 《汉书》历史地位再评价

戴晋新
238 班固的史学史论述与史学史意识

汪高鑫
253 董仲舒与汉代史学思潮

许殿才
265 两汉时期的历史盛衰总结与政治

缪 钺
276 陈寿与《三国志》

陶懋炳
285 陈寿曲笔说辨诬

赵俪生
291 《十六国春秋》、《晋书》载记对读记

乔治忠
302 孙盛史学发微

束世澂
315 范晔与《后汉书》

向燕南
326 《魏书·释老志》的史学价值

牛润珍
333 东魏北齐史官制度与官修史书

王志刚
353　十六国北朝的史官制度与史学发展

王俊杰
366　魏晋南北朝时期的史学

高　敏
395　试论魏晋南北朝时期史学的兴盛及其特征和原因

王锦贵
407　编年体史书在传统史籍中地位的升降

瞿林东
416　中国古代史家的通识与智慧

# 中国史学的童年

白寿彝

中国史学史是一门重要的学科。对于史学工作者来说，应该了解这门学问。但是，直到今天，中国史学史这门学科还没有树立起来。希望有更多的同志进行这方面的工作。

史学史包括什么内容呢？第一，要研究历史观点、历史理论的发展。第二，史料学的发展。第三，历史编纂学的发展。第四，历史文学的发展。历史工作者最大的任务是写历史，要把历史过程写的准确、鲜明、生动，群众爱看，这就必须研究历史文学的发展。第五，研究史学发展与社会发展的关系。

史学的历史是比较古老的。有了人类，就有了人类的历史。人类有了记忆，就有了历史知识。人类有了意识，就有了对历史的看法和理论，这就是史学的开端。

中国史学的童年，是讲秦以前的史学史。

## 一、神和跟神交通的人

史学史从神开始。人们最早认为神创造了世界和历史，而跟神交通的人，即那些宗教家，是最早的历史家。从远古的传说可以知道，当时人们认为人类和人类社会都是神创造的。如女娲炼石补天的故事说，东南方的天塌了一角，女娲炼五色石把天补起来了。大地上到处是洪水猛兽，女娲树起四根柱子把天擎起，制服洪水猛兽，人类才得以安居。这个女娲不会是人，而是神。又如黄帝和蚩尤打仗的故事说，黄帝是北方部落的首长，蚩尤是东方部落的首长。黄帝打不过蚩尤，因为他能呼风唤雨。于是黄帝请了天女制住风雨，才打败了蚩尤。后来，人们都把黄帝和蚩尤看作战神。还有大禹治水的故事，也把禹看作神或是半人半神。相传禹的降生有两种说法：一说是他母亲吞了一种植物的种子生了他；一说是他的父亲死后三年尸体不腐，有人用刀把他父亲肚子剖开，生了他。大禹治水，遇山阻路，于是化为大熊，开通山路，他妻子送饭时看到后，感到羞耻，化为石。后来把石破开而得子，就是启。周代的后稷也是神，他是农神。相传后稷的母亲踏了巨人的脚印而生后稷。

这些故事从远古流传下来，中间有加工，但不是假造，反映了部落的情况。传说里的神都是为人民利益做事的，他们在人民群众中有威信，得到拥护就成神了。这是最早人们对历史的看法。

到商代，有了甲骨文的记载。商的每代王都是神，商王和神是二位一体的。活着的时候管活人，死后还管死人。商代的神不是为人民群众的神了，而是统治者。这种观点至少是统治者的意识。当然许多群众也有这种看法。后来周王灭商，周神比商神进步，认为周是天的儿子，商也是天的儿子，但天不喜欢商这个儿子，而喜欢周这个儿子。商代的神与自己的祖先统一起来，他的权威只限于商。周代的神不限于周的氏族部落，而是大家共同的神，带有"世界"性。周族有神，别族也有神，但同属于周的至上神，即周的祖先。各族的神与周的祖先有统一、有分离。各神中，谁不好好干，至上神就不喜欢他。这样，就从一个部落的神变为"世界"性的神了。这是一个发展，即由第一步，为群众做事的神；到第二步，代表统治者的部落神；到第三步，"世界"神。这种变化是社会变化带来的。

西周以后出现了新的历史观点，认为历史主要是通过人的历史行为来决定的。这是一个进步。当然，春秋战国时也有认为历史是神决定的。直到今天，不是还有人认为历史是统治者、英雄决定的吗？马列主义从来认为人民群众是历史的创造者，西周以后的新历史观点当然不是马列主义观点，但却比神意史观进步。

历史工作者最初是搞宗教活动的。刻甲骨文的贞人就是最初的史官。史官记载的完全与宗教有关，如打猎、打仗，王去什么地方，先占卜吉凶，然后写上结果：王怎么样。这是宗教活动。史官的职责就是沟通神与王的意志，看到天上有什么现象，主吉主凶，要告诉王。当然有科学知识问题，古代科学与宗教不分，但主要是宗教。甲骨文记载的东西包括历法和文字。古代史官必须懂得历法以掌握时间，还要会写字。历法和文字是历史出现的最初的两个必要条件。史官在统治者身边，对他们的活动，他可以记录。这就是原始写历史的史官的职务。

史官记事，态度正直是一个优良传统。如《左传》记载襄公二十五年齐太史书："崔杼弑其君。"崔杼令太史改，太史坚持不改，被杀死了。又换其弟为太史，还是不改，又被杀了。后来他另一弟弟来换，还是坚持，没有再被杀。这件事古来传为美谈，言其不惧权威，宁可掉头也要坚持按事实写历史。当然，这不能跟我们坚持马列主义去比，因为他们之所以这样做，是认为自己是神和人的交通者，自己的职责是神圣的职责。

## 二、历史记载的萌芽

历史记载的必备条件有：一时间、二地点、三人物、四历史过程。这是简单的记载。再进一步就是系统的、有意识的记载。

甲骨文是最早的历史记录。这不是说对刻甲骨文的人都可以认为是在写历史，当时他们不过是在进行宗教活动。现在看甲骨文是很好的历史资料，但也只是历史记载的萌芽状态，有时记日，有时记月，记事很不完整。

到了西周，记录文字多起来了。钟鼎上铸字叫作金文。里面有年、月、日、事情。铭文后面多有"子子孙孙永宝用"这样的话，其目的是有意识要用文字记载传其宝物。但金文片片段段，就事论事，时间记载也不完备，从中看不出历史发展情况。

在甲骨文、金文以外的历史记载，有《诗经》和《书经》。《诗经》是文艺作品。从历史记录的要求来看，不行。但反映了别的历史记载所没有的东西。如《诗·生民》《诗·公刘》等篇就写了周朝最初创立的情况，实际上有了历史人物传记的雏形。《诗·江汉》有了记事本末的味道。所以从体例上看，《诗经》有些开创的东西。《书经》不同，好多篇章是政治文献，记录了君臣对话，实际是一部政治文件汇编。但有些篇章记事记的很好。如《书·顾命》，写周成王病重，交代后事，成王死后，康王即位，大臣引康王进入后堂，君臣对话的情况。事件虽然复杂，作者利用时间顺序、空间位置，写得有条有理，气氛庄严。这是很好的历史文学作品和历史记载。

总的来看，这段时间的历史记载不完备。

到公元前841年，周王朝有了按年记载历史的情况。从此以后，中国历史基本上有了持续不断的记载，差不多能够每年可查了。公元前841年前后，楚、齐、燕、晋、蔡、陈、宋，都有了明确的纪年。这点很奇怪，为什么同时出现这种情况？这和生产的发展、文化的发展都有关，但具体原因还不清楚。公元前841年确实是很值得纪念的一年，中国有这样早、这样完整的历史纪年，为全世界历史上所仅见。

到《春秋》开始的那一年，即公元前722年，中国历史有了更详细、更完备的记载。《春秋》的出现，是中国历史记录新阶段的开始。

## 三、孔子和《春秋》

关于孔子的评价，现在还是个问题。有的大学教师讲孔子，还是心有余悸。讲的好点，又怕不行；全盘否定，又怕说是"四人帮"影响。毛主席提出批林批孔，是批他的错误，不等于全盘否定孔子。要批判那些在今天看来不正确的地方。全盘否定是"四人帮"搞的，以批孔为幌子，反对周总理。结果，弄得连孔子也不敢叫，叫孔老二。这似乎是贬低他。其实，他字称仲尼，就有老二的意思，说不上贬不贬。我看，我们还是按照习惯，叫他作孔子吧。

孔子在史学上有很大贡献。他是鲁国鄹邑人。曾祖父是宋国的大贵族，后来因统治阶级内部政治斗争失败，跑到鲁国，一代一代没落。孔子早年曾为公家管过仓库，放过牛羊。从他整个历史和生活看，一生的大部分时间是以个人名义收学生、讲学。孔子之前，可能也有私人讲学。但是在树立规模、形成风气等方面，私人讲学可说是从孔子开始的。他有三千弟子，数字不一定准确，也不会相差太远。一个教师发挥那么大的作用，在今天也很可观吧。他要求学生要会讲、会驾车、会射箭等，文武全才。相传孔子的学生中有七十几贤人，其中最突出的有十人。从出身看，十人中至少有一半不属于上层家庭。最大的弟子颜回很穷，子路也穷，都不是贵族。私人讲学是与西周制度不合的。送点干肉就可以当学生，这件事本身就是对周礼的违犯。孔子讲学和周游列国这两件事，都是周礼所不允许的，反映了社会大变动时期自由人（国人）的要求。自由人既非奴隶又非奴隶主，他们要求过问政治，参加社会活动，是当时社会中一股新生力量，不能低估。当然也有其软弱性。前几年批孔子"学而优则仕"，是把孔子庸俗化了。其实，学习好了可以参加政治活动，像我们今天，努力学习、关心四个"现代化"，有什么不对？当时，孔子的学生子张问他怎样可以做官？他说："学也，禄在其中矣。"学好了，就可以做官。

孔子的思想是矛盾的。他出身没落的奴隶主阶级，又反映了新兴的自由人（国人）的政治要求。后来，战国百家争鸣的局面就是从孔子开始的，这点要充分肯定。

孔子对历史有兴趣，晚年整理了好多典籍，如《尚书》《春秋》《易经》《礼》《乐》，都是古代的文化遗产。经过他的手，传给弟子，流传下来。这方面的功劳也应肯定。他在教育史上、文化史上，都有贡献。

孔子的问题在什么地方呢？就在于，他虽然看到了历史的变化、局部的变化，他也有局部的适应能力，但看不见根本的变化。只看到量变，看不到质变。只看见局部，看不到全貌。他也往前走，但留恋过去。他认为过去的历史变化不大，从夏到商，从商到周，只有局部的变革。认为将来也是这样。因此，孔子成为思想文化上的保守人物。这也是孔子思想上的矛盾。这种矛盾集中反映了西周末年以来社会大变化中，旧的势力还很严重，新的势力还摆不脱旧的影响的情况。要批判孔子就批判他保守的一面。正是因为这一点，他的思想不可能真正解放，随着历史的前进，他就被丢到后面去了。

我们讲史学史，不是全部评价孔子，而是着重讲他的历史观点，评价《春秋》这部著作。《春秋》这部书是否为孔子所作，有争论。我们认为可能是孔子的著作，但不排除后人改动的可能。《春秋》在史学史上是有地位的。有了《春秋》，编年史雏形就具备了。《春秋》记载历史有时间、地点、人物的活动，但是太简单，看不出当时的议论、事件的因果关系，只保留了题目。所以还是不够完整的编年史。《春秋》是第一部私人写的史著，这是中国史学史上的一件大事。从这一点来说，孔子是一个重要的历史学家。

从历史观看，在两个问题的处理上，可以反映不同历史家的态度。一是人与神的关系；一是王道与人事的关系。孔子对鬼神观念持保留态度，他说"敬鬼神而远之"，不是相信，也不是不相信，模棱两可。《春秋》记了很多灾异天象，但对这些不正常的天象与人事有什么关系，不表态。这比当时周、齐、宋、燕等国国史那样详记鬼神和《左传》那样详记灾异要好，甚至比后来汉代专有一派大讲灾异的都好。所以司马迁说《春秋》"纪异而说不书"。《春秋》能够从神秘的空气中游离出来，专门从人事的角度去记载历史，是进步的地方。孔子在对待王道和人事的关系上，是有矛盾的。孔子讲王道，是按周礼讲的。另一方面，他又注重人事，人事中又特别注重人才。如讲管仲和齐桓公，对他们是称赞的、肯定的。

汉代人讲《春秋》有四个字："属辞比事。""属辞"，就是讲究文法、修辞，恰当地表达历史事件。如战争，用"伐"字；杀人，用"弑"字，都有讲究。"比事"，就是按年排比。《春秋》是历史上第一部编年史，在思想上、编纂上都粗具规模，我们给它肯定的评价。但不能太高，只能说，历史记载在思想上、写法上仅仅有了一个萌芽。

## 四、《国语》和《左传》

《国语》这本书，著者、年代不可考。现在看，大约是战国前期的东西。里面收录了各国记载的原始材料。看来编者是加了工的，记了周、鲁、齐、晋、郑、楚、吴、越各国历史。周是第一位，鲁是第二位，楚、吴、越在最后，还按周和诸侯的关系安排了次序，而且诸夏在前，蛮夷在后。这个次序可以说是战国初期的看法，到了战国中期、后期就改变了。

《国语》的编排反映了孔子一派的思想。它有好多特点。战国以前，各国有各国的历史，如《春秋》是《鲁春秋》。《国语》就不同了，把好几国的历史整理后合在一起，是各国国史的复合。在古代历史编纂上也有特点，它注意了历史事件的发展过程。如第一部分是《周语》，最初记周厉王不准大家议论；然后记国人攻击厉王；再记周宣王不得人心；最后记周幽王逐步灭亡。这样，就把西周晚年的逐步变化的历史记载下来了。又如晋国的事。记了晋文公称霸以后，加了一句"于是乎遂霸"，就把晋发展后的地位点出来了。以后记晋悼公事，又加了一句："于是乎始复霸。"在记晋平公时，说"诸侯叛晋"，就把晋国在当时政治局势中的地位反映出来了。作者对历史发展有一套看法，历史观点比较明确。《国语》还有一个特点，就是用概括性的语言表示历史发展的情况。如讲郑国事时，《郑语》末仅用六十九个字；讲齐国事，《齐语》末用三百六十九个字，对将来的形势做了概括的论述，使我们一目了然。

　　细看《国语》，可以看到表达历史的细致。粗看是不行的。如春秋时期政治斗争中，有一个大问题，就是"亲亲"还是"尊贤"。"亲亲"是重用贵族，贵族中可能有好的，但腐败的很多。"尊贤"是不管他的身份，不顾地位高低，只要有才能、有本事就用。"亲亲"和"尊贤"的斗争在春秋时已经开始，到战国时更加激烈。《国语》记的细致。记晋文公用人是"先旧族而后贤材"，贤才的地位较低。当时用了十一家旧族，都是靠近公室的，旁的不是贵族的贤才也起用了，但比较次要。后来又记晋悼公时，用人"选贤良，兴旧族"。贤良放在第一位，而且贤良多，需要"选"。旧族已经没落，所以才要"兴"。反映了用人问题在春秋时期的发展。

　　对春秋时期的历史的发展，《国语》的态度比孔子进步。对社会变化持肯定的态度，不像孔子的怀古幽情。当然，《国语》对周礼不能说没有一点感情，但对齐桓、晋文更要好些。总的看，全书新东西多，旧东西少。在内容上、编纂形式上和材料事实上，都比《春秋》进步。但年月顺序、前后连贯不如《春秋》。

　　与《春秋》写作时代差不多同时，或稍后一点，是《左传》。《左传》篇幅比《国语》多，记事比《国语》详细而连贯。过去一般的说法是，《左传》是解释《春秋》的。现在看，这个说法不对。《春秋》主要记鲁国。《左传》主要记晋国，鲁事楚事次之，郑事齐事又次之，卫、宋、周、吴、秦、越、陈各国更次之。另一个传统说法是，左丘明先编《国语》，把编剩下来的材料作了《左传》。顾炎武反对这一说，他认为"左氏之书，成之者非一人，录之者非一世"。这一论断大致是可信的，比较能反映实际情况。《左传》成书，可以初步定为在战国早期，后人又有所增加。现在见到的《左传》，是经杜预按《春秋》编年重新编排的。《左传》并非为《春秋》而作。把《左传》看作是《春秋》的注释是不对的。书中解经的话不多，并且跟其他部分不相联属，可能系后来经师们加上去的。书原来的形式也不一定完全是编年体，其中包含有传记和纪事本末体。如晋文公流亡在外差不多二十年，《左传》把它集中写在一起，很详细，带有传记形式，也有纪事本末的形式。

从历史观点看，《左传》很有些进步的东西。书中流露出作者对政治方面的思想感情。他对旧秩序的破坏没有什么惋惜，反而认为这是历史发展不可避免的。《左传》说："社稷无常奉，君臣无常位，自古以然。""'高岸为谷，深谷为陵。'三后之姓，于今为庶。"作者对齐国新兴士族田氏表示同情，对鲁国权门季氏也寄予同情。这说明作者对统治者内部新兴势力是同情的，与孔子不一样。这是否可以说，反映作者具有历史进化思想？他没有明白地说出来。

《左传》的最大成就在历史文学方面。它善于记述战争，善于捕捉每次战争的性质、敌对双方的特点，从而生动地写出战争的全貌。《左传》对春秋时期的战役都记的相当好。它选的都是关系当时政局变化的战争，如齐晋鞌之战、秦晋韩之战、晋楚城濮之战、秦晋殽之战，晋楚邲之战、晋楚鄢陵之战、吴楚柏举之战。写的不只是战场，而且写战争思想，把战争跟政治联系起来，注意战略思想的记载和战略思想对战役的指导作用。写战争过程也很生动引人，可见他懂军事。这样写战争是中国史学很宝贵的传统。

《左传》又善于写历史人物，善于写出"行人"（即外交官）的讲话，特别是小国对大国、人强我弱的形势下，能够讲出有礼貌、有分量、委婉而能折服对方的辞令。

《左传》在历史文学上的成就，成为以后史学家和文学家学习的典范。而史学和文学的密切联系，也是《左传》所创始的中国历史著作上的一个传统。

《左传》对人和神的关系看法混乱，它一方面记载了怀疑鬼神和无神论的言论，甚而揭露宗教职业者可以接受贿赂而编造谎话，但另一方面又详细记载了卜筮、星占、望气、梦兆等之预断人间祸福，几乎无不征验。对于它所拥护的新兴统治阶级，如田齐和三晋的韩，也为它们的建国披上了神秘的外衣，竟然说在建国的二百几十年以前，就已经有预兆了。这种看法不统一的原因，可能就是因为《左传》不是成于一人之手。

从史书编纂的成熟程度上看，《左传》要比《国语》进步多了。

除了以上问题以外，还有几种史书要说明。

《竹书纪年》是晋代发掘的，残缺不全。

《世本》也没有了，从残存的东西看来，内容很多，记载了从黄帝到春秋期间的事。其中有王、侯、大夫谱，有氏姓，有居，有作。从编纂学看来，里面的"谱""表"对后代影响大，"居""作"是后来的"志"的开端。

《战国策》是汉初编定的，但其中作品是战国的东西。写的战国后期游说之士讲的话，能以鲜明的形象、酣畅淋漓的陈述，描绘当时的利害形势，说得情理并茂，打动人心。在史事的叙述和人物的刻画上，也有独到之处。如写苏秦游说失败后的狼狈相和一家人是如何对待他。后来游说成功了，路过洛阳，一家人又是如何对待他。刻画苏秦形象及其一家人的势利眼，非常成功。但作者没有讽刺意味，却是欣赏态度，可见作者也不能有什么比这些人物还要高明的思想。《战国策》记载了说士为了富贵胡说八道，文章写的生动，但史料不可靠，好多是夸大其词。

综合上述，可以看到，从把历史当作神创造的，到把它看成人创造的，以后又发展到《春秋》《左传》成书，还没有系统完整的史学著作。中国的史学并没有成人，只是处在童年时期。但是在思想上为新史学著作的出现，准备了条件，打下了基础，这是不可忽视的。战国时期，百家争鸣，思想活跃，各派思想家都要用历史事实来说服对方。如《韩非子》《墨子》《吕氏春秋》，大量引用历史材料来证明自己的论点，这是历史知识在政治上的运用。其次，战国末期，人们有了对历史发展的阶段性的看法。如《韩非子·五蠹》把历史分成上古、中古、近古各段，并写出各段特点，形成历史不断进步的观点。这是战国末期社会重大变化的产物。旧的东西在失散，新的东西在为自己开辟道路。韩非作为先秦最后一个进步思想家，他的对人类进步发展变化的看法，对以后出现的新史学著作有很好的影响。第三，学术思想的发展变化。人们认识到不同时期出现了不同的思想，都各有特点。主要代表作是《庄子·天下》。这是一篇学术史，或叫学术思想史。他把战国以前的学术史分为三个阶段讲发展。荀子的《非十二子》对当时的各个学派的优缺点，进行了分析。《韩非子·显学》就儒墨及其流派的某些论点进行了辨诘。这是三篇有代表意义的综合性的学术批判著作，同时也是学术史论的最早形式，在中国史学上有它的特殊意义。人从童年会慢慢变为成年。史学漫长的童年时期在史学各方面的进展，已在历史理论上、历史材料上、历史编纂法和历史文学上，为即将到来的相当完整规模的历史著作准备了必要条件，从而结束了中国史学的创始时期，迎接中国史学史上新的时代的到来。

——1978年12月23日在北京六所高校历史系联合学术讲座上的讲话

陈其泰、赖长扬记录，王酉梅整理

（1979年第1期）

# 我国史学的起源与奴隶社会的史学

杨翼骧

## 一、史学的起源

探究我国史学的起源，应当从文字出现的时候谈起。因为有了文字才能有历史记载，有了历史记载才能编纂成为史书，在记录史实和编纂史书的过程中才产生了史学。

就社会发展的一般规律来说，文字是阶级社会的产物。恩格斯在为《共产党宣言》所加的注文中指出：阶级斗争的历史，"即有文字可考的全部历史"。斯大林在《马克思主义与语言学问题》中说："生产往前发展，出现了阶级，出现了文字，出现了国家的萌芽，国家进行管理工作需要比较有条理的文书。"在我国古书的记载里，也可看出这种情况，如《易·系辞下传》说："上古结绳而治，后世圣人易之以书契，百官以治，万民以察。"就反映了文字对于国家管理工作的作用。

我国的文字是从什么时候开始出现的呢？若按照古书的记载，很难得到明确的解答。在春秋时代以前的著作里，还没有肯定何时才有文字。到战国时代的一些著作里，都说文字是仓（或苍）颉创造的。《荀子·解蔽》："好书者众矣，仓颉独传者，壹也。"《韩非子·五蠹》："古者仓颉之作书也，自环者谓之私，背私谓之公。"《吕氏春秋·审分览·君守》："仓颉作书。"也有说文字是沮诵和仓颉两个人制造的，如《世本·作篇》："沮诵、仓颉作书。"（据雷学淇校辑本）但是，这些记载都没有说出仓颉是什么时代的人。到了东汉，许慎在《说文解字序》里才指出仓颉是黄帝时代的人，他说："黄帝之史仓颉，见鸟兽蹄迒之迹，知分理之可相别异也，初造书契，百工以乂，万品以察。"宋衷作《世本》注，也说："黄帝之世，始立史官，仓颉、沮诵居其职。"（《初学记》卷二十一《史传·叙事》）可是在东汉、魏、晋间人对于仓颉所处的时代，又有许多不同说法，如"崔瑗、曹植、蔡邕、索靖皆直云：'古之王也。'徐整云：'在神农、黄帝之间。'谯周云：'在炎帝之世。'卫氏云：'当在庖牺、苍帝之世。'"（孔颖达《尚书序疏》）此后，又有人说文字是伏（或庖）羲氏创造的，如晋朝人伪作的孔安国《尚书传序》里说："古者伏羲氏之王天下也，始画八卦，造书契，以代结绳之政，由是文籍生焉。"唐朝人司马贞补作的《史记·三皇本纪》里说："庖牺氏……造书契，以代结绳之政。"综上所引，真可谓众说纷纭，莫衷一是。然而，我们现在知道，所谓伏羲、黄帝等都是传说中的人物；仓颉造字的说法虽然到后来最为流行，但仓颉究竟有无其人，他所造的字是什么形状，都是没有确实的证据的。而且文字不是某一个人的发明。作为交流思想的手段、积累知识的工具，它是经过许多人的辛勤努力而产生的结果，决不是仓颉一个人创造的。所以，上述的那些说法，都不过是揣测附会之辞，不能令我们相信。

根据地下考古的材料，现在所发现的最古的文字，是在殷墟出土的甲骨文。甲骨文是殷代武丁到帝辛（纣）时期的文字，我们由此确实知道殷代已有文字了。

然而，甲骨文是不是我国最原始的文字呢？可能不是。因为至少有两个理由可以推想在这以前还有更古的文字：其一，从甲骨文的形体结构和当时人运用文字的水平来看，虽然还处于文字发展的低级阶段，但并不是最原始的文字，而是经历了一定时期的发展过程才形成的。因为原始文字应当是图画式的繁复的象形字，字汇少，文字的组织和运用也极简单。而甲骨文则不仅有已简化的象形字，还有假借字和形声字；在已经发现的甲骨文里已有三千个以上的字汇，有名词、代名词、动词、助动词、形容词等，而且还有长达一百七八十字的记事文。[①] 这显然不是在初创文字时所能达到的水平。其二，甲骨文发现以后，经过专家们的研究，已证明《史记·殷本纪》中所记殷王的世系和事迹基本上是真实的，（见王国维《殷卜辞中所见先公先王考》及《续考》、《古史新证》，郭沫若《卜辞通纂》），可见司马迁记述殷代史事有可靠的

---

① 胡厚宣：《五十年甲骨文发现的总结》，北京：商务印书馆1951年版，第51页。

文字根据。由此可以测度《史记·夏本纪》所记夏王的世系和事迹也应当有可靠的文字根据,那末,在夏代可能已有了文字。至于《史记·五帝本纪》中的记述就不同了,显然是采用口头的传说,而司马迁也连连发出缺乏可靠资料的慨叹,说:"学者多称五帝尚矣!""荐绅先生难言之!""书缺有间矣!"我们可以设想,我国文字的出现可能开始于夏代,在殷代的甲骨文以前应有更古的文字,唯由于没有确实的材料可资证明,我们还不敢断言,只有期待于将来考古的新发现了。

殷代以前是否有文字虽不能断言,但殷代确实已有文字,所以谈到我国史学的起源,应当从殷代开始。

从在殷墟发现的甲骨文里,我们已可了解殷代社会经济、政治和文化等方面的概况,并且据以知道那时已经进入奴隶社会了。然而,殷墟的甲骨文不过是殷代统治阶级的文字记录的一部分,除此之外,还应有更多的文字记录。《尚书·多士》云:"惟殷先人,有册有典。"据《说文解字》及段玉裁注,册是由许多片竹简(或木简)编排而成,典是把许多的册放在架子上保藏起来。可见殷代除了甲骨文之外,还有竹简(或木简)写下的文字记载,只是没有留传下来或尚未被发现而已。

在殷代的奴隶制国家机构里,有一些记录时事、起草公文、掌管文书的官吏。甲骨文中的"作册""史""尹"等字,就是这种官吏的职称。这些职称,到西周初期仍然沿用。在西周的金文里,有"作册""内史""作册内史""作册尹""内史尹"等,据王国维考证,"作册"和"内史"是同样的官职,有时称"作册",有时称"内史",也有时称"作册内史",其长官则称为"尹",因而有"作册尹""内史尹"的职称,并且从《尚书》和《逸周书》的记载里可以得到证明。(见《观堂集林》卷一《〈洛诰〉解》及卷六《释史》)这些官职,就是那时的史官。

为什么这些官职被称为史官呢?《说文解字》云:"史(㕜),记事者也,从又持中。中,正也。"后人对于"中,正也"这个解释多不同意,因为又(㕙)是右手,而"中正"为抽象的、无形的品德,是不能用手来持的。那末,"中"是指的什么呢?清代学者江永说:"凡官府簿书谓之中,故诸官言治中、受中,小司寇断庶民讼狱之中,皆谓簿书,犹今之案卷也。此中字之本义。故掌文书者谓之史，其字从又从中，又者右手，以手持簿书也。"（《周礼疑义举要》卷五《秋官》）吴大澂也说：史（𠯑）字"象手执简形"（《说文古籀补》）。由此可知，史字的原义是指用文字记事的人，因而在殷、周的国家机构里，凡是记录时事、起草公文、掌管文书的官吏都称为史官。

西周初期以后，随着阶级统治的加强、国家机构的扩大和官府文书的繁多，史官的职务也逐渐增加，并且有了更多的分工。据《周礼》的记载，在西周有许多称为"史"的官吏，其中职权最高的是王室的大史、小史、内史、外史、御史。这五种史官的职务很多，而主要的是掌管国家的各种文书以推行政令，如大史"掌建邦之六典，以逆邦国之治，掌法以逆官府之治，掌则以逆都鄙之治"。又"正岁年以序事，颁之于官府及都鄙，颁告朔于邦国"。小史"掌邦国之志，奠系世，辨昭穆。若有事，则诏王之忌讳"。内史"掌王之八枋之法，以诏王治"。又"掌叙事之法，受纳访以诏王听治。凡命诸侯及孤卿大夫，则策命之。凡四方之事书，内史读之。王制禄，则赞为之，以方出之。赏赐亦如之"。又"掌书王命，遂贰之"。外史"掌书外令，掌四方之志，掌三皇五帝之书，掌达书名于四方。若以书使于四方，则书其令"。御史"掌邦国都鄙及万民之治令，以赞冢宰。凡治者受法令焉。掌赞书。凡数从政者"。（《周礼》卷六《春官宗伯》）据此可知，这五种史官掌管最高官府的各种文书，以推动周朝王室对全国的统治，也就是所谓"史掌官书以赞治"（《周礼》卷一《天官冢宰》），足见史官在西周统治机构中的地位是如何重要了。

西周的大史、小史、内史、外史、御史，由于职权的广泛和地位的重要，已成为国家的高级行政官，因而有的学者认为他们虽名为史官，但并不担任历史记载的职务，如朱希祖在《中国史学通论》一书中说："周官之五史，大抵皆为掌管册籍起文书草之人，无为历史官者。惟五史如后世之秘书及秘书长，为高等之书记；府史之史，则为下级书记耳。"（《中国史学通论》第一篇《中国史学之起源》，三、再论书记官之史）其实，五史虽然担负着许多行政职务，但都以记录时事、起草公文、掌管文书为中心，而历史记载的工作就在他们的职务范围之内。《礼记·玉藻》云："天子……玄端而居。动则左史书之，言则右史书之。"郑注："其书，《春秋》《尚书》其存者。"又《汉书·艺文志》云："古之王者，世有史官。君举必书，所以慎言行，昭法式也。左史记言，右史记事，事为春秋，言为尚书，帝王靡不同之。"可见左史和右史是掌管历史记载的官，而且把他们所记载的材料编纂成史书。但是，左史和右史的名称为什么不见于《周礼》，而且《礼记·玉藻》与《汉书·艺文志》所载左史和右史的职掌互有不同呢？黄以周《礼书通故》卷三十四："《大戴礼记·盛德》：'内史、大史，左右手也。'谓内史居左，大史居右。《觐礼》曰：'大史是右。'是其证也。古官尊左，内史中大夫，尊，故内史左，大史右。《玉藻》：'动则左史书之，言则右史书之。'左右字今互讹。"据此，左史即内史，右史即大史，而记言、记事则是他们的分工。不过，所谓记言、记事的分工并非有绝对严格的界限，只是一以记言为主，一以记事为主而已。

在周朝不仅王室有史官，诸侯国也设置史官，从事历史记载。春秋时，随着诸侯国势力的强大，史官的设置愈加普遍。根据现存的典籍，各诸侯国史官所可考见的，如鲁国有大史（见《左传》文公十八年、昭公二年、哀公十一年，《国语·鲁语》）、外史（见《左传·襄公二十三年》），齐国有大史、南史（见《左传·襄公二十五年》），晋国有大史（见《左传·宣公二年》《吕氏春秋·先识览·先识》）、左史（见《左传·襄公十四年》）、史（见《左传》僖公十五年、襄公二十年及三十年、昭公八年及二十九年、哀公九年，《国语》晋语一、晋语四），郑国有大史（见《左传》襄公三十年、昭公元年），卫国有大史（见《礼记·檀弓》《左传·闵公二年》），楚国有左史（见《左传·昭公十二年》《国语·楚语》）、史（见《左传·定公四年》），秦国于秦文公十三年（前753）"初有史以记事"（《史记·秦本纪》）。这些史官在记录时事、保存史料的工作上，都有一定的贡献。后人编纂史书时，主要依据他们当时的记载。

总之，自殷代起，在殷、周奴隶制国家机构中便有史官担任记录时事、起草公文和掌管文书的工作，他们当时写下的记载就是日后的历史资料，这些资料经过一定时期的积累，又加以整理、编纂而成为史书。就在记录史实和编纂史书的过程中，逐渐取得了记言、记事和编纂的方法，产生了初期的史学。当然，这些历史记载都是直接为奴隶主阶级的统治服务的，所谓"由赞治而有官书，由官书而有国史"（柳诒徵《国史要义·史原》），其内容也就局限于奴隶主阶级的活动范围之内；至于劳动人民的生产及生活状况，只能从中得到一些反映，极少有直接的具体记载。

## 二、奴隶社会的史书

从《尚书·多士》所云"惟殷先人，有册有典"，我们可以推知殷代已有书籍的编纂，其中可能已有史书，但具体到有哪些史书，我们就无从知道了。

在西周、春秋时代，确实已有不少的史书，如周王室有《周书》（见《吕氏春秋·有始览·听言》）、《周志》（见《左传·文公二年》）、《周春秋》（见《墨子·明鬼下》），郑国有《郑志》（见《左传》隐公元年、昭公十六年）、《郑书》（见《左传》襄公三十年、昭公二十八年），燕国、宋国、齐国都有《春秋》（见《墨子·明鬼下》），楚国有《楚书》（见《小戴礼记·大学》）。还有在其他文献中述及的，如《孟子·离娄下》云："晋之《乘》，楚之《梼杌》，鲁之《春秋》，一也。"又《史通·六家》云："《琐语》又有《晋春秋》，记献公十七年事。"又《隋书·李德林传》及《史通·六家》引《墨子》佚文云："吾见百国《春秋》。"又《春秋公羊传疏》引闵因云："昔孔子受端门之命，制《春秋》之义，使子夏等十四人求周史记，得百二十国宝书。"（案：皮锡瑞《经学通论》卷四云："墨子云百国春秋，即百二十国宝书。"）这些史书都是出于史官之手，据《汉书·艺文志》所述"左史记言，右史记事，事为春秋，言为尚书"之说，那时的史书大体上分为记言、记事两类。记言的称为"尚书"，也称为"书"；记事的称为"春秋"。"尚书"的命名是由于"上所言，下为史所书"（《史通·六家》引王肃说）。"春秋"的命名是由于"记事者以事系日，以日系月，以月系时，以时系年，所以纪远近、别同异也。故史之所记，必表年以首事。年有四时，故错举以为所记之名也"（杜预《春秋经传集解序》）。

在西周、春秋时代所编纂的史书虽然不少，但绝大部分都已亡佚，其得以流传到现在的只有《尚书》《周书》《春秋》三种，而且其中还有一部分文字是由后人羼入的。兹将这三种史书分别介绍如下。

## (一)《尚书》

《尚书》(也称《书》)是我国现存最古的一部史书,据说是孔子采取过去的历史资料编次而成的。《史记·孔子世家》云:

> 孔子之时,周室微而礼乐废,《诗》《书》缺。追迹三代之礼,序《书传》,上纪唐虞之际,下至秦穆,编次其事。

《汉书·艺文志》云:

> 《书》之所起远矣,至孔子纂焉,上断于尧,下讫于秦,凡百篇,而为之序,言其作意。

《隋书·经籍志》云:

> 《书》之所兴,盖与文字俱起。孔子观《书》周室,得虞、夏、商、周四代之典,删其善者,上自虞,下至周,为百篇,编而序之。

这三种记载都肯定《书》是由孔子编定的,唯《史记》未言其篇数,《汉书》与《隋书》则都明言为百篇。但是,孔子所编的《尚书》在秦朝以后曾一度失传,到了汉文帝时,才由儒者伏生传授出来。《史记·儒林列传》云:

> 伏生者,济南人也。故为秦博士。孝文帝时,欲求能治《尚书》者,天下无有,乃闻伏生能治,欲召之。是时伏生年九十余,老,不能行,于是乃诏太常使掌故晁错往受之。秦时焚书,伏生壁藏之。其后兵大起,流亡,汉定,伏生求其书,亡数十篇,独得二十九篇,即以教于齐、鲁之间。学者由是颇能言《尚书》,诸山东大师无不涉《尚书》以教矣。

伏生所传的《尚书》,实为二十八篇,所谓二十九篇乃后人增益。《论衡·正说》云:"至孝宣皇帝之时(案:据刘向《别录》,应为武帝末年。),河内女子发老屋,得逸《易》《礼》《尚书》各一篇,奏之。宣帝下示博士,然后《易》《礼》《尚书》各益一篇,而《尚书》二十九篇始定矣。"又《隋书·经籍志》亦云:"至汉,惟济南伏生口传二十八篇,又河内女子得《泰誓》一篇献之。"康有为《新学伪经考·史记经说足证伪经考》:"云'二十九篇'者,盖《泰誓》后得,后人忘其本原,轻改《史记》'八'字为'九'字,必非史迁原文。"而且据康氏考证,伏生所传的二十八篇亦即孔子原来编定的篇数,所谓"百篇"之说乃后人附会伪托。

伏生传授的《尚书》行世数十年之后,据说又发现了一种《古文尚书》,由孔子的后裔献出。《汉书·艺文志》云:

《古文尚书》者,出孔子壁中。武帝末(案:据《论衡·正说篇》,应为景帝时。),鲁共王坏孔子宅,欲以广其宫,而得《古文尚书》及《礼记》《论语》《孝经》凡数十篇,皆古字也。

荀悦《汉纪》卷二十五《成帝纪》云:

鲁恭王坏孔子宅以广其宫,得《古文尚书》多十六篇,及《论语》《孝经》。武帝时,孔安国家献之。

所谓古文,是指秦以前的字体。自《古文尚书》出现后,世人以伏生传授的《尚书》是用汉代通行的隶字抄写,遂称为《今文尚书》。于是,《尚书》便有了今文与古文两种不同的本子。

《古文尚书》流传到东汉末年以后就亡佚了,到东晋元帝时,豫章内史梅赜却又献了出来,并有孔安国所作的《书传》。从此以后,《古文尚书》与《今文尚书》都为学者传诵。

到了南宋初年,吴棫著《书稗传》十三卷,开始怀疑《古文尚书》是伪作,他说:"安国所增多之书,今书目具在,皆文从字顺,非若伏生之书诘屈聱牙,至有不可读者。"接着朱熹也怀疑《古文尚书》及《书序》是后人伪作。其后学者从事于考辨《古文尚书》之伪者渐多，如元代的吴澄著《书纂言》，明代的梅鷟著《尚书考异》等。到了清朝，阎若璩费了三十年的功力精心研究这个问题，著成《古文尚书疏证》一书，列举了一百二十八条证据，证明东晋时梅赜所献出的《古文尚书》及孔安国《书传》确是伪作；惠栋又著《古文尚书考》加以补充，于是世间流传的《古文尚书》之为伪书乃成定案了。清朝末年，康有为著《新学伪经考》，又列举证据辨明西汉时在孔壁发现的《古文尚书》及《书序》也都是伪作。总之，《尚书》的流传经过虽然复杂，但只有伏生所传的二十八篇是真，其余全是后人伪造的。

伏生所传的《尚书》二十八篇，其篇目是:《虞书》二篇:《尧典》《皋陶谟》;《夏书》二篇:《禹贡》《甘誓》;《商书》五篇:《汤誓》《盘庚》《高宗肜日》《西伯戡黎》《微子》;《周书》十九篇:《牧誓》《洪范》《金縢》《大诰》《康诰》《酒诰》《梓材》《召诰》《洛诰》《多士》《无逸》《君奭》《多方》《立政》《顾命》《费誓》《吕刑》《文侯之命》《秦誓》。

然而，就在伏生所传的二十八篇中，也并非全是春秋时代以前的作品，据近代学者郭沫若、顾颉刚、张西堂等考证，至少有《尧典》《皋陶谟》《禹贡》三篇是战国、秦、汉间人所作。[①] 唯因古代典籍经过若干年的流传，其中难免有后人羼入或窜改之处，但从大体上来看，《尚书》是我国奴隶社会的史书则无疑义。

《尚书》是以记言为主的史书，从现存的二十八篇可以看出，除了后人追撰的《尧典》和《禹贡》外，绝大部分都是历史人物的言语，诚如刘知幾所说:"盖《书》之所主，本于号令，所以宣王道之正义，发话言于臣下，故其所载，皆典、谟、训、诰、誓、命之文。"（《史通·六家》）这些记载的最大缺点，就是没有完全标明时间的顺序，使后来研究历史的人感到很多不便，如《史记·三代世表》所云:"至于序《尚书》则略无年月；或颇有，然多阙，不可录。"但是，它的内容确为研究我国奴隶社会历史的重要资料，尤其因为是现存最古而又比较完整的史书，也就具有非常宝贵的价值。

---

① 见张西堂《尚书引论》，西安：陕西人民出版社1958年版，第170—203页。

## (二)《周书》

《周书》也是现存最古的史书之一。《汉书·艺文志》著录《周书》七十一篇。班固原注云："周史记"；颜师古注引刘向云："周时诰誓号令也，盖孔子所论百篇之余也。"后世也称为《逸周书》或《汲冢周书》。朱右曾《周书集训校释序》云："《周书》称逸，昉《说文》；系之汲冢，自《隋书·经籍志》。"其实，《周书》并不能认为如刘向所说的"孔子所论百篇之余"，不应称为"逸"书；而且也不是自西晋武帝时在汲郡魏冢中的竹书出土后才被发现的，不应称为"汲冢"书，仍以称为《周书》为宜。

《周书》是以记言为主的史书，其内容包括西周至春秋间六百年左右的事迹。《史通·六家》云："《周书》者，与《尚书》相类。……凡为七十一章。上自文、武，下终灵、景。甚有明允笃诚，典雅高义；时亦有浅末恒说，滓秽相参，殆似后之好事者所增益也。至若《职方》之言，与《周官》无异；《时训》之说，比《月令》多同。斯百王之正书，五经之别录者也。"此书在晋代尚为全本，有五经博士孔晁为之作注，然其后即逐渐散佚，到了唐初颜师古作《汉书注》时说："今之存者四十五篇矣。"是后又亡佚三篇，仅余四十二篇。但是，流传到现在的《周书》却有六十篇（包括《序》一篇），这是什么缘故呢？据朱希祖著《汲冢书考·汲冢书篇目考》云："晋时《周书》，盖有二本：一为汉以来所传今隶本，一为汲冢所出古文本，当无疑义。《隋书·经籍志》仅载《汲冢周书》十卷，不载孔晁注本；《唐书·经籍志》仅载孔晁注《周书》八卷，不载《汲冢周书》十卷，盖皆互有遗漏。惟《唐书·艺文志》既载《汲冢周书》十卷，又载孔晁注《周书》八卷，盖汲冢十卷为无注本，孔晁注本唐时已有阙篇，故并载焉。颜师古《汉书·艺文志》《周书》注云'今存者四十五篇'，盖指孔晁注本言也。刘知几《史通·六家篇》云'又有《周书》者，凡为七十一章，上自文、武，下终灵、景'，不言有阙，盖所见为汲冢十卷本。是唐时尚二本并传也。汲冢本无注而有十卷，孔晁本有注卷数反少，而仅有八卷，知八卷本即师古所见之孔注四十五篇也。师古以后，孔注又亡三篇。自宋以来，盖以汲冢本补孔晁注本，而去其重复，故孔注仅有四十二篇，而无注者十七篇，及序一篇，合成今本六十篇。"关于《周书》的流传问题颇为复杂，过去学者曾有许多不同意见，本文不能详述，朱氏的说法虽然未必完全符实，但大体明通，可以解释今本六十篇的来历了。

至于《周书》的著作时代，历代学者也多有疑问。如上引《史通·六家》即以其中有"后之好事者所增益"，后来又有不少人认为是战国甚至秦汉以后所作。根据现存的内容看来，其中虽有战国以后的手笔，但基本上是春秋时代的著作。如《四库全书总目提要》云："其书载有太子晋事，则当成于灵王以后。所云文王受命称王，武王、周公私计东伐，俘馘殷遗，暴殄原兽，辇括宝玉，动至亿万，三发下车，悬纣首太白，又用之南郊，皆古人必无之事。陈振孙以为战国后人所为，似非无见。然《左传》别引《周志》'勇则害上，不登于明堂'。又引《书》'慎始而敬终，终乃不困'。又引《书》'居安思危'。又称'周作九刑'。其文皆在今《书》中，则春秋时已有之，特战国以后又辗转附益，故其言驳杂耳。究厥本始，终为三代之遗文，不可废也。"这段结论大体上是对的。但其中所说的"皆古人必无之事"，我们现在倒认为是必有的事。因为封建时代的历史家总是把周武王和周公美化为仁义备至的圣人，根本不承认他们会有残暴的行为；实际上，周武王和周公都是用暴力夺取政权的大奴隶主统治者，其野蛮残暴的程度一定更甚于后来的封建帝王，《周书》中的记述正符合当时的事实。过去学者认为"夸诞不雅驯"而指为伪的，今日看来反而是真。

朱右曾《周书集训校释序》中肯定《周书》是春秋时代以前的著作，他说："愚观此书虽未必果出文、武、周、召之手，要亦非战国、秦、汉人所能委托。何者？庄生有言，圣人之法'以参为验，以稽为决，其数一二三四是也'。周室之初，箕子陈畴，周官分职，皆以数纪，大至与此书相似，其证一也。《克殷篇》所叙，非亲见者不能；《商誓》《度邑》《皇门》《芮良夫》诸篇，大似《今文尚书》，非伪古文所能仿佛，其证二也。称引是书者，荀息、狼瞫、魏绛，皆在孔子前，其证三也。"郭沫若在《中国古代社会研究》附录《追论及补遗》中也确认《周书》的《世俘》《克殷》《商誓》诸篇为西周初年的文字，尤其是《世俘》篇，"除文字体例当属于周初以外，其中所纪社会情形与习尚多与卜辞及古金中所载者相合"。足见《周书》实为现存最古的史书之一，与《尚书》有同等的价值，我们不能因为其中有后人羼入了一部分文字而否定全书的著作时代。

### (三)《春秋》

我们在前面已经说过,在奴隶社会有许多称为《春秋》的史书,但是,得以流传到现在的,却只有一部了。

流传到现在的这一部《春秋》,是孔子根据鲁国的历史记载并参考其他的史料而写成的一部编年史,包括自鲁隐公元年(周平王四十九年,前722)至鲁哀公十四年(周敬王三十九年,前481),共二百四十二年的事迹,其内容主要是统治阶级的政治事件和人物活动,也有一些自然现象的记录,至于有关经济和文化方面的记载就很少了。

《春秋》的一个最显著的优点是有明确的时间顺序,一般的记事都具备年、时、月、日,日子不明的则有年、时、月,至少也有年和时。随便选几个例子,如:"隐公六年夏五月辛酉,公会齐侯盟于艾。""桓公二年秋七月,杞侯来朝。""庄公十有六年夏,宋人、齐人、卫人伐郑。"即使没有事迹可记的时候,也标出年、时、月,如"僖公二十有四年秋七月"。可《春秋》不愧是一部认真"编年"的史书,所以《史记·三代世表》说:"孔子因史文,次春秋,纪元年,正时日月,盖其详哉!"

然而,《春秋》也有很显著的缺点,就是记事太简单。每条的文字很少,最少的仅有一个字,如"雨"(僖公三年夏六月)、"螽"(宣公六年秋八月)等;也有二三个字的,如"城郓"(成公四年冬)、"宋灾"(襄公九年春)、"狄伐晋"(僖公八年夏)、"公如齐"(宣公五年春)等;一般不过十个字左右,最多的也只有四十五字,如"公会刘子、晋侯、宋公、蔡侯、卫侯、陈子、郑伯、许男、曹伯、莒子、邾子、顿子、胡子、滕子、薛伯、杞伯、小邾子、齐国夏于召陵,侵楚"(定公四年春三月)。这样的记载就不能说明历史现象的原因、经过和结果,不能给人以具体的历史知识,所以后人对此很不满意,有讥为"断烂朝报"的,有认为是"记账式"的历史,有认为只是写下了一些"标题"。但由此也可看出那时还在史学发展的低级阶段,不能对历史现象做较详细而完整的记述。

孔子作《春秋》,据说是有其积极的政治目的和远大的社会理想的,甚至连他记事那样简略也有特殊的意义。《孟子·滕文公下》说：

　　世衰道微，邪说暴行有作，臣弑其君者有之，子弑其父者有之。孔子惧，作《春秋》。《春秋》，天子之事也。是故孔子曰："知我者其惟《春秋》乎？罪我者其惟《春秋》乎？"

《史记·孔子世家》说：

　　子曰："弗乎！弗乎！君子病没世而名不称焉。吾道不行矣，吾何以自见于后世哉？"乃因史记作《春秋》，上至隐公，下讫哀公十四年，十二公。据鲁，亲周，故殷，运之三代。约其文辞而指博。故吴楚之君自称王，而《春秋》贬之曰"子"；践土之会实召周天子，而《春秋》讳之曰"天王狩于河阳"：推此类以绳当世。贬损之义，后有王者举而开之。《春秋》之义行，则天下乱臣贼子惧焉。
　　孔子在位听讼，文辞有可与人共者，弗独有也。至于为《春秋》，笔则笔，削则削，子夏之徒不能赞一辞。

又《史记·十二诸侯年表》说：

　　孔子明王道，干七十余君，莫能用，故西观周室，论史记旧闻，兴于鲁而次《春秋》。上记隐，下至哀之获麟，约其辞文，去其烦重，以制义法，王道备，人事浃。七十子之徒口受其传指，为有所刺讥褒讳挹损之文辞不可以书见也。

　　如此说来，孔子所作的《春秋》就不是一般的历史书，而真是如后来统治阶级所尊奉的可以指导政治的经典；并且如孟子所说"孔子成《春秋》而乱臣贼子惧"，已经起到巨大的政治作用了。但是，《春秋》的记载是那样简单，一部包括二百四十二年的历史的著作，总共才有一万八千多字；在叙述历史事件的时候，只有标题而无详细的内容，是否能够起到实际的政治作用呢？所谓"一字之褒贬"就能使"乱臣贼子惧"吗？这显然是后人对孔子的夸张之辞，借以发挥封建的政治思想，而且封建时代的历史家已把这个道理给揭露了，如《四库全书总目提要·史部总叙》云："苟不知其事迹，虽以圣人读《春秋》，不知所以褒贬。儒者好为大言，动曰舍传以求经。此其说必不通。"实际上，孔子不过是整理鲁国的历史记载，编写成为一部简明的史书，正如他自己所说的"述而不作，信而好古"（《论语·述而》）而已，并非像孟子以来所宣传鼓吹的那样的雄心大志，这部书本身更没有起过"使乱臣贼子惧"的作用。

当然，孔子并不是也不可能单纯地、客观地记述史事，而是有其明显的政治立场和历史观点的，所谓"据鲁、亲周、故殷"，就是借鲁国的历史记载，以尊奉和维护周朝王室的统治，表明奴隶主阶级的政治传统。但这也不完全是孔子的创作，而是继承了过去鲁国史官的一贯的立场和观点，再通过对历史记载的整理和改写，做更进一步的表达和阐明而已。

孔子不是史官，但由于他在当时统治阶级中有一定的地位，尤其是在教育、文化方面有重大的影响，受到统治者的重视，与官府有较密切的往来，所以能够得到鲁国以至周王室的历史记载，加以编纂改写，成为一部私人的著作，也是我国最早的私人写成的历史著作。

孔子生于周灵王二十一年（前551），卒于周敬王四十一年（前479），是处于我国奴隶社会末期的伟大的学者，在我国学术史上有非常重要的地位和影响，就史学史来说，他首先以私人的资格写成了一部简明的编年史，是我国最早的一位史学家。

## 三、奴隶社会的史学成就

在奴隶社会——殷、西周、春秋时代，是我国史学的起源和初步发展的时代，那时的史学水平当然还很低，可是，在长期的历史过程中，也写下了不少的历史记载，编纂了若干史书，从中积累了一定的记事和编纂的经验及方法，而且随着整个社会经济、政治和文化的发展，史学也日益进步，取得了相当的成就。概括说来，约有以下数端：

其一，确定了按年、时、月、日的顺序记事的方法，出现了时间分明的编年史。

时间的顺序是历史记载的必要条件，若没有明确的时间观念，便失掉或减低了历史记载的意义和作用。在殷代的甲骨文和西周的金文里，已经有标明年、月、日的记事方法了，但那时对于时间顺序的排列还不得当，一般是以日、月在前，以年在后，如王国维所说："书法先日次月次年者，乃殷、周间记事之体，殷人卜文及庚申父丁角、戊辰彝皆然；周初之器，或先月后日，然年皆在文末，知此为殷、周间文辞通例矣。"(《观堂集林》卷一《〈洛诰〉解》)在《尚书》这一西周时代的作品里，有先日后月而最后纪年的，有只纪月、日而不纪年的，也有只纪年、只纪月或只纪日的。到了春秋时代，时间顺序的排列才完全明确，确定了按年、时、月、日记事的方法，孔子所作的《春秋》便是最好的证明。孔子的《春秋》虽是依据鲁国的历史记载写成的，但其中还采取了周王室及其他诸侯国的历史记载，可见那时对于时间顺序的观念已普遍进步，因而出现了时间分明的编年史。

其二，在记录史实和编纂史书时有记言、记事的分工。

《汉书·艺文志》所说的"左史记言，右史记事，事为春秋，言为尚书"，是基本上符合事实的，因为那时史官所掌管的文书是把言语命令与具体事迹分别保存的，当然也就有记言、记事的区分了。但这个说法在过去以及现在都有人不同意，如章学诚《文史通义·书教上》云："记曰：'左史记言，右史记动。'其职不见于《周官》，其书不传于后世，殆礼家之衍文欤？后儒不察，而以《尚书》分属记言，《春秋》分属记事，则失之甚也。夫《春秋》不能舍传而空存其事目，则左氏所记之言，不啻千万矣。《尚书》典谟之篇，记事而言亦具焉；训诰之篇，记言而事亦见焉。古人事见于言，言以为事，未尝分事言为二物也。"章氏所谓"其职不见于《周官》"，实则左史、右史即内史、大史的异名，说已见前。所谓"其书不传于后世"，是不符合实情的，因为《尚书》和《周书》显然都是根据记言的资料来编成的，除了二书之外，各诸侯国记言的资料也是很多的，后来的《国语》《战国策》都是记言的史书，这都是不可否认的事实。当然，言与事是不能绝对分开的，只是如前面说过的，一种以言为主，一种以事为主而已。

其三，认识到历史记载对于了解过去、鉴往知来以及垂训鉴戒的作用，因而树立了尊重历史记载的观念。

历史记载是考察历史的根据，有了足够的、真实的记载，才能为后世提供可靠的资料，使人清楚地、正确地了解过去发生的事迹。在奴隶社会时代，已经认识到这种重要性，如孔子说："夏礼吾能言之，杞不足征也；殷礼吾能言之，宋不足征也。文献不足故也，足则吾能征之矣。"（《论语·八佾》）这几句话很明确地表露出对于历史记载的重视，也就是说，没有足够的历史记载便不能得到足够的历史知识。对于历史记载所起的鉴往知来的作用，孔子也意识到了，他说："殷因于夏礼，所损益可知也；周因于殷礼，所损益可知也。其或继周者，虽百世可知也。"（《论语·为政》）

历史记载不但传播了历史事实，而且还起着垂训鉴戒的作用。在奴隶社会里，统治阶级的史官便利用历史记载来为当时的政治服务，如《左传·宣公二年》所述晋国的一段故事：

> 赵穿攻灵公于桃园，宣子未出山而复。大史书曰："赵盾弑其君。"以示于朝。宣子曰："不然。"对曰："子为正卿，亡不越竟，反不讨贼，非子而谁？"宣子曰："呜呼！'我之怀矣，自诒伊戚'，其我之谓矣！"孔子曰："董狐，古之良史也，书法不隐。赵宣子，古之良大夫也，为法受恶。"

晋国史官的记载，其重要意义并不在于如孔子所称赞的"书法不隐"，而在于政治上的垂训鉴戒作用；而赵宣子之所以能够"为法受恶"，也是由于觉察到自己的政治责任。从此可以看出他们对于历史记载的重视。

在奴隶社会里，记载史事的权力是掌握在史官手里，而史官记事除了秉承国王或诸侯的意旨外，还时常受到有政治势力的奴隶主贵族的干涉。为了他们的统治利益，往往故意歪曲或抹杀历史事实。然而，随着社会文化的发展，人们已逐渐认识到历史记载的重大意义，即使统治阶级的人，也感觉历史记载在某些地方必须符合事实，才能有利于他们的政治，起到垂训鉴戒的作用。为了这个目的，有的史官也能抱着忠实的态度，记录历史的真相。如《左传·襄公二十五年》所述齐国的一段故事：

> 大史书曰："崔杼弑其君。"崔子杀之。其弟嗣书而死者，二人。其弟又书，乃舍之。南史氏闻大史尽死，执简以往。闻既书矣，乃还。

这种"据事直书，不畏强御"的精神，受到后世的称赞。推其原因，还是由于在思想上认识到历史记载的重要意义与作用，才能有"冒死以赴"的行动。

其四，史学由官府独占之下，逐渐推广到为统治阶级的一般知识分子所掌握。

在奴隶社会，不仅殷、周的王室有史官，连周朝的各诸侯国也都设置史官，足见史学对于国家政治的重要及其密切关系，而且殷和西周的史学完全控制在史官手里，由官府独占。到了春秋时代，随着社会的发展及学术文化的传布，除了史官而外，统治阶级的一般知识分子也能看到历史记载，获得历史知识，并能利用史官所记的资料以从事史书的编纂了。孔子的编《尚书》与作《春秋》，便是这种发展在奴隶社会时代最显著的表现。

孔子不是史官，可是他不仅以史学来教育他的学生，还到处向人介绍宣传尧、舜、禹、汤、文、武、周公之道。《中庸》里说："仲尼祖述尧、舜，宪章文、武。"又说："哀公问政，子曰：文武之道，布在方策。"可见他是阅读过历代史官的记载的。既然孔子那时候史学已经公开，足证在他以前史学已由官史独占的情况逐渐改变；经过孔子编《尚书》、作《春秋》之后，史学的传布益广，而这就更促进了史学的发展。

（《天津日报》1961年12月6日第4版）
（1963年4月）

# 古代史官与典籍的形成及其作用

斯维至

## 一、古代巫史不分

最初的史籍是怎样形成的？它有什么作用？是什么人负责记录并保存下来的？这些问题是史学史所应首先解答的。

王国维曾经有《释史》一篇，他从史的字形 ⊕ 为盛算之器，⊕ 从 ⊰ 持 ⊕，义为持书之人，从而谈到古代史的职务、地位等等。本文现在要补充的是，古代巫史不分。它对于我们了解古代史的职务、地位，特别是史籍的内容与形成，史籍有什么作用，都有相当的帮助。

兹先引《左传》所见的例子如次：

成公十七年：晋范文子反自鄢陵，使其祝宗祈死。（并见昭公二十五年）

襄公九年：祝宗用马于四墉。

桓公六年：祝史矫举以祭。

襄公二十七年：祝史陈信于鬼神。

昭公十八年：使祝史徙主祏于周庙，……郊人助祝史，除于国北，禳火于玄冥、回禄，祈于四墉。

僖公十五年：初，晋献公筮嫁伯姬于秦……史苏占之。

哀公九年：晋赵鞅卜救郑，遇水适火，占诸史赵、史墨、史龟。

以上所举（并非《左传》全部之例）或以祝宗连文，或以祝史并举；史能占卜，宗亦能占卜，则祝宗卜史的职务必定是差不多的。定公四年记载封鲁公伯禽除有车旗、土田、彝器之外，尚有"祝宗卜史，备物典策"，以"祝宗卜史"并称，更是明证。《仪礼·少牢馈食礼》云：筮者为史，《国语·晋语四》亦有"筮史"，盖以筮占卜，与以龟占卜相同；筮从巫，故巫亦史，则祝宗卜史实际就是巫觋之流。

巫史在古代是一种执行宗教任务的人物，而且有特殊的技能（如巫术），属于最有知识、最有文化修养的官僚集团。他们经常在国王的左右服务，观察天象（占星术），进行占卜，参预国家大事（"国之大事，唯祀与戎"），并记录和保存政府的诰誓、训令、典策以及系谱等等。《左传·定公四年》云："且夫祝，社稷之常隶也"，因此他们的出身并不一定都是贵族，但是他们的地位却极崇高，甚至古代一切官吏都是由史而出。王国维说：古代官名多由史出，如卿事，殷虚卜辞作卿史，御事作御史，三事作三吏。是史之本义为持书之人，引申为大官及庶官之称，又引申而为执事之称。其后三者各需专字，于是史、吏、事三字于小篆中截然有别：持书者谓之史，治人者谓之吏，职事者谓之事。此盖出于秦汉之际，而诗书之文尚不甚区别。这是深合古代社会的发展的。凉山彝族最初的统治机构是由"兹"（君）、"莫"（臣）和"毕"（巫师）三者构成的。"毕"俗称"毕磨"，在彝语中有教师的意思，他们和商周时的巫史一样，是有特殊的技能、最有知识和文化的集团。这一点，我们丝毫没有贬低史官的意思。我们还可以引《尚书·君奭》为证。

周公摄政以后，召公等人疑之。周公于是对召公说："我闻在昔成汤既受命，时则有若伊尹，格于皇天。在太甲，时则有若保衡。在太戊，时则有若伊陟、臣扈，格于上帝，巫咸乂王家。在祖乙，时则有若巫贤。在武丁，时则有若甘盘。率惟兹有陈，保乂有殷。"伊尹由甲骨卜辞可证即是巫史，与巫咸、巫贤相同，甘盘作师盘，则巫史亦即巫师；他们既然能"格于皇天"，"格于上帝"，不是巫史怎能如此？他们当时实际掌握着政治。周公摄政，以他们自比，则周公师保，也是巫史之流，同有保护、教育王太子的责任与义务。《金縢》篇记载武王病时，他以自己的发、甲（指甲）荐于上帝，愿以身代；并说"予仁若考，能多材多艺，能事鬼神"，这与巫史有何两样？

《国语·楚语》记载"绝地天通"的故事，虽《国语》成书时代较晚，但是这故事有原始性，不嫌其烦，摘录于此：

> 在男曰觋，在女曰巫。是使制神之处位次主，而为之牲器时服，而后使先圣之后之有光烈，而能知山川之号、高祖之主……而敬恭明神者，以为之祝。使名姓之后，能知四时之生、牺牲之物、玉帛之类、采服之宜、彝器之量、次主之度、屏摄之位……而心率旧典者为之宗。……及少皞之衰也，九黎乱德，民神杂糅，不可方物。夫人作享，家为巫史，无有要质。民匮于祀，而不知其福。烝享无度，民神同位……颛顼受之，乃命南正重司天以属神，命火正黎司地以属民，使复旧常，无相侵渎，是谓绝地天通。其后三苗复九黎之德，尧复育重、黎之后不忘旧者，使复典之。以至于夏、商，故重、黎氏世叙天地，而别其分主者也。其在周，程伯休父其后也，当宣王时，失其官守而为司马氏。宠神其祖，以取威于民，曰："重实上天，黎实下地。"遭世之乱，而莫能御也。

这个故事包含着宗教斗争，也包含着民族斗争，可惜我们现在已无法完全还原了，但是它的大意还是可以约略推知：(1) 祝宗与巫史的职务大体相同。(2) 巫史本来是有专职的人，而自黎、三苗所谓"乱德"之后却人人都可以做巫史了，因此形成紊乱的局面。(3) 自颛顼命重、黎两人为南正和火正以后，才又恢复巫史的专职。只有专职的人可以做巫史，而非人人可做。重、黎分别管理天、地与神、民的事情。(4) 我们知道，颛顼、重、黎是楚的远祖，他们与九黎、三苗之间可能经常发生剧烈的斗争。

不但这样，从这故事传说里，我们还知道伟大的史学家司马迁一家也出于史官之后。他在《自序》里曾经详细记述这一故事。不过司马迁并不满意于巫史不分的地位。他在给任少卿书中愤慨地说："文史星历，近乎卜祝之间，固主上所戏弄，倡优畜之，流俗之所轻也。"(《汉书·司马迁传》)巫史在汉代的地位已大大地降低了！司马迁在他自己的巨著里，不但叙述帝王将相，而且叙述失败的英雄、起义领袖、游侠、占卜、货殖等人物，对他们予以深厚的同情。所以，真正巫史分家，应该从伟大的史学家司马迁开始，他的巨著是第一部写人的活动的历史。

## 二、典籍的形成与传播

《尚书·多士》说:"惟殷先人,有册有典。"据此可知,殷商以后,我国已有典籍产生了。但是传说黄帝时大挠发明甲子,仓颉发明文字,而且他们都是史官。此说固不可靠,但是认为史官是甲子和文字的发明者,是很有意义的。因为必须有甲子纪时,文字纪事,这样才具备了典籍产生的条件。

殷商时已有干支和文字,这不但有文献证明,而且已有甲骨卜辞可以证明。甲骨卜辞虽然是为占卜而记录下来的,但是它有日有月有年的记载,实在已具备典籍的雏形。此外已有刻在龟甲的旁边或背面、兽骨上的纪事,但为数尚少,现在姑引卜辞如次:

壬午,王田于麦录,获商戠豕。王锡宰丰寝小𥏙尾。在五月。佳王六祀。肜日。(佚存518)

癸丑卜,贞今岁受年,弘吉。在八月。佳王八祀。

癸酉卜,永贞,王旬亡畎。在六月。甲寅,酒,翌上甲。王廿祀。(前3,28,5)

丁卯,王卜贞,今因巫,九备。余其从田于多白正盂方伯炎,重衣。翌日步,亡左,自上下敉示,余受又。不曾戈因,告于兹大邑商。亡蚩,在畎。王占曰,弘吉。在十月,遘上甲,翌。(甲编2416)

上引卜辞有日有月有年,详细记载国王的行动——祭祀与战争,我们如果把它和《春秋经》比较,就会感到何等相似!巫史们都是善于天文历算的人,他们有很正确的日、月、年和天文现象及灾异的记载,这是我国所以很早发明"以日系月,以月系年"的编年史的原因。汲冢《竹书纪年》和1975年云梦秦简《编年史》,无疑都是出于史官的手笔。

同样的理由,我们认为铜器铭文就是《尚书》纪言体的雏形。郭沫若同志说:"传世两周彝器,其有铭者已在三四千具以上。铭辞之长有几及五百字者。说者每谓足抵《尚书》一篇,然其史料价值殆有过之而无不及。"(《两周金文辞大系序》)

《尚书·洛诰》："王命作册逸祝册"，又"作册逸诰"。《顾命》："命作册度。"《毕命序》："康王命作册毕，分居里，成周郊，作《毕命》。"《汉书·律历志》引《毕命丰刑》曰："惟十有二年六月庚午朏，王命作策《丰刑》。"按，作册就是内史，王国维已有考证，成为定论。因此，《洛诰》《顾命》《毕命》《丰刑》等篇确是内史逸、毕的手笔了。其余《尚书·周书》诸篇，虽然没有作册内史的名字，但是也可能出于作册内史的手笔。铜器铭文凡册命时往往内史立于王右，正是他们负责册命之证。此外，如《尚书·尧典》虽然不是史官的记录，而是战国时人所作，但是篇中讲到四中星，竺可桢根据天文推算已证明其为殷周之际的天文现象，其四方风名与甲骨卜辞的记载亦合，那么它们必定是有史官的原始记录作为根据的，或者是史官口耳相授流传下来的。

春秋时期各国都有史官，因此各国都有自己的国史，如晋之《乘》，鲁之《春秋》，楚之《梼杌》等都是。《梼杌》的名称最怪，它可能原是一种木刻纪事，正像佧佤族解放前每年春节时老人要拿出一块刻有不同长短锯齿的木版来，向村里人宣讲自己祖先的历史故事一样。《左传·昭公十二年》记载楚左史倚相"能读《三坟》《五典》《八索》《九丘》"。这《三坟》《五典》《八索》《九丘》等书，为中原诸侯国家所无；特别说左史"能读"者，可能它的文字也与中原诸侯国家的文字有所不同。

《春秋》三《传》，如果抛开经学家之间的争论，实以古文《左传》为最可靠，《公羊》《穀梁》是解释《春秋》微言大义的书。《左传》相传为左丘明所作，他是一个瞽史，古代史官中有所谓"瞽献曲"的说法，他们一面唱，一面讲说历史故事。现在我们研究春秋史，如果离开《左传》，简直茫然不解。不但这样，如今《左传》里屡见《夏训》《古志》和《虞人之箴》等，也应是史官口耳相授流传下来的，不是完全虚构。后人以《左传》"失之也诬"，喜欢"预言"，这本来就是巫史的特点，不足为怪。

《诗》本来就是歌谣，而且与乐舞配合，它可能起源于文字以前。孟子说："王者之迹熄而《诗》亡，《诗》亡然后《春秋》作。"（《孟子·离娄下》）他的意思是周室东迁之后，王室衰微，孔子作《春秋》是为了警告"乱臣贼子"的。这个说法和我们的理解有所不同。今三百篇中以《周颂》的时代较早，《雅》《风》次之。我们认为《颂》本是宗庙里祭祀时所唱的乐歌，因此它与祝宗卜史也有关系，虽然我们现在已很难确定哪首诗就是巫史之笔了。

《易》这部书，本来是巫史占卜的记录，其中卦爻辞和甲骨卜辞十分相似，包含的殷周之际的历史故事很多，后来哲学家利用其数象的变化以讲述哲学思想，当然那早已超出巫史的范围了。

《礼》本起源于宗教祭祀，而且最初执行祭祀及其他宗教活动的人就是巫史之流。但是春秋时"礼"已泛指一切文献和制度了。如晋韩宣子聘于鲁时，看到《易》《象》《鲁春秋》，他说"周礼尽在鲁矣"（《左传·昭公二年》），则《易》《象》《鲁春秋》等书也可称作"礼"。又孔子说"夏礼吾能言之，杞不足征也；殷礼吾能言之，宋不足征也。文献不足故也"（《论语·八佾》），亦以"礼"指文献制度而言。《周官》《仪礼》《礼记》，汉人合称《三礼》，它们都是战国、秦、汉间儒者编纂起来的书，当然不能视为原来巫史"相礼"之书。

总上所述，我们可以确定地说，古代的原始典籍就是由巫史们口传、记录和保存下来的。所谓"五经"固然不是原始典籍，但是它们直接或间接地仍与巫史的原始典籍有关，或者仍旧保存着原始典籍的一部分。

春秋时期，史籍散失，孔子是很重视文献典籍的学者，不过他当时已经叹惜文献不足征了；他是否亲自见到甲骨卜辞还说不定。他虽然自称"不语怪力乱神"，对于鬼神采取"敬而远之"的态度，不过他对于文献典籍却是"述而不作，信而好古"的，又说"多闻阙疑"，这样，我们相信，他决不致随便改变或删汰他所接触到的原始典籍。

就《论语》一书看来，他与《诗》的关系最为密切。他说：

《诗》三百，一言以蔽之，曰"思无邪"。（《为政》）

《关雎》，乐而不淫，哀而不伤。（《八佾》）

诵《诗》三百，授之以政，不达；使于四方，不能专对；虽多，亦奚以为？（《子路》）

人而不为《周南》《召南》，其犹正墙面而立也与？（《阳货》）

从以上引述看来，孔子所讲的《诗》就是今日所见到的《诗》三百篇了。孔子删《诗》之说，并不可信。但是孔子又说："吾自卫反鲁，然后乐正，《雅》

《颂》各得其所",他也许对《诗》进行过一些音乐上的调整。与孔子先后的吴季札到鲁国时,他听到的诗歌,几乎和《诗》三百篇完全一致;春秋时卿大夫会盟引《诗》言志,也很少出于《诗》三百篇以外的。

孔子谈到"礼"的地方很多,但都是泛指,如"子所雅言,《诗》、《书》、执礼","不学礼,无以立",等等,都不是指一部专门的礼的著作。孔子称《易》的地方,只《述而》篇说:"加我数年,五十以学《易》,可以无大过矣。"但是此"易"字,《古论》作"亦",与下句连读,那么是否《易经》,就很可疑。更奇怪的是孔子在《论语》中并没有提到《春秋》。但是孟子却说:"孔子惧,作《春秋》。《春秋》,天子之事也。是故孔子曰:'知我者其惟《春秋》乎!罪我者其惟《春秋》乎!'"(《孟子·滕文公下》)从此《春秋》就变作孔子"作"的了。到汉代经学家那里,《春秋》又变作"为一王立法",成为汉代的宪法了。这当然是不可信的。

总的来说,孔子对于保存、传播古代文献典籍方面是有很大的功绩的,我们今日决不能忘记他。有一次,孔子对子夏说:"女为君子儒,毋为小人儒。"(《论语·雍也》)君子儒是将以"明道"的人,小人儒是指"相礼"的巫史之流,正像他斥责樊迟学稼穑为"小人"一样。因此,他虽然基本上保存了文献典籍的本来面貌,但是他在思想上确已鄙视巫史之流了。

## 三、巫史与典籍的作用

巫史最初虽然已经使用文字与干支于卜辞记录或纪事:"铭者,自命也",但他们也只是在铜器上刻下一个族徽或族名,并没意识到这就是原始的典籍,但是在长期的实践中,他们终于认识到典籍的重要意义及其教训作用,并认识到自己的职责,从而发明典籍的体例,坚持立场以及"秉笔直书"的精神。例如《左传·僖公二十八年》曰:"天王狩于河阳。"我们知道,这次诸侯会盟原是晋文公召集的,周天子不得不参加,并不是什么"巡狩",但史官从"尊王"的立场出发,却书曰:"天王狩于河阳",倒好像是周天子为首召集的。又《左传·宣公二年》曰:"晋赵盾弑其君夷皋。"这也与事实不合,因为弑晋灵公的本是赵盾之侄赵穿，但当时赵盾为正卿，是有政治责任的，故史官这样书写。赵盾虽不愿意，也只好由史官这样书写。《左传·襄公二十五年》曰："齐崔杼弑其君。"太史按照事实写在史册上，崔杼便把太史杀死了，但太史的弟弟照样写于史册，崔杼把太史的弟弟又杀死了，以便改变史册上的记载，但太史的三弟仍然坚持不屈，书于史册，崔杼终于无可奈何！当时有一个南史氏听到太史二弟已死，怕无人写于史册，抱着竹简远远赶去，路上他听到太史三弟已写，才放心而回。由此可见史官的职责之重大及其"秉笔直书"、威武不屈的立场与精神。

后来封建社会史官记录的《起居注》，即使天子也无权私看，就是史官这种精神的继承和发扬。（见赵翼《廿二史劄记》卷十九《天子不观起居注》）虽然他们不免囿于阶级立场和偏见，但是他们"秉笔直书"的精神还是有一定的意义的。

古代各国和卿大夫家都有巫史，他们小而记载世谱，大而记载国家大事。春秋以前，这些典籍正像后世的档案一样，藏于官府，所以外人很难看到，如晋韩宣子到鲁国时才见到《易》《象》与《鲁春秋》。他赞叹不已，认为"周礼尽在鲁矣"，即是一例。

楚庄王时，他使士亹傅太子葴。士亹不敢接受，去请教申叔时，申叔要他给太子葴学习《春秋》《世》《诗》《礼》《令》《语》《故志》《训典》。这些典籍可能原来也是藏于官府的档案，而其种类繁多，楚庄王却已把它拿来教育太子了。可惜没有保存下来，只略见于今《春秋左传》里，以及史官的征引中。春秋末年，王子朝以周之典籍奔楚（《左传·昭公二十六年》），史籍散失，孔子也把一些行将散失的典籍拿来教育弟子。这是古代典籍作为教学工具的开始。

春秋时期的史官常常引用夏代及其以前的上古史事来作为经验教训。如《左传·襄公四年》载：魏绛引用《夏训》并周太史辛甲传下来的《虞人之箴》曰："芒芒禹迹，画为九州，经启九道。民有寝庙，兽有茂草，各有攸处，德用不扰。在帝夷羿，冒于原兽，忘其国恤，而思其麀牡。武不可重，用不恢于夏家。兽臣司原，取告仆夫。"夏代历史，传下来的很少。哀公元年，伍员对吴王夫差亦引用后羿的故事，无疑都来源于史官。春秋时期凡博学者如叔向、晏婴、子产和孔子都对上古史事传说神话有很丰富的知识,而且他们都把它当作经验教训。《国语·周语上》说:"士献诗,瞽献曲,史献书,师箴,瞍赋,矇诵……"虽或有些夸张,但典籍以至歌曲都作为经验教训之用,却是可信的。

《左传·昭公二十九年》记载:龙见于绛郊。魏献子问于蔡墨,蔡墨提到上古时曾有豢龙氏、御龙氏、飂叔安、董父、帝舜、陶唐氏,少皞氏等等。这些传说,恐怕也不能完全怀疑,当然我们并不否认其中有神话的成分。

春秋时期,由于自然科学知识的进步、阶级斗争的发生、社会组织和阶级关系的变化,人民的力量也愈来愈为史官所认识,因此他们对于历史的认识也愈来愈脱离宗教迷信的成分。"重民"思想的发生与流行就是一例。据说周惠王十五年,有神降于莘。王问于内史过,他说:"国之将兴,……民神无怨,故明神降之……国之将亡,……百姓携贰,明神不蠲……是以或见神以兴,亦或以亡。"(《国语·周语上》)这里虽然保存着许多神话的成分,但是民已为"神之主"了,重民而轻神的思想已显而易见。其后儒家孟子的"民贵"思想,董仲舒的"天人相应"学说,与史官的思想也有渊源关系。

春秋时期的史官也常常预言某国的"亡征",有中或不中,虽然也不免宗教迷信的成分,但是也有他们预感到社会历史的变化的缘故。例如他们对鲁国的季氏、齐国的陈氏、晋国的三卿的记载往往有所偏向,这决不是偶然的。这里引昭公三十二年赵简子问于史墨之言为例。

> 天生季氏,以贰鲁侯,为日久矣。民之服焉,不亦宜乎?鲁君世从其失,季氏世修其勤,民忘君矣。虽死于外,其谁矜之?社稷无常奉,君臣无常位,自古以然。古《诗》曰:"高岸为谷,深谷为陵。"三后之姓,于今为庶,主所知也。

这"社稷无常奉,君臣无常位"是何等开明的思想!与史官原来"尊王"的思想相比又何等不同!时代变了,史官的思想也变了,但是真正伟大的人民史学家却只有从破落的史官家世中脱离出来的司马迁开始。

(1982 年第 2 期)

# 孔子和中国古代史学

张孟伦

孔子是中国历史上伟大的思想家、政治家和教育家，同时他对中国古代史学发展有相当大的影响。

## 一、无定法与有成例

《尚书》，孔子之所删订；《春秋》，孔子之所述作。然而"《尚书》无定法，而《春秋》有成例"（《文史通义·书教下》），这在体例上来说，二者截然相反。但不论无定法还是有成例，在中国史学史上却都起了绝大作用，而为后代史家所师法。

（一）无定法

孔颖达疏《尚书·尧典》说："《书》篇之名，因事而立，既无定例，随便为文。"这就更是详明地指出了《书》的篇目，是随所述之事而名之，并没有什么一定的法则。为什么？这是因为《尚书》之教，并非纤悉委备，而是举其大纲，叙而述之，以示古代帝王经世之大略，以故典、谟、训、诰、誓、命之篇，唯意所命，并不拘泥于一定的题目，而写法也是多所变化而没一定的法则的。

正因为《尚书》是因事命篇，写法多变，活络而没一定的成法，从而卓越的史家司马迁撰《史记》，也就心领神悟，继承这种遗意，明权达变，体圆用神，著述列传而不拘守任何一定的成例。

且举七十列传之首的《伯夷列传》来说，便是不为传名所拘，作的是

《伯夷传》，却又不是为伯夷作传，而是有感于世俗浇漓，以致激动发愤，而又不能不有所忌讳。以此议论多，叙事少，纵横变幻，一如排空游龙，使人捉摸不得。这就使得精研史意的名家章学诚不得不说："太史公《伯夷传》，盖为七十列传篇作叙例。惜（许）由、（务）光让国无征，而伤伯夷、吴太伯之经夫子（孔子）论定，以明己之去取是非，奉夫子为折衷，篇末隐然以七十列传窃比夫子之表幽显微。传虽以伯夷名篇，而文兼七十篇之发凡起例。"（《章氏遗书·丙辰劄记》）这就肯定了司马迁《史记》的列传，是没一定的写法，师承《尚书》之无体例，沿袭孔子表幽显微的意旨，而自成一套凡例。这种说法，自是探穷幽隐，推极本原，而深中肯綮的。

再就《孟子荀卿列传》来说，先之以受业子思门人，而阐述孔子之意的孟子；继之以闳大不经，而又能归到仁义节俭的阴阳家邹衍；再继之以学黄老之术的慎到、田骈、接子、环渊；最后才归到最受尊敬的儒家荀子。一篇传文，竟写得如此汪洋恣纵，交错缤纷，真是体圆而用神，牢笼天地了！至于《龟策列传》，并没叙述哪一个卜策者的事迹，而只说是自古帝王何尝不重视龟卜、蓍筮，则是本于《尚书》因事命篇之意旨，更是明白显然不待说了。

如其有人说，《龟策列传》诚然是因事命篇，效法孔子的删订《尚书》而来的，但纵横变化、错杂多端的《伯夷传》《孟荀传》，也都是折衷孔子而得《尚书》的意旨，那就令人疑莫能明了。然而我们认为，意会神悟，在乎其人；"运用之妙，存于一心"。诸凡广大宏博、精微奥妙的旨趣，都非语言笔墨所能传授，要在学者心神领悟，善于抉择去取，则"妙思所集，宜如其实；犹或增之"（《论衡·艺增》），哪有什么一定的法则呢？不见草圣张旭，就曾从他切身体验中，尝言"始吾见公主、担夫争路，而得笔法之意；后见公孙氏舞剑器，而得其神"（李肇《国史补》），"自此草书长进，豪荡感激"（《杜少陵集》卷二十《观公孙大娘弟子舞剑行·序》）的妙绝古今的故事吗？因他焦神费思，揣摩比合，也就体悟到了作字伸缩变异的神妙，从而成竹在胸，挥运在手，书法愈出愈奇，终于入了圣境。举一反三，由此及彼，学书学史，唯在妙悟，马迁、张旭识趣奇高，而又锲而不舍，也都一如禅师住心于一境，冥想妙理，终于入了悟门，其史法、书法的蕴蓄宏富，笔力豪放的由来，也都难于为一般人所可理解了。

再说，《尚书》既是因事命篇，而没定法，没定格。那么，探究精微，追索根本，则袁枢"因司马光《资治通鉴》之文，分类排纂，以一事为一篇，各详其起迄，使节目分明，经纬条贯"（《四库全书简明目录》卷五《史部·纪事本末类》），实是远承《尚书》而来的。所以章学诚说："袁枢《纪事本末》之为体也，因事命篇，不为常格，……决断去取，体圆用神。是真《尚书》之遗也。"（《章氏遗书》卷十四《方志略例·方志立三书议》）这就可见袁枢之能将每一历史事实的始末，网罗隐括，无遗无滥，叙述得丝索绳贯、脉络分明，实是就《尚书》因事命篇，加以神明变化，不为常例所拘泥，而得变通之道的缘故。从此师事相承，章冲的《春秋左氏传事类本末》，高士奇的《左传纪事本末》，陈邦瞻的《宋史纪事本末》《元史纪事本末》，谷应泰的《明史纪事本末》，也都陆续成书，这就说明《尚书》在中国史学史上影响之大，而纂定《尚书》的孔子，又是纪事本末体的祖师了。

## （二）有定例

然而《尚书》之所以因事命篇，而没一定的法则，这当不是没有原因的。"盖官礼制（《周官》之法）密，而后记注有成法；记注有成法，而后撰述可以无定名，……不必著为一定之例。"（《文史通义·书教上》）所以说："《书》录帝王言诰，举其大纲，事非繁密"（《礼记·经解》及疏），即足以通帝王经世之大略，而垂知远之教了。

但从周室东迁，政教号令，既已不行于天下；加之"官礼废而记注不足备其全"（《文史通义·书教上》）。从而孔子之作《春秋》，除了求得周史记与百二十国宝书，以备其始末外，又得著为一定的义法而发凡起例。

什么叫凡例？举要谓之凡（《春秋繁露·深察名号》），律例谓之例（《晋书》卷二十《刑法志》："集罪例以谓刑名。"）。推而至于凡是著书，其说明书的内容主旨，撰述的体例规条，便是凡例。杜预《经传集解序》说孔子作《春秋》，"发凡以起例"，便是中国史学史上，在撰述史书时，先行制订凡例破天荒的第一次。刘知幾就曾说，"昔夫子修《春秋》，始发凡起例"（《史通》卷四《序例》）。

孔子作《春秋》，为什么先要发凡起例呢？这因"史之有例，犹国之有法。国无法则上下靡定,史无例则是非莫准"(《史通·序例》)。"史者,国家之法典也"(《欧阳永叔文集·论史官日历表》),"史之为务,树之风声"(《申鉴·时事》),所以警戒当时以及后代统治者不敢放肆胡作非为者也!何况孔子之作《春秋》,唯一的主要意旨,是在明邪正,著劝戒,拨乱世而返之于正呢。

然则孔子所订的《春秋》凡例,又是哪些呢?那便是"微而显,志而晦,婉而成章,尽而不污,惩恶而劝善"(《左传·成公十四年》)等五条。给予引申,则是:第一,言辞隐微而意义显著。第二,记事杀伐而行文幽深。第三,曲折婉顺而成篇章。第四,直书其事而不污曲。第五,善恶必书以为惩劝。总之,前四条是作《春秋》的方法,后一条则是作《春秋》的法例,正是所以达成惩恶劝善、拨乱反正的目的。

从此,孔子作《春秋》而发凡起例,以及所制订的凡例,在中国史学上莫不起了重大作用、深远的影响。

首先,就得到了为《春秋》作传的左丘明的赞美,不但说是"非圣人"谁能做到这一点(《左传·成公十四年》);而且给《春秋》"立传","显其区域",一如孔子之订凡例,而"科条一辨,彪炳可观"(《史通·序例》)。

其次,陈寿修《三国志》,秉承孔子"微而显,志而晦"的凡例,绝不同于王沈所作的《魏书》、鱼豢所著的《魏略》之以魏为主体,而是"齐魏于吴、蜀,正其名曰'三国',以明魏不得为正统"(朱彝尊《曝书亭集》卷五十九《陈寿论》)。措辞隐微,而下笔则极严正,以寓其帝蜀的宗旨。其书也就以质直见称,而非司马相如文艳之文可比了。(见《晋书》卷八十二《陈寿传》)

再次,干宝撰《晋纪》,首立凡例,因而"其书简略,直而能婉,盛称良史"。自此,邓粲著《元明纪》(元帝、明帝纪)、孙盛撰《晋阳秋》以述晋的中兴,无不追踪干宝而立凡例,"词直而理正,咸称良史焉"。(《晋书》卷八十二《干宝邓粲孙盛传》)

三次,沈约才高学博,"其著《宋书》,……颇具别裁"(《文史通义·读史通》),但从他《志序》里所历述他撰修《礼志》《符瑞志》《州郡志》《百官志》的方法看来,虽然名之曰序,而实际上也都是凡例。不又证明史家修史,是师承孔子而发凡起例的吗?

四次，司马光是推尊孔子备至，修《资治通鉴》而奉《春秋》为经，故不敢始于获麟而另起于三家分晋。（见《郡斋读书志》卷二上《资治通鉴》）又复秉承孔子的遗训，一丝不苟，以故凡例都是和他得力的助手、史学名家刘恕、范祖禹几经商讨，才确定下来的。（《容斋续笔》卷四《资治通鉴》、《鲒埼亭集外编》卷四十《通鉴分修诸子考》）其书也就修得格外简明精审，独有千古。

五次，就唐初修《晋书》来说，虽曾由有良史之才、致称为陈寿之流的敬播总其类而立了凡例（《旧唐书》卷一百八十九、《新唐书》卷一百九十八《敬播传》）。只以执行不严，立了"凡天子庙号，唯书于卷末"的义例，而孝宗死后，却又不言庙而曰烈宗；（《史通·序例》）至于列传，则更是文不准例，而艾兰不分，将解系、解结、缪播等忠臣，与逆乱之徒孙旗、孟观、牵秀等合在一起。这又何怪乎《晋书》之在二十四史中，是问题较多而又较严重的呢。

六次，正因修史须效法孔子之作《春秋》而先发凡起例，以故元修辽、金、宋三史，为了究应以谁为正统的体例问题，从世祖时开始，历经仁宗、文宗两代，争论不休。直至政权摇摇欲坠的前夕，这个难于解决而又不能再不给予解决的时期，才做出了"三国各与正统，各系其年号"（《庚申外史》卷上）的义例，而开始撰修。这不就可见孔子作《春秋》而先立义例，在中国史学上所起的影响，是如何的深远，而为后代之所宗师吗？

七次，正因为修史须效法孔子之作《春秋》而先发凡起例，以故明修《元史》，不但撰修纪、志、表、传，事先都立有严明的凡例，以明传信传疑、笔削褒贬的不苟；而且尊奉《春秋》为准则，"不作论赞，但据事直书，具文见意，使其善恶自见"（《元史·纂修元史凡例》）。只以制订义例是一回事，执行起来又是一回事，致将为宋死难的忠臣洪福、赵安、张珏等诬为叛逆，则又何怪乎明修的《元史》，是历代"正史"最差的一部呢（诚然还有其他的原因）？

总之，修史首先必须发凡起例，以便有所遵循，则所修之史，才能少有谬误，已是从事实上历经证明而丝毫不爽的。而在中国史学史上，修史而先制立凡例，则是从孔子开始的。至于修史效法孔子而先立凡例，只以执行不力，而没有收到预期的效果，以致所修之史没有修好，也都无损于发凡起例的本身，更无害于孔子之名为中国史学的祖师。从而清修《明史》，史官朱彝尊第一次上书总裁，便提出了"体例当先定"的问题，认定"作史者必先定其例，发其凡，而后一代之事可无纰谬"；复以"体例犹未见颁"，又在第三次上书里，申说了体例未定，则史官提出的史稿将无法"诠择而会于一"的理由。(《曝书亭集》卷三十二《史馆上总裁第一书》《史馆上总裁第三书》) 从此，总裁徐元文的《修史条议》、王鸿绪的《史例议》、汤斌的《明史凡例议》，也都相继提出，慎重地讨论了这个问题。这岂不都是在宗奉孔子为祖师，效法他作《春秋》之首先发凡起例吗？

## 二、正统问题

孔子作《春秋》以道名分，故以尊王为第一义，周虽衰微，犹是奉之以为天下的宗主。当时各国已是不把周王室放在眼里，自用其历。如郑用夏正（以正月为岁首），宋用殷正（以十二月为岁首），甚至犹秉周礼之鲁也都改用了夏正。但孔子却因史见意，每岁"必书春王正月"，大事阐发"王者受命，制正月以统天下，令万物无不一一皆奉之以为始"(《公羊传·隐公元年》疏) 的政治意旨，以示周是一系相承，"六合同风，九州共贯"(《汉书》卷七十二《王吉传》) 之大一统的王朝，而膺天下的正统。

清儒鲁一同（好谈经世之学的道光举人）因之说："居得其正之谓正，相承勿绝之谓统。"(《通甫类稿·正统论》) 反过来，则越礼犯分、假冒名义的，便是僭窃的伪政权。以故孔子之后，正统与僭窃，便在中国史学史上成了个极其重大的政治问题。约略言之：

班固便不满于司马迁著《史记》时将汉高祖厕于秦、项之列，而遵循孔子"显助祖宗，扬明其蹈哲之德"。既作《典引》"先扬大汉"，以汉为帝尧之后，绍继其绪，"高祖、光武，如北辰居其所，而众星拱之"，"光被四表，格于上下"，是乃"当天之正统"。(《昭明文选》卷四十八《典引》及注) 又修《世祖本纪》，于列传之外，特创载记一体，把那与刘秀争天下的群雄刘玄、刘盆子、隗嚣、公孙述等，一一列在里面。标志他们虽然曾文名号，却是僭窃分子。是后唐初官修《晋书》，又将十六国的刘元海（刘渊）等一概列入载记；清的《四库全书·史部》，更将载记这一门类，专事收罗《吴越春秋》以下偏方割据的史籍。穷根追源，不都是效法孔子之作《春秋》之尊周为天下大一统的宗主吗？

习凿齿以魏武曹操志在篡汉，便谓晋不宜上承魏统，而应越魏继汉，故作《汉晋春秋》，起于汉光武，终于晋愍帝。于三国时，以蜀为宗主，魏虽受汉禅，尚为篡逆。至文帝（司马昭）平蜀，才为汉亡而晋始兴起。（《晋书》卷八十二《习凿齿传》）

魏收修《魏书》，本是以东魏为正统，而不给西魏诸帝立纪的。然而杨坚则是上承北周帝统，北周又是承西魏帝统的。那么，推而论之，则隋便成了僭伪政权，不成其历史上的正统王朝。于是杨坚即位之初，便迫不及待地命魏澹等更修《魏书》，而以西魏为正，东魏为伪（刘昫《北魏书序》），隋便成正统的政权了。

李渊父子灭隋而承其帝统统治全国，自是一代的统一政权。然而隋末群雄纷纷而起，建国称帝称王的，除了李渊在长安建唐，年号武德外，则尚有梁师都、王世充、刘黑闼、林士宏、李密、刘武周等，然则他们所建的政权，究竟哪个才是非法僭伪，哪个才算合法正统的呢？因此，唐修《隋书》，就得改书隋炀帝大业十三年（617）为唐高祖所建立的隋恭帝义宁元年；并遥尊炀帝为太上皇，"逊位于大唐"（《隋书》卷五《恭帝纪》），李唐政权才有它的合法性而是正统的，其他梁师都等所建国号，就都属于僭伪了。

元修辽、宋、金三史，从世祖以来，便因辩论究应以谁为王统的问题，纷纷扰扰，不曾得到解决，也就无法进行。岁月悠悠，一直拖到顺帝末年，政权已是摇摇欲坠，设局通修三史，再也不容悬而不决，几经激烈争论，都总裁脱脱才断然作出"三国各与正统，各系其年号"（《庚申外史》卷上）的义例，辽、宋、金三史，才得修成。

自从辽、金、元贵族建立他们的政权以来，正统问题，也就越加成了辩论不休的问题。而清贵族入关统治了全国，又更激起了有民族气节之士的激烈反抗。因之清政权以为史家修史，如其不以元为正统，而"以明继宋"，便是极其"荒唐悖谬，……病狂丧心"，而"其书可焚，其版可斧"，以免流毒而"为世道人心之害";(《四库全书总目提要》卷五十《别史类存目·宋史质》)并以此严厉地宣告自唐、虞、三代以来,只有我大清皇朝是得天下最正,而为天与人归的正统政权。

总之,指导中国封建史家修史的理论基础,是孔子的史学思想。自孔子作《春秋》书"王正月"的阐发"大一统"主义而以周为宗主后,历代史家诸如班固、习凿齿等等,王朝诸如隋、唐等等,莫不严重地注视着这个问题。而欧阳修、苏东坡、郑思肖、魏禧以至鲁一同,都无不鼓吹正统论,以为"取之以诈力,守之以残暴,恶在其为正统也"(《魏禧文集·正统论中》)。也就是说,只有"统天下而得其正,故系正焉;统而不得其正,犹弗统乎尔"(《欧阳永叔文集·正统辨上》)。宜乎唐代的萧颖士,早就说是"仲尼作《春秋》为百王不易之法"(《新唐书》卷二百零二《萧颖士传》),而为后代史家的祖师。

## 三、尊王攘夷、内诸夏而外夷狄

孔子作《春秋》,既然主张大一统,对内以尊王为第一要义,对外也就大赞攘夷者的业绩。猃狁(秦、汉时的匈奴),北方的强族,自殷末以来,即向内入侵,以至逼近周的镐京,造成了极其严重的危难。孔子删《诗》,也就保存了《小雅》歌颂北伐猃狁的南仲、尹吉甫,赞美宣王中兴的《出车》《六月》等篇。尤其西部犬戎的入侵镐京,杀幽王,灭西周,迫使平王不得不迁徙洛邑而成了东周。从此,"封疆不固,……南夷与北狄交侵中国,不绝若线"(《晋书》卷五十六《江统传》)。孔子作《春秋》也就以"尊周攘夷"相号召,"内诸夏而外夷狄"(《公羊传·成公十五年》),拒抗敌人,捍卫边防。这就在中国历史上产生了极其严重而深远的影响。

(一)就"内诸夏而外夷狄"说

孔子尽管对管仲有所不满,说他器量小,不能俭,不知礼(《论语·八佾》);却高度地赞美了他"一匡天下",而使诸夏得免于亡而"被发左衽"

(《论语·宪问》)的功业;并对吴、楚的称王,而贬之曰"子"(《史记·孔子世家》)。从而:

晋武帝时,江统作《徙戎论》,首先便说"《春秋》之义,内诸夏而外夷狄"。今夷狄入居,必生事变,自应发遣,还其本域。帝不能用其言,不满十年,就发生了"五胡乱华"的大灾难。(《晋书·江统传》)

唐武后时,突厥、吐蕃、契丹,往往遣子入侍,左补阙薛谦光因之力陈戎夏不可杂处,而让他们得知边塞、险要,妄生祸心,要当严加禁绝。

明英宗时,吏部主事李贤,又以成祖、宣宗以来的鞑靼降人留住京师,"一旦边方有警,其势必不自安",请将他们调至各都司卫所,以分其势,而消未萌之患。(《明史》卷一百七十六《李贤传》、《日知录》卷二十九《徙戎》)

总起来说,不都证明孔子"内诸夏而外夷狄"之说,在历史上发生了深重影响吗?

## (二)就"尊周攘夷"说

孔子作《春秋》,意在拨乱反正,道名分"以达王事"(《史记·太史公自序》),然而"君臣之分,所关者在一身;华裔(边远地区的民族)之防,所系者在天下。故夫子之于管仲,略其不死子纠之罪,而取其一匡九合之功。盖权衡于大小之间,而以天下为心也"(《日知录》卷七《管仲不死子纠》)。从而:

王夫之"生当鼎革,窃自维先世为明世臣,存亡与共","虽荐辟皆以死拒"。至死,且"自题墓碣曰:'明遗臣王某之墓'"。(《国朝先正事略》卷二十七《王而农先生事略》)这便是从他自己身上来阐扬《春秋》的大义,以为"夷狄者,义之尤严",《春秋》者,精义之立极者也"。(《读通鉴论》卷十四《安帝》)读圣人书,所学何事,当着异族大肆入侵,能够临难苟免,而不死节吗?正因为他拳拳服膺"尊王攘夷"之大义而弗失,因之极力推尊刘裕之北伐中原,"东灭慕容超,北灭姚泓",乃"自刘渊称乱以来,……仅延中国生人之气者"!乃"以功力服人而移其(晋)天下",不能"没其挞伐之功而黜之"者!(《读通鉴论》卷十五《宋武帝》)甚至认为"即令桓温功成而纂,犹贤于戴异类以为中国主"(《读通鉴论》卷十三《晋成帝》)也!王氏如此慷慨激昂的爱国主义史论,诚是有得于《春秋》,才如此精辟的。

至于两宋、有明之末,许多英勇奋发、生死不渝的民族死节之士,其悲壮淋漓、惊天动地的"攘夷"业绩,史家又得因事制宜,有的为他们作了专传,有的则列入了忠义传,务使他们的浩然正气照耀万代而不灭,只以篇幅有限,也就不在这一一细述了。

总之,孔子"夷夏之防"的论点,在今天说来,自然是一种民族狭隘主义。然而放在古代的历史条件下,要当知人论世,则那为民族死节之士的正气,又是至大至刚,岿然长存而明并日月的呢!

## 四、属辞比事

"属辞比事",原是孔子作《春秋》首创的一种修史的法则。从此,相承不坠,也就成了一条极具权威性的"《春秋》之教"。(《礼记·经解》)

孔子博学多能,识大识小(《论语·子张》),将西去王室和在鲁所收集的丰富史料一一排列,连类而比较之,明其异同,辨其真伪,析其疑似,曲证旁通,求出其中的有机联系,便是"比事"。然后折中引义,有典有法,严其笔削以成一字都明是非,而具褒贬的《春秋》,便叫"属辞"。从而这条《春秋》之教,在中国史学史上便成了金科玉律,为史家拳拳服膺所不失,而奉孔子为修史的祖师了。

这到底是啥道理呢?因为"好书而不要(要领体会)诸仲尼,书肆(卖书市肆,不能释义)也;好说而不要诸仲尼,说铃(小说不合大雅)也"。那么,博通群籍,"皆斟酌其本"(《汉书》卷八十七下《扬雄传》赞)的扬雄,在效《论语》之所作成的《法言·吾子》里,竟谆谆如此地教诫世人,不就恳切指出了修史者,要于所得资料,考求是正,合乎大雅,都非向孔子学习"比事属辞"之教不可吗?所以章学诚说:"《春秋》'比事属辞',必征其类,……比事参观,甚资启悟,一隅三反,文章不可胜用矣。"(《文史通义·杂说中》)又说:"史学渊源,必自《春秋》'比事属辞'之义。"(《章氏遗书·丙辰劄记》)这不又是诲人谆谆,修史务须遵循"比事属辞"之教,而奉孔子为宗师吗?

举例来说:司马光修《资治通鉴》,首先便效法孔子之作《春秋》,广征史料,取材于"正史"、诸子以及其他稗官野史、百家谱录、文集等等,共计就有三百多种,而与史学名家刘恕、刘攽、范祖禹辨难商榷,攻坚扣巨,几经裁正,再定去取,组成长编。然后再由他自己就长编加以"删削冗长,举撮机要"的艰深力作,"抉摘幽隐,校计豪厘"(《进通鉴表》)的勤密功夫,才裁成了一部天衣无缝、万古不朽的绝业。

李焘修《续通鉴长编》,远师孔子,近学司马光,所搜资料,"自实录、正史、官府文书,以逮家记、野纪,无不递相稽审,质验异同"(冯云濠《宋元学案补遗》),是则存之,非则去之,缺则补之,误则改之,务使众说咸会于一,而归之至当。从而也就受到了当时言必"当审而后发"(《宋史》卷四百三十四《叶适传》),而"以人望召入朝"(《宋元学案》卷十四《水心学案·叶水心先生适》)的叶适高度评价。而谓"李氏《续通鉴》,《春秋》之后,才有此书。自史法坏,谱牒绝,百家异传与《诗》《书》《春秋》并行,而汉至五季,事多在记后。史官常狼狈收拾,仅能成篇。呜呼,其何以信天下也!《通鉴》虽幸复古,然由于千有余岁之后,追战国秦汉之前则远矣!疑词误说,流于人心久矣!方将钩索质验,贯殊析同,力诚劳而势难一矣!及公据变复之会,乘岁月之存,断自本朝,凡实录、正史、官府文书,无不是正,求一律也。而又家录、野记,旁互参审。毫发不使遁逸。邪正心迹,随卷较然。夫孔子之所正时月,必取于《春秋》者,近而其书具也,今唯《续通鉴》为然耳。故余谓《春秋》之后,才有此书,信之所聚也"(《水心集》卷十二)。是李焘秉承"比事属辞,《春秋》之教"而撰《续通鉴长编》,其客观条件,又一如孔子之作《春秋》,"近而其书具",优越于司马光修《通鉴》"事多在记后,史官常狼狈收拾,仅能成篇"了。所以朱彝尊说:"宋儒史学,以文简(李焘)为第一。盖自司马君实(司马光)、欧阳永叔(欧阳修)书成,犹有非之者,独文简免于讥驳。"(《曝书亭集》卷四十五《书李氏续通鉴长编后》)非偶然也。

反过来,如其不明孔子《春秋》之教的"比事属辞"法则,那便是章学诚说的，即以"(韩)昌黎道德文辞，并足泰山北斗……而昌黎之于史学，实无所解。即其叙事之文，亦出辞章之善，而非有'比事属辞'，'心知其意'之遗法也，……特不深于《春秋》，未优于史学耳"(《文史通义补遗·上朱大司马论文》)。正因为章学诚是极其推尊孔子这个"比事属辞"的撰修史书的方法的，所以他又不厌其烦地说："韩氏道德文章不愧泰山北斗，特于史学非其所长，……史家渊源，必自《春秋》'比事属辞'之义，韩子所不能也。"(《章氏遗书·丙辰劄记》)以故所修"《顺宗实录》，繁简不当，叙事拙于取舍，颇为当代所非"(《旧唐书》卷一百六十《韩愈传》)。

又，欧阳修蓄道德能文章，倡导古文运动，原是声名奔走天下的文坛领袖。然所修"《唐书》与《五代史》，其实不脱学究《春秋》与文选、史论习气，而于《春秋》、马、班诸家相传所谓'比事属辞'宗旨，则概未有闻"。"其于史学，未可言也！"(《文史通义·与汪龙庄书评沈梅村古文》)以故《唐书》《五代史》修成，吴缜即撰《唐书纠谬》《五代史纂误》，指出其瑕疵了。

总上看来，如其不深通《春秋》"比事属辞"的法则，那就不论文章道德高出一代的韩昌黎还是欧阳修，都是不能修好史书的，这就可见孔子实是史学的祖师了。

## 五、司马迁、班固之宗师孔子

北魏史家李彪说："史官之达者，大则与日月齐明，小则与四时并茂。其大者，孔子、左丘是也；小者，史迁、班固是也。"(《魏书》卷六十二《李彪传》)这就是说，孔子、左丘明，是中国史家的开山祖，他们的业绩，将与日月齐明，永远是后世史家的指路明灯，而马、班则是师承他们(尤其是孔子)的私淑的最佳弟子。所以善言史法的名史家刘知幾著《史通》，第一章《六家》，便以《尚书》《春秋》为史家的开体，总领群史，尊奉孔子为祖师；刘恕撰《通鉴外纪》，又说"历代国史，其法出于《春秋》《尚书》"(《自序》)。总之，"《尚书》《春秋》，实为史家之权舆"(钱大昕《廿二史劄记序》)，孔子则是史家的祖师。

　　司马迁史裁绝业，独步千古。然而"有因而成易，无因而成难"。如沿流探源，则《史记》的发凡起例，名理旷论，皆是师承孔子之所删订的《尚书》、述作的《春秋》而来的。须知"孔子是述作设教之圣"（《史记·太史公自序》正义）；史迁又当仁不让，而以孔子的"正《易传》，继《春秋》，本《诗》《书》"的述作相比拟（《史记·太史公自序》）。章学诚因之说："史迁绝学，《春秋》之后，一人而已。其范围千古，牢笼百家者，唯创例发明，卓见绝识，有以追古作者之原，自具《春秋》家学耳。"（《文史通义·申郑》）这就可见史迁的史学是来自孔子，不论是他自己，还是章学诚，都是说法如一的。至于班固，又何尝不是一样呢？兹且试述于下：

（一）《史记》《汉书》是师承孔子撰成的

　　学术是逐步向前推进的，后人的说法，是较前人更细密，更完备的。南宋郑樵，虽是一位善于阐发"会通"之义的史学名家，但只说了"自书契以来，立言者虽多，唯仲尼以天纵之圣，故总《诗》《书》《礼》《乐》而会于一手。然后能同天下之文，贯二帝、三王而通一家，然后能极古今之变"（《通志总序》）。但乾嘉时代的章学诚，则更说了"《书》与《春秋》，本一家之学也。……《书》篇乃史文之别具。古人简质，未尝合撰纪、传耳。左氏以传翼经，则合为一矣。其中辞命，即训、诰之遗也；所征典实，即贡、范之类也。故《周书》迄平王（《尚书》记周事，虽然迄于秦穆，但《秦誓》乃附侯国之书），而《春秋》托始于平王，明乎其相继也。左氏合而马、班因之，遂为史家一定之科律，殆如江、汉分源而合流，不知其然而然也"（《文史通义·方志立三书议》）。这就是说，孔子删定《尚书》，即成了一部上自唐、虞，下至东周的通史；左氏作传，又辑上古以来的辞命，征上古以来的典实而辅翼之，从而体圆用神。史迁师承前者之意，撰成了通史体裁的《史记》；班固宗仰后者的主旨，修成了断代史的《汉书》。

　　再说，"纪、传之兴，肇于《史》《汉》。盖纪者，编年也；传者，列事也。编年者，历帝王之岁月，犹《春秋》之经；列事者，录人臣之行状，犹《春秋》之传。《春秋》则传以解经，《史》《汉》则传以释纪"（《史通》卷二

《列传》)。是《史》《汉》的本纪,实源于《春秋经》,列传则始于《左氏传》。"载笔之体,于斯备矣。后来继作,相与因循"(《史通》卷二《二体》),本纪以诠岁时,列传以管行事,两两相行,不可偏任而废其一,所有"二十三史,皆《春秋》家学也。本纪为经,而志、表、传录,亦如《左氏传》例之与为终始发明耳"(章学诚《校雠通义·宗刘》)。信乎,孔子、左氏,史法的宗祖;马、班以及其他史家,皆宗仰其学之私淑弟子呀。

(二)《史记·自序》《汉书·叙传》都是渊源于孔子为《书》、为《易》卦作序的

刘知幾说,孔子删《书》,"始自唐尧,下终秦穆,其言百篇,而各为之序"(《史通》卷十二《古今正史》),"言其作意"[①]。是孔子纂定《尚书》百篇,曾条其篇目,撮其意旨,使后人易于领悟其笔削大凡、篇章之次第。

孔颖达说,孔子以"文王既繇(音胄,通籀,卦兆的占辞)六十四卦,分为上下篇,其理不见,故就上下二经,各序其相次之义"(《周易正义》)。姚鼐又说:"序、跋类者,昔前圣作《易》,孔子为作《系辞》《说卦》《文言》《序卦》《杂卦》之传,以括论其本原,广大其义。"(《古文辞类纂序》)是知解说六十四卦之《十翼》,皆孔子阐明其义旨,其赞《易》之功,也就正在于此。[②]

从而史迁、班固,师承孔子,《史记》有《自序》,《汉书》有《叙传》,以发明其述作之意旨,篇目之先后。所以卢文弨说:"《太史公自序》,即《史记》之目录也;班固之《叙传》,即《汉书》之目录也。……吾以为《易》之《序卦传》,非即六十四卦之目录欤?《史》《汉》诸序殆昉于此。"(《龙城札记》)

(三)《史记》诸表之详今略古,是师承孔子之次《春秋》、序《尚书》的

撰述史书,远的不可详,近的不可略。故孔子次《春秋》,记元年,正时日月;序《尚书》,则略而无年。史迁著《史记》,因师其意。三代远,远则略,

---

① 《书经传说》班固曰:"孔子纂《书》,凡百篇而为之序,言其作意。"
② 孔子赞《易》所作的《十翼》:《上象》《下象》《上象》《下象》《上系》《下系》《文言》《说卦》《序卦》《杂卦》。

故作世表；十二诸侯、六国，既不远，又不近，故作年表；秦汉之际最近，最近则最详，故作月表。总之，能详应详的详，难详宜略的略，一切从实际出发，也就显得格外妥帖允当。"详今略古"的法则，岂但为史迁所遵循，已成了后代所有史家修史的准则了。

### （四）不作褒贬的论赞而纪外事的史论

孔子作《春秋》，据事直书，其义旨寓于一字之褒贬，而不再作论赞。以故史迁《史记》所有"太史公曰"，并非什么褒贬之辞而皆史外的事；《汉书》班彪所撰元、成二帝之赞，班固自著的《扬雄传》赞，无非都是别纪所出，而非蛇下添足、颊上增毛的赘辞，是皆学孔子深入其室而明其意旨之所在的。

### （五）删润典章以入《史》《汉》，是师法左氏受孔子之命以传《春秋》的

孔子作《春秋》，"其事则齐桓、晋文，其文则史……其义则丘（孔子名丘）窃取之"（《孟子·离娄下》），而寓于一字之褒贬。以故"不与《文侯之命》同著于篇"（《文史通义·书教上》），而命左氏为之作传，则宰孔命齐侯（《左传·僖公九年》）、王子虎命晋侯（《左传·僖公二十八年》）的训诰之文，都所采入。从而师道相传，"马迁绍法《春秋》，而删润典谟，以入纪、传；班固承迁有作，而从《禹贡》取冠《地理》，《洪范》特志《五行》"（《文史通义·书教上》）。是马、班修史，乃以史之小者；师法孔、左，史之大者了。

## 六、孔子之所以成为中国史学之祖的原因

孔子的史学之所以博大渊深而成为中国史家的祖师，这当不是无缘无故，而是有他自身因素、客观条件的。

### （一）自身因素

孔子从十五成童以来（古以十六为成年），即有志于学（《论语·为政》），

自强不息，以至"发愤忘食，乐以忘忧，不知老之将至"（《论语·述而》）。如此"有始有卒，日久常新"（张栻《癸巳论语解》），也就终于成了史学"述作设教之圣"（《史记·太史公自序》正义）了。

孔子本是一位天纵多能（《论语·子罕》）、"博学多识"（《列子·仲尼》）的通才。但他温恭谦让（《论语·学而》），认为自己的资质，只能是个"学而知之"的次等人（《论语·季氏》）。"知之为知之，不知为不知"（《论语·为政》），决不内而欺己，外而欺人。不知就得虚心向人请教（《论语·乡党》）："学于老聃、孟苏夔、靖叔"（《吕氏春秋·仲秋纪·当染》）、项橐（详见俞正燮《癸巳类稿》卷十一《项橐考》），学琴于师襄（《韩诗外传五》《史记·孔子世家》），问官于郯子，问乐于苌弘（《国语·周语下》）。那么，"好问则裕，自用则小"（《尚书·仲虺之诰》），故能集众学于一身，师心独学，强力专精，而以贯之，允为中国史家崇奉之祖、不祧之宗呀！

尤其难能可贵的，是师道尊严，而孔子却独不以长者自居，而是诱导学生们自由发言，不受拘束（《论语·先进》）；而是认定师生之间，要当质疑问难，相互启发，且谓颜回、子贡都是能对他起帮助作用的（《论语》之《先进》《八佾》）。这是何等的坦荡胸怀，并不以为老师事事贤于弟子，而允为万世师表！

（二）客观条件

我国古代，史是由史官掌记的，史官也就是史家，"故掌文书者谓之史。其字从又持中。又者，右手，以手持簿书也"（江永《周礼疑义举要》）。然自周室东迁，王官失守，于是政权与教权分离。原来总司政教之权的史官，只是撰修史书，不能参与政治。在这种情形下，孔子也就得以在野的身份修史。所以章学诚说："春秋以前，凡有文字，莫非史官典守；即大小术艺，亦莫非世氏师传，末有空言著述不隶官籍，如后世之家自为书者也。"（《章氏遗书·逸篇》）这就足见"史氏之职，旧矣。自周衰失官，旧章隳紊，仲尼因鲁史记之文，考其真伪，刊而正之，以为劝戒"（《册府元龟·国史部二·采撰》），才撰成了《春秋》。如其生活在西周时代，史由史官掌记，孔子又哪有可能私修史书呢？

我国古代，自王室以至诸侯之国，所藏的典籍，"皆令人臣得以阅读"，以故孔子删订《尚书》，著作《春秋》，既"以鲁周公之国，礼文备物，史官有法，故与左丘明得观其史记"（《汉书》卷三十《艺文志》）；又能西去参考王室所藏典籍（《史记》卷十二《十二诸侯年表序》），得见百二十国的宝书（《公羊传》徐彦疏）。如其如元朝的国史院，且不许以所藏的国史供官修《经世大典》的参考（《元史》卷一百八十一《虞集传》）；如明代将"所收多南宋以来旧本，藏之秘府，垂三百年，无人得见。……虽以夫子（孔子）之圣起于今世，学夏、殷礼而无从，学周礼而又无从也"（《日知录》卷十八《秘书国史》），又将何以删《尚书》而著《春秋》呢？

我国古代，国史诚然是由史官撰修的。但国家并未设立史馆，更未设什么监修之官，而是由史官自行撰修的，从而史官也就能执行其尊严的职责，成为君臣善恶、功过，皆得直书不隐的"谔谔之臣"（《韩诗外传七》）；所撰史书，也就自然而然地是国家的法典，史官是大义凛凛，主旨是非自主，只知"唯实"，而不"唯上"的，是不为权势、威武之所屈服的！周成王剪桐封弟，自己以为只是戏言，史佚却以为"天子无戏言"，致使王不得不封其弟康叔于唐（《史记》卷三十七《晋世家》）；赵穿攻灵公于桃园，太史董狐以为赵盾是晋唯一掌大权的正卿，而逃不越境，返不讨贼，便公开地直书"赵盾弑其君"以示于朝，致使权威炙灼"如夏日可畏"的赵盾，虽然不以为然，却也对他奈何不得（《左传》宣公二年、文公七年注）。所以刘知幾说："古者刊定一史，纂成一家，体统各殊，指归咸别。夫《尚书》之教也，以疏通知远为主；《春秋》之义也，以惩恶劝善为先。……顷史官注记，多取禀监修。杨令公则云'必须直词'，宗尚书则云'宜多隐恶'。"是非不一，"虽使尼父（仲尼）再出"，也都无法秉忠执直，撰述一字之间都成褒贬之史了！（《史通》卷二《忤时》）

所以那位深明世故，洞悉史法，而"尤长《春秋》"之学的刘永之说："夫《春秋》之为《春秋》，明王法，彰乱逆，诚圣人之旨……今之与古远矣而其理弗异也。设使有一孔子，生乎今之世，立乎今之朝，非君之命与其职守，而取今之国史而损益焉，予夺焉，褒讥焉，而公示之人，其不为僇民（即戮民，受刑辱的罪人）者，鲜矣！"（《曝书亭集》卷六十四《刘永之传》）总之,"为于可为之时则从,为于不可为之时则凶"(扬雄《解嘲》)。孔子本来就是个主张正名定分,"事君尽礼"(《论语·八佾》),坚决反对"犯上作乱"(《论语·学而》)的学者。那他也就只能给自己提出说明世界的任务,决不能提出改造世界的任务。说穿了,他若不是生在春秋允许私自撰述史书的时代,而是活在后代,他敢私自去修国史吗?更莫说资料秘藏,无由得见,而不可能呢!

再说,任何一部史学名著,都不是专靠某个个人的学力才智,独自创造出来,而是在前人的基础上加以提高,有所发展而成的。所谓"为高必因丘陵,为下必因川泽"(《孟子·离娄下》);所谓"古来辞人,异代接武,莫不参伍以相变,因革以为功"(《文心雕龙·物色》),不都正是这个意思吗?所以在孔子未作《春秋》之前,也都有了鲁的《春秋》(《左传·昭公二年》),以及周、燕、宋、齐的《春秋》(《墨子·明鬼下》)。至于《春秋》之义之在正名分,褒善贬恶,则管仲已说"《春秋》之记,臣有弑其君,子有弑其父者"(《管子·法法》),申叔时已要楚庄王以耸善抑恶之义教太子(《国语·楚语》),是《春秋》之书,《春秋》之义,都已先乎孔子而存在,而阐述过了。只是"后浪催前浪,新人胜旧人",孔子作了《春秋》以后,各国的《春秋》随即废弃,《春秋》的名之与义,就都专属于孔子一人了。

再说,"孔子修《春秋》,鲁史旧文不见,故无从参校圣人笔削之处。今以汲冢《纪年》书考之,其书'鲁隐公及邾庄公盟姑蔑',即《春秋》'公及邾仪父盟于蔑'也;书'晋献公会虞师伐虢灭下阳',即《春秋》'虞师灭夏阳'也。据此可见当时国史,其文法大概本与《春秋》相似,孔子特酌易数字,以寓褒贬耳"(《陔馀丛考》卷二《〈春秋〉底本》)。是孔子作《春秋》,且有底本了。

最后,还得指出。孔子作《春秋》,删《尚书》,诚然是非常谨严,一字不苟的。然而因此便谓其中所载,都是真实的信史,那就未免"法天贵真",而饱有一股浓厚的稚气了。试看"夏桀让汤,武王斩纣,其事甚著,而芟夷不存"(《史通》卷十三《疑古》)。因而即便是最尊孔子的嫡派孟轲,也都说《尚书》之文,不可尽信",而于《武成》仅取二三策而已(《孟子·尽心下》及疏)。再看,春秋"二百四十年中,鲁君之见弑者四(隐公、闵公、子般、子恶），见逐者一（昭公），见弑于外者一（桓公），而《春秋》不见其文；孔子之徒，犹云'鲁之君臣未尝相弑'"（梁启超《中国历史研究法》第三章"史之改造"）。这就未免过于矜智饰愚、爱憎由己了！又何怪那慷慨纵横，其词具有深厚的爱国感情、广阔的社会内容的辛弃疾，不胜感叹系之地说，"近来始觉古人书，信著全无是处"（《稼轩词·遣兴》）呢！

总之，孔子作《春秋》，删《尚书》，是有他为亲者贤者讳的目的的。以故不顾事实，而以私意击断之。宜乎汉代今文经师，谓《春秋》乃经而非史，吾侪不得不宗信之。甚而"著《春秋》，隐、桓之间则彰，至定、哀之际则微"（《史记》卷一百一十《匈奴列传》赞）。这就可见他著《春秋》，还是将明哲保身、以免时难放在第一位，而将传存史事放在第二位的。否则，为何删订古代的《尚书》，则略于远的唐、虞，详于近的三代；作《春秋》，则彰于较早的隐、桓之际，而微于近现代定、哀之时呢？尤其是，因为孔子出身于一个没落的贵族家庭，自己又做过司寇，也就不能不打上他的阶级的烙印。所删《尚书》，既是一部先王的政典；所作《春秋》，又是偏重王室、诸侯，而于整个社会情形则不给记载，甚至排斥创造历史的"庶人（广大人民）不得见于史"（《潜研堂文集》卷二《春秋论》），这都给后代史家带来了极其严重的恶果！

（1987 年第 1 期）

# 清华简与《尚书》《逸周书》的研究

李学勤

清华大学藏战国竹简对于古史研究有重要意义。现在我们初步估计全部清华简有六十四篇或更多一些书，内容和《诗》《书》《礼》《乐》《易》《春秋》都有一些关系，但与《书》的关系更重要。按照后世的分类，一种是真正的《尚书》，见于在今天传世的《尚书》，或者由其标题或内容可以推定是《尚书》的；第二种是不在《尚书》，可是见于传世的《逸周书》的；还有一些，是我们从来不知道的，可是从其体裁来看是和《尚书》《逸周书》是一类的。这三部分总共有二十多篇，是清华简的主要内容。此外还有关于历史方面的材料，如清华简第二册整理报告的内容，是《系年》。原无标题，但其体例比较接近于西晋时发现的《竹书纪年》，有些文句和传世的《竹书纪年》非常相近甚至相同，故定其名为《系年》，将于2011年出版。

1942年，长沙子弹库出土了战国帛书，1951年至1954年陆续在长沙发现了五里牌、仰天湖、杨家湾的战国竹简，但这些竹简还都不是严格意义的书。真正发现战国时代的竹书，那是1956年在河南信阳长台关一号墓。可惜竹简残断过甚，现在没有办法拼起来。当时我认为是儒家的作品，现在还有人这么看，不过现在有比较明确的证据证明这些竹简是墨家的作品。此后湖南慈利石板村也出土了竹书，但是多数残碎。真正重要的是郭店、上海博物馆、清华这三批竹简。与前两批竹简偏重于儒家、道家著作等思想性、哲学性的内容不同，清华简的内容主要是经史类的，而且主要是和历史有关的。我们可以看到，一批随葬的竹简，反映了墓主的思想和学术倾向。银雀山一号墓就都是兵书，我们可以想见墓主人一定是军事家。郭店墓的主人按我的意见是"东宫之师"，是教太子的老师，多有思想性内容，摘录的《语丛》也是思想性的内容。清华简的墓主人，可能是史官一类的人。

下面我们谈一谈和《尚书》《逸周书》有关的几个值得讨论的问题。

清华简里面真正能和伏生所传《今文尚书》直接联系的，最主要的就是《金縢》。刘国忠教授整理的《金縢》这一篇，竹简相当完整。虽然有一些地方要补字，也有个别很重要的地方和今本文字不一致，可是很明显这一篇就是《金縢》的内容。过去因为竹简整理尚处于初步阶段，我们曾以为竹简里有《康诰》，后来证明不是《康诰》。这是因为有一支尾简有几字和《康诰》最后几字"民世享"相同，其下留白，遂以为有《康诰》，结果不是《康诰》。我们也曾以为有《立政》，因为我们在简上看见的话，跟《立政》差不多完全一样。可是进一步研究发现不是《立政》，而是跟《立政》有关的另外一篇东西。《金縢》则没有这些问题，虽然它并没有写"金縢"这样的标题。这样我们就能有一个估计：济南伏生传的《今文尚书》，或说二十八篇，或说二十九篇，所以《尚书》的篇数并不多，数量很有限。孔壁出的《尚书》，据说比伏生本增多十六篇。相对于这个来说，我们现在发现《尚书》类文献二十多篇，数量上同它们差不多。这是第一个问题。

第二个问题，大家一定会问，先秦的时候，到底有没有一部《尚书》？——当时可以不一定称《尚书》，因为有不少人认为"尚书"这个名字是汉代才有的。特别是有没有一百篇《书》，是孔子选的？这一点实际上不能从清华简中发现，或者据伏生的、孔壁的《尚书》证明，至少我们这个墓里面没有百篇《尚书》。可是这也不能说当时就一定没有百篇《尚书》。这就涉及一个很重要的问题——《尚书序》。《尚书》确实有一百篇的序，而且汉代的人都相信它，郑玄还专门作了注。《尚书序》说明有过一百篇的这种设想，或者有这种东西。清华简能不能证明《尚书序》的存在呢？至少有一点可说，就是《金縢》。《书序》很明确讲它名为《金縢》，《史记》也称《金縢》，可见当时有"金縢"这一名称。如果《尚书序》普遍流行，在楚地，竹简的主人也看到过《尚书序》的话，他为什么不把这一篇东西称为《金縢》呢？这一篇用了一个很长的题目："周武王有疾周公所自以代王之志"。这个题目不是随便取的，几乎完全相同的话见于《史记》。因此这个标题还是有一定道理的，至少在楚地，墓主人是承认这个标题的，而且特别用了"志"。《逸周书》在《国语》等古书中常常被称为《周志》，"志"应该是对前人言论、事迹的记述，此处用了"志"，和《周志》接近。这一篇在百篇里面，是很重要的一篇，伏生所传，但是墓主人是不承认《书序》的。如果他看见《书序》或承认《书序》，为什么不写"金縢"而用这样一个名字？所以很可能他没有看见过《书序》。当然，说他没有看见《书序》，并不一定等于在公元前300年没有《书序》或与之类似的文字。其他各篇，也都没有用《书序》的篇名，但是有的比较接近。比如《说命》，是《古文尚书》，可是在孔壁增多的十六篇里面并没有《说命》，今天的《古文尚书》有《说命》，清华简有，标题是"傅说之命"。"傅说之命"就是"说命"，可是名称还是有差别。《说命》见于《礼记·缁衣》，如果我们承认《缁衣》是子思作的话，那么子思是用"说命"这个标题的。而在楚国的人不用"说命"而是用"傅说之命"，虽然"傅说之命"就是"说命"，可是还是不一样。有一点要注意，东晋的伪《古文尚书》中的《说命》是三篇，作伪者怎么知道它是三篇的呢？那就是《书序》，因为《书序》告诉我们《说命》是三篇。今天清华简的《傅说之命》真是三篇，因此《尚书序》还是有根据的，否则它怎么知道是三篇？这是一个很有意思的问题。当然，《傅说之命》很难读，里面的问题还比较多，有不少有关商朝历史的话，还有一些神话性的内容，里面的若干文句和《国语》比较接近，我们希望能尽快地发表。所以，从我们清华简的发现来说，现在不能证明，也不能反对孔子编百篇《尚书》之说，不过墓里面没有孔子所编百篇本的《尚书》。

  第三个问题，清华简的消息公布之后，大家特别关心东晋本《尚书》的真假问题。从宋代以来，特别到阎若璩之后，东晋孔传本《尚书》是一部伪书差不多已经成为定案，虽然很多人曾经想翻案。晚清的代表者是洪良品，写了好多部书，来为《古文尚书》翻案。今天我们应该比较公平地说，洪良品的翻案，不是完全没有道理，他里面有些地方批评阎若璩、惠栋，是有道理的；可是，总的说起来，还是站不住脚。后来清华大学的前辈学者张荫麟先生写了一篇《伪古文尚书案之反控与再鞫》，把洪良品所代表的思潮里面提出的证据统统都驳倒了。最近这些年，又有一些学者来翻案，而且写了整本的书。应该说这些书有一些地方也是有道理的，可是总的说起来，不能推翻从宋代开始到阎若璩、惠栋的工作。所以大家特别关心清华简里面的《尚书》

能不能证明伪《古文尚书》的问题。这个问题，清华简本身不能做充分的说明，因为清华简和《古文尚书》有关系的篇章很少，可是还是能够举出明显的例子。

最明显的例子就是《尹诰》。《尹诰》这一篇又称为《咸有一德》，《史记》以下，都用的是《咸有一德》。因为西汉时期孔壁发现的《尚书》，里面就有这一篇，题目就是《咸有一德》，司马迁用的名字也是《咸有一德》。司马迁受学于孔安国，亲见《古文尚书》，所以他用《咸有一德》没有错。"尹诰"这个名字比较早，见于《缁衣》。《缁衣》传说是子思所作，《缁衣》里面所引《尹诰》，见于东晋孔传本《咸有一德》。所以大家觉得《咸有一德》所引有见于《缁衣》的《尹诰》，这不是没有问题吗？其实不是这样的，现在我们清华简里面有整篇的《尹诰》，原简没有标题。那么我们怎么证明我们所见的简，就是《尹诰》呢？因为这简的第一句，"惟尹既及汤咸有一德"，《礼记·缁衣》所引作"惟尹躬及汤咸有壹德"，所以《尹诰》又名为《咸有一德》，就是从这个句子来的。郭店《缁衣》简和上博《缁衣》简都是一样的，作"惟尹允及汤咸有一德"，与《礼记·缁衣》有一点文字差异，这是允许的。郭店简和上博简《缁衣》基本相同，分章也一样，《礼记·缁衣》则有不同，且多引了一段《尹诰》："惟尹躬天见于西邑夏，自周有终，相亦惟终。"后两句或以为不是《尹诰》原文。自郑玄以后，历代的注疏家对于这一段话有种种解释，但都无法讲通，而且都承认不好懂。这段话很古奥，"西邑"见于甲骨文，现在看来就是夏。不仅如此，而且《礼记·缁衣》也有不同的本子。郑玄说："见或为败，邑或为予。"邑和予古文字形接近，当是抄错为予字。现在清华简作"尹念天之败西邑夏"，这句话就好懂了，而且这里确有"败"字，说明郑玄所见本是有道理的。这句话紧接着"惟尹既及汤咸有一德"，可见清华简这一篇就是《尹诰》。如果以上的论证无误，那么东晋本的《咸有一德》完全不对。因为除了这几句引语，二者的内容几乎没有什么关系。所以这个例子非常清楚地推翻了东晋本。

其实不止这一个例子，还有别的例子。清华简《傅说之命》与今本《说命》，也除了《国语》所引之外，毫不相关，完全不是一回事。清华简里面还有很长的一篇，有可能是《冏命》。如果这个推想不错的话，那也和今本毫无关系。以上虽然是个别的例子，但是足以说明东晋以后的传世本没有历史根据。

所谓作伪，我一再地说并不一定是古人是个骗子在骗我们，而只是整理了一些材料。陈寅恪先生说《古文尚书》可能就是古人把一些过去剩下的材料整理了。这个就跟我们今天的设想不一样，这个看法对不对，还可以讨论。

附带的我想在这里谈一个问题。很多人谈到考证方法论的一些问题，比如一部书，里面有一部分证明是真的，其余部分并没有得到证明，也就是说其余部分完全可能是伪的，这当然是对的；可是如果说一部分，比如有十篇，里面有一篇证明是真的，其余九篇不知道真不真，那至少证明一篇是真的，就使其他几篇是真的的可能性提高；相反也是如此，如果证明十篇里面有一篇是假的，那么其他各篇是假的的可能性也会加大。这一点应该承认。最近有学者讨论这个问题，提出所谓"顾颉刚难题"，我个人不太赞成这个说法。现在表明《古文尚书》里面有几篇是假的，那么其他各篇是假的的可能性也加大。

第四个问题我想在这里特别说一下，《清华大学藏战国竹简》第一辑九篇中，有八篇是《尚书》类的文献。其中除了我们讲的《尹诰》，还有命名为《尹至》的，谈的都是夏和商的关系，是有关商汤伐夏的材料。这两篇字迹、简制相同，为同一抄手所抄。《尹至》这一篇所讲的故事，见于《吕氏春秋·慎大览》。看来《慎大览》是本于《尹至》或类似的材料，二者对读可以解决不少问题，包括《慎大览》的错字都可以指出为什么写错了。《尹至》《尹诰》讲商汤灭夏，按照《尚书》的体例，可以称作《商书》，称作《夏书》也不是不可以。起初读起来会感觉有些句子很浅显，可是仔细读就会发现并不是这样，有一些句子很特别。它的特点是很多的用词和语法与《今文尚书》中的《夏书》和《商书》是一样的。且不管《夏书》和《商书》到底是什么时候作的，清华简这两篇和它们的体裁是一样的。比如《尹至》开头，汤见到伊尹，"汤曰：格"，现在《今文尚书·汤誓》有："王曰：格"，王就是汤，就等于说"汤曰：格"。《商书·盘庚》有"王若曰：格"。这种句子，其他地方没有，所以它们应该是同出一源，同时而作。还有很多这样的例子，比如这里面有夏人说的话："余及汝皆亡"，《孟子》作"余及汝偕亡"。这句话见于

《汤誓》，作"时日曷丧，余及汝皆亡"。《尹至》还有一句话作"其如台"，前人指出意思就是"奈何"，又见于《汤誓》《盘庚》《西伯戡黎》，还有很多例子。所以我们看《尹至》《尹诰》，开始看很浅显，会怀疑是不是战国人瞎编的。可是如果你一对照的话，就会发现其来源是一样的，和《夏书》《商书》一致。这一点特别值得注意，如果我们进行综合研究，可能会提供一些新的东西。这些《尚书》类文献，在用词遣句和文法上还有很多和西周金文一致，以后我们还会有更多的介绍。

第五个问题很重要，在这个简里没有《尚书》和《逸周书》的差别。有明确知道是《尚书》的，比如刚才讲的《金縢》《傅说之命》，还有《冏命》（如果是对的话），不管其内容如何荒唐，也一定是《尚书》。还有一些一定是《逸周书》的，比如沈建华老师整理的《祭公》，李均明老师整理的《皇门》，今本《逸周书》就有。还有一篇《逸周书》里面非常重要的《程寤》，从唐朝以后就不存在了，但是尚有一些佚文。这三篇如果按照我们现在的分类，就是《逸周书》。可是在清华简里面，它们和《金縢》《傅说之命》没有差别，都是《书》。这一点并不稀奇，在秦以前就是这样的。今天我们所称的"逸周书"之名，最早为许慎所用。"逸周书"就是失传了的《周书》，"逸"不是不存在，而是没有师说，"绝无师说"。所以它还是《周书》。《左传》《战国策》曾引《逸周书》若干篇，像荀息、狼瞫引用的。如果我们相信《左传》《战国策》记载的话，那就是在春秋时代就已经在引这些东西了，引的时候就称《周书》。而在《左传》《战国策》里面引用今本《尚书》某些内容的，有时也称《周书》，或《商书》等。所以当时人的思想里面，这些东西没有差别。如果有差别，可能就如同某些学者说的，是因为孔子编了百篇《尚书》，而《逸周书》是"孔子删《书》之余"。如果真是这么理解，那么《逸周书》本来就是在《尚书》这一类东西之中。特别应该指出的，比如《祭公》这一篇，在《缁衣》里面就引用了，称作《叶公之顾命》，"祭"与"叶"可以通假，而我们清华简就称作《祭公之顾命》，这个标题和《缁衣》篇是一致的，而《缁衣》引用它时是和其他的《书》完全同等的。所以后来被称作《逸周书》的东西，在当时至少有很大一部分被承认就是《书》。这对于我们认识清华简也有意义，由此我们可以发现清华简的这些内容都可以称作《书》。

传统上认为汉朝发现《尚书》古文有两次，一次是汉景帝末年的孔壁，比伏生所传多十六篇，另一次是杜林于西州所得"漆书"古文一卷。现在看来不是这样，要不然《逸周书》这些材料是怎么来的呢？沈建华、刘国忠先生经过研究，指出《逸周书》中的一些字为什么是错的，或者是脱漏，或者是衍字，或者是改错的。怎么改错的，为什么改错了，这将竹简本与之一对照，就可以明白。比如《皇门》这一篇，最后的句子根本就没法懂，清朝人说可能有缺句。现在看起来大概就是丢了一支简。还有一些字，多年以来大家就不认识，有些字虽然不认识但是意思可以明白。我和黄天树教授都曾释过"🐛"字，指出它的意思是"助"，在清华简里面它对应的字就是助。至于它究竟是一个和助同义的字，还是就是助字，还可以讨论。这样我们就认识到，西汉的时候，先秦古书的发现，比我们想象的要多。这一点是我们近年竹简帛书发现的一个概括性的推论，比如我们已经多次发现《诗》的文句，如果拿齐、鲁、韩、毛四家《诗》来套，根本套不了。阜阳简《诗经》就已经证明了这一点，它不是四家《诗》中的任何一家。因为汉朝以后的家法，字只要写法不同，就是另外一家《诗》了。现在看来根本不是这么一回事，当时流行的还有很多异文。所以当时决不仅仅只有四家《诗》，《尚书》恐怕也是一样。除了伏生一系和《古文尚书》之外，《逸周书》就说明当时还有很多流传的《书》。七十一篇的《逸周书》，一定是汉朝人编起来的，因为七十一加二十九就是一百，就是为了凑这个数。他们怎么能收集到呢？就是因为当时有古文的材料在流传，而这一点不见于任何的记载，可是我们可以从现在的发现做这个推论。当时人读古文的水平，可能在某些方面比我们更好，可是有些地方他也不够，出现了种种错误。

所以《逸周书》的本子一定是汉代的。有些人认为是西晋汲冢出土的，唐朝人就称之为《汲冢周书》。汲冢到底出没出《周书》，这个问题不能从我们的材料推出，现在还有争论。汲令卢无忌《齐太公吕望碑》提到有《周志》，《周志》好像就是《周书》了。可是那个文王梦天帝的内容在现在《逸周书》里根本没有，所以汲冢当时所出《周志》（或称《周书》）究竟是什么，今天还无法证明。可是现在《逸周书》里面有些材料，一定是汉代人见过的。比如《程寤》里面有一大段，在王符的《潜夫论》里面就有，而且他加了些讨论。那一段是很清楚的，而且和竹简本非常一致，这就证明他当时一定是看见了，否则怎么能一致呢？所以今天流传的《逸周书》，在汉代一定有它的起源。是不是就是这个样子，我们不知道。这一点，由于我们还有一些有关的材料，将来可以进一步研究。

在此我还想特别说明一点，就是我们对《逸周书》里面若干篇的估价，还应该提高。比如这次我们发现的《程寤》《皇门》《祭公》，特别是后两篇，就是西周的东西。我们举些明确的例子，比如《穆天子传》里面经常提到井利、毛班。以前于省吾、杨树达先生写文章证明班簋的"班"就是毛班，今天看这是完全正确的，一定不会错。后来我们研究青铜器，指出当时还有个利，虽然没说是井利，可是身份和《穆天子传》中的井利一样。大家要知道，《穆天子传》并不是历史实录，它是战国时代的小说，虽然反映了一定的历史，但不可能是真的。战国时代的人怎么知道井利、毛班？后来今本《竹书纪年》才有——这个问题我们以后再讨论。现在我们看到战国时代竹简本的《祭公》，井利、毛班还有一个毕㘸，就是穆王时候的"三公"（当然这个"三公"不一定是"三公九卿"之"三公"），于是我们才恍然大悟，《穆天子传》里的这三个人，是从类似《祭公》这样的文献里来的，从西周以来就传有这样的材料。《穆天子传》里面还有一个毕矩，可能就是毕㘸之讹。这些材料，可以告诉我们《逸周书》的真实性，但不是《逸周书》的所有材料都有这样的真实性。

最后说说《皇门》的重要性。《皇门》这一篇在《逸周书》里本身就是很重要的材料。这一篇一开头就有"周公若曰"，我们简里面没有"周公"，是"公若曰"，里面谈了很多事情，过去读不懂的，这里都能读懂。清代虽然有研究《逸周书》的学者，像陈逢衡，指出这一篇是周公摄政时代的东西，可是其他人对于这一篇究竟是什么时候的，争论还是很大。现在我们读清华简，可知它非常可能是周公摄政时代的东西。可是这里只有"公"字，有人会怀疑是不是一个普通诸侯国的公呢？这是不可能的，因为它里面自称为"寡邑小邦"，西周一直是自称小邦，而且文中还把自己和夏朝、商朝相比，一般诸侯国不可能有这种口气。因此《逸周书》传世本说是"周公若曰"，应该还是事实。如果真是事实，它反映的应该是周公刚刚摄政时的心理状态，所以是一篇非常有意思的文献。这些问题都是值得进一步讨论的。

类似这一类的问题，还能举出很多。

（本文是根据2010年12月10日李学勤先生在芝加哥大学北京中心的"顾立雅学术讲座"录音整理而成，经李学勤先生审阅，略有删节）

（2011年第2期）

# 说《周易》的变通史学思想

吴怀祺

《周易》是中国古代历史大变动时期的产物，这是研究《周易》首先要注意的一个问题。

《周易》有经文和传文两个部分。卦辞和爻辞为经，解释经的是传。汉人将十篇传文称为《十翼》(《易乾凿度》)，意思是这十篇是经的羽翼。这十篇传文是《彖》上下、《象》上下、《文言》、《系辞》上下、《说卦》、《序卦》、《杂卦》。经文和传文在内容和思想上，有联系，也有区别。

关于《周易》的作者和形成年代，有不同的说法。学者通过研究，指出《周易》非一时一人之作。多数意见认为《周易》的卦辞、爻辞写在西周初期或西周的前期。多数学者认为，《易传》形成于战国时期。这其中有战国早期说、战国晚期说，或者战国中期至晚期说，等等。《易传》的各个部分形成的先后次序和年代，看法很多。

大体上说，《周易》的卦辞、爻辞形成在西周前期，《易传》的主要内容是战国时期人写的。因此，考察这两个时代的特征，有助于我们对《周易》的了解。其一，殷、周处在奴隶社会的不同的发展阶段上，殷周之际典制的变动相当剧烈。这一点，近代学者已经指出了。其二，春秋战国时代，中国奴隶制度崩溃，封建制度产生，可以说，这是中国古代社会的天崩地解的时代。《系辞》的作者谈到《周易》产生时代背景的特点，说："《易》之兴也，其于中古乎，作《易》者，其有忧患乎。"又说："《易》之兴也，其当殷之末世、周之盛德邪？当文王与纣之事邪？是故其辞危。"(《易·系辞下》)《周易》写作经历了一个长期的过程，它是在历史大变动中发展和形成的。因此，这部书反映了这个历史时代的特征。

马克思说：“任何真正的哲学都是自己时代精神的精华。”[①]《周易》是历史大变动时期的精神的精华，凝结了几代思想家对宇宙、对自然的认识，包含了作者对社会历史变化的理解。《周易》关于历史变化的观点，对几千年的中国史学产生了不可低估的影响。具体地总结《周易》的史学思想及其对后世史学的影响，是总结中国古代文化遗产工作的一个重要部分，是讨论中国史学发展渊源及特点必须做的工作。

## 一、先秦时期史官通《周易》

中国史学还处在童年时期，就和易学结下了不解之缘，受到《周易》的影响。当然，史学发展对易学的发展也有积极的意义。先秦时期史官是具有两种身份的人。一方面，史官担任着"记言""记行"的职责，要求自己做到"书法不隐"，就这一点说，他和巫、祝不同，表现出"世俗人"的品格。另一方面，史官兼掌卜筮之事，因而又具有巫、祝的身份。所以，文献上常常将史巫、史祝并称。《周易》中有这样的记录：《巽》九二"巽在床下，用史巫纷若"。这是史巫并称。《左传·定公四年》载："祝宗卜史，备物典策，官司彝器。"《左传·昭公十八年》载："使公孙登徙大龟，使祝史徙主祏于周庙，告于先君。"这是卜史、祝史并称的记载。像这样的文字在先秦文献中屡见不鲜。

《周易》最初是做卜筮用的书。朱熹说："《易》本为卜筮而作。""《易》本卜筮之书。"（《朱子语类》卷六十六《易二》）史官因而成了掌握和收藏《周易》的人。鲁昭公二年，晋国韩宣子到鲁国，"观书于太史氏，见《易》《象》与《鲁春秋》"（《左传·昭公二年》）。又鲁庄公二十二年，"周史有以《周易》见陈侯者"（《左传·庄公二十二年》）史官精通《周易》是其职责的需要，而史官的职掌又为史官通《周易》提供了方便。

《周易》在先秦史官评论历史、预断历史发展趋向、"观国家之吉凶"

---

[①] 卡·马克思：《第179号"科伦日报"社论》，《马克思恩格斯全集》第一卷，北京：人民出版社1960年版，第121页。

（《周礼·春官宗伯·大卜》）上，意义十分明显。如周史官通过议论陈厉公生子敬仲这件事，提出他对历史发展趋向的看法。史载：

> 周史有以《周易》见陈侯者，陈侯使筮之，遇《观》☷☴之《否》☰☷，曰："是谓'观国之光，利用宾于王'。此其代陈有国乎？不在此，其在异国；非此其身，在其子孙。光，远而自他有耀者也。《坤》，土也。《巽》，风也。《乾》，天也。风为天，于土上，山也。有山之材，而照之以天光，于是乎居土上。故曰'观国之光，利用宾于王'。庭实旅百，奉之以玉帛，天地之美具焉，故曰'利用宾于王'。犹有观焉，故曰其在后乎。风行而著于土，故曰其在异国乎。若在异国，必姜姓也。姜，大岳之后也。山岳则配天，物莫能两大。陈衰，此其昌乎。"及陈之初亡也，陈桓子始大于齐。其后亡也，成子得政。（《左传·庄公二十二年》）

《周易》对史官观察历史产生多种影响，第一，用卦辞、爻辞解说的办法评论事件，往往是牵强附会。周史官说，《坤》，土也。《乾》，天也。《巽》，风也。是从卦象上说的。"风为天，于土上，山也。"杜预注："《巽》☴变为《乾》☰，即风变为天，故曰风为天。但《坤》☷未变，代表土地。而自《否》卦之第二爻至第四爻，古所谓互体，为《艮》卦，《艮》为山，故云'山也'。"这是卦象变化的含义，用互体说，说明《否》卦的二、三、四爻组成《艮》☶卦，艮为山。史官解释卦变符合原意，而由此引出一连串的结论，多是借题发挥。第二，《周易》中具有联系、发展的辩证法思想因素，使史官较好地体察出历史变化的趋向。《周易》中象数带有神秘的性质，如果剥掉唯心神秘的外衣，可以看到其中隐含着一种相互联系的思想。首先，《周易》作者意识到每个事物处在一定的系统中，受到这个系统的制约。《周易》中每个卦构成自己特有的系统，其中每个爻位的阳爻、阴爻所含的意义和发挥的作用，要受到这个卦体的影响与制约。同是一个爻位上的相同的爻象，由于处在不同的卦体中，含义不相同。其次，每一爻和上下爻以及其他的爻有一定的联系和影响。上下卦的对应爻发生明显的影响。所谓"当位说""中位说""应位说""趋时说""承乘说""往来说"等，都包含着联系的思想。复次，每个卦体的每一爻，处在一定的爻位上，同时又潜在着运动、发展的趋向。周史官在齐、陈的具体条件中讨论力量的消长，用联系的思想分析诸侯国君和大夫之间的关系，用"物莫能两大"的观点，谈出自己对历史趋向的看法，这又有合理的因素。第三，周史官说，"陈衰，此其昌乎"（《左传·庄公二十二年》），预占历史趋向，不能看成是占筮的显示。从周史的一段分析可以看出，史官对历史和现实有了了解，在这个基础上进行分析。所谓"八卦可以识吉凶，知祸福"（《淮南子·要略》），只是一种形式。后人明白这层秘密，"善筮"者，是"先人事而后说卦"（《日知录》卷一《卜筮》）。孔子说"不占而已矣"（《论语·子路》），荀子说"善为《易》者，不占"（《荀子·大略》）。真懂《周易》的人，不会注意卜筮一套的把戏。

《周易》对于史官认识大变动时期的历史特征，意义也是十分明显。鲁昭公三十二年，史墨对历史变动，有一段精彩的议论。史载：

> 赵简子问于史墨曰："季氏出其君，而民服焉，诸侯与之，君死于外，而莫之或罪也。"对曰："物生有两，有三，有五，有陪贰。故天有三辰，地有五行，体有左右，各有妃耦。王有公，诸侯有卿，皆有贰也。天生季氏，以贰鲁侯，为日久矣。民之服焉，不亦宜乎？鲁君世从其失，季氏世修其勤，民忘君矣，虽死于外，其谁矜之？社稷无常奉，君臣无常位，自古以然。故《诗》曰：'高岸为谷，深谷为陵。'三后之姓，于今为庶，主所知也。在《易》卦，雷乘《乾》曰《大壮》䷡，天之道也。昔成季友，桓之季也，文姜之爱子也。始震而卜。卜人谒之，曰：'生有嘉闻，其名曰友，为公室辅。'及生，如卜人之言，有文在其手曰'友'。遂以名之。既而有大功于鲁，受费以为上卿。至于文子、武子，世增其业，不废旧绩。鲁文公薨，而东门遂杀嫡立庶，鲁君于是乎失国，政在季氏，于此君也，四公矣。民不知君，何以得国？"（《左传·昭公三十二年》）

史墨的这段议论，一是总结鲁君失国、政在季氏的历史经验教训。鲁君失国非一朝一夕之故，文公以后政治废失，"民不知君""民忘君"，而另一面"季氏世修其勤"。历史发展的逻辑也就清楚了。二是对变动的时代特征做了概括。"三后之姓,于今为庶,主所知也。"这是历史大变动的事实。《诗》中"高岸为谷,深谷为陵"的话,说明变化的普遍法则。"《雷》乘《乾》曰《大壮》䷡",解释《大壮》卦象。按,《大壮》:"利贞。"《大壮·彖》:"《大壮》,大者壮也,刚以动,故壮。'《大壮》利贞',大者正也,正大而天地之情可见矣。"从刚柔变化说出变动法则的理论依据。杜预注说:"《乾》为天子,《震》为诸侯,而在《乾》上,君臣易位,犹臣大强壮,若天上有雷。"史墨把历史变动时期君臣地位改变看作是天经地义的事,是"正大"之道。这正是那个时代的特征。

先秦史官在政治上的地位,一般是不高的,像周史佚那样的人不多。但史官有历史知识,通《周易》,对现实了解,又担任着"载笔"记言记行的任务,他们对国家政治、军事、文化的斗争就能发挥积极的作用,有名的史官如史佚、史墨、史赵、史鱼等,在政治舞台上也是活动家。史官一面记载历史,一面又以《周易》的思想,通过解释卜筮结果的办法评论历史和现实生活中各种事件,预断历史的趋向,从而对现实给予积极的影响。先秦史学的这种特点我们应当重视。

晋韩宣子至鲁国,"观书于大史氏,见《易》《象》与《鲁春秋》,曰:'周礼尽在鲁矣。吾乃今知周公之德,与周之所以王也。'"(《左传·昭公二年》)《周易》和《春秋》被当作认识历史同样重要的典籍。这段话说明,它们在史学上的意义,在于使人们明白历史兴盛的原因和杰出历史人物的作用。

有的学者认为,《周易》的编纂出于西周史官之手的说法,是可信的。[①]这个问题可以进一步讨论,但有一点是明确的,《周易》对先秦史官评论事件和人物、认识历史和现实、观察历史的动向产生了重大的影响。《周易》也在吸收时代思想的精华,成为中国史学思想方面的重要典籍。

---

[①] 见朱伯崑《易学哲学史》上册,北京:北京大学出版社1986年版,第10页。

## 二、变通的史学思想

《周易》作者在历史认识上富有特色的观点，是变通的史学思想。《系辞下》说："神农氏没，黄帝、尧、舜氏作，通其变，使民不倦，神而化之，使民宜之。《易》穷则变，变则通，通则久。是以'自天佑之，吉无不利'。"[①] 历史是在变通中向前发展的。

易，历来有变易、不易、简易等解释。实则易的中心观念是"变"。"变"而后"通"。司马迁说："《易》著天地阴阳四时五行，故长于变。"（《史记·太史公自序》）章学诚说："孔仲达曰：'夫易者，变化之总名，改换之殊称。'先儒之释《易》义，未有明通若孔氏者也。"（《文史通义·易教中》）《周易》作者用变通的观点谈自然，论人事；天（自然）和人（人事社会）都是变通的，同具有变通的特征。"是故阖户谓之坤，辟户谓之乾，一阖一辟谓之变，往来不穷谓之通。"（《易·系辞上》）一切事物都是变通的。变通的观念来自对自然和社会事物的观察。"仰则观象于天，俯则观法于地，观鸟兽之文与地之宜，近取诸身，远取诸物，于是始作八卦。"（《易·系辞下》）八卦用之于卜筮是另一回事，而《周易》的变通思想的产生，在这句话中也交代明白了。司马迁的史学思想和《周易》的变通观点有直接联系。他作《史记》是"述往事，思来者"，"亦欲以究天人之际，通古今之变，成一家之言"，（《报任少卿书》）可以说是变通的观点在史学领域内进一步发展。

《周易》认为自然和社会的变通表现出盛衰的变动。《丰·彖》说："日中则昃，月盈则食，……与时消息，而况于人乎，况于鬼神乎。"《泰》九三说："无平不陂，无往不复。"这都是说盛衰变化是一个普遍的原则。这和"高岸为谷，深谷为陵"是一个意思。《革·彖》说："天地革而四时成，汤武革命，顺乎天而应乎人。"这用变通的观点说明社会变动、历史兴亡的必然。历史事业既有盛时，《泰》谓"小往大来"，高亨注："卦辞言：事业由小而大，由衰

---

① 清人俞樾怀疑《系辞》上、下篇有错简，说《易》穷则变……"等二十个字要移至上篇"动则观其变而玩其占"后面。此说值得商榷。其一，这样改动，上篇是通顺了，下篇文字冗复重迭。其二，俞氏没看到，《易》作者是通过史事叙述，说明历史是变通的。（俞氏意见见《古书疑义举例》卷六《七十四　简策错乱例》）

而盛。"① 历史事业也有衰时,《否》谓"大往小来",高亨注:"事业由大而小,由盛而衰。"② 观察历史盛衰,是中国历史上的一个优良传统,司马迁提出"原始察终,见盛观衰""承敝通变"的观点和《周易》的史学思想有直接的渊源关系。明末王夫之说:"天地之气衰、旺,彼此迭相易也。""治乱循环,一阴阳动静之几也。今云乱极而治,犹可言也;借曰治极而乱,其可乎?乱若生于治极,则尧、舜、禹之相承,治已极矣,胡弗即报以永嘉、靖康之祸乎?方乱而治人生,治法未亡,乃治;方治而乱人生,治法驰,乃乱。阴阳动静,固莫不然。阳含静德,故方动而静;阴储动能,故方静而动。故曰:动静无端。待其极至而后大反,则有端矣。"(《思问录·外篇》)这就发挥了《周易》的盛衰变化理论,指出历史盛衰中条件的意义,用辩证观点看待动静盛衰之变。

《周易》作者对历史变化的趋向的看法,在以下这段叙述中,明白地反映出来。《系辞下》说:

> 古者包牺氏之王天下也……作结绳而为网罟,以佃以渔,盖取诸《离》。
>
> 包牺氏没,神农氏作,斫木为耜,揉木为耒,耒耨之利,以教天下,盖取诸《益》。日中为市,致天下之民,聚天下之货。交易而退,各得其所,盖取诸《噬嗑》。
>
> 神农氏没,黄帝、尧、舜氏作。……《易》穷则变,变则通,通则久。是以自天佑之,吉无不利。黄帝、尧、舜垂衣裳而天下治,盖取诸《乾》《坤》。刳木为舟,剡木为楫。舟楫之利,以济不通,致远以利天下。盖取诸《涣》。服牛乘马,引重致远,以利天下,盖取诸《随》。重门击柝,以待暴客,盖取诸《豫》。断木为杵,掘地为臼,杵臼之利,万民以济,盖取诸《小过》。弦木为弧,剡木为矢,弧矢之利,以威天下,盖取诸《睽》。
>
> 上古穴居而野处,后世圣人易之以宫室,上栋下宇,以待风雨,盖

---

① 高亨:《周易大传今注》,济南:齐鲁书社1979年版,第147页。
② 同上,第155页。

取诸《大壮》。古之葬者厚衣之以薪，葬之中野，不封不树，丧期无数，后期圣人易之以棺椁，盖取诸《大过》。上古结绳而治，后世圣人易之以书契，百官以治，万民以察，盖取诸《夬》。

本来，作者认为八卦来源于对天地事物观察的结果。但在叙述历史过程中，仿佛是圣人从八卦卦象中得到启发，去发展生产和治理社会，这就是唯心的说法。但《周易》对历史的观点是值得总结的。首先，历史是在进步的，古代不是一个完美的黄金时代。上古的人过着"穴居野处"的生活，"结绳而治"，后世的社会比古代进步，"后世圣人易之以宫室，上栋下宇，以待风雨"，"后世圣人易之以书契，万民以察"。其次，历史进步体现为人们的衣食住行条件的逐步改善，社会从渔猎经济到种植经济。随之，交换发生，文字发明，一些国家机器也产生了。所以，《周易》的变通史学思想有着进化的观点。至于尧舜以后的历史怎样变化，《周易》没有说。"这也可以说是半截子的古代进化论。"[①] 战国时期的韩非子大体也是这样来描述古代历史的，但他明确提到上古、中世、当今变化的进步趋向。

需要说明的是，《周易》变化观不能看作循环运动观。《序卦》的作者把六十四卦作为一个体系来说明。从《乾》《坤》《屯》《蒙》一直到《既济》《未济》，表示一种变化的观点，按照王夫之的解说是："故列《乾》《坤》于首，以奠其经，安《既济》《未济》于终，以尽其纬，而浑沦无垠，一实万变之理皆具。""故曰：太极无端，阴阳无始。"（《周易外传》卷七《序卦传》）事物变化不是做封闭式的圆圈运动，即使从阳复阳，盛衰更替，也不是原有事物的简单重复。这是其一。其二，从每个卦体来说，从初爻到二、三、四、五及上爻，是发展。上爻在爻位上处于亢极的地位，穷极必反，但也不是上爻回复到初爻状态。所以就《周易》体系看，其变化观不是循环论。《周易》用四时变化说明运动，"广大配天地，变通配四时"，"变通莫大乎四时"。（《易·系辞上》）这里只是用人们感受最深的四时变更来说明变化，运动。古代自然科学不发达，没有实验的科学，其观察停留在直觉阶段，这就限制了

---

[①] 白寿彝：《中国史学史》第一册，上海：上海人民出版社 1986 年版，第 313 页。

他们的认识。《周易》作者有进化的观点，也赞成新东西，"日新之谓盛德"（《易·系辞上》），但是这种进化观又是有限度的。

《周易》最初作为卜筮之书，带上天命、神意的成分，《易传》作者的阶级立场在这部书中也反映出来。《周易》对史学的影响，还有另一种表现，皮锡瑞称这是《易》的"别传"。这种"别传"就是"论阴阳灾变"。他说："经学有正传，有别传。以《易》而论，别传非独京氏而已，如孟氏之卦气、郑氏之爻辰，皆别传也。……孟（喜）、京（房）非齐学，其言亦主阴阳灾变者。卜筮占验，本与阴阳灾变为近，故后世之言术数者，多托于《易》。"（《经学通论·易经·论阴阳灾变为易之别传》）《易》别传始末在《汉书·五行志》里有一段说明："昔殷道弛，文王演《周易》；周道敝，孔子述《春秋》。则《乾》《坤》之阴阳，效《洪范》之咎征，天人之道，粲然著矣。汉兴，承秦灭学之后，景武之世，董仲舒治《公羊春秋》，始推阴阳为儒者宗。宣、元之后，刘向治《穀梁春秋》，数其祸福，传以《洪范》，与仲舒错。至向子歆治《左氏传》，其《春秋》意亦已乖矣。"从最初《周易》用于卜筮到阴阳说、"天人相关"论、灾异论，其变化脉络很清楚。班固写《汉书》，用灾异理论解说历史。以后的历代正史及其他一些史书都用这种观点解释历史。

《周易》的变通史学思想在史学发展过程中变化、发展。先秦到汉初，说《易》是"主义理、切人事，不言阴阳术数"（皮锡瑞语）。史家以变通的观点"究天人之际，通古今之变"，察历史盛衰。《史记》一书贯穿了变通的史学思想。西汉中期后，《易》之别传，论阴阳灾变，丢弃了变通的史学思想，代之以"天不变道亦不变""天人感应""三统循环"的理论。《汉书》明显反映出这些思想。进步的思想家、史学家对这些理论展开了斗争。隋唐至宋元时期，变通的史学思想有了进一步发展。《史通》《通典》《资治通鉴》《通志》《文献通考》从不同的方面反映出这个时期的史学特征。明清时期，王夫之发展变通的史学思想，提出历史发展必然的"理""势"的理论。章学诚把变通的史学思想作为史学的优良传统来阐发。他认为以《周易》为首的"六经"是史，从"经世致用"的思想出发，贯通经史。章学诚要以变通的精神更新当时的史学，他说："《易》曰：'穷则变；变则通，通则久。'纪传实为三代以后之良法，而演习既久，先王之大经大法，转为末世拘守之纪传所蒙，曷可不思所以变通之道欤？"（《文史通义·书教下》）这一段话是两层意思，一是说当时史学失却变通的精神，二是说史学也要在变通中向前发展。

## 三、多识前言往行，以畜其德

《大畜·象》说："君子以多识前言往行，以畜其德。"孔颖达疏说："……故多记识前代之言，往贤之行，使多闻多见，以畜积己德。"高亨注是："君子观此卦象及卦名，从而学古籍古史，多记前人之言行，以蓄其德，其积蓄者亦大矣。"[①]徐志锐的注是："识，记于心中。前言往行，即前人的言论业绩，它代表着人类历史经验的积蓄，是无限的。然而人心虽小，却可以积蓄下无限的历史经验，从而增长自己的德性与才干，就这一意义来说也可称大畜。"[②]我以为，第一，"前言往行"解释为"古籍古史""历史经验"都是可以的。注释文献不可臆度，但亦不可拘泥，在字面上打圈子。第二，"以畜其德"的"德"，不能做狭隘的理解，解为"道德修养"。"德"与"得"古通用。李镜池说：《周易》说德多应作得解。"[③]得，有获得之义。《说文》："得，行有所得也。"因此"君子以多识前言往行，以畜其德"这句话，提出学习历史知识、经验的重要性是多方面的。

《周易》中记载一些历史事件，让人们体会出某些道理来。顾颉刚《周易卦爻辞中的故事》（收在《古史辨》第三册上编）对这些记载做了考订。如《旅》上九："丧牛于易，凶。"这是殷先祖王亥的事。"有易杀王亥，取仆牛"，"是故殷主甲微假师于河伯以伐有易"。（王国维《观堂集林》卷九《殷卜辞中所见先公先王考》）这个故事告诉我们，贪心的掠杀，其后果是"凶"。再如《既济》九三："高宗伐鬼方，三年克之，小人勿用。"高亨注是："小人，庶民之通称。勿用犹勿动。高宗伐鬼方，经过三年，而后胜之，此故事说明战争

---

[①] 高亨：《周易大传今注》，济南：齐鲁书社1979年版，第254页。
[②] 徐志锐：《周易大传新注》，济南：齐鲁书社1986年版，第173页。
[③] 李镜池：《周易通义》，北京：中华书局1988年版，第23页。

胜利得之不易。"① 这不失为一说，但也有牵强处。古代三年的大战争，庶民如何能"勿动"？实际是说殷高宗不让"小人"干预军国大事，战争才能取得胜利。这和"开国承家，小人勿用"是一样的意思，治理国家或是征伐之事，在用人上要慎重选择，不让"小人"得逞。又如《乾》九四："（龙）或跃在渊，无咎。"这样的爻辞也有历史的影子。《左传·昭公十九年》载："郑大水，龙斗于时门之外洧渊。国人请为禜焉，子产弗许，曰：'我斗，龙不我觌也；龙斗，我独何觌焉？禳之，则彼其室也。吾无求于龙，龙亦无求于我。'乃止也。"对照这段史文，就明白这个故事的意义，说明自然界中的变异对人事没有什么作用。总之，《周易》说的历史事件，从包牺氏、黄帝、尧、舜一直到殷周都有。这些记载多不系统，又没有具体说明事件发生年代，但《周易》作者是要通过这些事件，告诉人们有关的道理或经验教训。

《周易》作者以变通的史学思想观察历史的变化、趋向，认为有这种认识对治理国家有重要的意义。这是"前言往行"总结的深化。"夫《易》，彰往而察来。"（《易·系辞下》）孔疏："往事必载，是彰往也。来事豫占，是察来也。"记载往事的历史是预见未来的条件。考察历史要"明于忧患与故"（《易·系辞下》），进行"顺乎天而应乎人"（《革·彖》）的变革。《易》说："天地以顺动，故日月不过而四时不忒。圣人以顺动，则刑罚清而民服。"（《豫·彖》）所谓"以顺动"就是顺应变动的趋向。治理国家，能顺应历史潮流，"则刑罚清而民服"。因而"圣人有以见天下之赜，而拟诸其形容，象其物宜，是故谓之象。圣人有以见天下之动而观其会通，以行其典礼"，"是故圣人以通天下之志，以定天下之业，以断天下之疑"。（《易·系辞上》）等等。《周易》强调对历史变通的认识，对于治理国家具有重大的意义。

《周易》关于历史盛衰的总结值得重视。第一，国家兴衰存亡在人事作为。《坤·文言》说："积善之家，必有余庆；积不善之家，必有余殃。臣弑其君，子弑其父，非一朝一夕之故，其所由来者渐矣。由辨之不早辨也。《易》曰：'履霜，坚冰至。'"《系辞下》说："善不积不足以成名，恶不积不足以灭身。"又说："是故君子安而不忘危，存而不忘亡，治而不忘乱，是以身安而国

---

① 高亨：《周易大传今注》，济南：齐鲁书社1979年版，第492页。

家可保也。《易》曰:'其亡! 其亡! 系于苞桑。'"《周易》从"臣弑其君,子弑其父"的历史大变动中总结出经验教训:安危存亡荣辱之故,在人事作为。

第二,国家治理要亲贤人远小人。《师》上六说:"开国承家,小人勿用。"《易》假借孔子的话解说"亢龙有悔",说:"贵而无位,高而无民,贤人在下位而无辅,足以动而有悔。"(《乾》上九)

第三,保民的观点。《临·象》说:"君子以教思无穷,容保民无疆。"《节·象》说:"天地节而四时成,节以制度,不伤财、不害民。"就是对百姓不要过分地榨取。《兑·象》说:"兑,说也。……说以先民,民忘其劳;说以犯难,民忘其死。说之大,民劝矣哉。"孔疏:"先以说豫抚民,然后使之从事,则民皆竭力,忘其从事之劳。……先以说豫劳民,然后使之犯难,则民皆授命,忘其犯难之死。……施说于人,所致如此,岂非说义之大,能使民劝勉矣哉!"兑者,说也。说通悦。总之,要使民说,才能巩固统治。

《周易》关于历史经验的总结为后世人所重视。以后的史学家引用这些观点分析历史兴衰的变化。《周易》总结历史中提出神道的观点、封建伦理道德的说教,以及要用刑罚对付百姓的反抗,以巩固专制统治的观点,对后世也产生了影响。

(1987年第3期)

# 西周时期史学的发展和特征

晁福林

西周时期是我国上古时代史学发展的一个重要阶段。内容丰富的大量彝铭的出现，使西周时期的历史记载出现了前所未有的新面貌。白寿彝先生指出，"金文作为历史记载是有意识的，这跟甲骨文是不同的"[①]，精辟地指出了西周时期的史学比殷代史学进步的一个重要方面。西周时期除了彝铭之外，典册文字的历史记载也比以前大大增加，为上古时代历史文献的编纂奠定了基础。今试就西周史学的若干问题进行一些探讨，以供专家进一步研究时参考。

## 一

青铜器的铸造在周代社会生活中具有特殊重要的地位，是当时铭功记事的一种重要方式。在文献记载不足的情况下，这些彝铭就是后人研究周代社会情况，如分封制度、土地制度、宗法制度等的不可或缺的重要资料。彝铭对于西周时期的社会文化多有反映，它对于西周时期的史学有许多记载，足可与古代文献记载相印证，或补其所缺。彝铭所反映的西周时期的史学情况可以分为以下几个方面。

首先，彝铭揭示了西周时期史官设置和职司的情况。西周王朝的大史是史官之长，彝铭所载的"大史寮"（《毛公鼎》《番生簋》）指大史及其僚属。据周成王时器《中方鼎》铭文记载，周成王曾经命令"太史兄（贶）□土"，

---

[①] 白寿彝:《中国史学史》第一册，上海：上海人民出版社1986年版，第202页。

即册命并赏赐名中者以某处的土地。这与《周礼·春官宗伯》所谓"大史,掌建邦之六典,以逆邦国之治",是相吻合的。在王朝大典上,太史之官是很风光的人物,例如周康王继位的隆重典礼上,"太史秉书,由宾阶隮,御王册命。曰:'皇后凭玉几,道扬末命,命汝嗣训,临君周邦。'"(《尚书·顾命》),宣读周康王继位的册命文辞就由太史进行。

彝铭中称为"史"者,当即周王朝或诸侯国普通的史官。他们往往负有传达王命的职责。周成王时器《中甗》铭文载周成王时名中者率军南征途中,"史儿至,以王令(命)曰:'余令女(汝)事小大邦,厥又舍女(汝)……'",名儿的史官传达周成王的命令,让名中者有事于所经过的大大小小的邦国,并且还赏赐名中者以物品。周康王时器《臣辰盉》铭文载"才(在)五月既望辛酉,王令士上暨史寅殷于成周礼百生豚,暨赏卤鬯贝",名寅的史官和士上奉周康王命令一起到成周行殷见之礼,赏赐诸族首领各种物品。西周中期册命制度盛行的时候,史官可以代宣王命。请看彝铭中这方面的一个比较典型的记载:

> 唯十又三年六月初吉戊戌,王才(在)周康宫新宫,旦,大各(格)大室,即立(位),宰□父右望入门,立中廷,北乡(向)。王呼史年册命望。(《望簋》)

《望簋》是周恭王时器,其铭文记载在册命名望者的时候,周恭王即命史官名年者宣读册命文告。这类铭文数量不少,多见于西周中、后期器,如《师酉簋》《免卣》等,都很典型。除了册命外,史官还参加其他许多事务,如《史懋壶》铭文载"唯八月既死霸戊寅,王才(在)荼京□宫,亲令史懋路巫(筮),咸,王乎(呼)伊白(伯)易懋贝,懋拜稽首",意谓周王亲自命令史官名懋者进行"路(露)筮",筮毕,名懋者受到周王的赏赐。西周时期的各诸侯国也有自己的史官,《麦彝》铭文载"才(在)八月乙亥,辟井侯光(贶)厥正、史",此"史"即井侯的史官。有些从事具体事务的史官,如周恭王时器《格伯簋》铭文载格伯与其他贵族的交易中"书史"某人即参加勘察和定案。这样的"书史",可能是史官中地位较为低微者。

在众多的史官中,"内史"的地位因其为宫内的史官而显得比较重要。内史的官长称为"内史尹",一般的内史则称为"作册内史""作册命史"。内史普遍参加周王对于臣下或诸侯的册命仪式,还接受王后的命令而执行某项任务。内史与一般史官的关系在彝铭中也有反映,西周后期的《趞鼎》铭文载有周厉王十九年四月间周厉王册命的情况,"宰讯右趞入门,立中廷,北乡(向)。史留受王令书,王乎(呼)内史□册易(锡)趞玄衣……"。奉王命而做记录的是史留,宣读册赏王命的是内史某人。就其重要性而言,内史显然要比一般的史重要得多。据专家研究,内史是周王的记言之官[①],很可能与"作册"[②]的职官是合而为一的。顾名释义,作册职官应当是各种册命文书的起草者,也应当参与各种册命仪式和其他的政治活动,彝铭载有不少王命作册某人进行册命的事例,如《益卣》《折尊》《免簋》《走簋》等,皆有此类记载。周代保存档案资料的职官称为柱下史或御史,彝铭《竞簋》和载有任"御史"之官的名竞者的情况,可与文献相印证。

对于周代史学发展来说,周代的各种史官起着巨大作用,铭功记事,册命记言,皆出自其手,许多档案资料归其掌管。由于文化需要积累,甚至世代相传,所以周代史官也多世代相递,"史"或"册""乍(作)册"遂为其

---

[①] 关于内史的职守,张亚初、刘雨两先生说:"有一项很重要的任务,就是掌管记载周王的活动事迹。《礼记·玉藻》云:'动则左史书之,言则右史书之。'《礼记正义》疏引郑注云:'大史、内史掌记言记行,是内史记言,大史记行也。'这表明,内史常在王的左右,是记言之官。"(《西周金文官制研究》,北京:中华书局1986年版,第30页。)按,周武王时器《利簋》铭文载"王在管师,锡右史利金",可以与《礼记·玉藻》所载相印证。然而周代铭文中"右史"仅见于《利簋》,盖此后记言、记事之官已经不再称为左史、右史,而以大史、内史等职官名称为称。

[②] 古代文献里有"作册",如《尚书·洛诰》"王命作册逸祝册","作册逸诰",伪孔传谓"王为册书使史逸诰",以"为册书"释"作册"之义。《周礼·春官宗伯·内史》"凡命诸侯及孤卿大夫,则策命之",孙诒让《周礼正义》卷五十二谓"《尚书·洛诰》云:'王入太室祼,王命周公后,作册逸诰。'此即成王策命鲁公伯禽之事,尹逸盖为内史,以其所掌职事言之,则曰'作册'",始以"作册"为职官名。王国维进而指出,"古金文亦多云'作册'。《𦘛卣》:'王姜命作册𦘛安。《夷伯吴尊盖》:'宰朏右作册吴入门。'皆以'作册'二字冠于人名上,与《书》同例,是作册为官名之证也。作册亦称'作册内史'"(《观堂别集》卷一《书作册诗尹氏说》)。至此,"作册"为职官之名终成定论。

姓氏或族徽①。

其次，西周时期的彝铭反映出当时的史官已经具有比较浓厚的历史记载意识。史官的历史记载，不仅记载本宗族或家庭的历史，而且有的也记载周王朝的历史。著名的《墙盘》铭文就是一个典型的例证。铭谓：

> 曰古文王，初戾和于政，上帝降懿德大屏，匍（普）右（有）上下，会受万邦。挺圉武王，遹征四方，挞殷，畯（俊）民永不（丕）巩攻狄祖，长伐尸（夷）唐。宪圣成王，左右绶敛刚鲧，用肇铸周邦。渊哲康王，宾尹啻（亿）强（疆）。弘鲁邵（昭）王，广能楚荆，唯狩南行。祇显穆王，井（型）帅（率）宇诲。緟宁天子，天子舟（周）缵文武长刺（烈），天子眉无匄。寨祁上下，亟熙宣慕，昊昭亡（无）斁。上帝司夏貺保，受（授）天子绾令（命）、厚福、丰年，方蛮亡不夥见。②

盘铭历数周王朝从文王以降的诸王业迹，说周文王使政治安定和协，使上帝赐予他以具有懿德的大臣，因此受到上下的完全支持，得到万邦的拥戴。敏捷刚勇的武王，开始征伐四方和挞伐殷，还派俊杰远征翟祖之国和夷唐。开明通达的成王，其左右的大臣团结勇武，造就了稳固的周邦。渊博明哲的康王，治理着广大的邦国。宏鲁而嘉善的昭王，大举征伐楚荆，带着雄壮的军队南行。肃静耿明的穆王，遵循先王的伟大教诲而行事。重新安定了继位大统的天子，继承了文王、武王的长远功烈，而能够眉寿无疆，上下协力，共

---

① 《金文编》（中华书局1985年版）附录第453—462号的彝铭多为族徽，其字中皆有"册"字。第463—465号的彝铭，亦有"册"字，另有四末或二末之形，秦建明同志释其为"作册"（见《释作与作册》，陕西省历史博物馆编《西周史论文集》下册，西安：陕西人民教育出版社1993年版，第1164—1172页。），甚是。

② 关于《墙盘》的释文，诸家多有歧异，今采择诸家之说，为方便计，有些字径以所读写出。《墙盘》见于20世纪70年代所发视的陕西扶风庄白一号青铜器窖藏的微史家族铜器群，共有周代铜器百余件，其中有铭文者就有七十四件。这个铜器群断代的核心是《墙盘》。专家们关于《墙盘》文字考释及其断代提出许多精当的见解，使铭文之义可以通释，并且解决了许多重要问题。关于其断代，专家们主要有两说，一是恭王说；一是穆王说。我以为根据铭文内容及其与其他彝器的比较，《墙盘》应为夷王时器。说详拙作《〈墙盘〉断代再议》（《中原文物》1989年第1期）。

图光明大略，光辉无限。上帝眷顾华夏，赐予保佑，授予天子以长寿、幸福、丰年，使得方国蛮夷无不接踵朝见。名墙者为周王朝的史官，他之所以叙述周王朝的史实，目的在于要通过这些来显示自己家族的光荣历史，因此与其家族有关的周王，他就着重叙述，反之则一提而过，或者根本不提。从《墙盘》铭文里面可以看到，名墙者已经在有目的地进行历史的阐述，并且这个阐述比较系统，让人可以大致了解周王朝的辉煌经历。

彝铭对于某些历史事件的叙述简明扼要，使人一目了然地知晓某件事情的进程。例如周武王时器《利簋》铭文载：

武王征商，唯甲子朝，岁，鼎，克，昏夙又（有）商。

武王伐纣灭商是商周之际最为重大的历史事件，这件簋铭叙述了周武王伐商的干支、时间和经过，讲明了在一天之内即灭商而有之的情况。西周后期周王与猃狁之间的斗争对于政治局势影响很大，《多友鼎》记载了讨伐入侵的猃狁的一次战斗，从其铭文里可以看到，作器者固然是为了表明自己参加讨伐猃狁战斗所立的功绩，可是对于战斗的起因、经过和结果却都做了详细的叙述，战斗的时间、地点以及武公、多友、向父以及周王等人的言行都有所记录。这篇铭文实际是一篇讨伐猃狁战斗的历史叙述，已开后世关于战争史载的先河。像《墙盘》《利簋》《多友鼎》之类的彝铭，其历史意识可以说比甲骨卜辞已经有了长足的进步。

再次，彝铭注意了历史记载的教育作用。周代彝铭末尾的"子子孙孙永宝用"，是许多彝铭的习惯用语，其用意固然是要子孙将彝器世代相传，但更重要的是让子子孙孙都要记住彝铭所叙述的祖父辈的光辉业迹，这也就是将彝器世代相传的目的所在。西周时期进行历史传统教育的形式可以有许多，其中相当重要的一项就是将历史传统载之彝铭而传之后世。周代彝铭中字数最多的一件是《毛公鼎》，其结尾说毛公"对扬天子皇休，用乍（作）尊彝，子子孙孙永宝用"，除了这个结尾之外，全篇文字即由五段周王的话组成。第一段是周宣王讲述周王朝从兴盛到发生危机的历史。周王朝原先"率怀不廷方，亡不□于文武耿光"的大好形势，后来却变成"四方大从（纵）不静"

的局面。第二段叙述周宣王对毛公的嘱咐。第三段讲周宣王所授予毛公的重权，表明周宣王自己不再向父王那样"弘其唯王智，乃唯是丧我或（国）"，决不像父王那样刚愎自用，而要信用毛公这样的大臣。第四段讲周宣王对于毛公的要求，让他整顿吏治。第五段讲周宣王赏赐给毛公的物品。《毛公鼎》所记载的这些内容，其历史教育的目的十分明确。铭文所记周宣王的语言，话里话外都透露出对于国人暴动而使周王朝面临重大危机的历史的重视，以这样的历史鉴戒来教育人们，从而使政治清明、社会安定。《毛公鼎》作为一篇相当完整的诰命体的铭文，没有记载毛公的什么业迹，而是以绝大部分的文字记载了周王的训诰言辞，并且这些训诰是以讲述历史的形式为主来展开的。周代很重视"殷鉴"的作用，所以《诗经·文王》谓"殷之未丧师，克配上帝，宜鉴于殷，骏命不易"。《毛公鼎》铭文所讲的历史对于周代后期的统治者来说也是一种"殷鉴"。《易经·大畜》卦的《象》传谓"君子以多识前言往行，以畜其德"，从西周时期的彝铭看，当时已经初步有了这种观念，彝铭所载的内容绝大多数都是"前言往行"，都可以用来教育弟子增加知识和培养德操。

从西周时期大多数的彝铭内容看，其历史教育作用主要在于铭铸先祖或自己的丰功伟业以及所受到的周天子或上级的恩宠，从而为子孙后代学习的楷模；然而，也有少数铭文专记自己失败的经历以为后世子孙的鉴戒。西周后期的《𪩘匜》就是相当典型的一篇。铭文谓：

唯三月既死霸甲申，王在菜上宫，白（伯）扬父乃成勑曰："牧牛！囗，乃可堪！女（汝）敢以乃师讼！女（汝）上挻先誓，今女（汝）亦既又御誓，……我义（宜）鞭女（汝）千，墨囗女（汝），今我赦女（汝），义（宜）鞭女（汝）千，黜囗女（汝），今大赦女（汝），鞭女（汝）五百，罚女（汝）三百乎（锾）。"白（伯）扬父乃或（又）吏（使）牧牛誓曰……，牧牛则誓。乃以告吏囗、吏囗于会，牧牛辞誓成，罚金。𪩘用乍（作）旅盉。

从铭文内容看，名牧牛者与其上级诉讼，最后由伯扬父做了判决。伯扬父说:"牧牛,你的行为还能够让人容忍吗?你居然敢同你的长官诉讼!你这就违背了先前的誓辞,所以现在你要再次宣誓。我本来应当处罚你挨一千下鞭打,并且在你的面颊上刺墨,现在我宽赦你,只处罚你挨一千下鞭打,而减除墨刑。现在我再大大宽赦你,只鞭打五百下,罚铜三百寽。"伯扬父让牧牛发誓。牧牛发誓以后,在场的两名吏职予以记录,誓辞就算完成,罚金也已如数缴纳。牧为纪念这件事,于是就铸造了这一件旅盉。从铭文里面可以看到名牧牛者"以乃师讼"的结果是受到鞭打五百和罚金三百锾的处置,通篇没有牧牛的丰功伟绩,没有牧牛受到封赏的记录,只以伯扬父的判决词为主线来说明牧牛所犯罪过的情形。牧牛"作旅盉"的目的是要子孙铭记自己的教训。春秋时期,楚庄王所选定的太子傅向申叔请教如何教育太子的问题,申叔当时回答说:"教之《春秋》,而为之耸善而抑恶焉,以戒劝其心;教之《世》,而为之昭明德而废幽昏焉,以休惧其动。"(《国语·楚语上》)周代彝铭里面如《牧匜》这样的铭文,其作用就是申叔所说的"以戒劝其心",而其他铭记功德业绩的铭文的作用则是"以休惧其动"。20世纪80年代初期,陕西西安出土有《史惠鼎》,其铭文载:

> 史惠作宝鼎。惠其日就月将,察化恶臧,寺(持)屯(纯)鲁令(命)。惠其子子孙孙永宝。[①]

铭文意谓周王朝的史官名惠者日有所成,月有所行,能够察知善恶而教人,所以得到嘉美的赐命。史官"察化恶臧"的使命表现在彝铭记载上,便是历史教育功能的体现。这个教育有正面的,也有反面的,彝铭中像《牧匜》这样的记载虽然很少,但却是从反面进行教育的例证。

总之,我们从以上三个方面探讨了彝铭与西周史学的关系,研究了彝铭所反映的西周时期史学的一些情况。彝铭是西周史学的重要载体。对于西周时代的人来说,彝铭犹如后世的国史、家族史和历史教本。存放在宗庙里面

---

[①] 《史惠鼎》铭文的字释甚艰难,关于鼎铭文的释文及其意义的探索,此从李学勤先生说,见其《史惠鼎与史学渊源》一文,载其所著《新出青铜器研究》,北京:文物出版社1980年版,第122—125页。

的彝器，不仅仅是庄严肃穆的象征，是祖辈功业与经验的结晶，而且在一定程度上也是指导现实生活的历史教科书。尽管彝铭记史记言还有许多局限性，但其古奥的言辞、典雅的文风，足为当时文化的精品，确实达到了留之后世、传之久远的目的。

## 二

西周史学的载体，除了大量的彝铭以外，还有许多典册文字，这些典册文字有些流传到了后世，成为人们研究上古历史极为重要的资料。这些也是西周史学的重要组成部分。

西周时期典册文字的一个重要方面应当是关于周族历史传说的记载。周族自古有关于本族起源的发展的传说，后来演变为系统的史诗。这在上古时期与夏商两代相比是很突出的。周族的史诗一般都写成于西周时期，主要保存于《诗经·大雅》里面。周族史诗追溯时代最早者是《诗经·生民》，是篇谓："厥初生民，时维姜嫄。生民如何？克禋克祀，以弗无子。履帝武敏歆，攸介攸止。载震载夙，载生载育，时维后稷。诞弥厥月，先生如达。……居然生子。"周人认为自己的祖先来自于姜嫄。这位老祖母进行祭祀以攘除自己不能生子的灾祸。果然，在祭祀以后，她践踏了上帝脚印的大拇指而心动，于是在休息了一段时间以后便怀孕，顺利地生下了一个儿子，那就是后稷。这个叙述已经把周族的历史追溯到了母系时代，当时只知周族祖先后稷的母亲为姜嫄，还不知道后稷的父亲。这个传说流传之久远是可以想见的。后稷以后周族的著名先祖公刘在史诗里面也有叙述："笃公刘，匪居匪康，乃场乃疆，乃积乃仓。……干戈戚扬，爰方启行。笃公刘，于胥斯原，既庶既繁，既顺乃宣，而无永叹。……度其夕阳，豳居允荒。笃公刘，于豳斯馆……"（《诗经·公刘》）这里叙述了公刘率领族人迁徙于豳地的情况。他率领族人从原先居住的地方，准备好干粮，携带着武器，起程远迁，来到这广阔的原野，使民众心情舒畅而安居，这个地方就是建造居住房屋的豳地。率领周族迁徙到周原从而使周族得以大发展的是公亶父。他也是一位在史诗中有专篇的重要人物。《诗经·绵》谓："绵绵瓜瓞，民之初生"，先追述周族的发祥如同绵绵不绝的大瓜小瓞一样成长壮大。然后叙述道："古公亶父，来朝走马。率西水浒，至于岐下。爰及姜女，聿来胥宇。周原膴膴，堇荼如饴。爰始爰谋，爰契我龟。曰止曰时，筑室于兹。"公亶父和妻子——一位姜姓的女子骑着马来到岐山之下，察看这一片连苦菜都如饴糖一样甜的周原，公亶父经过商议和占卜，遂决定在周原定居。关于公亶父以后、周文王以前的周族情况，以《诗经·皇矣》所述最为集中。是篇谓"维此王季，帝度其心。貊其德音，其德克明。克明克类，克长克君。王此大邦，克顺克比"，指出上帝承认其美德声名，而满足其愿望，使他成为这大邦之王。王季是周族历史上第一位称王的君主。关于周文王的事迹，在周族史诗所述各个时代中是数量最多者。《诗经·大明》叙述了王季娶妻于挚国任姓之女大任而生下文王，以及文王继位之初娶亲的情况；《诗经·皇矣》叙述了文王讨伐密须和崇国的情况；《诗经·绵》叙述文王调解虞、芮两国争端的情况；《诗经·灵台》叙述周文王建筑灵台和推行礼乐的情况；《诗经·荡》叙述文王对于殷商的斥责；《诗经·文王》讲文王死后到天上保佑周邦的情况，其最后谓"仪刑文王，万邦作孚"，这可以说是关于文王的所有诗篇的主旨所在。关于文王以后的西周的各个历史时期，《诗经》里面也有不少诗作，如武王、成王等都有不少篇章予以讲述。

　　西周时期所写定的周族史诗具有鲜明的特色。首先，这些史诗尽量保存世代相传的周族历史的原貌。有些传说并不怎么符合西周时期的宗法观念和社会观念，但由于是古老的传说，所以史诗仍然予以保留。例如，后稷降生以后曾经有三次考验的仪式，"诞寘之隘巷，牛羊腓字之；诞寘之平林，会伐平林；诞寘之寒冰，鸟覆翼之"（《大雅·生民》）。这种对于生子的考验仪式和礼俗在西周时期已经不复存在，但在史诗中还是依其原貌叙述。其次，史诗对于所写的人物与史事有选择、有重点。后稷、公刘、公亶父、王季、文王，是建立周王朝以前的周族历史上具有最杰出贡献的人物，所以史诗中便突出叙述其业迹。而高圉、亚圉等在周族发祥史上影响不大，所以史诗便不涉及。对于重要的历史事件予以重点描绘，如写武王伐纣的场面谓"殷商之旅，其会如林。矢于牧野，维予侯兴。上帝临女，无贰尔心。牧野洋洋，檀车煌煌，驷騵彭彭。维师尚父，时维鹰扬，涼彼武王。肆伐大商，会朝清明"

(《诗经·大明》），既写殷商军队之多，又写了周军士气的旺盛，更突出描绘了周武王、师尚父这两位关键人物。这种描写真可谓是浓墨重彩。再次，和西周时期的一般诗作不同，史诗着重记载了周族民众的情感和语言。例如写周族历史绵远而没有断绝的情况谓"绵绵瓜瓞，民之初生"（《诗经·绵》），写后稷率族人获得丰收后准备祭祀的情况谓"诞我祀如何？或舂或揄，或簸或蹂。释之叟叟，烝（蒸）之浮浮"，很有生活气息，都不是呆板的文绉绉的语言。总之，西周时期所写定的周族史诗，是西周史学的重要收获，在我国古代史学史上应当有一定的地位。

从西周时期的典册文字里面，我们还可以看到除史诗之外的、与史学发展有密切关系的另一个方面，那就是对于古代历史文献的整理和编纂。西周时期曾经依据殷代流传下来的典册文字整理夏商时代的誓诰文献，并且将其分为《虞书》《夏书》《商书》等部分。这可以由春秋前期人们引《书》的情况做出推断。《左传·庄公八年》载鲁庄公语谓"《夏书》曰：'皋陶迈种德'"，《僖公二十七年》载晋赵衰语谓"《夏书》曰：'赋纳以言，明试以功，车服以庸'"，《文公七年》载晋郤缺语谓"《夏书》曰：'戒之用休，董之用威，劝之以《九歌》，勿使坏'"，《成公十六年》载周单襄公语谓"《夏书》曰：'怨岂在明？不见是图。'"这些都是春秋前期人引用《夏书》的记载，可见《夏书》的编撰应当在西周时期就已经开始了，所以在春秋前期即在鲁、晋、周等国流传。《左传·文公五年》载卫宁嬴语谓"《商书》曰：'沈渐刚克，高明柔克'"，《成公六年》载晋栾武子语谓"《商书》曰：'三人占，从二人'"，这是春秋初期人引用《商书》的例证，所引《商书》文字，见于今本《尚书·周书》部分的《洪范》篇，可见自西周时期流传下来的《商书》编次与后世有别。《左传·宣公十二年》载晋随武子语谓"《仲虺》有言曰：'取乱侮亡'"，这段话，郑国的子皮也曾经引用过，字名稍繁而意思完全相同，谓是篇为《仲虺之志》（见《左传·襄公三十年》）。《书序》谓："汤归自夏，至于大坰。仲虺作诰。"伪《古文尚书》有《仲虺之诰》。从这里可以看出自西周流传下来的《商书》篇名还没有统一，或称《仲虺》，或称《仲虺之志》，就是一个例证。总之，春秋前期所流传的《书》，距离西周很近，并且已经在许多诸侯国流传，所以推测其整编是西周时期的事情，应当大致不错。

西周时期记载当代历史的文献称为《周书》，并且在春秋前期即已被人们广泛称引。《左传·僖公五年》载虞宫之奇语谓"《周书》曰：'皇天无亲，惟德是辅'"，《僖公二十三年》载晋卜偃语谓"《周书》有之：'乃大明服'"，《宣公六年》载晋中行桓子语谓"《周书》曰：'殪戎殷'"，《宣公十五年》载晋羊舌职语谓"《周书》所谓'庸庸祗祗'"，《成公八年》载晋韩厥语谓"《周书》曰：'不敢侮鳏寡'"，《成公十六年》载晋范文子语谓"《周书》曰：'惟命不于常。'"春秋前期的人所引用的《周书》多见诸《尚书·康诰》。《康诰》本来是分封卫康叔时的诰辞，并且在册封的时候已经赐予卫康叔[①]，"命以《康诰》而封于殷墟"（《左传·定公四年》），但却在其他诸侯国流传，可见作为诰命之辞的《康诰》在周王朝的史官那里还存有副本，并且整理为《周书》中的一篇。同样的例子，还有周初对于蔡仲的诰命之辞。春秋时期卫国的祝佗讲册封蔡国之事谓周初蔡叔反叛而被杀，"其子蔡仲，改行帅德，周公举之，以为己卿士。见诸王而命之以蔡，其命书云：'王曰：胡！无若尔考之违王命也！'"（《左传·定公四年》）《书序》载"蔡叔既没，王命蔡仲践诸侯位，作《蔡仲之命》"，这篇"命书"已经在册封的时候赐予蔡仲，但是卫国人却对这篇文字了如指掌，可见此"命书"必定由周王朝史官整理为《书》的一篇而广泛流传。我们之所以肯定《康诰》《蔡仲之命》等《周书》的篇章的整理编定是在西周时期，而不是拖延到春秋时期才加以整理，就是因为《左传》的明文记载，证明这些篇章早在周初分封诸侯时即已成型。西周时期是否将诰誓之类的文献编定而以《周书》相称，尚无确证，但是依《夏书》《商书》之例推测，西周时期也可能是有《周书》之称的。《周礼·内史》载"内史掌书王命，遂贰之"，郑注"副写藏之"。从《康诰》《蔡仲之命》的情况看，周王朝的史官将诰命之辞"副写藏之"应当实有其事。春秋初年，虞国贤臣宫之奇说："虢仲、虢叔，王季之穆也，为文王卿士，勋在王室，藏于盟府。"（《左传·僖公五年》）春秋时期卫国的祝佗说各种诰辞"藏在周府，可覆视也"（《左

---

[①] 关于册封诸侯时将诰命文辞赐予诸侯的情况，在春秋时期周王册封晋文公的记载里面依然可以得见，《左传·僖公二十八年》载："王命尹氏及王子虎、内史叔兴父策命晋侯为侯伯，……曰：'王谓叔父，敬服王命，以绥四国。纠逖王慝。'晋侯三辞，从命。曰：'重耳敢再拜稽首，奉扬天子之丕显休命。'受策以出。"其所受之"策"即册命文辞。

传·定公四年》）。可以推测，"盟府""周府"所藏的各种诰誓、册命及其他档案材料的数量很多。这些材料，仅见于《周礼》诸史官职守所记载，就有以下几类，一是古史传说，即《周礼·外史》所谓的"掌三皇五帝之书"。二是关于各诸侯国的大事的记载，即《周礼·内史》所谓的"凡四方之事，内史读之"。三是周王室及所分封的各诸侯国宗族的一些情况，即《周礼·小史》所载"大祭祀，读礼法，史以书叙昭穆之俎簋"。四是周王朝和各诸侯国的诉讼记载，即《周礼·大史》所谓"凡邦国都鄙及万民之有约剂者藏焉，以贰六官"。这些档案材料的整理加工，为西周史事记载的基础，也是西周时期编撰《书》的主要依据。

和夏商两代相比，西周时期人们的历史意识可谓空前增强。夏、商两代兴盛与衰亡的历史成为周初人们经常谈论的问题，周公曾说："古人有言曰：'人无于水监，当于民监。'今惟殷坠厥命，我岂可不大监抚于时！"（《尚书·酒诰》）他所说的"民监"实即民心向背而引起的夏、商两代的兴亡，归根到底还是历史的经验。召公曾说："相古先民有夏，天迪从子保，面稽天若，今时既坠厥命。今相有殷，天迪格保，面稽天若，今时既坠厥命。"（《尚书·召诰》）召公认为，夏、商两代从兴盛到"坠厥命"，这就是周人最好的鉴戒。在周公看来，历史的经验可以分为正、反两个方面。周公所讲的正面的历史经验，主要是殷代诸位明智的先王，"在昔殷先哲王，迪畏天，显小民，经德秉哲，自成汤咸至于帝乙，成王畏相"（《尚书·酒诰》）。从成汤到帝乙的诸位"经德秉哲"的先王的史迹，周公十分熟悉。

从《尚书·无逸》里可以看到，周公对于殷王朝的历史很了解，以至于每位殷王在位的时间和某些作为都知道得很清楚。这里也可以说明周人的确有关于殷商的典册文字记载，所以某位殷王在位的年数才会如数家珍般地罗列出来。关于殷代君臣的情况，周公也非常熟悉。他指出：

> 我闻在昔成汤既受命，时则有若伊尹，格于皇天。在太甲，时则有若保衡。在太戊，时则有若伊陟、臣扈，格于上帝，巫咸乂王家。在祖乙，时则有若巫贤。在武丁，时则有若甘盘。率惟兹有陈，保乂有殷，故殷礼陟配天，多历年所。（《尚书·君奭》）

这里所追溯的时限从成汤开始，直到武丁，距离周初已经较远，周初人这样熟悉他们的作为，想来是以典册文字记载为依据的。除了夏商两代历史以外，周族自己发祥的历史也是周初人们相当重要的历史经验。周公曾谓："呜呼！厥亦惟我周太王、王季，克自抑畏。文王卑服，即康功田功。徽柔懿恭，怀保小民，惠鲜鳏寡。自朝至于日中昃，不遑暇食，用咸和万民。文王不敢盘于游田，以庶邦惟正之供。文王受命惟中身，厥享国五十年。"（《尚书·无逸》）他在这里举出周太王、周王季和周文王，不是着眼于他们在上天已经成了神灵而保佑周族，如同《诗经·文王》所谓"文王陟降，在帝左右"的那样，而是着眼于这些周先王勤奋创业的历史经验。

周初所总结的反面的历史经验，主要是夏、商两代亡国之君的教训。周公说："桀德惟乃弗作往任，是惟暴德，罔后。"指出夏桀不遵循以往任用人的道理，而且行为暴虐，而导致灭亡无后。周公又指出"其在受德忞，惟羞刑暴德之人，同于厥邦。乃惟庶习逸德之人，同于厥政。帝钦罚之，乃伻我有夏，式商受命"（《尚书·立政》），即商纣王行为昏暗不明，任用那些惯用刑罚、行为残暴、作恶多端的官员，所以周才接受了国运而治理天下。召公曾经对周成王说："我不可不监于有夏，亦不可不监于有殷。我不敢知曰，有夏服天命，惟有历年；我不敢知曰，不其延。惟不敬厥德，乃早坠厥命。我不敢知曰，有殷受天命，惟有历年；我不敢知曰，不其延。惟不敬厥德，乃早坠厥命。今王嗣受厥命，我亦惟兹二国命，嗣若功。"（《尚书·召诰》）明确说明夏、殷两代亡国的教训正是周的鉴戒。召公的这番话可以说是周初统治者借鉴历史经验的典型言论。《诗经·荡》谓"殷鉴不远，在夏后之世"，《诗经·文王》谓"宜鉴于殷，骏命不易"，都凝聚了周人浓厚的历史意识。

综观西周史学发展情况，可以说已经比殷代有了长足的进展。如果说殷代尚有十分浓厚的神意史观的话，那么西周时期的史学则正逐渐从神意的笼罩下走出，更多地注目于人的历史活动，记载人的事迹和历史事件的经过及结果。殷代的甲骨卜辞在某种程度上可以说是祈求神意的产物，而周代的彝铭则与神意有了较大的距离。殷代的贞人记载历史还不够自觉，而西周时期的史官则自觉主动地进行史载和历史资料的汇集。这里有一个颇有趣味的对照。殷人占卜是以神意来决定人事，而周人迷信的重要方式——蓍筮，则以人事来印证神意。《易》的卦辞、爻辞写定于西周时期，是当时的人著筮以后决定吉凶之辞，然而卦辞、爻辞里面却有许多人的事迹，例如：

> 伏戎于莽，升其高陵，三岁不兴。(《同人》九三爻辞)
> 明夷于南狩，得其大首，不可疾贞。(《明夷》九三爻辞)
> 密云不雨，自我西郊。公弋取彼在穴。(《小过》六五爻辞)
> 王用亨(享)于岐山，吉，无咎。(《升》六四爻辞)

这些爻辞所记皆为人的活动，虽然其具体史事不明，但非神鬼之事，则还是一目了然的。《易》的卦辞、爻辞里面有一些事情已经被专家考证出其原委[①]，可以确指其为历史上某时某人之事。主要有以下几例：

> 丧羊于易，无悔。(《大壮》六五爻辞)
> 鸟焚其巢，旅人先笑后号咷。丧牛于易，凶。(《旅》上九爻辞)

这是商先祖王亥的史事，可以与《山海经》《竹书纪年》《楚辞·天问》等的记载相互印证。

> 高宗伐鬼方，三年克之，小人弗用。(《既济》九三爻辞)
> 震用伐鬼方，三年，有赏于大国。(《未济》九四爻辞)

这是商王高宗讨伐鬼方的史事，说"三年克之"，可见战争延绵颇久。

> 帝乙归妹，以祉，元吉。(《泰》六五爻辞)
> 帝乙归妹，其君之袂不如其娣之袂良。月几望，吉。(《归妹》六五爻辞)

---

① 见王国维《殷卜辞中所见先公先王考》(《观堂集林》卷九)和顾颉刚《周易卦爻辞中的故事》(《燕京学报》1929年第6期，转引自《顾颉刚选集》，天津：天津人民出版社1988年版，第193—244页)。

这是商王帝乙嫁女于沚国的史载。帝乙的时候为了加强与诸方国的关系而嫁女于比较强大的沚国首领。①

  箕子之明夷，利贞。(《明夷》六五爻辞)

这是殷末贤人箕子的史事。《易·明夷·彖》传里面曾经将周文王和箕子对举，可见箕子应当和周文王一样也是商周之际的人物。

  康侯用锡马蕃庶，昼日三接。(《晋》卦辞)

这是周初卫康叔的史事，指康叔受封后，以善于畜牧而用王所赐之马而蕃庶。总之，从《易》的卦辞、爻辞看，大多数都是以人事而作为判断吉凶的标准，这些人事中虽然大部分不能确指，但是这与殷代甲骨卜辞的以神意而决定人事，还是很有区别的。当然，《易》所载的史事，并不是在进行历史记载，而只是取其为人们所熟知的结果而作为蓍筮时断定吉凶的说辞，还是为神意服务，尽管如此，还是应当说其着眼点已经与进行甲骨占卜时的殷人不同：蓍筮时，周人眼睛看着前人行事的吉凶，而龟卜的时候殷人眼睛则盯着神的旨意。相比而言，周人显然要比殷人进步一些。周人的这个进步是与其浓厚的历史意识有关系的。

（1995年第4期）

---

① 关于"帝乙归妹"史事的解释，见拙作《说"帝乙归妹"》，《中华文史论丛》1986年第1辑。

# 先秦诸子论历史盛衰

林晓平

先秦诸子的历史盛衰思想很有特色,它承继了周初统治者及先秦史官的历史盛衰思想,又大大地丰富了这一思想的内容且颇多创新,深刻地影响了后世史家对于历史盛衰的看法,堪称为历史盛衰论的集大成与承前启后者。

## 一、历史的"盛"与"衰"

承认历史盛衰变化是一种客观存在,这是历史盛衰论产生的思想前提。基于对历史的了解和研究,先秦诸子在这方面也展开争鸣,但异中有同,"此务为治者也,直所从言之异路,有省不省耳"(《史记》卷一百三十《太史公自序》),"其言虽殊,譬犹水火,相灭亦相生也;仁之与义,敬之与和,相反而皆相成也"(《汉书》卷三十《艺文志》)。先秦诸子盛衰论体现出对历史社会的关注。

孔子说:"天下有道,则礼乐征伐自天子出;天下无道,则礼乐征伐自诸侯出。"(《论语·季氏》)在孔子看来,"天下有道"之世是盛世,而"天下无道"之世显然是衰世。在"天下有道"之世,礼乐征伐的大权出自天子,而不是出自诸侯或大臣,这与其"君君臣臣"的政治道德标准相符合,是君权巩固、国势强盛的表现;在"天下无道"之世,礼乐征伐的大权自诸侯、大夫出,乃至于"陪臣执国命",孔子认为,这不符合政治道德标准,也是衰世的特征,其结果"自诸侯出,盖十世希不失矣;自大夫出,五世希不失矣;陪臣执国命,三世希不失矣"(《论语·季氏》),政权都不能长久保持。值得注意的是，孔子的上述论述实际上是对客观历史的小结。据杨伯峻先生的研究，孔子的"礼乐征伐自天子出"，是指尧、舜、禹、汤以及西周时期；"天下无道"是指周天子已经没有发号施令力量的齐桓公之后。齐自桓公称霸，历孝公、昭公、懿公、顷公、灵公、庄公、景公、悼公、简公等十公，至简公而被杀；晋自文公称霸，历襄公、灵公、成公、景公、厉公、平公、昭公、顷公九公而六卿专政，为孔子所亲见。所以说"十世希不失"。鲁自季友专政，历文子、武子、平子、桓子而为阳虎所执，亦为孔子所亲见，所以说"五世希不失矣"。至于鲁季氏家臣公山弗扰、阳虎等身败而亡，不曾到过三世，故孔子说"三世希不失矣"。可见，孔子认识到历史上有"天下有道"的盛世，也有"天下无道"的衰世，承认历史之盛衰都是曾存在过或正存在着的客观事实。

孟子有"治世""乱世"说。他在评价历史人物时说："治则进，乱则退，伯夷也……治亦进，乱亦进，伊尹也。"（《孟子·公孙丑上》）这里，"治""乱"分别指治世、乱世，亦即盛世和衰世。在《滕文公上》中，孟子对唐尧以来的历史治乱盛衰进行总结说："天下之生久矣，一治一乱。"根据孟子的论述，从尧到孟子所处的时代，整个历史过程是治乱交替发展的。孟子实际上给人们描绘了一幅客观历史的治乱兴衰图。

庄子将历史划分为"至德之世"和乱世两个阶段。他认为，三皇五帝之前是"至德之世"。关于"至德之世"的情况及其特点，庄子在多处进行了描述。在《胠箧》中叙述了容成氏、大庭氏等人的时代，人民自给自足、互不往来、怡然而乐的生活情况："民结绳而用之，甘其食，美其服，乐其俗，安其居，邻国相望，鸡狗之音相闻，民至老死而不相往来。"盛赞"若此之时，则至治已"。在《马蹄》中称："至德之世，其行填填，其视颠颠。当是时也，山无蹊隧，泽无舟梁；万物群生，连属其乡；禽兽成群，草木遂长。是故禽兽可系羁而游，鸟鹊之巢可攀援而窥。夫至德之世，同与禽兽居，族与万物并，恶乎知君子小人哉！"在《天地》中曰："至德之世，不尚贤，不使能；上如标枝，民如野鹿；端正而不知以为义，相爱而不知以为仁，实而不知以为忠，当而不知以为信，蠢动而相使，不以为赐。是故行而无迹，事而无传。"称颂"至德之世"民风淳朴、不争、无为以及与自然融为一体的境况。《庄子》认为,历史经历了"至德之世"的黄金时期之后,自三皇五帝以降,则进入乱世,它说:"三皇五帝之治天下,名曰治之,而乱莫甚焉。"(《庄子·天运》)在这个乱世中,"子有杀父,臣有杀君,正昼为盗,日中穴阫"(《庄子·庚桑楚》)。作者认为,"自三代以下者,天下何其嚣嚣也?且夫待钩绳规矩而正者,是削其性者也;待绳约胶漆而固者,是侵其德者也;屈折礼乐,呴俞仁义,以慰天下之心者,此失其常然也。天下有常然,常然者,曲者不以钩,直者不以绳,圆者不以规,方者不以矩,附离不以胶漆,约束不以纆索。故天下诱然皆生而不知其所以生,同焉皆得而不知其所以得。故古今不二,不可亏也。则仁义又奚连连如胶漆、纆索而游乎道德之间为哉?使天下惑也!夫小惑易方,大惑易性。何以知其然邪?自虞氏招仁义以挠天下也,天下莫不奔命于仁义,是非以仁义易其性与?故尝试论之:自三代以下者,天下莫不以物易其性矣。小人则以身殉利,士则以身殉名,大夫则以身殉家,圣人则以身殉天下。故此数子者,事业不同,名声异号,其于伤性以身为殉,一也"(《庄子·骈拇》)。又说:"甚矣夫,好知之乱天下也!自三代以下者是已,舍夫种种之民,而悦夫役役之佞;释夫恬淡无为,而悦夫啍啍之意。啍啍已乱天下矣!"(《庄子·胠箧》)"自三代以下者,匈匈焉终以赏罚为事,彼何暇安其性命之情哉?"(《庄子·在宥》)从不同方面,《庄子》对"至德之世"以后的"乱世"进行了揭露和抨击。在作者看来,"至德之世"是盛世,"乱世"则是衰世,它们都是客观存在。

其他诸子也对历史盛衰问题进行了思考。例如韩非子说:"今废势背法而待尧舜,尧舜至乃治,是千世乱而一治也。抱法处势而待桀纣,桀纣至乃乱,是千世治而一乱也。"(《韩非子·难势》)又说:"国无常强,无常弱。奉法者强则国强,奉法者弱则国弱。"(《韩非子·有度》)可见,韩非子在总结历史治乱盛衰时,将"法"与治乱盛衰的原因紧密地联系起来,而其对历史治乱盛衰总结的必要前提与上述诸子一样,首先都是承认历史治乱盛衰的客观性。

## 二、"盛""衰"的变化与转化

先秦统治者与史官虽然已开始了总结历史盛衰的尝试，但是，天地万物及社会历史为何有盛必有衰？盛衰之间的内在联系究竟怎样？他们还未能从哲学的高度来很好地阐述这个问题，然而先秦诸子在这方面有重要突破。

首先，先秦诸子认识到盛衰之间的对立而依存的关系。《老子》认为，无论是自然界或社会，都存在大量矛盾事物，这些矛盾事物双方处于对立统一体之中，相互联系，相互依存。它说："天下皆知美之为美，斯恶已；皆知善之为善，斯不善已。故有无相生，难易相成，长短相形，高下相倾，音声相和，前后相随。"（《老子》第二章）揭示出这种矛盾存在着相互对立又相互依存的关系，认为这是永恒的道理。盛衰也是如此，不可能只有盛而没有衰，也不可能只有衰而没有盛。韩非子引"周公"的话说"万物必有盛衰"，又说"故定理有存亡，有死生，有盛衰"（《韩非子·解老》），对《老子》之意的解喻可谓中的。《易传》说"一阴一阳之谓道"（《易·系辞上》），说明事物都存在着"阴""阳"的矛盾对立面，仅有"阳"而没有"阴"不成其为"道"，仅有"阴"而没有"阳"也不成其为"道"，盛与衰的关系，也是阴与阳的关系，同理，也是对立而依存，缺一不可的。这句话还包含另一层含义：一阴一阳、阴阳转化，乃是"道"的法则。

其次，先秦诸子认识到盛衰必然转化的法则。《老子》认为，矛盾的双方均会向其反面转化。它说："反者道之动。"又说："物壮则老。""兵强则不胜，木强则共。""祸，福之所倚；福，祸之所伏。"（《老子》第四十章、五十五章、七十六章、五十八章）说明事物向其反面转化是一个普遍的法则。事物为什么一定要向其对立面转化呢？韩非子从祸福之间的相互转化过程的论述，回答了这一问题。例如福之转化为祸，他说："人有福则富贵至，富贵至则衣食美，衣食美则骄心生，骄心生则行邪僻而动弃理。行邪僻则身死夭，动弃理则无成功。夫内有死夭之难，而外无成功之名者，大祸也。而祸本生于有福，故曰：'福兮祸之所伏。'"（《韩非子·解老》）韩非子认为，人有福，继踵而来的是富贵和良好的物质条件，有了良好的物质条件，就容易产生骄奢之心，有了骄奢之心，往往行动邪恶不正，举动违背常理，这样，大祸就降临了。事物的盛衰也是如此，彼此是要发生转化的。他又说："国无常强，无常弱。"（《韩非子·有度》）说明不仅是个人，国家也是如此，强弱盛衰并非永恒不变的。《庄子》说："盛衰之杀，变化之流也。"（《庄子·天道》）郭庆藩注曰："夫春夏盛长，秋冬衰杀，或变生作死，或化故成新，物理自然，非关措意。"（《庄子集释》）可见，《庄子》此句意为盛衰的转变，是不以人的意志为转移的自然法则。《庄子》还说道："四时迭起，万物循生；一盛一衰，文武伦经。"（《庄子·天运》）意思与此相类。《管子》称："奋乃苓……奋，盛；苓，落也。盛而不落者，未之有也。"（《管子·宙合》）说明盛一定会向衰转化，兴盛而不衰落，这是不可能的。作者说："地大国富，人众兵强，此霸王之本也，然而与危亡为邻矣。天道之数，人心之变。天道之数，至则反，盛则衰。人心之变，有余则骄，骄则缓怠。……此危亡之时也。"（《管子·重令》）强盛与危亡为邻，"至则反，盛则衰"，可见，《管子》对社会历史的盛衰转化问题，具有辩证思维的特点。《易传》中这方面的思想也非常丰富，如说："亢龙有悔，盈不可久也。"（《易·乾·象》）在此，《易传》以"龙"喻君子，"亢龙"是龙处"上九"即乾卦最上位之象，说明事物盛衰变化是一个必然的过程。《易·丰·彖》说："日中则昃，月盈则食，天地盈虚，与时消息，而况于人乎？况于鬼神乎？""盈""虚"亦即盛衰，这里，很重要的一点是，它谈盈虚，不是谈自然法则，而且是从日月、天地的盈虚而延衍于人，这反映出《易传》天人合一的思想特点，以及关于盈虚盛衰的辩证观念，同时，也体现出作者历史盛衰的观点。

先秦诸子关于历史盛衰的思想，还表现出一个特点，就是不空谈历史盛衰，而是将历史和现实联系起来论述社会历史变动。从某种角度看，治乱兴亡也是盛衰的征象：治为盛象，乱为衰象；兴为盛象，亡为衰象。先秦诸子兴起的一个重要动因，就是"救世之弊"，而现实与历史是紧密相连的，今天看来的历史，也曾经是昨天的"现实"，而今天的现实，也将成为明日的历史。因此，要"救世之弊"，就必须对历史上的治乱盛衰进行总结，探寻其原因，从中吸取经验教训，以匡时弊。先秦诸子着重探讨了决定历史治乱盛衰的因素。

## 三、历史的总结与多维的思考

决定历史治乱盛衰的因素是什么，先秦诸子见智见仁，对此展开了热烈的讨论。

"仁政""民心"与历史治乱盛衰。从"仁政"的角度来探讨历史盛衰，是孟子的发明。孟子关于治乱盛衰的思想非常丰富。在《滕文公下》中，他对尧以来的历史治乱盛衰总结说：

> 天下之生久矣，一治一乱。当尧之时，水逆行，泛滥于中国。蛇龙居之，民无所定。下者为巢，上者为营窟。《书》曰："洚水警余。"洚水者，洪水也。（朱熹注："此一乱也。"）使禹治之，禹掘地而注之海，驱蛇龙而放之菹。水由地中行，江、淮、河、汉是也。险阻既远，鸟兽之害人者消，然后人得平土而居之。（朱熹注："此一治也。"）尧舜既没，圣人之道衰。暴君代作，坏宫室以为污池，民无所安息；弃田以为园囿，使民不得衣食。邪说暴行又作，园囿、污池、沛泽多而禽兽至。及纣之身，天下又大乱。（朱熹注："又一大乱也。"）周公相武王，诛纣伐奄，三年讨其君，驱飞廉于海隅而戮之。灭国者五十，驱虎、豹、犀、象而远之。天下大悦。《书》曰："丕显哉，文王谟！丕承哉，武王烈！佑启我后人，咸以正无缺。"（朱熹注："此一治也。"）世衰道微，邪说暴行有作，臣弑其君者有之，子弑其父者有之。（朱熹注："又一乱也。"）孔子惧，作《春秋》。《春秋》，天子之事也。是故孔子曰："知我者其惟春秋乎！罪我者其惟《春秋》乎！"（朱熹注："亦一治也。"）圣王不作，诸侯放恣，处士横议，杨朱、墨翟之言盈天下。天下之言，不归杨，则归墨。杨氏为我，是无君也；墨氏兼爱，是无父也。无父无君，是禽兽也。公明仪曰："庖有肥肉，厩有肥马，民有饥色，野有饿莩，此率兽而食人也。"杨墨之道不息，孔子之道不著，是邪说诬民，充塞仁义也。仁义充塞，则率兽食人，人将相食。（朱熹注："此又一乱也。"）吾为此惧，闲先圣之道，距杨墨，放淫辞，邪说者不得作。作于其心，害于其事；作于其事，害于其政。圣人复起，不易吾言矣。（朱熹注："是亦一治也。"）

这可以说是孟子对历史上治乱兴衰所做的全景式的描绘。

历史上治乱兴衰的原因何在呢？对此，孟子主要从"仁政"方面进行了分析。"仁政"是孟子学说的中心，它与"仁"是相通的。什么是仁？孔子最早提出仁的学说，樊迟问仁，他回答说："爱人"（《论语·颜渊》），在当时表现出重视人、关怀人的进步思想，郭沫若先生称之为"人的发现"[①]。孟子说"仁也者，人也"（《孟子·尽心下》）、"亲亲，仁也"（《孟子·告子下》）、"仁者无不爱也"（《孟子·尽心上》），可见，他继承了孔子仁的思想。但同时，孟子的仁论也具有新的特点，他将仁的思想与其性善论结合起来，从人性善的角度来叙述仁。他说"恻隐之心，仁也"（《孟子·告子上》），又说"人皆有所不忍，达之于其所忍，仁也"（《孟子·尽心下》），将仁归结为恻隐之心与不忍之心。而把"仁"施之于政，是为"仁政"。孟子认为，仁政之施行与否，与历史上治乱兴衰关系密切。他说："三代之得天下也以仁，其失天下也以不仁。国之所以废兴存亡者亦然。天子不仁，不保四海；诸侯不仁，不保社稷。"（《孟子·离娄上》）得天下或失天下，决定于是仁还是非仁，国家的废兴存亡也取决于此。

重视民心，是孟子仁政学说的一项重要内容。孟子认为，天下的得失兴衰，与民心的向背关系密切。他指出："桀纣之失天下也，失其民也；失其民者，失其心也。得天下有道：得其民，斯得天下矣；得其民有道：得其心，斯得民矣；得其心有道：所欲与之聚之，所恶勿施尔也。"（《孟子·离娄上》）又说"得乎丘民而为天子"（《孟子·尽心下》）。孟子一针见血地指出，历史上桀纣等人失去天下的原因在于丧失了民心，而反之，争取到民心，就能获得天下。孟子总结历史盛衰基本上不离"仁政"及民心的思想。

荀子提出"安位说""水舟说"和"三得论"，论述了民心与历史治乱盛衰的关系。他说："马骇舆，则君子不安舆；庶人骇政，则君子不安位。马骇舆，则莫若静之；庶人骇政，则莫若惠之。选贤良，举笃敬，兴孝弟，收孤寡，补贫穷，如是，则庶人安政矣。庶人安政，然后君子安位。"（《荀子·王制》）荀子先从马惊车说到庶人惊政，认为就像马惊车会使坐车者坐不安稳一

---

[①] 郭沫若：《十批判书》，见《中国古代社会研究》，石家庄：河北教育出版社2000年版，第683页。

样,庶人惊政也将使执政者不能安居君位,因此,最好的办法就是惠民,包括修明政治、救济贫困等等,这样就能使民心稳定、百姓安政,百姓安政了,统治者也就能安位,达到天下大治。这就是"安位说"。又说:"《传》曰:'君者,舟也;庶人者,水也。水则载舟,水则覆舟。'此之谓也。"(《荀子·王制》)荀子引用古代文献资料,提出了"水舟说",把国君比作舟,把民众比作水,指出水能载舟,也能覆舟,揭示出民众、民心能决定统治者的统治兴亡的哲理。荀子又说:"用国者,得百姓之力者富,得百姓之死者强,得百姓之誉者荣。三得者具而天下归之,三得者亡而天下去之。天下归之之谓王,天下去之之谓亡。"(《荀子·王霸》)荀子认为,对于治国者来说,能得到百姓鼎力相助的可谓"富",能得到百姓拼死相助的可谓"强",能得到百姓夸奖的可谓真正的光荣。"三得"具备的,天下人都归附于他,可称为王;"三得"都失去的,天下人都离叛他,这就是"亡"。荀子认为,能得"百姓之力""百姓之死""百姓之誉"的,也就是获得了民心。有"三得",天下归之而王,政治上是兴盛;无"三得",天下去之而亡,政治上是衰亡。荀子肯定了民心在历史治乱盛衰中的重要性。

《管子》作者从"以人为本"的观念出发,探讨了"民心"与历史治乱盛衰的关系。《管子》明确地提出了"以人为本"的思想,说:"夫霸王之所始也,以人为本。本理则国固,本乱则国危。"(《管子·霸言》)《管子》作者认为,以人为本,是霸王之业的基础,而且,它关系到国家的治乱安危,"本"治理好了,国家就安定巩固,否则,国家就危乎殆哉。那末,怎样做到"以人为本",实现"本治"的目标呢?《管子》认为,关键在于得民心。《管子》作者进一步提出:"人不可不务也,此天下之极也。"(《管子·五辅》)这里的"人"是指人心;"务",《说文》曰:"趣也",段注:"趣者,疾走也,务者,言其促疾于事也。"[①]《管子》认为,获取民心是当务之急,这是天下的最高准则。把民心的地位提高到极致。作者认为,顺民心还是逆民心,关系到国政的兴废:"政之所兴,在顺民心;政之所废,在逆民心。"(《管子·牧民》)应采取惠民政策争取民心,而不能靠刑罚、杀戮的手法来对待民众,"故刑罚不足以

---

[①] 段玉裁:《说文解字注》,上海:上海古籍出版社1988年版,第699页。

畏其意，杀戮不足以服其心。故刑罚繁而意不恐，则令不行矣；杀戮众而心不服，则上位危矣。"(《管子·牧民》)靠杀戮手段，民心不服，统治者的政权就危乎殆哉了。《管子》还从总结历史经验教训的角度说："夫争天下者，必先争人"(《管子·霸言》)，指出争天下必先争取民心的道理。并认为获得政权后依然还要重视民心，民心的得失事关政权的存亡兴衰："古之圣王，所以取明名广誉，厚功大业，显于天下，不忘于后世，非得人者，未之尝闻。暴王之所以失国家，危社稷，覆宗庙，灭于天下，非失人者，未之尝闻。"(《管子·五辅》)作者的观点非常鲜明，自古以来圣王之所以能建功立业，名扬天下，流芳千古，无一例外都是由于得人心，由于坚持了以人为本；相反，自古以来暴君之所以亡国失天下，也无例外地是由于失去了民心。作者还特地例举了商纣王亡国的历史教训，指出，由于纣王"劳民力，夺民财，危民死"(《管子·形势解》)，以致民怨沸腾，失去了民众的拥护，而最终为周朝所取代。

"兼爱""尚贤"与历史盛衰变动。梁启超说："墨家唯一之主义曰'兼爱'。"[1]郭沫若先生认为："在墨子思想中最为特色而起着核心作用的要算是他的'兼爱'与'非攻'的一组。"[2]吕思勉先生也指出："墨子宗旨，全书一贯，兼爱为其根本。"[3]可见，在墨子的学说中，"兼爱"是其核心思想。

墨子的"兼爱"思想与他关于历史治乱盛衰的思想紧密地结合在一起。他在《兼爱上》中，开篇就谈治乱问题，说："圣人以治天下为事者也，必知乱之所自起，焉能治之；不知乱之所自起，则不能治。譬之如医之攻人之疾者然，必知疾之所自起，焉能攻之；不知疾之所自起，则弗能攻。治乱者何独不然？必知乱之所自起，焉能治之；不知乱之所自起，则弗能治。"认为要治理天下，一定要知道天下之所以乱的原因，就像医生治病要知道病因一样。知道乱之起因，就能治之，否则就不能治。那末，天下之所以乱的原因是什么呢？墨子认为，"不相爱"是乱之起源。他说："乱何自起？起不相爱。臣子之不孝君父，所谓乱也。子自爱不爱父，故亏父而自利；弟自爱不爱兄，故

---

[1] 梁启超：《先秦政治思想史》，北京：东方出版社1996年版，第145页。
[2] 郭沫若：《十批判书》，见《中国古代社会研究》，石家庄：河北教育出版社2000年版，第705页。
[3] 吕思勉：《先秦学术概论》，上海：东方出版中心1985年版，第121页。

亏兄而自利；臣自爱不爱君，故亏君而自利。此所谓乱也。虽父之不慈子，兄之不慈弟，君之不慈臣，此亦天下之所谓乱也。父自爱也不爱子，故亏子而自利；兄自爱也不爱弟，故亏弟而自利；君自爱也不爱臣，故亏臣而自利。是何也？皆起不相爱。虽至天下之为盗贼者亦然。盗爱其室不爱异室，故窃异室以利其室；贼爱其身不爱人，故贼人以利其身。此何也？皆起不相爱。虽至大夫之相乱家、诸侯之相攻国者亦然。大夫各爱其家，不爱异家，故乱异家以利其家；诸侯各爱其国，不爱异国，故攻异国以利其国。天下之乱物具此而已矣。察此何自起？皆起不相爱。"(《墨子·兼爱上》)他认为，君臣、父子、兄弟之间不相爱，皆为致乱之源，乃至贼之行盗、"大夫之相乱家"、"诸侯之相攻国"，都是因为不相爱的缘故。由此，他自认为找到了弭乱的良方，这就是使人们"兼相爱"。他说："若使天下兼相爱，爱人若爱其身，犹有不孝者乎？视父兄与君若其身，恶施不孝？犹有不慈者乎？视弟子与臣若其身，恶施不慈？故不孝不慈亡有。犹有盗贼乎？视人之室若其室，谁窃？视人身若其身，谁贼？故盗贼亡有。犹有大夫之相乱家、诸侯之相攻国者乎？视人家若其家，谁乱？视人国若其国，谁攻？故大夫之相乱家、诸侯之相攻国者亡有。若使天下兼相爱，国与国不相攻，家与家不相乱，盗贼无有，君臣父子皆能孝慈，若此则天下治。"(《墨子·兼爱上》)墨子因而得出关于兼爱与治乱盛衰的总的结论是："今天下之士君子，忠实欲天下之富，而恶其贫；欲天下之治，而恶其乱，当兼相爱，交相利。此圣王之法，天下之治道也，不可不务为也。"(《墨子·兼爱中》)"故天下兼相爱则治，交相恶则乱。"(《墨子·兼爱上》)墨子的兼爱思想，反映出小生产者要求平等、反对动乱和战争、希望安居乐业的愿望，而把治乱盛衰与"兼爱"思想紧密结合起来，是其一大特色。

先秦诸子还认识到统治者能否重视和任用"贤人"，是决定历史治乱盛衰的一个重要因素。墨子提出的"尚贤"说，就表达了这种观点。"尚"，上也，为推重、任用之义；贤，《说文》释："多才也"，《玉篇》曰："有善行也。"可见，贤人为有德有才之人。《墨子》首篇第一句话就陈述了统治者对贤人的态度，关系到国之存亡："入国而不存其士，则亡国矣。见贤而不急，则缓其君矣。非贤无急，非士无与虑国。缓贤忘士，而能以其国存者，未曾有也。"

(《墨子·亲士》)墨子提出一个看法,国家治理的程度与贤人的数量存在比例关系:"子墨子言曰:'是在王公大人为政于国家者,不能以尚贤事能为政也。是故国有贤良之士众,则国家之治厚;贤良之士寡,则国家之治薄。故大人之务,将在于众贤而已。'"(《墨子·尚贤上》)贤士多则"治厚",贤士少则"治寡",提出统治者要治理好国家,当务之急就是要广纳贤才。《墨子》写道:"故古者圣王唯能审以尚贤使能为政,无异物杂焉,天下皆得其利。古者舜,耕历山,陶河濒,渔雷泽。尧得之服泽之阳,举以为天子,与接天下之政,治天下之民。伊挚,有莘氏女之私臣,亲为庖人。汤得之,举以为己相,与接天下之政,治天下之民。傅说,被褐带索,庸筑乎傅岩。武丁得之,举以为三公,与接天下之政,治天下之民。此何故始贱卒而贵,始贫卒而富?则王公大人明乎以尚贤使能为政。是以民无饥而不得食,寒而不得衣,劳而不得息,乱而不得治者。"(《墨子·尚贤中》)通过例举历史上圣明的国君不拘一格重用贤人,使得天下大治的事迹,论证了能否重用贤人事关国家的治乱盛衰的道理。

荀子虽然对墨子的主张多有批评,但在"尚贤"思想上,也与墨子有相同之处,他说:"人君者,隆礼尊贤而王"(《荀子·强国》),"尧授能,舜遇时,尚贤推德天下治"(《荀子·成相》)。认识到"尚贤"与治国的关系,承认"尚贤"则能使天下得到很好的治理。又说:"昔虞不用宫之奇而晋并之,莱不用子马而齐并之,纣刳王子比干而武王得之。不亲贤用知,故身死国亡也。"(《荀子·尧问》)通过历史事例说明不重用贤人,将造成亡国之患。

"礼""法"对历史治乱盛衰的影响。在先秦诸子中,将"礼"置于关系到国家兴亡的高度来认识的,首推孟子。他说:"上无礼,下无学,贼民兴,丧无日矣。"(《孟子·离娄上》)认为如果在上的人不讲礼义,在下的人没有教育,违法乱纪的人就会多起来,这样,国家灭亡的日子也就没有几天了。

《管子》把礼义廉耻称作"四维",说:"四维不张,国乃灭亡。"(《管子·牧民》)也认识到礼是事关国家治乱兴亡的重要因素之一。

对礼与治乱盛衰的关系方面,能从多方面去深刻地认识的,是荀子。荀子说:"天地者,生之始也;礼义者,治之始也。"(《荀子·王制》)把礼义视为治国的第一要务。又说:"隆礼贵义者其国治,简礼贱义者其国乱。治者强,乱者弱。"(《荀子·议兵》)认为重视礼义关系到国家的治乱。荀子还叙述了礼与天下得失、政权兴亡的关系,说:"礼者,治辨之极也,强国之本也,威行之道也,功名之总也。王公由之,所以得天下也;不由,所以陨社稷也。"(《荀子·议兵》)指出,王公崇尚礼义可得天下;反之,政权就会覆亡。

韩非子对历史的治乱盛衰进行了分析,他说:"且夫尧舜桀纣,千世而一出……抱法处势则治,背法去势则乱。今废势背法而待尧舜,尧舜至乃治,是千世乱而一治也。抱法处势而待桀纣,桀纣至乃乱,是千世治而一乱也。"(《韩非子·难势》)又说:"故至治之国,有赏罚,而无喜怒。"(《韩非子·用人》)又说:"国无常强,无常弱。奉法者强则国强,奉法者弱则国弱",一些昔日的强国之所以衰亡,"其群臣官吏皆务所以乱,而不务所以治也。其国乱弱矣,又皆释国法而私其外,则是负薪而救火也,乱弱甚矣"。(《韩非子·有度》)由此可见,韩非子在总结历史治乱盛衰时,将"法"与治乱盛衰的原因紧密地联系起来。这与商鞅"法令者,民之命也,为治之本也"(《商君书·定分》)的精神是一致的。"法家精义,在于释情而任法"[①],"法"是法家学说的核心部分,韩非子对历史治乱盛衰的总结,体现出紧密围绕着其思想学说这一特点。他说:"夫严刑重罚者,民之所恶也,而国之所以治也;哀怜百姓,轻刑罚者,民之所喜,而国之所以危也。"(《韩非子·奸劫弑臣》)他指出统治者是否实行严刑重法,与国家的治乱盛衰关系密切,他强调要以"严刑重罚"来治理国家,并认为,民心与此主张是相悖逆的,如果顺民心,轻刑罚,国家就会危亡;轻民心,重刑罚,国家则能实现大治,这与儒家重视民心的思想截然相反。《管子》强调"法"的意义:"法者,天下之仪也"(《管子·禁藏》),视"法"为天下的准则。又认为,国家"不失其法然后治"(《管子·禁藏》),"法度行则国治,私意行则国乱"(《管子·明法解》),把"法"的实施与否,上升到历史治乱盛衰的高度来认识。

由上可见,在总结历史盛衰的思潮中,先秦诸子不仅继承了先秦统治者与史官总结历史盛衰的思想,还形成了自己的特色。特色之一是拓展了历史盛衰论的哲学基础;特色之二是从多种视角来探讨历史治乱盛衰的原因;第三

---

① 吕思勉:《先秦学术概论》,上海:东方出版中心1985年版,第93页。

个，也是其中最为突出的特色就是将对历史盛衰的分析，与其学说思想紧密结合，两者之间的渗透及影响，呈双向互动的态势。他们关于历史盛衰的总结，对我国民族的历史思维及后世史学产生了深刻影响。

（2006年第4期）

# 中国历史学的开创者司马迁

翦伯赞

一

司马迁的名字和中国历史学是分不开的,因为由于他的天才的创造,中国的历史学才第一次成为一种独立的学问。

司马迁于汉景帝中元五年(前145)出生于左冯翊夏阳地方(今陕西韩城南)一个世族的家庭。父亲司马谈是汉武帝时的史官,精通天文历数和黄老之学,是一位博学的史学家。

司马迁曾经有过快乐的童年。在那时,他和他邻近的儿童一样,在可爱的故乡放牧牛羊。但这样的时期,很快就过去了。十岁时,他父亲为了训练一个能够继承他事业的儿子,就要他整天地在一间书房里读书,在那里他读了十年古文。

在这十年中,他从书本上获得了不少的知识,也积累了许多不是书本所能解决的疑问。为了解决这些疑问,就迫使他去做实地考察。二十岁时,他终于走出书房,开始游历的生活。他到过会稽,访问夏禹的遗迹;到过姑苏,眺望范蠡泛舟的五湖;到过淮阴,访问韩信的故事;到过丰沛,访问萧何、曹参、樊哙的故宅;到过大梁,访问夷门,并考察秦军引河水灌大梁的情形;到过楚,访问春申君的宫殿遗址;到过薛,访问孟尝君的封邑;到过邹鲁,访问孔子、孟子的故乡;此外,北过涿鹿,登长城,南游沅湘,西至崆峒。他就在这样的游历中,把十年来积累下来的疑问,完全去掉了。

正当这位年青的历史学家漫游中国做访古旅行的时候,中国的商人地主却在积极准备为了中国丝织物的销路,而打开通达中央亚细亚的国际道路。当时汉武帝从张骞的报告中,知道了通达中央亚细亚,有两条道路:一条是从新疆越过帕米尔高原,另一条是从云南经由印度。因此汉武帝就想打通这两条道路。

不久,在长安城中,吹响了远征军的号角,而司马迁就出现为"西征巴、蜀以南,南略邛、筰、昆明"(《史记·太史公自序》)的先锋。但他遭遇到西南夷人的抵抗,没有完成他的政治任务,就回到长安了。

司马迁回到长安时,他的父亲正病倒洛阳,生病的原因是因为没有参加汉武帝封泰山的典礼。在当时,参加这种典礼是一种光荣,不能参加是一种耻辱。司马迁赶到洛阳,他父亲已在垂危之中,不久就死了。唯一的遗嘱,就是要司马迁完成他的著作。

汉代的史官是世袭的。司马迁在他父亲死后的第三年,继任为太史。以后,他就把写作历史当作他父亲的遗嘱而执行。他在皇家图书馆,整整搜集了五年的资料,才写定了他的著作纲领。到太初元年(前104),司马迁便开始写著他的不朽的名著《史记》。

平静的著述生活,不过五年,灾难就从天上飞来。天汉二年(前99),司马迁因为遭到李陵投降匈奴案子的牵连,受了腐刑。

假如司马迁有钱,也可以赎罪,但他家贫;假如有人替他向汉武帝解释,也许可以减罪,但他的亲戚朋友不为一言;因此,他的命运是决定了。在受刑之前,他也曾想自杀,但一想到他的著作尚未完成,就毫无愠色地忍受酷刑。

自从遭受腐刑以后,司马迁不但肉体变成了残废,精神也受到了最大的摧残。他往往"居则若有所忘,出则不知所之",简直有些神经错乱的现象。但为了完成他的不朽著作,他镇静下来,发愤著书,以至于死。

## 二

司马迁唯一的著作是《史记》。这部书,上起传说时代的五帝,下迄汉武帝。全书一百三十篇,其中本纪十二篇,书八篇,表十篇,世家三十篇,列传七十篇。自从有了这部书,西汉以前的古史,才第一次放出光明。

《史记》是中国历史学出发点上的一座不朽的纪念碑,这大概是没有人否认的。不过司马迁的不朽，不仅因为他写成了一本《史记》，特别是因为他开创了一种前所未有的新的历史学方法，即纪传体的历史学方法。

所谓纪传体的历史学方法，就是以人物为主体的历史学方法。这种方法是将每一个他认为足以特征某一历史时代的历史人物的事迹，归纳到他自己的名字下面，替他写成一篇传记。这些人物传记，分开来看，每一篇都可以独立；合起来看，又可显示某一历史时代的全部的社会内容。《史记》就是用这样的历史学方法写成的。

在纪传中，又分本纪、世家与列传。本纪记皇帝；世家记贵族；列传记官僚士大夫。虽作为主题的人物政治地位不同，但以人物为记事的主体，则是相同的。

本纪和世家、列传也有不同的地方。那就是本纪虽亦以人物为题，但并不是传记体，而是编年体。所谓编年体，即将某一皇帝时代所发生的史实，按照事件发生的先后，依次记录。实际上，本纪就是世家与列传的纲目，而世家与列传则是本纪的注文。

例如《汉书》记李陵投降匈奴事，《武帝纪》中只说：天汉二年五月"骑都尉李陵将步兵五千人出居延北，与单于战，斩首虏万余级。陵兵败，降匈奴"。而在《李陵传》中，则详述李陵和匈奴作战以及他投降的经过。

除纪传以外，有书有表。书的内容，是总述社会经济、政治乃至意识形态，可以说是人物列传的总序。表是排比史事或人物的世次或年代，可以说是人物列传的附录。但书、表在《史记》全书中所占的篇幅是很少的。例如在《史记》一百三十篇中，本纪、世家、列传共占一百一十二篇，书、表合计只有十八篇。

纪传体的历史学方法，在今天看来，当然已经陈旧，而且有很多缺点；但在今天以前两千年前，司马迁能开造这样一种历史学的方法，是值得赞叹的。

司马迁不朽，不仅由于他开创了这种历史学的方法，而且在于他具有远大的历史见识。他的见识之远大，首先表现在他的眼光能够投射到中国以外的世界，即以世界规模研究中国历史。例如他在《史记》中，已经注意到中国境内的少数民族，如匈奴、西南夷、东越、南越；并且注意到中国以外的世界，如朝鲜及大宛、乌孙、康居、奄蔡、大月氏、安息等中央亚细亚诸国。

其次表现于他的眼光能够投射到历史上的社会的每一个侧面。例如他在《史记》中，不仅注意到表面的政治现象，及文化、思想、宗教等等，而且注意到社会经济的演变，他的有名的《平准书》是后来各代史书《食货志》（注：是谈社会经济的书）的典范。

最后而又是最重要的，是表现在他能把眼光投射到社会的每一个阶级。例如他在《史记》中，不仅替皇帝写本纪，也替失败的人物项羽写本纪；不仅替贵族写世家，也替地主阶级的"叛逆"陈涉写世家；不仅替官僚地主、商人、学者、艺人写列传，也替下层社会的人物，如游侠、刺客、龟策、日者（如占卜的人）等等人物写列传。

司马迁的不朽，不仅由于他具有远大的历史见识，而且又在于他具有大胆的批判精神。他的《史记》，不是一部死板的记述的历史，而是一部富有灵魂的批判的历史。

从《史记》中，我们到处可以看到司马迁在大胆地进行他的历史批判。他用锐敏的眼光，正义的观察，怀疑的精神，生动的笔致，沉重而动人的言语，纵横古今，褒贬百代。

从《史记》中我们可以看到司马迁不仅批判前朝的皇帝，而且批判本朝的皇帝。例如他评吕后，说她"政不出房户"；评汉文帝，说"赏太轻，罚太重"。不仅批判本朝皇帝，而且指斥他的当今皇帝。例如他在《平准书》中说汉武帝穷兵黩武，卖官鬻爵；在《封禅书》中说汉武帝迷信神仙，把女儿送给方士以求换取不死之药。在相反的方面，他歌颂项羽，说项羽是近古以来未有的人物；他歌颂陈涉，把陈涉的起义比之于汤武的革命。总之，他敢于指斥帝王，敢于歌颂"叛逆"，敢于揭发历史的黑暗，敢于抨击人类的罪恶。

## 三

最后，说到司马迁的思想。司马迁的思想虽然受到道家的影响，这从他的《史记自序》中可以看出。他在《自序》中说到诸子百家，甚至对于被当时统治阶级尊为正统的儒家学说，都有批评。唯有对于道家学说赞美尽致。班固批评他，说他思想有问题:因为他"论大道而先黄老而后六经"，所以"是非颇缪于圣人"。用现代语说，就是对历史的看法，有些不合于当时的封建的正统学说，所以他就不能得志于封建皇帝之前。

司马迁因为不满当时封建统治者，敢于批判当时封建的正统学说，也正说明了他的正直。

虽然如此，司马迁的思想究竟要受到时代的限制，不能跳出历史观念论的圈子。例如他说他写《史记》的动机，不仅是为了"通古今之变"，也是为了"究天人之际"。同时他也不能摆脱历史循环论的影响，例如他说"三王之道若循环，终而复始"。

不论怎样，司马迁的劳作是不朽的。他所开创的纪传体的方法，两千年来被中国的历史学家奉为正宗。历代以来，凡写著所谓正史都用这种方法。二十四史，都是用他的方法写成的。甚至到现在，他的方法还是有用的。像这样天才的历史学家，不仅在中国，就是在世界史上也是少有的。

（原载《中国青年》1951年总57期）

# 司马迁著作中的思想性和人民性
## ——为纪念司马迁诞生二千一百年而作

侯外庐

中国古代伟大的历史家和文学家司马迁生于公元前145年，即汉景帝中元五年，到现在已经两千一百年了。关于司马迁的生年，过去有两说。一般认为他生于公元前145年；但也有的记载说他生于公元前135年，即汉武帝建元六年。这里是照前一种说法。他的死年没有明确的记载，大约是在公元前90年左右。

司马迁的著作充满了人民性和思想性，它不但总结了前代学人的成果，所谓"六经以后，惟有此作《史记》"，而且长期教育了中国人民。司马迁的富有创造性的优良学术传统，使中国两千多年的学者没有不给予他以崇高的评价，并从他的宝贵经验里吸取精神的营养。直到近代，鲁迅也赞美《史记》是"史家之绝唱"。司马迁暴露封建社会内部矛盾的胆识，又使他以后的封建正统派代表学者大都感到威胁，或者公开地诬蔑他的著作为"谤书"，或者曲解他的思想为"异端"。因此，对待司马迁的遗产，从来就有两种态度直接间接地反映在中国两千多年的思想领域的斗争中。我们纪念这位两千多年前伟大的思想战士、学者和历史家，应该遵从毛泽东同志的教导，把他的全部学问，加以科学的研究和总结，吸取它的精华。

司马迁用一生精力所写成的著作《太史公书》，即后人所称的编于二十四史首部的《史记》。这是一部继承战国时代诸子百家传统的著述，它和当时御用学者博士官们所做的和所想的都是背道而驰的。在这一部史无前例的通史中，包括着从黄帝到汉武帝为止的约三千年历史，分为十二本纪（近似于政治史）、十表（近似于年表）、八书（近似于社会制度史）、三十世家（近似于国别史和人物传记）、七十列传（近似于人物传记和思想史），共一百三十篇。这些就是后人如郑樵所说的"五体",开创中国史家"纪传体"的先河。从《史记》的形式来看,在公元前 2 世纪的世界著作中无疑地没有这样比较完整的史学著作。从《史记》的内容来看,可以说天才纵横的司马迁,企图对三千年的历史图景编制出前人所不能做的总结,特别是企图把汉兴以来的当代社会图景,创制出当代学者所不敢做的"实录"。在这一点,连那不同意司马迁思想的班固,也不能不借他人的口吻而叹服地说:"其文直,其事核,不虚美,不隐恶,故谓之实录。"司马迁的史学眼光确是嶙峋不凡的:时代制度的演变、民族的生活状况、阶级社会的人物面貌、思想潮流的发展倾向,都生动地被他用多种多样的文学方式描画出来。至于《史记》所表现的古典现实主义文学,对于后代文学同样发生了巨大的影响。顾亭林在《日知录》卷二十六中说:"古人作史,有不待论断而于序事之中即见其指者,惟太史公能之。"这还只是说到司马迁文学的一面。鲁迅在《汉文学史纲要》中形容《史记》是"无韵之《离骚》",可以说是概括的文学评价。

这篇短文不允许对《史记》做全面的分析评价,这里仅就作者有限的研究,试从司马迁著作中的思想性和人民性,来简括地说明一下个人的看法。

司马迁是中国古代朴素的唯物主义的伟大思想家之一。首先,司马迁对自然是抱着一种朴素的唯物观点的。他懂得天文星历,也参加过武帝时代修订历法的工作。他的历史观是和他的科学知识联结在一起的。在他的时代,阴阳五行一类怪诞的世界观极其嚣张,成了汉代统治阶级御用的理论。坚持唯物观点的司马迁对这些迷信的思想展开了斗争。他说明他作历书是在于使"律历更相治,间不容翙(秒)忽"。他重视算术的功用。他说,"星气之书,多杂禨祥,不经"。他著《天官书》就是为了反对这些东西。他根据父亲的遗教,提出对待自然史的唯物观点。在《太史公自序》中有一段值得重视的朴素的唯物主义的名言:

夫阴阳四时、八位、十二度、二十四节各有教令,顺之者昌,逆之者不死则亡,未必然也,故曰"使人拘而多畏"。夫春生夏长,秋收冬藏，此天道之大经也，弗顺则无以为天下纲纪，故曰"四时之大顺，不可失也"。

司马迁的这种世界观是反对天人感应的世界观的。他批判了继承孟子的阴阳家邹衍，他责斥邹衍助长了秦汉之间"营于巫祝，信機祥"的迷信思想。他以这一世界观为根据，对中国古代的荒诞传说加以抉别。他说："故言九州山川，《尚书》近之矣；至《禹本纪》（按，已佚）、《山海经》所有怪物，余不敢言之也。"他更接受荀子的传统，否认远古的神话，批判了汉代人们的造谣，"学者多称五帝，尚矣；然《尚书》独载尧以来；而百家言黄帝，其文不雅驯，荐绅先生难言之"。

司马迁在《儒林列传》中虽然委婉地记述着汉代神学大师董仲舒治公羊家《春秋》的目的，拿阴阳灾变的迷信以取悦于武帝，语句间并没有明白地显露出他对公羊家的批判来，但在《伯夷列传》中，他却对这种天道观发出了深刻的讽刺。他首先讲到古代的好人有的饿死、有的夭亡，为什么说"天之报施善人"？古代的坏人横行杀人却得长寿，这又是什么道理呢？接着他说到汉代，坏人毫无忌惮地干坏事，却一辈子享受富贵，并把富贵传及子孙；好人谨拘言行，什么不满意的事也不敢轻易做，却多数遭了祸灾。最后他说，"余甚惑焉，倘所谓天道，是邪非邪"？从这一段文字中，我们可以看出司马迁是怎样攻击当时居于统治地位的神学观点的。恩格斯在《自然辩证法》中说，古代唯物主义者，几乎不谈神怪，而是单纯解释自然事物。司马迁就是这样，他介绍他父亲的遗训说"形（物质）神（精神）离则死，死者不可复生，离者不可复反"，这集中地表现了他的朴素唯物观点。

其次，我们再看看司马迁的社会历史观点。司马迁虽然没有把他的历史观点概括成为有体系的学说，然而这毫不足以损害《史记》所表现的有机联系着的历史观点。我们应该这样说，司马迁没有专门的一篇（包括《太史公自序》）文章抽象地讲述他的历史观点，可是他有着《史记》里的历史观点，换言之，他有着贯串于社会历史的和各阶级人物的记录中所显示的历史观点，这种观点虽然有时隐约难辨，但我们从全面的分析中还不难看出他的历史观点所包含的朴素的唯物主义和辩证的因素。

我们知道，古代唯物主义者对自然界的观点是唯物主义的，而一进入复杂的社会领域则大都陷入唯心主义观点。当然，我们研究司马迁的历史观点不能离开他所处的时代，司马迁的历史观点不能不有局限性，也不能不露出属于唯心主义的成分，例如循环论（如说"三代若循环"）和强调地理条件的说法（如在《货殖列传》中所论的风俗观点）；然而他的社会思想是有鲜明的人民性和唯物主义的世界观因素的。他在《货殖列传》中，关于人类物质生产资料的生产史有如下的名论：

> 待农而食之，虞（矿）而出之，工而成之，商而通之，此宁有政教发征期会哉？人各任其能，竭其力，以得所欲。故物，贱之征贵，贵之征贱，各劝其业，乐其事，若水之趋下，日夜无休时，不召而自来，不求而民出之。岂非道之所符，而自然之验邪！

很明显，这是把物质生产的历史当作不以人的意志为转移的自然史去看待的。它和自然现象一样，也有一定的规律（道）可循。这就不是如一般唯心主义者所说的决定于人的意志或政治教育之类。应该指出，这是一种朴素的唯物历史观点。两千多年前对人类社会史的分析方面有这样伟大的思想，的确是杰出而罕见的。因此，他也重视普通人民在历史中的地位，把一个平常从事生产的白圭，居然和古代的大政治家和军事家平列起来。他引述白圭的话说："吾（白圭）治生产，犹伊尹、吕尚之谋，孙、吴用兵，商鞅行法是也。"

司马迁发现由于财富不均而产生的人对人的阶级奴役是一种必然的现象，和自然的规律一样。他说："凡编户之民，富相什则卑下之，伯（百）则畏惮之，千则役，万则仆，物之理也。"他反对经商剥削和巧取豪夺而得来的财富，说："本富（指劳动而富）为上，末富（指商贾而富）次之，奸富（指榨取而富）最下。"这种观点是和那种认为贵贱贫富是"天命"的封建主义正统观点截然对立的。

司马迁大胆地宣告法律是一种治人的工具。他有一篇叙述儒家叔孙通替汉高祖定礼的故事，首先说明制定礼法的大师是这样的卑劣人物，即"难与进取，可与守成"的、"面谀以得亲贵"的所谓"知当世之要务"的圣人；其次叙述了一通为皇帝大排喜剧的假场面；最后说"高帝曰：'吾乃今日知为皇帝之贵也。'"于是乎定礼大师叔孙通被任命为太常，受赐金五百斤，一群追随他的儒生也都做了郎官并受了赏金。这就是所谓叔孙通定礼的内幕。原来，司马迁在这个具体事例的叙述中，无情地揭发了这种"礼"的虚伪！司马迁对于张汤为汉武帝制定各种法度的具体叙述，又是一种暴露。张汤是为武帝立法的能手，他定了不少维持封建制度的专制法令，只要武帝喜欢，张汤都会附会经义来迎合，因此，天下事"皆决于（张）汤"；然而司马迁却大胆地说出，正因为这样的法律，张汤在世时，百姓已经不能安生，要"骚动"了，张汤死后，"而民不思"！从这里，我们可以了解司马迁已经看到封建制度的法律的虚伪，即一方面是披着神圣外衣的制度，而另一方面是无耻的非法横夺。他还借汲黯的话形容汉武帝说，"陛下内多欲而外施仁义"，这是一语道破了统治者所谓"仁义道德"的实质！

对于统治阶级的横暴，在《平准书》和《酷吏列传》中揭发的很多。他对于一班财政大臣们和一群酷吏人物的描绘，不仅给读者以生动的典型形象，而且由此暴露出封建社会的统治阶级和被统治阶级的基本矛盾。恩格斯曾指出，优秀的文学要比社会学、统计学、公法学更能表露出社会的丰富而多样的图景，我们以为司马迁的优良传统在两方面是兼而有之的。这里，我们再看一下酷暴的杜周怎样为封建法律下了一个定义。有人责问杜周，你不遵循法律，专门以人主的好恶来治狱，执法的人是这样么？杜周说："三尺（法律）安出哉？前主所是著为律，后主所是疏为令，当时为是，何古之法乎？"这又暴露了当时所谓神圣的法律在司马迁的笔下就是任意杀害人民的工具。一方面，《平准书》说明最高地主大量没收了人民的财富、土地和奴婢，使中家以上大率破产，说明了少数特权豪强地主"蹛财役贫"，使农民陷于水深火热之中；另一方面，《酷吏列传》指出了农民起义、著名的大暴动和不可胜数的小暴动此落彼起，威胁汉代的统治，吓得统治阶级"上下相为匿，以文辞避法焉"。

在这种朴素的唯物主义历史观的思想基础上，司马迁的著作必然具有丰富的人民性。除了上面所说的对社会制度和阶级的法律等等观点已经表现了它的人民性以外,我们从司马迁的著作中还可以看到它的人民性在道德观点方面的表现。他指出,有财富有权势的人的道德,它是以权力的窃取和财富的掠夺为标准的。他说:"鄙人有言曰:'何知仁义?已飨(享)其利者为有德。'……'窃钩者诛,窃国者侯,侯之门仁义存'。"他们的身份是所谓"朋党宗强比周,设财役贫,豪暴侵凌孤弱,恣欲自快"。他还指出,被压迫者、被统治者的道德,它是以平等的报施和患难的恤救为标准的。他说:"布衣之徒,设取予然诺,千里诵义,为死不顾世,……故士穷窘而得委命,此岂非人之所谓贤豪间者邪?诚使乡曲之侠,予季次、原宪比权量力,效功于当世,不同日而论矣。……虽时扞当世之文罔,然其私义廉洁退让,有足称者。名不虚立,士不虚附。"由此可见,司马迁对于统治者的道德做了无情的暴露,对于人民群众的道德做了崇高的颂扬。

不但这样,他还列举了当代的许多任侠人物,他们是和豪暴地主对立的。他们如朱家的品质是"振人不赡,先从贫贱始",如郭解的品质是"振人之命,不矜其功"。司马迁之所以为这些下层人物立传,就是因为他们和一般富贵人们不同,"其言必信,其行必果,已诺必诚,不爱其躯,赴士之扼困,既已存亡生死矣,而不矜其能,羞伐其德"。我们再从叙述陈涉起义的故事来看,他说:"桀纣失其道而汤武作,周失其道而《春秋》作,秦失其政而陈涉发迹。"这样看来,陈涉领导的农民起义,和传统思想所谓的汤武"圣王"开创商周二代的王朝以及孔子"素王"著作垂法万世的《春秋》是等量齐观的。他把农民领袖陈涉列入世家,也是创举。汉高祖虽然被列在本纪,但司马迁对这位皇帝的讽刺是入骨的,甚至叙述他是"无赖"。司马迁虽然在形式上因有所忌讳,而不能不规避其词,说什么"三代若循环"的王道,然而一到了他的具体叙述里,便反而倒转过来,把统治者所骂的盗贼俨然当成圣王了。

特别应该指出的是,司马迁在他的著作中,大量地记录了普通人民的生活,这正表现了司马迁是把人民的生活作为历史主体和研究对象的。这是一个史无前例的贡献。

最后,我们知道,在《史记》写作的年代里,儒家已经被汉王朝宣布为一种类似国教的正宗，借此正宗，才如董仲舒的对策所说的，不使百家并进，而后统纪可一。然而，司马迁却站在表章六经的反对方面，把六经和诸子百家的传统一样看待，而无差别。这也是他独到的科学论断。

我们纪念伟大的富有创造天才的历史家和文学家司马迁，应该研究他的伟大著作，接受这份丰富历史遗产。

（原载《人民日报》1955年12月31日第3版）

（1962年3月）

# 司马迁寓论断于序事

白寿彝

## 一、顾炎武提出的问题

顾炎武《日知录》卷二十六说:"古人作史,有不待论断而于序事之中即见其指者。惟太史公能之。《平准书》末载卜式语,《王翦传》末载客语,《荆轲传》末载鲁句践语,《晁错传》末载邓公与景帝语,《武安侯田蚡传》末载武帝语,皆史家于序事中寓论断法也。""寓论断于序事",这确切是太史公书的特点。司马迁不用专门说一些议论的话,就可以在史实的叙述中把自己的论点表达出来,这是他表达论点的特殊形式。顾炎武指出这个问题来,对于我们研究司马迁的史学,大有启发。

在顾炎武举的五个例子中,《平准书》末的原文是:"是岁小旱,上令官求雨。卜式言曰:'县官当食租衣税而已。今弘羊令吏坐市列肆,贩物求利。亨(烹)弘羊,天乃雨。'"这是借卜式的话来批评桑弘羊的法外剥夺、"兴利"害民的。《王翦传》末记客语:"夫为将三世者必败。必败者,何也?必以其所杀伐多矣,其后受其不祥。"这是借客语来批评王翦、王贲、王离等父子祖孙三代唯知以战争杀人为事,终于必败。《荆轲传》末:"鲁句践已闻荆轲之刺秦王,私曰:嗟乎,惜哉其不讲于刺剑之术也!甚矣吾不知人也!曩者吾叱之,彼乃以我为非人也。"这似是借鲁句践的话表示对荆轲行刺的惋惜,惜其术之不精、准备的不足。《晁错传》末所记邓公语是:"夫晁错患诸侯强大不可制,故请削地以尊京师,万世之利也。计划始行,卒受大戮。内杜忠臣之口,外为诸侯报仇,臣窃为陛下不取也。"这是借邓公的话指出晁错是因忠受戮,而景帝处理不当。《武安侯田蚡传》末载武帝语:"使武安侯在者,族矣!"这是借武帝自己的话来表示武安侯罪不容诛,但却逍遥法外,而魏其侯反以武安侯之诬陷而死。除了《荆轲传》外，其余三例都不只限于对某一个人的评论，还表达了司马迁讽刺当代政治的微旨。这几个例子，并不是《史记》中"于序事中寓论断"的最好的例子，但有一个共同的特点，即它们都恰好是位置在篇末。这在顾炎武，好像是有意把它们找来放在一起的。

司马迁"于序事中寓论断"的最好的例子，不一定是放在篇末，而往往是在篇中；不只是借着一个人的话来评论，而有时是借着好几个人来评论；不一定用正面的话，也用侧面的或反面的话；不是光用别人的话，更重要的是联系典型的事例。侯外庐同志主编的《中国思想通史》第二卷曾称道《叔孙通传》寓论断于序事的笔法。确切，《叔孙通传》使用了丰富的表达形式体现了作者的论点，是很值得我们一读的。

《叔孙通传》全篇都在写一个不讲是非曲直，而与时进退、以面谀得势的人。文章一开始，叔孙通就以一个面谀的人物上场。那时正当陈涉起义，反秦军势如破竹。二世皇帝诏问博士诸生。有三十多个人提出来，要发兵平定反叛。二世恼了。叔孙通上前说：

> 诸生言皆非也。夫天下合为一家，毁郡县城，铄其兵，示天下不复用。且明主在其上，法令具于下，使人人奉职，四方辐辏，安敢有反者！此特群盗鼠窃狗盗耳，何足置之齿牙间？郡守尉今捕论，何足忧。

这话很使二世喜欢，二世赏给他帛二十匹、衣一袭，还拜他为博士。司马迁对此没有明文评论，却紧跟着写道：

> 叔孙通已出宫，反舍，诸生曰："先生何言之谀也？"

这是借秦诸生的话说出了对孙叔通的评论，这是篇中出现的第一次评论。

在汉高帝时期，叔孙通做的唯一大事是定朝仪。文章记鲁两生的话说：

> 公所事者且十主，皆面谀以得亲贵。今天下初定，死者未葬，伤者未起，又欲起礼乐。

这是借鲁两生的话指出定朝仪也不过是为了"面谀以得亲贵",这是篇中出现的第二次评论。

接着,文章记朝仪的场面和汉高帝的反应:

> 于是皇帝辇出房,百官执职传警。引诸侯王以下至吏六百石,以次奉贺。自诸侯王以下,莫不振恐肃敬。至礼毕,复置法酒。诸侍坐殿上,皆伏抑首,以尊卑次起上寿。觞九行,谒者言"罢酒"。御史执法,举不如仪者辄引去。竟朝置酒,无敢讙譁失礼者。于是高帝曰:"吾乃今日知为皇帝之贵也!"

这一套朝仪,服侍得汉高帝直舒服到心眼儿里去。"吾乃今日知为皇帝之贵也",这是高帝自己的得意忘形,也是对叔孙通的这套本事的赞叹。司马迁就借用了这一句话,作为从侧面对叔孙通的批评。这是篇中的第三次评论了。

原来叔孙通还有一批弟子跟着。司马迁写出这批人在定朝仪前后的嘴脸来。在定朝仪前,

> 从儒生弟子百余人,然通无所言进,专言诸故群盗壮士进之。弟子皆窃骂曰:"事先生数岁,幸得从降汉。今不能进臣等,专言大猾,何也?"

到了定朝仪后,高帝既很得意,

> 乃拜叔孙通为太常,赐金五百斤。叔孙通因进曰:"诸弟子儒生随臣久矣,与臣共为仪,愿陛下官之。"高帝悉以为郎。叔孙通出,皆以五百斤金赐诸生。诸生乃皆喜曰:"叔孙生诚圣人也,知当世之要务。"

这是借着叔孙通同伙人的话,从反面刻画出叔孙通的为人。这是篇中出现的第四次的评论了。

文章的收尾已在惠帝时期了。司马迁只记了两件事情:

（1）孝惠帝为东朝长乐宫，及间往，数跸烦人，乃作复道，方筑武库南。叔孙生奏事，因请间曰："陛下何自筑复道高寝，衣冠月出游高庙？高庙，汉太祖。奈何令后世子孙乘宗庙道上行哉？"孝惠帝大惧，曰："急坏之。"叔孙生曰："人主无过举。今已作，百姓皆知之，今坏此，则示有过举。愿陛下为原庙渭北，衣冠月出游之，益广多宗庙，大孝之本也。"上乃诏有司立原庙。原庙起，以复道故。

（2）孝惠帝曾春出游离宫，叔孙生曰："古者有春尝果，方今樱桃孰（熟），可献。愿陛下出，因取樱桃献宗庙。"上乃许之。诸果献由此兴。

这两件事都是"缘饰儒术"以逢迎皇帝。在这里，司马迁没有引用什么人的评论，却也正好符合鲁两生所谓"皆面谀以得亲贵"。

司马迁结合具体的史事，吸收当时人的评论或反应，不用作者出头露面，就给一个历史人物做了论断。更妙在，他吸收的这些评论或反映都是记述历史事实发展过程中不可分割的部分，它们本身也反映了历史事实。这样写来，落墨不多，而生动、深刻。作者并没有勉强人家接受他的论点，但他的论点却通过这样的表达形式给人以有力的感染。

在《史记》的其他篇中，如《越王句践世家》载范蠡遗文种书，《曹相国世家》载百姓歌词，《吴起列传》载李克对魏文侯语，《商君传》载赵良语，《樗里子传》载秦谚，《季布传》载楚谚，《魏其武安侯列传》附《灌夫传》而载颍川儿歌，《李将军传》载文帝语，都有类似的表达史论的形式。而《叔孙通传》是更集中地运用了这一形式。

## 二、最基本的形式

司马迁寓论断于序事的最基本的形式，究竟还是历史叙述的形式。有的时候，他在文章内借用了当时别人的评论或反应以表达自己的论点，但更多的时候是在历史叙述的过程中就已把论点表达出来了。对于春秋末年以后的历史叙述，尤其是对于秦汉的历史叙述，这样的表达形式是很显著的。

我们可以特别挑出《淮阴侯列传》来说。文章一开头，用韩信的几件轶事写他早年不遇而意志不凡。接着通过萧何追韩信的故事，提出"如信者，国士无双"，"必欲争天下，非信无所与计事者"。这就把韩信在当时楚汉斗争中的可能的重要作用，突出出来了。接着，筑坛拜将。"诸将皆喜，人人各自以为得大将。至拜大将，乃韩信也。一军皆惊。"这指出，汉军第一次有了大将。从这时一直到破项羽以前，韩信是汉唯一的大将。这正如张良所说："汉王之将独韩信可属大事，当一面"（《留侯世家》）。在拜将以后，文章记载了韩信跟汉王的对话。韩信在这里分析了楚汉不同的群众基础、楚战略上的失计，提出了汉应有的对策。像这样针对全局的看法，不只汉诸将提不出来，甚至如张良、陈平等著名谋臣也没有提出来过。文章在这篇对话之后，紧接着说："于是汉王大喜，自以为得信晚。遂听信计，部署诸将所击。"这就是说，这篇对话成为汉抗楚的决策。文章给了它很高的地位。后来班固在《汉书》卷三十四、司马光在《资治通鉴》卷九，完全抄录了《史记》这一段记载，大概对这段记载的重要性也都是有所认识的。荀悦《汉纪》卷二基本上袭用了这一段，但结以"于是王大喜，自以为得信晚也"，而删去"遂听信计，部署诸将所击"，这在分量上就差多了。

文章用最多的篇幅写韩信的战功。写他佯渡临晋、阴袭安邑以破魏，背水为阵、引成安君空壁以败赵，奇袭历下、囊沙壅水以破齐。并在破魏后写出了"破代兵，禽夏说阏与"，在破赵后写出了"发使使燕，燕从风而靡"。《太史公自序》说："楚人迫我京索，而信拔魏赵，定燕齐，使汉三分天下有其二，以灭项籍。作《淮阴侯列传》第三十二。"司马迁是在着意写这些重大战役的，把它们写得有声有色。文章在这里，决不像写樊哙、郦商、夏侯婴、灌婴、傅宽、靳歙等的武功那样，去写斩首若干级，捕虏若干人，降吏卒若干人，所部卒斩虏若干人，定郡县若干处，得丞相、将军、二千石以下若干人。也不像写曹参的战功那样，老是写"从攻"什么、"从至"什么、"还定"什么、"从击"什么。文章写的是韩信如何指挥全军，战无不胜，攻无不取。此外，文章还写了韩信对于汉王作战的支持。第一次是写汉败于彭城之后，"信复收兵与汉王会荥阳"，使"楚兵卒不能西"。第二次是"信之下魏破代，汉辄使人收其精兵，诣荥阳以距楚"。第三次是汉相继败于荥阳、成皋后，汉王夺了韩信伐赵胜利之军而使韩信另"收赵兵未发者击齐"。这三次的支援都是强有力的支援。可见韩信的武功不只在他自己所指挥的战场上，并且还在于投入重要力量于楚汉决斗的战场上以至于垓下的最后消灭项羽。

文章写到韩信破齐后，立为齐王，上半篇可说告一段落。在这以前，已经是"使汉三分天下有其二"，文章用具体的史实来肯定韩信的成就。到了下半篇，文章着意去写韩信对汉王的知遇之感及非其罪而死。它主要记了五件事情：二说、一擒、一斩、一烹。

二说，是武涉和蒯通的先后说韩信。武涉说："当今二王之事，权在足下。足下右投则汉王胜，左投则项王胜。项王今日亡，则次取足下。足下与项王有故，何不反汉与楚连和，三分天下王之。"蒯通也说："当今两主之命悬于足下。足下为汉则汉胜，与楚则楚胜。……莫若两利而俱存之，三分天下，鼎足而居。"他更说韩信"欲行忠信以交于汉王"之行不通，指出"今足下戴震主之威，挟不赏之功。归楚，楚人不信；归汉，汉人震恐。足下欲持是安归乎？夫势在人臣之位而有震主之威，名高天下，窃为足下危之"。但文章记韩信对武涉的答复是："汉王授我上将军印，予我数万众，解衣衣我，推食食我，言听计用，故吾得以至于此。夫人深亲信我，我倍之不祥。虽死，不易。"韩信答蒯通是："汉王遇我甚厚，载我以其车，衣我以其衣，食我以其食。吾闻之，乘人之车者载人之患，衣人之衣者怀人之忧，食人之食者死人之事。吾岂可以乡利倍义乎？"文章用这两次的对话，一方面更肯定了韩信的功高，另一面也表明了韩信对汉的心迹。

一擒，是汉高帝以计擒韩信。文章说："人有上书告楚王信反。高帝以陈平计，天子巡狩会诸侯。南方有云梦。发使告诸侯会陈：'吾将游云梦。'实欲袭信。信弗知。……上令武士缚信，载后车。信曰：'果若人言，狡兔死，良狗亨（烹）；高鸟尽，良弓藏；敌国破，谋臣亡。天下已定，我固当亨（烹）。'上曰：'人告公反。'遂械系信，至雒阳，赦信罪，以为淮阴侯。"文章写这一段，妙在写得不明不白。对于韩信造反，只从高帝口中说出。但紧跟着这一段记载，文章写了一句，"信知汉王畏恶其能"。这虽是写韩信的想法，但这里用一"知"字，实际上是轻轻地肯定了他这一想法。

文章在后面写韩信被斩的过程，是先写韩信辟左右、挈陈豨之手，密语反汉。再写韩信计划"夜诈诏赦诸官徒奴，欲发以袭吕后、太子"。后因舍人弟告变，为吕后诱入，"使武士缚信，斩之长乐钟室。……遂夷信之族"。这一段写得很有破绽。这大概是文章故意留下的破绽。梁玉绳说："一饭千金，弗忘漂母；解衣推食，宁负高皇？不听（武）涉、（蒯）通于拥兵王齐之日，必不妄动于淮阴家居之时；不思结连（英）布、（彭）越大国之王，必不轻约边远无能之将（陈豨）。宾客多（陈豨）与称病之人（韩信）何涉，左右辟则挈手之语谁闻。上谒入贺，谋逆者未必坦率如斯；家臣徒奴，善将者亦复部署有几。是知高祖畏恶其能，非一朝夕。"梁玉绳归结于"信之死冤矣。……大抵出于告变者之诬词及吕后与相国（萧何）文致之耳。史公依汉廷狱案叙入传中，而其冤自见"。（《史记志疑》卷三十二）这话是很有见地的。《资治通鉴》卷十二袭《史记》所记韩信挈陈豨手密语跟陈豨造反串写一起，就大失《史记》的原意了。

文章最后写高帝要烹蒯通的故事：

蒯通至。上曰："若教淮阴侯反乎？"对曰："然。臣固教之。竖子不用臣之策，故令自夷于此。如彼竖子用臣之计，陛下安得而夷之乎？"

上怒曰："亨之。"通曰："嗟乎！冤哉亨也！"上曰："若教韩信反，何冤？"对曰："秦之纲绝而维弛，山东大扰，异姓并起，英俊乌集。秦失其鹿，天下共逐之。于是高材疾足者先得焉……且天下锐精持锋欲为陛下所为者甚众，顾力不能耳。又可尽亨之邪？"高帝曰："置之。"乃释通之罪。

写这段故事，也只是要写高帝对韩信之"畏恶其能"。因此，信必不可释，而教信谋反的人倒可以无罪了。方苞《望溪集》卷二《书淮阴侯列传后》说："其详载武涉、蒯通之言，则微文以志痛也。方信据全齐，军锋震楚汉，不忍乡利倍义，乃谋叛于天下既集之后乎？其始被诬以行县邑陈兵出入耳，终则见绐，被缚斩于宫禁。未闻谳狱而明征其辞，所据乃告变之诬耳。其与陈豨辟人挈手之语，孰闻之乎？……信之过独在请假王与约分地而后会兵垓下。

然秦失其鹿，欲逐而得之者多矣。蒯通教信以反罪尚可释，况定齐而求自王、灭楚而利得地，乃不可末减乎？故以通之语终焉。"这对于司马迁的文章是有较好的体会的。《汉书》卷三十四的《韩信传》袭《史记》之文而把蒯通的这个故事删去了，使全文大为减色。顾炎武认为，这使《韩信传》"寥落不堪读"（《日知录》卷二十六）。这"寥落不堪读"，不只是对《史记·淮阴侯列传》之文章上的损害，也是对全传精神上的损害。

通观《淮阴侯列传》，作者只着意写历史并不写评论，而韩信的生平既跃然纸上，他在事功上的成就及他的非其罪而死也就历历可见了。但《淮阴侯列传》的更大成功还在于通过韩信的生平，写出了当年局势由汉开始拜将定策，到楚汉对峙，到汉兴楚灭的历史发展过程，写出了楚汉对抗的矛盾到汉统治集团内部矛盾的转化。写一个人的生平，决不脱离当时整个的局势而孤立地去写，这是《史记》的很大的出色之处。在《淮阴侯列传》里用了一小半的篇幅写韩信的非其罪而死，这在司马迁不是偶然的，这表现他反对封建专制主义的一个侧面。

司马迁在《史记》一书里，曾广泛使用了以历史叙述表达历史论断这一基本形式。他善于通过代表性的历史人物去说明、论断历史问题。他着意去写一定时期中的风云人物。他的《项羽本纪》《陈涉世家》《萧相国世家》《吴起列传》《商君列传》《李斯列传》都属于这样的篇章。他同样着意去写虽非风云人物，但可供以集中反映问题的人物。他的《万石张叔列传》《魏其武安侯列传》《李将军列传》《平津侯列传》又都是属于这一类的佳制。

## 三、两两对照

司马迁善于用两两对照的方法来突出历史的问题，以见作者意指。

我们还可以《淮阴侯列传》为例。这篇文章写韩信精于用兵而疏于自全，自以为能而有功，不措意于汉高帝的猜忌。文章写定燕赵后，汉王袭夺韩信张耳军，韩信并未因此引起什么警惕。定齐以后，韩信请立为假王，汉王发书大怒骂，而韩信仍懵然不能理会汉王对自己的反应，方且以为言听计从。

他不听武涉、蒯通的游说，也全然不理会功高震主的危机，方且"自以为功多，汉终不夺我齐"。灭项羽后，"高祖袭夺齐王军"，韩信由齐王徙为楚王，似犹未觉察自己处于危疑的地位。到了进谒被擒，他并不谢过，还说"天下已定，我固当烹"。从此他才"知汉王畏恶其能"，而他自处的办法却是"常称病不朝从"，"由此日夜怨望，居常鞅鞅，羞与绛灌等列"。甚至于在这时候，韩信还可以跟汉高帝有这样的对话：

> 上问曰："如我，能将几何？"
> 信曰："陛下不过能将十万。"
> 上曰："于君何如？"
> 曰："臣多多而益善耳。"
> 上笑曰："多多益善，何为为我禽？"
> 信曰："陛下不能将兵而善将将，此乃信之所以为陛下禽也。且陛下所谓天授，非人力也。"

因此，他就终不免于被害，而高帝对于他的被害也就"且喜且怜之"了。

司马迁写萧何，在《萧相国世家》里写这位"刀笔吏"出身的政治家却有迥然不同于韩信的一套办法。文章先是写：

> 汉三年，汉王与项羽相距京索之间。上数使使劳苦丞相。鲍生谓丞相曰："王暴衣露盖，数使使劳苦君者，有疑君心也。为君计，莫若遣君子孙昆弟能胜兵者，悉诣军所。上必益信君。"于是何从其计。汉王大说。

其后，在汉十一年，

> 上已闻淮阴侯诛，使使拜丞相何为相国，益封五千户，令卒五百人、一都尉为相国卫。诸君皆贺，召平独吊。……召平谓相国曰："祸自此始矣。上暴露于外而君守于中，非被矢石之事而益君封置卫者，以今者淮

阴侯新反于中，疑君心矣。夫置卫卫君，非以宠君也。愿君让封勿受，悉以家私财佐军，则上心说。"相国从其计。高帝乃大喜。

在汉十二年，

> 秋，黥布反。上自将击之，数使使问相国何为。相国为上在军，乃拊循勉力百姓，悉以所有佐军，如陈豨时。客有说相国曰："君灭族不久矣。夫君位为相国，功第一，可复加哉？然君初入关中，得百姓心十余年矣，皆附君，常复孳孳得民和。上所为数问君者，畏君倾动关中。今君胡不多买田地、贱贳贷以自污，上心乃安。"于是，相国从其计。上乃大说。

萧何不只随时考虑如何解除高帝的疑忌以自全，还考虑到子孙的安全。文章说：

> 何置田宅必居穷处，为家不治垣屋。曰："后世贤，师吾俭；不贤，毋为势家所夺。"

像这样的小心谨慎，还不免于触高帝之怒，曾被囚禁于廷尉。但这在当时究还只能算是小小的风险，毕竟是跟韩信的下场有天渊的不同。"淮阴、黥布等皆以诛灭，而何之勋烂焉，位冠群臣，声施后世，与闳夭、散宜生等争烈矣。"司马迁是有意地把韩信跟萧何对照着写的。这当然是写出了两人历史的不同的特点，更重要的是写出了汉高帝统治下政治倾向、政治气氛的一个重要的方面。

《萧相国世家》是《史记》的第五十三卷，《淮阴侯列传》是第九十二卷。以萧韩相比，是隔了三十八卷的书来相比的。而《史记》卷一百零九的《李将军列传》和卷一百一十一的《卫将军骠骑列传》，却只是相隔一卷而对照着写起来的。中间相隔的这一卷是《匈奴列传》，也是跟这两卷有密切关系的。在这两篇文章里，写出李广跟卫青、霍去病的出身不同、治军不同、战争经历不同、所享名声和下场也各不同。

文章写李广的出身是"世世受射","以良家子从军击胡,用善骑射,杀首虏多,为汉中郎"。后来屡次参战力征,"不得爵邑,官不过九卿"。卫青的仕进则是由于"姊卫子夫自平阳公主家得幸天子"。文章写道:"子夫为夫人,青为大中大夫。""元朔元年春,卫夫人有男,立为皇后。其秋,青为车骑将军,出雁门。"后来官至大将军,自己和三子都封侯,当时有人就说青:"将军所以功未甚多,身食万户,三子皆为侯者,徒以皇后故也。"霍去病是卫皇后姊子,并且是"年十八幸,为天子侍中"。后来就一直青云直上,"日以亲贵,比大将军"。

文章写"广廉,得赏赐,辄分其麾下,饮食与士共之"。"广之将兵,乏绝之处见水,士卒不尽饮,广不近水;士卒不尽食,广不尝食。宽缓不苛,士以此爱乐为用。""其士卒亦佚乐,咸乐为之死。"文章对卫青治军,无所称述。对霍去病,则说:"少而侍中,贵,不省士。其从军,天子为遣太官,赍数十乘。既还,重车余弃粱肉,而士有饥者。其在塞外,卒乏粮,或不能自振,而骠骑尚穿域蹋鞠。事多此类。"

文章写李广的战争经历,着意去写他的勇略。写他以百骑遇匈奴数千骑,沉着对敌,使敌卒引兵而去。写他以四千骑当敌四万骑,"会日暮,吏士皆无人色,而广意气自如,益治军"。写卫青、霍去病屡次出击匈奴,并无这样的场面,也缺少对战争的正面叙述,而他们的战功多是在诏书里提的。对于霍去病所部士卒的优越条件,一则曰:"诸宿将所将士马兵,亦不如骠骑。骠骑所将常选,然亦敢深入。"再则曰:"敢力战深入之士皆属骠骑。"对元狩四年的出击匈奴,写道:"上令大将军青、骠骑将军去病将各五万骑,步兵转者踵军数十万。"接着,写了他们的战功。最后写出:"两军之出塞,塞阅官及私马凡十四万匹,而复入塞者不满三万匹。"这似乎是说,虽有胜利,而损失很重。文章又说,此后"竟不复击匈奴者,以汉马少,而方南诛两越,东伐朝鲜,击羌、西南夷,以故久不伐胡"。原来后来竟因此而无力再出击匈奴了。

文章先后记:"李广才气,天下无双。""左右以为广名将也。""匈奴畏李广之略。""广居右北平。匈奴闻之,号曰'汉之飞将军'。避之数岁,不敢入右北平。"并记李广因受卫青督责,"遂引刀自刭。广军士大夫一军皆哭。百姓闻之,知与不知,无老壮皆为垂涕"。文章记卫青,则说:"大将军为人仁善退让,以和柔自媚于上,然天下未有称也。"写霍去病,是写他"日以亲贵","上益重爱之"。

司马迁对于这三个人的记述,是显然有所轩轾的。在两篇列传的论赞里,他是说明了这样的意思的。他对李广的论赞是说:

> 传曰:"其身正,不令而行;其身不正,虽令不从。"其李将军之谓也?余睹李将军悛悛如鄙人,口不能道辞。及死之日,天下知与不知,皆为尽哀。彼其忠实心诚信于士大夫也?谚曰:"桃李不言,下自成蹊。"此言虽小,可以谕大也。

对卫青、霍去病的论赞是说:

> 苏建语余曰:"吾尝责大将军至尊重,而天下之贤大夫毋称焉,愿将军观古名将所招选择贤者,勉之哉。"大将军谢曰:"自魏其、武安之厚宾客,天子常切齿。彼亲附士大夫、招贤绌不肖者,人主之柄也。人臣奉法遵职而已,何与招士?"骠骑亦放此意。其为将如此。

这就点明了,《李将军列传》写的是一个将才,《卫将军骠骑列传》写的是两个为君主宠幸的没有将略的腐才。这也不只是要写这三个很不相同的将军,更写的是对匈奴战争的用非其人。司马迁在《匈奴列传》的论赞里就更明确地说出这个意思了。他说:"世俗之言匈奴者,患其徼一时之权,而务谄纳其说,以便偏指。不参彼己;将率席中国广大,气奋。人主因以决策,是以建功不深。尧虽贤,兴事业不成,得禹而九州宁。且欲兴圣统,唯在择任将相哉!唯在择任将相哉!"

《史记》中有不少篇是用两两相对的写法,两篇对看而意旨更明。《项羽本纪》和《高祖本纪》《张释之冯唐列传》和《万石张叔列传》《平津侯主父列传》和《汲郑列传》,都是可以对照着看的。至如两人的合传,如《刘敬叔孙通列传》，刘敬和叔孙通都以"口舌得官"，而两人的为人大不同，放在一篇文章里，正好相得益彰。《魏其武安侯列传》写的是两个外戚，但这两个外戚放在一起来写，也就更可看出两人的不同来了。

## 四、细节的描写

司马迁常利用对历史人物细节的描写，有时似是不经意的捎带的叙述，而将对历史人物的品评和对历史问题的看法表达出来了。

司马迁在《吕不韦列传》开卷记吕不韦"往来贩贱卖贵，家累千金"，似是轻轻的一笔，却是点出了这个人物的特点。此后用很大篇幅写了吕不韦对子楚返国的奔走经营，就是写他不过是为了"奇货可居"。甚至于他使客著书，"悬千金其上，延诸侯游士宾客有能增损一字者予千金"，也是写他用了一种抬高物价式的办法。"贩贱卖贵"这一笔，可说就是对吕不韦的评价。

《李斯列传》开卷说："年少时，为郡小吏，见吏舍厕中鼠食不洁，近人犬，数惊恐之。斯入仓，观仓中鼠，食积粟，居大庑之下，不见人犬之忧。于是李斯乃叹曰：'人之贤不肖譬如鼠矣，在所自处耳。'"这是一个轻松的小故事，写在这个政治家的传记上，好像有点浪费笔墨，但司马迁却正用它写出李斯的全部人生观。列传写李斯从荀卿学帝王之术，游说秦皇，听从赵高而立二世，上督责书，狱中上书，为的都不过是求"所自处"。列传写李斯全盛时，"门廷车骑以千数。李斯喟然而叹曰：'……物极则衰，吾未知所税驾也！'"后来李斯跟赵高合谋立二世，"乃仰天而叹，垂泪太息曰：'嗟乎！独遭乱世，既以不能死，安托命哉！'"一直到要腰斩咸阳市了，李斯"顾谓其中子曰：'吾欲与若复牵黄犬俱出上蔡东门逐狡兔，岂可得乎！'"这都是在最紧要关头上，李斯念念不忘的全部是"自处"的利害，通观列传全篇，在一定意义上，老鼠的故事简直就是李斯一生的缩影。司马迁对这个细节的描写，在全文中是占有一定地位的。

《陈涉世家》在篇末写："陈胜王凡六月。已为王，王陈。其故人尝与庸耕者闻之，之陈，扣宫门曰：'吾欲见涉。'宫门令欲缚之。自辩数，乃置，不肯为通。陈王出，遮道而呼涉。陈王闻之，乃召见，载与俱归。入宫，见殿屋帷帐，客曰：'伙颐！涉之为王沈沈者！'楚人谓多为伙，故天下传之。伙涉为王，由陈涉始。客出入愈益发舒，言陈王故情。或说陈王曰：'客愚无知，颛妄言，轻威。'陈王斩之。"这个故事的位置在陈涉起义、由首揭义旗到最后失败的全部叙述之后，好像是可有可无。但这在司马迁的笔下，却是决不可少的。司马迁在这个故事之后，紧接着就指出来：在斩了这个农民后，"诸陈王故人皆自引去，由是无亲陈王者"。他是用这个小故事形象地写出了陈涉在取得初步胜利不久，即陷于严重脱离群众的泥潭里，成为他失败的重要原因。用小故事说明大问题，这是司马迁擅长的本领。

司马迁善于用细节的描写从侧面去反映一定时期的政治风气、政治问题，同时也就在其中表达了作者的褒贬。《卫将军骠骑列传》说：

> 大将军既还，赐千金。是时王夫人方幸于上，宁乘说大将军曰："将军所以功未甚多，身食万户，三子皆为侯者，徒以皇后故也。今王夫人幸而宗族未富贵，愿将军奉所赐千金为王夫人亲寿。"大将军乃以五百金为寿。天子闻之，问大将军，大将军以实言，上乃拜宁乘为东海都尉。

这一方面是在写卫青"以和柔自媚于上"，同时也是在写女宠在政治上的作用。《万石张叔列传》说：

> （万石君长子）建为郎中令，书奏事。事下，建读之，曰："误书！马字与尾当五，今乃四，不足一。上谴死矣！"甚惶恐。其为谨慎，虽他皆如是。
>
> 万石君少子庆为太仆，御出，上问车中几马。庆以策数马毕，举手曰："六马。"庆于诸子中最为简易矣，然犹如此。

这当然是写石建、石庆的恭谨。但他们的恭谨对于他们自己做官，很有好处。在同一篇文章里说：

建为郎中令，事有可言，屏人恣言，极切；至廷见，如不能言者。是以上乃亲尊礼之。

元狩元年，上立太子，选群臣可为傅者，庆自沛守为太子太傅，七岁迁为御史大夫。元鼎五年秋，丞相有罪，罢。制诏御史："万石君先帝尊之，子孙孝，其以御史大夫庆为丞相，封为牧丘侯。"是时汉方南诛两越，东击朝鲜，北逐匈奴，西伐大宛，中国多事。天子巡狩海内，修上古神祠，封禅，兴礼乐。公家用少，桑弘羊等致利，王温舒之属峻法，兒宽等推文学至九卿，更进用事，事不关决于丞相，丞相醇谨而已。在位九岁，无能有所匡言。……庆文深审谨，然无他大略，为百姓言。……庆方为丞相，诸子孙为吏更至二千石者十三人。

这可见，文章写他们那样恭谨的细节，并不只是写他们，而是要通过这些去写当时官场中的一种恭谨自保、讲究做官的政治风气。像这样的人，从不在朝廷上公开说出自己的意见，从不提出对国计民生的主张，却偏能受到皇帝的亲近尊礼，偏能长期地做大官以至做到丞相。文章写这些恭谨的细节，实际上是对当时官场的腐烂风气的尖锐讽刺。

司马迁曾在好几处写到狱吏。《李斯列传》写："赵高治斯，榜掠千余，不胜痛，自诬服。""赵高使其客十余辈诈为御史、谒者、侍中，更往复讯斯。斯更以其实对，辄使人复榜之。后二世使人验斯，斯以为如前，终不敢更言。"《绛侯周勃世家》记周勃曾被捕治，及出狱，说："吾尝将百万军，然安知狱吏之贵乎！"《韩长孺列传》记："安国坐法抵罪，蒙狱吏田甲辱安国。安国曰：'死灰独不复然乎？'田甲曰：'然即溺之。'"这些记载，也不只是写个人经历，而是写狱吏淫威，写严刑之下，何求不得，这都是跟写《酷吏列传》的精神相通的。

司马迁对于细节的描写，有时也用两两对照的办法:《刘敬叔孙通列传》写了这两个人穿衣服的故事。对于刘（娄）敬是这样写：

娄敬脱挽辂，衣其羊裘，见齐人虞将军曰："臣愿见上言便事。"虞将军欲与之鲜衣，娄敬曰："臣衣帛，衣帛见；衣褐，衣褐见。终不敢易衣。"

对于叔孙通是这样写：

> 叔孙通儒服，汉王憎之；乃变其服，服短衣，楚制，汉王喜。

这两个小故事写出两人不同的品质、不同的风度。

《魏其武安侯列传》曾有多处写魏其侯窦婴和武安侯田蚡为人的不同，并专就田蚡对待窦婴态度上前后的变化写了两条。一条是写窦婴当权，田蚡初起的时候：

> 魏其已为大将军后，方盛，蚡为诸郎，未贵，往来侍酒魏其，跪起如子姓。

又一条是写田蚡做了丞相后的事：

> 灌夫有服，过丞相。丞相从容曰："吾欲与仲孺（即灌夫）过魏其侯，会仲孺有服。"灌夫曰："将军乃肯幸临况魏其侯，夫安敢以服为解！请语魏其侯帐具。将军旦日蚤临。"武安许诺。
>
> 灌夫具语魏其侯如所谓武安侯。魏其与其夫人益市牛酒，夜洒扫，早帐具至旦。平明，令门下候伺。至日中，丞相不来。魏其谓灌夫曰："丞相岂忘之哉？"灌夫不怿。曰："夫以服请，宜往。"乃驾，自往迎丞相。
>
> 丞相特前戏许灌夫，殊无意往。及夫至门，丞相尚卧。于是夫入见，曰："将军昨日幸许过魏其，魏其夫妻治具，自旦至今，未敢尝食。"武安鄂谢曰："吾昨日醉，忽忘与仲孺言。"乃驾往，又徐行，灌夫愈益怒。

这两条都是关于细节的描写，前后对照起来看，就把一个贪慕势利、骄横自恣的人刻画出来了。

以上所说，都属于司马迁寓论断于序事的表达形式。司马迁的书中也有专门议论的史论形式，也有夹序夹论的形式，这就都须另谈了。

这是 1961 年的旧作。记得当时是想把司马迁著史的主要表达形式都说一下。但拖拖拉拉写了四五个月，才写了这么一点东西。后来这篇未完的文章一直没有能按预定的计划写下去。在这一点写出的东西里，吸收了前人不少的论点及所举事例，也多草草未能注出来。转眼之间，十八个年头过去了，对于应续些什么、应注些什么，都已很模糊了，自己也不想再继续写了。偶检旧稿，感到司马迁不说空话，不说假话，尽可能从全局着眼来观察史事，并以适当的形式表达出来，这在史学史上是占有光辉地位的，是应该受到重视的。这不只是关于著史的形式问题，更重要的是一个学风问题。我认为，这对于我们今天的史学工作还很有用，所以愿意把这篇旧作再一次发表出来。

1979 年 11 月 12 日<br>
（1980 年第 1 期）

# 司马迁的哲学思想

任继愈

司马迁曾说过他写《史记》的目的："仆窃不逊，近自托于无能之辞，网罗天下放失旧闻，考之行事，稽其成败兴坏之理，凡百三十篇，亦欲以究天人之际，通古今之变，成一家之言。"（《报任少卿书》）司马迁写作的目的，决不是为历史而历史，而是为了从历史事件中探寻社会历史发展道路中的"成败兴坏之理"，也还在于探寻宇宙人生的根本道理，这也就是他说的"究天人之际，通古今之变"。可惜这一些庄严的词句被后来一些无知文人用作自吹自擂的滥调，中国古代有不少的文人，只要写历史，都要大言不惭地宣称他在"究天人之际，通古今之变"，这就近于无聊了。像蒋介石御用学者钱穆也在他写的历史书中自称为"究天人之际……"，不但是无知，而且是无耻了。

我们研究古代的思想家的思想，并不是只看他主观的愿望，而是要根据事实来做具体的分析。司马迁在中国历史上、文学上的伟大的成就，这里不再重复论述，就以他的哲学思想方面的贡献来说也是值得我们充分重视的。

## 一

在宇宙观方面，司马迁和他的父亲司马谈一样，都继承了先秦唯物主义道家思想的传统，接受了古代唯物主义学说。他认为天地万物的根源不是由于超现实的精神性实体或上帝创造的，而是由于物质世界本身的原因。世界是物质性的：

......乃合大道，混混冥冥，光耀天下，复反无名。(《太史公自序》)

这正是先秦以来，老子学说的继承。"气"的原始状态是"混混冥冥"的，在它没有形成任何具体东西以前，还说不上什么"名称"，所以叫作"无名"。"无名"决不是不存在的东西，而是最根本、最原始物质性的实体。至于人类的生命、身体的起源，司马迁父子也提供了唯物主义的说明。他们认为：

凡人所生者神也，所托者形也。神大用则竭，形大劳则敝，形神离则死。死者不可复生，离者不可复反，故圣人重之。由是观之，神者生之本也，形者生之具也。(《太史公自序》)

这一段中所说的"神"的性质，张守节在他的《史记正义》中说："混混者，元气（神者）之貌也。"《史记集解》引用韦昭的话也说："声气者，神也。枝体者，形也。"张守节和韦昭都是沿袭了秦汉以来唯物主义哲学对"神""气"的一般理解来注释《史记》的。司马迁父子继承了周秦以来唯物主义哲学的优良传统，认为气是一切事物的根源。自然界和人类都是由气产生的，和神或上帝没有关系。唯心主义哲学家和宗教家故意把"神"说成精神性的、永存的上帝或鬼神。这种观点和古代唯物主义是鲜明对立的。司马迁父子采取了唯物主义哲学世界观，和唯心主义的哲学世界观处在对立的地位。

唯物主义从来就是和自然科学密切相联系的。自然科学的发展可以推动唯物主义哲学的发展。司马迁父子都是"世掌天官"，司马迁本人就是精通天文科学的一位专家。汉初的自然科学和唯物主义哲学都是以道学的哲学作为骨干的。更具体地说，都是以阴阳五行学说作为理论根据的。郭沫若先生曾说过："（阴阳五行）这一思想在它初发生的时候，我们倒应当说它是反迷信的，更近于科学的。在神权思想动摇了的时代，学者不满足于万物为神所造的那种陈腐的观念，故尔有无神论出现，有太一、阴阳等新的观念产生。对这新的观念犹嫌其笼统，还要更分析入微，还要更具体化一点，于是便有这原子说的金、木、水、火、土的五行出现。万物的构成求之于这些实质的五个大原素，这思想应该算是一大进步。"①

司马迁父子的哲学，就接受了当时最流行的阴阳五行的哲学思想。唯物主义哲学思想的高涨和广泛传播是秦末、汉初哲学发展的总趋势。相信阴阳五行学说的不止邹衍一派，像《吕氏春秋》，《礼记》的《月令》，管子的《四时》，《淮南子》都是的。就是那些不满意唯物主义哲学的唯心主义的哲学家，像董仲舒和后来的班固，也采用了阴阳五行的间架而充填了一些唯心主义的内容。《汉书》的《司马迁传》赞，说他"先黄老而后六经"。这虽是班彪和班固对司马迁的不满，认为司马迁不是正统，意存贬斥。古代也曾有些好心肠的卫道者，认为司马迁并不是"先黄老"而是"尊六经"，这种"爱护"恰恰掩盖了司马迁的进步的一方面。司马迁被正统派认为"异端"正是他值得人们尊敬的地方。

司马迁参加了汉代第一次大规模的制定"太初历"的工作（在公元前104年）。他和当时全国第一流的科学家唐都、洛下闳、邓平、兒宽、尊大、射姓、司马可、宜君、淳于陵渠、壶遂等二十余人共同制定了新历。新历改正了周秦所用颛顼历长期积累的差误，避免了"朔晦月见，弦望满亏"的缺点。

在汉朝的统治者看来，制历一方面是为了装点刘姓王朝，"改正朔、易服色"的新气象，另一方面，这部精确的历法却直接对生产起着指导作用。这部历法就是以后两千多年来一直沿用的"夏历"的基础。它的特点是以建寅之月为一岁之首，以包括冬至节的那一个月后两个月为正月。人们过年的时候正是冬闲的时候，适当地配合了黄河流域农业生产的节奏，因而符合了人民的利益。司马迁是制定历法的主要参加者，他的阴阳五行的学说充分表现在《史记》的《律书》和《天官书》中。其中有些观点和周秦时代《礼记》的《月令》的哲学思想极为接近。据说汉代"太史令凡岁将终，奏新年历。凡国祭祀丧娶之事，掌奏良日及时节禁忌"（《北堂书钞》卷五十五《设官部》引《汉旧仪》）。

司马迁父子认为阴阳五行学说有它的缺点，认为"大（太重视）祥（灾

---

① 郭沫若：《十批判书》，北京：人民出版社1954年版，第405页。

异）而众忌讳，使人拘而多所畏"，但是他们还是承认阴阳五行学说在解释"四时之序"、天道运行方面"不可失也"。

我们说司马迁在宇宙观方面，继承了古代阴阳五行学说的唯物主义传统，并结合了他的精深的科学造诣，建立了他的唯物主义哲学的世界观，完全是有根据的。

司马迁在天文学方面，根据丰富的科学知识，说明天体运行是有规律可循的，他具体而精密地观察了天象、星座的位置，从而说明天象运行并不是什么神秘莫测的，而是可以由人类推算出来的自然现象。这种科学本身就是最强有力的打击宗教迷信的武器。今天看来，《史记·天官书》所记载的两千多年以前星球的运行、星座的位置和中国古代第一部记载星象的著作《甘石星经》具有同等不朽的价值。《史记》精确地记载着几百个星体、星座，并指出它出现的时间和季节运行的规律。

但是也必须指出，司马迁当时的科学发展和今天的科学成就相比，应当说是不够成熟的。汉代的天文学虽然已走上了科学的道路，但也残存着古代占星术的影响。司马迁在一定程度上还相信天上某星的出现和运行会造成人世上的灾难和幸福。比如他曾认为金星在南，会"年谷熟"；火星与水星合，火星与金星合的时候，不可以用兵，用兵就会"大败"；岁星与金星争斗，"其野有破军"等。

在音律方面，他也相信某种音律和社会上的用兵的成败、刑罚的适当与不适当有一定的联系。

"律历，天所以通五行八正之气，天所以成孰万物也。"他利用当时的科学成就，从唯物主义原则，在更多的方面对自然现象进行解释、说明。他在音律方面提出有乐理学根据的理论。这一贡献的哲学意义就在于他根据科学的事物否定了圣人由他的主现意图可以创造音律的唯心主义观点。

司马迁把自然现象和社会人事现象中某些偶然先后联系出现的事件看作内在的必然的关系，显然是不正确的。司马迁在主观上固然反对上帝创造世界的宗教迷信思想，但是这种占星术的残余所留下的"天人感应"的观点势必给宗教唯心主义留下了活动的地盘。

虽然如此，科学的局限性没有使司马迁放弃对宗教迷信思想的战斗。司马迁在宇宙观方面一直进行着反对目的论的斗争。他要尽可能地用人事来说明人事，而避免用"天道"来说明人事。《史记》记载着项羽失败时，自称是"此天亡我，非战之罪也"，司马迁指出项羽的失败是他自己的过失，而不是什么"天意"："（项羽）自矜功伐，奋其私智而不师古，谓霸王之业，欲以力征经营天下，五年卒亡其国，身死东城，尚不觉寤而不自责，过矣，乃引'天亡我，非用兵之罪也'，岂不谬哉！"（《项羽本纪》）

蒙恬被秦王二世赐死时，自以为有功，不当死，但他最后认为这是他修长城、修驰道时曾经堑山湮谷，犯下"绝地脉"的罪过的报应。司马迁也批判了这种迷信的思想："夫秦之初灭诸侯，天下之心未定，痍伤者未瘳，而恬为名将，不以此时强谏，振百姓之急，养老存孤，务修众庶之和，而阿意兴功。此其兄弟遇诛，不亦宜乎？何乃罪地脉哉？"（《蒙恬列传》）

司马迁反对天命可以决定人们的吉凶祸福的思想，在当时是有他的实际意义的。因为当时统治者御用的学者，像董仲舒这一批人，从各方面搜求"证据"，论证天是有意志的，天子是代天立言的，王权是神授的。从而教导那些被统治者必须乐天安命，安心当奴才，不要反抗。当时的统治者还力图"证明"富贵贫贱都是由天命决定的，只要按照统治者所规定的道德规范办事，奉公守法，就会得到好的结果。这种从思想麻痹人民的反抗思想的手段是反动的，也是毒辣的。司马迁由于个人的不幸遭遇，更主要的是他根据历史上大量的事实，对当时统治者从思想上奴役人民的教条提出了怀疑。他在《伯夷列传》中对于忠实于自己的理想、不为暴力屈服的伯夷、叔齐兄弟的殉道行为表示敬仰，并对宗教迷信、天道有知的观念提出了怀疑："或曰：'天道无亲，常与善人。'若伯夷、叔齐，可谓善人者非邪？积仁絜行如此而饿死！……天之报施善人，其何如哉！""至若近世，操行不轨，专犯忌讳，而终身逸乐，富厚累世不绝。或择地而蹈之，时然后出言，行不由径，非公正不发愤，而遇祸灾者，不可胜数也。余甚惑焉。倘所谓天道，是邪？非邪？"（《伯夷列传》）

司马迁这种怀疑是带有"叛逆"性格的。作为一个精通古今历史事变的专家，他所看过的古往今来许多的不合理、不公平的事实刚好证明统治者所宣传的那一套教条全是鬼话。安富尊荣的，经常是那些最贪婪、最无耻、最低能的剥削者、寄生者。至于那些善良的、忠诚的、追求真确和正义的人们却经常遭到凌辱、迫害、折磨和贫贱的痛苦。这是什么"天道"呢？对"天道"的怀疑构成了司马迁的唯物主义哲学思想中最光辉的组成部分。同样的思想，也表现在司马迁另外的著作中："悲夫，士生之不辰，愧顾影而独存。恒克己而复礼，惧志行之无闻。谅才韪而世戾，将逮死而长勤。虽有形（行）而不彰，徒有能而不陈。何穷达之易惑，信美恶之难分。时悠悠而荡荡，将遂屈而不伸。使公于公者彼我同兮，私于私者自相悲兮。天道微哉，吁嗟阔兮！人理显然，相倾夺兮！……逆顺还周，乍没乍起。理不可据，智不可恃。无造福先，无触祸始。委之自然，终归一矣。"（《全汉文》卷二十六《悲士不遇赋》）

司马迁在这篇简短的抒情诗中倾泻了他对当时不合理的社会现象悲愤的抗议。他诅咒当时社会上人与人之间的倾夺和欺凌，他也指出了天道的渺茫和天道的无知。

司马迁要在不合理的社会中企图寻找所谓公道，他要探寻人类的社会历史变化发展的真相。因而他探求的问题自然从宇宙观转向了社会观、历史观。

## 二

在社会历史观方面，司马迁也做出了卓越的贡献。他认为决定人类命运的，首先是人类自己，而不是天和鬼神的力量。他说："国之将兴，必有祯祥，君子用而小人退；国之将亡，贤人隐，乱臣贵"（《楚元王世家》）。"国之将兴，必有祯祥；国之将亡，必有妖孽"，这是古代相传的宗教迷信的成语。司马迁在这里给它以新的、排除宗教迷信的解释。他认为所谓"祯祥"不是什么祥瑞、符命的出现，而是"君子用而小人退"的政治清明的现象；"妖孽"也不是什么"妖怪"事物，而是"贤人隐，乱臣贵"的政治混乱现象。这种打击神圣宗教思想决定国家兴亡的进步思想，是极为珍贵的。

司马迁的功绩不仅在于摆脱宗教迷信思想对历史发展的影响，并且在于他积极地建立了他的具有进步意义的对于历史的看法。

司马迁的《史记》固然主要记载了帝王将相的世系和事迹，这和他的唯心主义的历史观，认为英雄伟人创造历史的基本观念是分不开的。但是我们更应当注意的乃是他还记载了许多小市民，一向被人轻视的、在社会上不占地位的小人物的许多值得尊敬的事迹，他精密地观察了历史上极丰富极生动的事实。他给仅仅称王几个月的陈涉以极高的历史地位，甚至和正统派一向认为神圣不可侵犯的汤武革命并称。他歌颂这一群揭竿而起的奴隶们，肯定了他们在推翻秦政权中所起的巨大作用。他也初步意识到社会上各阶层、各种不同的职业中的杰出人物对历史的功绩，这种历史家的见识是极可贵的，可以说是古代历史家中绝无仅有的范例。至少，司马迁对历史发展已具笼统的整体的观念。当然，司马迁也还是承认英雄伟人是历史的创造者，但在客观上，他这样去写历史，势必不自觉地妨害了少数人物包办历史的旧观念。既然把历史的发展的动力放在人物的身上，自然排斥了天意、天志的作用。司马迁第一次以他的现实主义的观点，把历史看成人类自己活动和创造的历程，而不再是实现神的意志的工具，不再是被神意早已安排好了的，这一功绩是不可磨灭的。

司马迁为了通过历史的事实更有力地揭露社会上的压迫、欺诈和种种不合理的现象，他大力歌颂了给人们解除困难不惜以身命相殉的游侠人物；称赞那些为民除害的"循吏"；给那些残下媚上的坏官坏事写下了《酷吏列传》。这都表示司马迁的憎恨暴力、同情弱者的人道主义精神。

就在这些具有善良愿望、具有进步意义的表现中也反映了司马迁的历史观的弱点。司马迁向往公平，要求社会合理，他希望能有真正为被压迫者（因为他自己也在某些方面和被压迫者有着同样的命运）主持公道的社会，但是他看不见（也不可能看见）历史的真正的主人，也不知历史发展的动力，因而也看不出历史发展的方向。他最后不得不又回到"三王之道若循环，周而复始"（《吕太后本纪》）的旧轨道。他憎恨暴力，同情弱者和人民，但是他没有（也不可能）认识到阶级社会内政权的实质就是和暴力强制分不开的。抽象的"仁义"，不过是统治者为了自己的需要，硬把它说成全民共同的道德规范和千古不变的是非标准。司马迁找不到他所憧憬的公平时，便发出对天道怀疑的怨言。这种怀疑天道的怨言是清醒地认识历史的第一步。但是要真正认识历史，要从历史发展本身中进一步探寻。社会历史的现象是最复杂的，司马迁和古代任何伟大的思想家一样，历史的局限性和阶级的局限性使他在这一方面无能为力。当他没有能力用历史本身说明历史发展的客观性和规律性时，他不得不对宗教唯心主义的历史观做重大的让步。像他在《东越列传》中无法解释东越何以能长久统治，而归结为其先世可能"有大功德于民"，所以"历数代常为君王"。在《韩世家》中认为韩国有"阴德"；在《魏世家》中认为秦统一海内是命定的（"天方令秦平海内"）；认为李广有卓越的战功而不得封侯是八字不好（"数奇"）。他虽然力图摆脱宗教迷信的思想，但是最后不得不求救于茫茫的"天道"。

对于社会历史发展的动力，司马迁也曾提出过极有意义的见解。他继承了先秦唯物主义哲学家的优良传统，企图从人类经济生活方面寻求原因。他认为，人们关心自己生活的幸福、谋取个人的利益是人的"天性"。这种天性的要求是不能遏止的："夫神农以前，吾不知已。至若《诗》《书》所述虞夏以来，耳目欲极声色之好，口欲穷刍豢之味，身安逸乐，而心夸矜势能之荣使。俗之渐民久矣，虽户说以眇论，终不能化。故善者因之，其次利道之，其次教诲之，其次整齐之，最下者与之争。"（《货殖列传》）司马迁这种说法，确实触到了正统派的思想家的隐痛所在，因而惹起他们的不满，说他离经叛道："序游侠，则退处士而进奸雄；述货殖，则崇势利而羞贱贫。"（《汉书·司马迁传》）我们今天看来，这些卫道者的不满，不但不足以贬损司马迁的价值，相反地，倒是更可以见出司马迁的伟大。

司马迁把每一个人对生活利益的要求放在第一位，并认为，"天下熙熙，皆为利来；天下攘攘，皆为利往"（《货殖列传》）。这不是无的放矢，正是对那些荒淫无耻、唯利是图，但又"口不言利"的统治者们有力的打击。以董仲舒为代表的汉代儒家正统派，秉承了汉武帝的意旨，教导人们不要讲什么利，只要讲明"道""义"就够了。这就是汉代统治者向人们标榜的"正其谊，不谋其利；明其道，不计其功"（董仲舒对策）的可耻的实质。统治者只要自己广收天下人之利，反而自称为"清高"；他们要扼杀人们生存权利的要求，却宣扬什么"正义"！这真是最自私、最贪婪、最无耻的道德教条，司马迁在这里从根本上给以揭露，他公开宣称，统治者和被统治者都是一样为了"利"。为利并不是什么错误。要求生活过得好，这是每一个人起码的要求。这种要求是出自天性，无法制止的，只有最愚蠢的统治者才与民争利，只许自己得利，而不许别人提出同样的要求。

司马迁在这里更进一步对生产发展做了初步的分析："故待农而食之，虞（从山泽中贩运特产的人）而出之，工而成之，商而通之。此宁有政教发征期会哉？人各任其能，竭其力，以得所欲。故物贱之征贵，贵之征贱，各劝其业，乐其事，若水之趋下，日夜无休时，不召而自来，不求而民出之。岂非道之所符，而自然之验邪？"（《货殖列传》）司马迁企图用经济原因、生产和交换的双方需要的客观情况来说明社会分工的必要与可能，并指出社会的发展正是由于各人为了满足自己生活需要而努力工作着，这种愿望既是出于自然，而又符合客观需要，这就是"道"之所在。他还论证了求富是"物之理""人之欲"，从而从许多实际的事例中驳斥了那些不允许人民言利的伪善者们的谎言。更值得注意的是，司马迁在这里力图在经济原因中说明社会分工和社会发展的道路。司马迁以"求利"的观点来打击当时的伪善者，并撕破他们的假面具，这是有极大的进步意义的。当然，他的"求利"的观点也还是唯心主义的想法。他和今天的个人主义的资产阶级腐朽思想，为了个人的利益而剥削别人、危害集体的利益的思想，无论在性质上，还是在客观作用上都是不相同的。今天的资产阶级思想，完全是反动的，不能和司马迁的具有进步意义的战斗性的重利的思想相提并论。

司马迁也企图从经济生活方面寻求道德产生的根据。他继承了管子的名言："'仓廪实而知礼节，衣食足而知荣辱。'礼生于有而废于无。故君子富，好行其德；小人富，以适其力。"（《货殖列传》）问题虽然不是新提出的，但是和当时社会历史条件联系起来考察，就可以看出司马迁的道德观是有战斗意义的，这是针对统治者们所宣扬的"仁、义"出于天性，宣扬先天道德观念的唯心主义观念而提出的反驳。统治者为麻痹人民，一再宣称服从统治者的剥削制度，叫人从思想上放弃反抗的企图才是"仁、义"，他们又说"仁、义"是每一个人生来具有的品质。

司马迁所谓道德仁义的具体内容和当时统治者所要求的道德内容完全一样，因为他虽然是统治者中间不得志的人，但还是统治阶级内部的。不过司马迁强调指出，统治者不要以为灌输一切道德教条就可以生效，首先要满足人民起码的生活要求。有了衣、食才会接受那一套道德规范。在客观上，这种学说对广大人民是有利的。

司马迁进而给求利致富者以理论根据："贫富之道，莫之夺予，而巧者有余，拙者不足。""富无经业，则货无常主，能者辐凑，不肖者瓦解。"（《货殖列传》）他在韩非以后，继续提出自由竞争的思想，公开为当时的工商业辩护，他又说："布衣匹夫之人，不害于政，不妨百姓，取与以时而息财富，智者有采焉。"（《太史公自序》）他对那些为统治者死心塌地当贫贱奴才的人物进行指摘，认为那是可耻的；他对那些强取豪夺而发家致富者也进行抨击："今治生不待危身取给，则贤人勉焉。是故本富为上，末富次之，奸富最下。无岩处奇士之行，而长贫贱，好语仁义，亦足羞矣。"（《货殖列传》）

总起来看，司马迁的哲学思想，在中国哲学史上有着重要的贡献。他在宇宙观方面，根据当时天文学的知识，并继承了先秦的阴阳五行的哲学思想，发展了唯物主义哲学，因而对于当时的目的论的宇宙观进行了有力的打击。

在社会历史观方面，司马迁的贡献更为卓越。他根据丰富的历史材料，从事实上说明天道无知，天道茫茫，从而打击了和宗教迷信长期纽结在一起的天帝鬼神决定人类命运的社会历史观点。并且他尽可能地从自然现象和社会现象的本身去说明自然现象和社会现象。但是他也和古代许多唯物主义者一样，常常用自然现象来附会社会现象，用天上星象解释人世上历史的变化，因而使他的哲学思想和当时流行的唯心主义的天人感应的宗教迷信观念有时划不清界限。司马迁为了摆脱神权支配的影响，他力图为社会、历史发展寻找它的物质原因。因而在历史观方面有着古人所少有的清醒的实事求是的精神。

但是人类对自然界、对社会的认识是有着一定的历史过程的。因为："人的认识，主要地依赖于物质的生产活动，逐渐地了解自然的现象、自然的性质、自然的规律性、人和自然的关系；而且经过生产活动，也在各种不同程度上逐渐地认识了人和人的一定的相互关系。"[1] 司马迁当时的科学发展、生产

---

[1] 《实践论》，《毛泽东选集》第一卷，北京：人民出版社 1951 年版，第 282—283 页。

技术，以及各方面实践活动，如果和今天来比较，显然还处在比较低级的阶段。因而司马迁的哲学思想尽管达到了他可能达到的高度，如果和今天比较，显然是很不够的。毛主席早已指出："在很长的历史时期内，大家对于社会的历史只能限于片面的了解，这一方面是由于剥削阶级的偏见经常歪曲社会的历史，另方面，则由于生产规模的狭小，限制了人们的眼界。人们能够对于社会历史的发展作全面的历史的了解，把对于社会的认识变成了科学，这只是到了伴随巨大生产力——大工业而出现近代无产阶级的时候，这就是马克思主义的科学。"[①]

毛主席的指示，一方面告诉了我们马克思主义哲学，是哲学上的历史的变革，只有马克思主义哲学，才把社会历史变成为科学；只有马克思主义哲学，才最后杜塞了唯心主义哲学在社会历史观方面的隐藏的洞穴。另一方面，毛主席的指示也告诉了我们，就在社会历史这一科学领域内，由于人类的实践，即使远在马克思主义哲学出现以前也还是有些片面的了解。也就是说，在社会历史方面，古代的哲学家在某些个别的问题上也还提出过符合事实的见解，并不是对社会历史的发展完全无所知。正因为如此，我们今天重新检查司马迁的哲学思想，特别是他和唯心主义的社会历史观点进行斗争时所提出的论证和论据是有历史意义的。通过对司马迁的哲学思想的初步探索，使我们更加明确马克思主义哲学的革命的变革是和它的文化继承性有着辩证的联系，而不可以割裂的。

（原载《新建设》1956年第6号）

（1962年3月）

---

[①]《实践论》，《毛泽东选集》第一卷，北京：人民出版社1951年版，第283—284页。

# 《史记》产生的历史条件和它在世界史学上的地位

齐思和

司马迁的伟大历史著作《史记》，不但是中国人民的宝贵文化遗产，而且是具有世界意义的历史学上的伟大成就。1955年12月22日苏联学术界在莫斯科举行集会，纪念司马迁诞生两千一百年，这表现出苏联学术界对于中国文化遗产的重视，和他们伟大的国际主义精神。

和一切伟大的著作一样，《史记》的出现是有它的历史条件的。当司马迁从事著作时，已经存在了一个半世纪的西汉帝国达到了它最繁盛的时期。当时农业生产技术的提高，耕种面积的扩大，手工业的发展，城市的兴起，各经济中心间进一步的联系，对外贸易的发展，都标志着汉武帝初年的经济繁荣。在这个基础上，汉封建帝国进一步集中了政权。在对外战争上汉帝国也取得了一系列的胜利，因而更扩大了汉帝国的经济市场。但是从经济繁荣中得到便宜的只是占着统治地位的大土地所有者和富商大贾们，至于在土地兼并、高利盘剥双重压榨下的劳动人民就愈来愈陷于贫困，阶级斗争日趋尖锐，到了汉武帝末年，农民起义运动在各地爆发起来。

全国各地区间的联系促进了汉帝国进一步的统一，同时在学术思想方面也强烈地反映出来。汉初学术活动的主要特点是综合工作。汉政府对待学术的政策，在武帝以后也是要统一思想。在汉武帝初年淮南王刘安便纠集学者编成一部"观天地之象，通古今之事"的《淮南子》，这是一部以道家思想观点来总结先秦诸子学说的综合著作。汉武帝认识到儒家思想对于巩固封建统治的作用，遂采纳了儒家董仲舒的建议，"罢黜百家，独尊儒术"，后来的《白虎通义》便是儒家学者关于礼制的一种总结工作。

伟大的司马迁给自己提出了编辑一部通史的任务，也是在这综合、总结工作的气氛之下产生的。这个任务是伟大而艰巨的。在司马迁以前，中国在史学方面虽然已经有了悠久的传统，而且已有不少历史著作，如曾经孔子整理过的《春秋》，便是全世界最早的一部编年史。此外，《国语》《左传》《战国策》等书都是极重要的历史文献。但是这些著作都只记载着某个时期，或是某些地区的历史，而不是叙述从古到今、包括全面的通史。在汉武帝时，这些著作已经不能满足时代的需要了。秦汉之际，出现了一部名为《世本》的史书，此书至宋代已经亡佚。从各书所征引的情况看来，其中有纪、有传、有表、有世系，有作篇以纪事物起源，居篇以纪古地理，内容比较全面，体裁也和以前的史书不同，曾经司马迁参考采用。但它内容十分简单，很像一部类书。到了司马迁才独出心裁，要"厥协六经异传，整齐百家杂语"，编写一部"上记轩辕，下至于兹（汉武帝时）"，包括全面的通史。

如果我们充分明了汉初得书的困难，一般儒生的浅陋，我们便可能正确地认识摆在司马迁面前的工作是如何艰难，他的成就是如何伟大。在汉初，书籍多半是竹简写的，一部分是用绸绢写的，得书十分困难。西汉末年，东平王刘宇以汉帝叔父之尊，要读诸子书和《太史公书》（即《史记》），都弄不到手，一般人更不用说了。在大学教书的博士们，也只能教授一种经书的一家解释（如《诗经》便有齐、鲁、韩、毛四家的解说），对于其他的书籍和一般历史知识，都是茫然的。但是伟大的司马迁几乎尽读了当时所有的书籍。我们试把《史记》中所征引的书名综记一下，便可发现凡是《汉书·艺文志》中所列的司马迁时代以前的书籍，司马迁几乎都引用过了，而且其中有的是《艺文志》中所没有的。司马迁实在是西汉最渊博的学者，是古代的文化巨人。从他知识的广博而论，在古代只有希腊的亚里斯多德能和他相比，虽然他两人研究的范围、注意的对象并不相同。

司马迁所以能有机会运用这样多的史料是和他所受的教育和后来的官守分不开的。司马迁的父亲司马谈是一位太史令，他曾学天官于唐都，受易于杨何，习道论于黄子，尝著文论《六家要旨》，也是一个渊博的学者。他已经有编修史书的计划，并且常鼓励司马迁继续他的事业。司马迁十岁就学习古代的文字，掌握读古书的能力，青年时期又从当时的大儒董仲舒、孔安国等学习经书的解说。司马谈死后，他继任为太史令。太史令是一个职掌天象历算的小官，并掌管宫廷的图书。修史虽不是他的职务，但是由于他保管图书的关系，遂有机会利用"石室、金匮之书"（石室、金匮皆当时国家藏书之处）编写他的伟大著作。

司马迁不但掌握了极端丰富的资料，他又是游踪极广的旅行家。他本人是生在陕西韩城。从《史记》中看来，他西南到过四川的成都、重庆、西昌、汉原，云南的保山、腾冲、顺宁等地；南边到过湖南、湖北、江西、浙江、江苏；东边到过山东，游过曲阜，登过泰山，访过孟尝君的故居；西北到过甘肃，登过崆峒山；北边到过涿鹿，登过长城，足迹遍中国。到处参现历史古迹，考究民生利病，访问故老传说，和他从书本中得来的材料互相印证，这使得他对于伟大的中国自然环境、各地的观察生活有深刻的认识。

司马迁根据大量的史料，和对于现实生活极为丰富的知识，经过二三十年的辛勤努力，才杰出地完成了这部伟大的著作。这部通史共分五个组成部分。十二个本纪，记述统治王朝与帝王的事迹，夏以前五帝合为一个本纪，三代和秦各有一个本纪，作为全书的纲领。十个表，以表列三代以来世系与年代。自三代以来，许多侯国同时并存，各有纪年，非常复杂，司马迁列成十个表，统括了错综的年代与区域的发展，这种组织办法，是很方便的。八书以记礼乐制度、天文历法、经济水利。三十世家以记自周以来开国传世的侯国。七十列传，记述人物，其中有著名政治家、思想家、军事家、文学家、循吏、儒林、酷吏、游侠、刺客、名医、日者、龟策、商人的传记，还有关于朝鲜、匈奴、南越、东越、西南地区的记载。全书共一百三十篇、五十二万六千五百字。这实在是一部组织严密、包罗万象，百科全书式的通史，也是在公元前2世纪全世界规模最大的一部通史。

《史记》的出现是中国学术史上划时代的大事。只有把司马迁以前的史学和他以后的史学发展加以比较，我们才能正确地认识他在中国史学上的地位。

在司马迁以前，我国虽然已经有了《春秋》《国语》《左传》《战国策》《世本》《楚汉春秋》等历史著作，但是这些书都被认为是《春秋》一类的书籍，大家是当作经学的一个部门来学习的。汉儒对于《春秋》，又专在"褒贬善恶""微言大义"上去穿凿附会，不是当作历史来研究，直到西汉末年，刘向、刘歆父子编辑汉代国家图书馆的目录时，仍把这些书都列于《六艺略》

中的春秋类（包括司马迁的《太史公书》在内），尚未把历史学认作是一个独立的学术部门。《史记》的出现刺激了研究历史的兴趣，指出了研究历史的途径，以后有许多人继他这部书，到了东汉初年，班固更用他的体裁纂修了西汉的历史，以后研究东汉历史、魏晋历史、古代历史的人更多了，于是历史学遂"由附庸而蔚为大国"，成了一门独立的学问。晋初荀勖编辑图书目录时，因为历史书太多了，不得不单列为一类了，便从七部改成四部，把史学看作独立的学术部门，和经部、子部、集部并列。这种分类方法以后在中国相沿不废。而且在史学中尽管有编年史、纪事本末等体裁，但是司马迁所创的纪传体仍被认为是最重要的体裁。所以在我国历史学成为一个学术部门，实是从司马迁开始的。罗马的西塞录称希腊的希罗多德为"历史之父"，他自然是指着西洋的史学而言。我们可以同样说：司马迁是中国史学之父，中国史学的奠基者。

当然，司马迁之所以伟大，并不只在他这部著作规模的宏伟，和他编排的体裁，而在于他这部著作的内容，它的人民性与思想性。司马迁出身于低级官吏家庭。先世"非有剖符丹书之功，文史星历，近乎卜祝之间，固主上所戏弄，倡优畜之，流俗之所轻也"。这种小官，自然是大人先生们所看不起的。幼年时，他曾参加过农业劳动，"耕牧于河山之阳"。他做了太史令以后，因替李陵解说，触怒了汉武帝，判处了宫刑。按当时的惯例，他若能花一些钱，是可以赎罪的。但他是一个穷人，"家贫，财赂不足以自赎，交游莫救，左右亲近不为一言"。他在狱中时，"交手足，受木索，暴肌肤，受榜箠，幽于圜墙之中，当此之时，见狱吏则头枪地，视徒隶则心惕息"，饱受了狱吏的侮辱与折磨，并且最终受了宫刑。从他自己的惨痛经验，他痛恨封建专制的残暴统治，歌颂人民的反抗斗争，同情人民在封建统治阶级压迫下所受的痛苦。因之，在他的著作中他称赞陈胜、吴广的起义运动，将他们二人的事迹列入"世家"，以示尊敬。他尽力描写推翻"暴秦"的项羽的英雄气概，来和狡诈无赖的刘邦做鲜明的对比。他将项羽的事迹列入"本纪"，不因他失败而抹杀他的历史地位。他表彰了椎埋屠狗出身而敢劫杀诸侯、为国捐躯的刺客。他称赞"言必信，行必果"，仗义挺身，保护弱者，和暴力对抗的侠客。他揭露了汉武帝的残暴虚伪、奢侈纵欲。他揭露了武帝专制统治的爪牙张汤等酷吏的凶恶残暴、奸诈阿谀，公孙宏等伪儒的"怀诈饰智，以阿人主取容"，将军卫青、霍去病等的骄贵自恣、不爱士卒。他同情在残酷统治下人民的痛苦。他的爱和憎反映了当时人民大众的公论。

司马迁不仅记载了大量事实，而且要"考之行事，稽其成败兴坏之理"，"究天人之际，通古今之变，成一家之言"。他要从错综复杂的历史事实中探索出一些道理，提出自己的看法来。他不只是一个史事的整理者，而且是一个思想家。他的思想体系和他父亲的不同。司马谈的思想是以道家为中心的，而司马迁则是一位儒家。这当然也和时代思潮有关。从汉初至武帝初年是道家思想盛行时期，从武帝初年以后，是儒家思想盛行时期。司马迁对于儒家的尊信在史记中充分表现出来。如列孔子于"世家"，称孔子为"至圣"，孟子、荀卿诸大儒等都有列传，七十子、汉初儒林有汇传，儒家的活动在《史记》中占着重要的地位。他对史料的甄别去取，也用儒家的标准，所谓"考信于六艺"，而抛弃其他各家"其文不雅驯"的说法。

但是，司马迁对于汉初儒家思想，并不是毫无批判，全部接收的。他继承了儒家思想的合理部分，如提倡仁义、反抗暴力、厌恶战争等思想。但西汉儒家盛行"天人之学"，相信上天直接监视、支配人间的行事，把一切自然现象都解释成上天意志的表现。当时的大儒董仲舒即是这种思想的提倡者。司马迁虽是董仲舒的学生，但他不相信这种迷信的说法，也没有把他的学说写到《史记》中去。在《封禅书》中，他更充分地揭露了方士的欺诈。到了班固才给董仲舒立了专传，采录了他"天人策"的全文，并且把儒家阴阳五行的思想编为《五行志》，来补充《史记》的缺略。司马迁和班固对待阴阳五行思想看法的不同即是司马迁高出于班固和其他多数汉儒的地方。到了东汉时期的王充，这种批判精神又得到进一步的发展。

司马迁也不满意董仲舒"正其谊不谋其利"的唯心说法，和儒家所提倡的安贫乐道、自甘贫贱的消极态度，他很重视生产活动在历史中的重要性。他的八书中有两篇是和经济生活有关的：《河渠书》记载夏禹以来的水利工作，《平准书》记载各地区的经济情况。此外，《货殖列传》记载一些能发财致富的布衣匹夫之人。为中国史学树立了重视经济活动的优良传统。

这都表现了他的世界观是具有自发的唯物主义的成分的。《苏联大百科全书》"历史"条称司马迁是"古代最伟大的思想家之一",这种评价是非常恰当的。

司马迁不但是中国史学之父,也是全世界古代最伟大的历史家之一。正如苏联学者图曼所说:"司马迁真正应当在大家公认的世界科学和文学泰斗中占有重要的地位。"当《史记》出现的时候,在全世界范围内,以中国和古希腊罗马的史学最为发达。正如《苏联大百科全书》"历史"条所说:"古代中国的历史知识较其他古代东方各国获得更大的发展。"在司马迁前后,希腊最重要的历史著作是希罗多德(公元前5世纪时人)的《希波战史》(如司马迁的《史记》一样,书名是后人所加),修西底的斯(约前460—前400)的《奔罗波尼撒战史》。与司马迁同时有希腊史家波利比阿斯(约前168—前117)。较司马迁略晚则有普鲁塔克(约47—100),他用传记的形式叙述希腊罗马的重要人物与史实。我们若把他们的著作加以比较,便更能认识司马迁的伟大和他著作的特点。司马迁和希罗多德一样,都是知识渊博、阅历宏富、行迹极广的历史家。希罗多德不但记载了古希腊,而且记载了古代北非与西亚各国的历史。司马迁除了中国以外,也记载了朝鲜、大宛、乌孙、康居、奄蔡、大月氏、安息、匈奴诸国的历史,这些记载是研究这些亚洲国家初期历史极其重要的材料。因此《史记》不但是研究古代中国的重要史料,也是研究许多亚洲国家的主要史料。图曼说:苏联学者在研究中国古代史和中亚细亚各民族的时候,广泛地利用他的《史记》这部不朽的著作。已经逝世的苏联著名汉学家阿列克塞耶夫曾将《史记》许多篇译成俄文。现在苏联科学界正准备出版司马迁的选集。在资本主义国家中,法国汉学家沙畹曾把《史记》一部分(《五帝本纪》至《孔子世家》)译成法文,并加以注解。此外英、德汉学家都翻译过《史记》许多篇。日本学者泷川龟太郎编纂了《史记会注考证》。可见世界学术界对于《史记》的重视。

和希腊史学名著比起来,《史记》的特点在于它的全面性,尤其是对于生产活动、学术思想和普通人在历史上的地位的重视。希腊历史家的著作,往往集中到一个战争,重视政治军事。普鲁塔克的传记汇编所收的人物也限于政治家和军事家,即使最著名的希腊思想家、科学家,如亚里斯多德,在他的著作中也没有一字提到,更没有一个关于从事生产活动者的传记。我们的正史中多数有《食货志》,政书中《通典》《通考》,都以食货部分列为全书的首部,提供了大量的经济史料,这也是中国史学的优秀传统,而这个传统是司马迁创立的。

(原载《光明日报》1956年1月19日《史学》版)

(1962年3月)

# 《史记》与汉代经学

刘家和

司马迁的《史记》作于汉武帝时代，正值经学在中国历史上开始崛起的时期。作为一部既能在相当程度上反映时代学术水平，又能从一定角度上反映时代精神面貌的杰作，《史记》自然会与当时的经学有着颇为密切的关系。至于这种关系的性质以及具体情况如何，则自班彪、固父子以下，学者的见解实多分歧。如果想详细地、逐点地讨论前人争论过的具体问题，那在一篇文章中是做不到的。因此，以下可分为几个主要问题来做一些讨论。

## 一、关于司马迁对于经学的基本态度问题

《史记》对于经学所持的态度，是贬抑？还是重视？这是涉及二者之间的关系的性质的问题。

东汉初期，班氏父子在论述司马迁时，是把他视为离经叛道者的。班固说他，"又其是非颇缪于圣人，论大道而先黄老而后六经，序游侠则退处士而进奸雄，述货殖则崇势利而羞贱贫，此其所蔽也"（《汉书·司马迁传》）。班固的说法源出于其父，不过班彪的话说的更重，竟说司马迁"此其大敝伤道，所以遇极刑之咎也"（范晔《后汉书·班彪列传》）。当然，有类似看法的也不止班氏父子。班彪同时代人博士范升曾向光武帝"谨奏《左氏》之失凡十四事。时难者以太史公多引《左氏》，升又上太史公违戾五经、谬孔子言及《左氏春秋》不可录三十一事"。范升所说具体内容已不可知，而其对手陈元上书光武帝说："臣元窃见博士范升等所议奏《左氏春秋》不可立，及太史公违戾凡四十五事。案升等所言，前后相违，皆断截小文，媟黩微辞，以年数小差，

掇为巨谬,遗脱纤微,指为大尤,抉瑕摘衅,掩其弘美,所谓'小辩破言,小言破道'者也。"(《后汉书·郑范陈贾张列传》)不论范陈二人争论的是非如何,有一点可以肯定:在东汉初年,司马迁《史记》是否离经叛道,这已是学者争论的问题了。

对于班氏父子的说法,宋代的沈括、晁公武皆有辩难,而清人梁玉绳的辩驳尤为针锋相对。梁氏说:"夫史公考信必于六艺,造次必衷仲尼,是以孔子侪之世家,老子置之列传。尊孔子曰至圣,评老子曰隐君子。六家指要之论归重黄、老,乃司马谈所作,非子长之言,不然胡以次李耳在管、晏下,而穷其弊于申、韩乎?固非先黄、老而后六经矣。《游侠传》首云'以武犯禁',又云'行不轨于正义',而称季次、原宪为独行君子。盖见汉初公卿以武力致贵,儒术未重,举世任侠干禁,叹时政之缺失,使若辈无所取材也,岂退处士而进奸雄者哉!《货殖》与《平准》相表里,叙海内土俗物产,孟坚《地理志》所本。且掘冢博戏,卖浆胃脯并列,其中鄙薄之甚。三代贫富不甚相远,自井田废而稼穑轻,贫富悬绝,汉不能挽移,故以讽焉。其感慨处乃有激言之,识者读其书因悲其遇,安得斥为崇势利而羞贫贱耶?况孟坚于史公旧文未尝有所增易,不退处士,不羞贱贫,何以不立逸民传?又何以仍传《游侠》《货殖》?"(《史记志疑》卷三十六《太史公自序传》)梁氏词锋之利,可以使班氏语塞。不过,梁氏所说三条本身仍有待于分析。

第一,"考信必于六艺"(《伯夷列传》),"造次必衷仲尼"(《孔子世家》赞),这都是司马迁自己的话。司马迁作《史记》,基本上也实践了自己的话。考信于六艺,这是他在选择与解释历史材料时的一个标准;折衷于仲尼,这是他在说明历史进程时的一个标准。当然,他在考信于六艺时,对六艺本身,即有自己的理解;他在折衷于仲尼时,对孔子本人也是有他自己的理解的。关于这一层意思,以下将有两节做专门的讨论。这里只想说明,班氏简单地说司马迁不推崇孔子、不重视经学,是不对的;同样,梁氏简单地驳斥班氏,也难以使认识深入一步。因此有进一步具体分析的必要。

第二,司马迁作《游侠列传》,对于能救人之急而不自矜的游侠与设财役贫、侵凌孤弱的豪强做了区别,对游侠颇有称赞与同情。(《太史公自序》说,游侠,"仁者有乎","义者有取焉"。)在他的眼中,游侠比"以术取宰相卿大夫"的儒生还要高尚一些。司马迁反对公孙弘之类的儒生,这是无疑问的,但这也并不证明他就完全反对儒学本身。

第三,司马迁在《货殖列传》中对"贤人所以富者"是取肯定态度的,而且说过"富者,人之情性,所不学而俱欲者也"这样的话。梁氏为他的辩护是无力的。不过,班氏父子把这也说成司马迁是非谬于圣人的罪行之一,那也是不对的。孔子本人曾说:"富而可求也,虽执鞭之士,吾亦为之。如不可求,从吾所好。"(《论语·述而》)又"子适卫,冉有仆。子曰:'庶矣哉。'冉有曰:'既庶矣,又何加焉?'曰:'富之。'曰:'既富矣,又何加焉?'曰:'教之。'"(《论语·子路》)可见,儒者对自己的标准是:可以发财、求富,但不能取不义之财;对于一般人民的标准是:先富之,再教之,富先于教。孟子见梁惠王,听到的第一句问话就是:"亦将有以利吾国乎?"于是他对梁惠王说:"王亦曰:仁义而已矣,何必曰利?"理由是,恐怕王带头言利,弄得"上下交征利,而国危矣"。(《孟子·梁惠王上》)可是也正是孟子,他多次谈到"制民之产"的问题,认为只有使人民富足起来,然后才可能兴礼乐教化。他遵循的仍是孔子的思想。司马迁的《货殖列传》表彰了编户之民经营农牧工商而致富者,赞成"仓廪实而知礼节,衣食足而知荣辱"的说法,这是他的主张的一面;还有另一面见于《平准书》中,在那里他表彰慷慨输财的卜式而贬斥专门与民争利的桑弘羊之流,此篇之末说到元封元年小旱,武帝下令官兵求雨,"卜式言曰:'县官当食租衣税而已,今弘羊令吏坐市列肆,贩物求利。烹弘羊,天乃雨。'"所以,司马迁主张的也是:在上者不应与民争利以至损民以自利,而人民则必富而后始可言礼义。这基本上与孔、孟的主张是一致的,说不上是离经叛道。

从以上三点分析来看,司马迁与其父谈在学术见解上的确有所变异,即从尊黄老之说转而尊儒。现在再就太史公父子见解转变的背景与条件做一个简要的说明如下:

汉高帝居马上得天下,一向轻儒。不过他很想从秦之速亡吸取经验教训,所以陆贾向他陈述儒家仁义之理的重要性以后,他对孔子和儒生表示了一定的尊重。(见《史记·陆贾列传》)但是要汉高帝真懂得什么是儒学那是很困难的,他看了叔孙通为了尊显皇帝威严而创立的朝仪,心里很舒服地说:"吾能为此。"(《史记·叔孙通列传》)这也就是他据自己的文化水平所能体会到的儒者的用处。当然还有一个原因,即汉初经大乱之后,经济凋敝,百废待兴,统治者一时也无暇顾及儒家的六艺之学。

汉高帝以后直到文景时期,汉统治者采用了黄老之道。黄老之道主清静无为,这既适应于当时经济状况和与民休息的需要,又简易而便于为统治者(如惠帝、吕后、文帝、周勃、灌婴、窦太后、景帝、周亚夫等)所奉行。

到汉武帝时,情况发生了很大的变化。从经济情况来看,汉初"自天子不能具钧驷,而将相或乘牛车,齐民无藏盖","至今上(武帝)即位数岁,汉兴七十余年之间,国家无事,非遇水旱之灾,民则人给家足,都鄙廪庾皆满,而府库余货财。京师之钱累巨万,贯朽而不可校。太仓之粟陈陈相因,充溢露积于外,至腐败不可食。……"清静无为的黄老之道使汉初社会与国家由贫而富,但同时有另一方面的后果,即"当此之时,网疏而民富,役财骄溢,或至兼并豪党之徒,以武断于乡曲。宗室有土公卿大夫以下,争于奢侈,室庐舆服僭于上,无限度"。(《史记·平准书》)于是在黄老之道的推行过程中就准备了否定它自身的条件。

其实,在黄老与法术之间,本来就有着某种内在联系。司马迁在《老子韩非列传》中以老、庄、申、韩并列,最后又指出:"申子卑卑,施之于名实。韩子引绳墨,切事情,明是非,其极惨礉少恩。皆原于道德之意。"这正道出了二者之间的思想上的联系。试看《韩非子·主道》,不难发现,人君的"虚静""无事"完全是一种"执其契""操其符"的南面君人之术,人君的无为原来就是建立在臣下有为的基础之上。因此,毫不足奇的是,汉景帝在奉行黄老之道的同时,不仅曾经重用"学申、商刑名""为人陗直刻深"的晁错(《史记·袁盎晁错列传》),而且也用郅都这样的酷吏来对付豪强、贵族。《史记·酷吏列传》就是从晁错、郅都开始写起的。到汉武帝时期,酷吏就更多了。司马迁对于酷吏中具体的人的邪正污廉,给予了不同的具体评价;但是他更担心的是,酷吏将带来吏治的败坏,以至造成政治危机。他说:"法令者治之具,而非制治清浊之源也。昔天下之网尝密矣,然奸伪萌起,其极也,上下相遁,至于不振。"这是讲的秦代的历史教训,贾谊早已做过透彻的分析了。司马迁对贾谊的《过秦论》是铭记在心的,他自己又亲眼看到:"自温舒等以恶为治，而郡守、都尉、诸侯二千石欲为治者，其治大抵尽放温舒，而吏民益轻犯法，盗贼滋起。……于是作'沈命法'，曰：'群盗起不发觉，发觉而捕弗满品者，二千石以下至小吏主者皆死。'其后小吏畏诛，虽有盗不敢发，恐不能得，坐课累府，府亦使其不言。故盗贼寖多，上下相为匿，以文辞避法焉。"（《酷吏列传》）这当然是一种使他忧虑的危险朕兆。

司马谈主要生活于文景时期，所见的主要也是黄老之道的积极的一方面，因而推崇黄老，这是很自然的。司马迁则生活于武帝时期，看到了黄老之道所生的反面效果，因而改变了父亲的主张，这也是很自然的。

司马迁转而崇儒，也与思想受了董仲舒的影响有关。至于他与董仲舒这样的经师的不同，以下将有所论述。

## 二、《史记》引经主要为今文或古文问题

司马迁是一位伟大的史学家，他的崇儒首先表现在他的史学实践上。这就是上文所说的"考信于六艺"与"折衷于仲尼"。因为汉代经学有今古文学之分，司马迁的考信与折衷所依据的是今文说或古文说，就成为学者们长期讨论的一个问题。这一节先讨论司马迁在考信于六艺方面的经学倾向问题。

这一问题的提出，始于汉代的班固，而争论最盛则在经学甚盛的有清一代。这里先简略地介绍一下前人的争论，然后再谈个人的见解。

《尚书》是司马迁编撰《史记》时所依据的最重要的材料之一，而他所用的《尚书》是今文还是古文的问题，学者争论也最多。班固说："孔氏有《古文尚书》，孔安国以今文字读之，因以起其家。……而司马迁亦从安国问故。迁书载《尧典》《禹贡》《洪范》《微子》《金滕》诸篇，多古文说。"（《汉书·儒林传》）

对于班固的说法，清代学者的见解不一。臧琳认为："《史记》载《尚书》今文为多，间存古文义。其训诂多用《尔雅》，马融注及伪孔传往往本之。"他以《尧典》为例，一条条地证明《史记》所引《尚书》的文字为今文而非古文。（《经义杂记·五帝本纪书说》，载《皇清经解》卷二百零二）段

玉裁进一步对《尚书》（不包括伪古文）通篇地做了今古文字的辨析。他也认为：“马班之书皆用欧阳、夏侯字句，马氏偶有古文说而已。”并称“玉裁书，详于字而略于说”。（《古文尚书探异》，引文见此书序，载《皇清经解》卷五百六十七）班氏以为《史记》引《尚书》"多古文说"，而臧、段二氏只认为"间存"或"偶有"古文说，所以见解显然不同。孙星衍作《尚书今古文注疏》，不满于段氏"仅分别今古文字"（按，段氏实际不仅分别今古文字，也有辨今古文说处，不过详字略说而已。），而着意分别《尚书》今古文说。他以为：“司马氏迁从孔氏安国问故，是古文说。”（《尚书今古文注疏》序及凡例，载《皇清经解》卷七百二十五）陈寿祺、乔枞父子致力于经今古文说之辨，于今文经说用功尤勤。陈寿祺一方面很赞赏段玉裁的《史记》引《尚书》文字依今文之说，另一方面又指出，《史记》引《尚书》"实有兼用古文者"。不仅如此，他还指出，"《今文尚书》中有古文"。为什么会这样呢？他解释说：“司马子长时，《书》唯有欧阳，大小夏侯未立学官。然则《史记》所据《尚书》，乃欧阳本也。”至于《今文尚书》中有古文，他以为伏生所传今文书中宜即兼有古文文字。（引文见《左海经辨》之《今文尚书中有古文》《史记用今文尚书》《史记采尚书兼古文》等篇，载《皇清经解》卷一千二百五十一）其子乔枞以为：“按迁尝从孔安国问。《尚书》孔氏家世传业，安国、延年皆以治《尚书》为武帝博士。安国得壁中书后，始治古文，先实通《今文尚书》。则迁之兼习古今文，从可知矣。”（《今文尚书经说考·今文尚书叙录》，载《皇清经解续编》卷一千零七十九）总之，臧琳、段玉裁以为《史记》用今文而间存古文说，陈寿祺、乔枞父子基本同意此说，又指出《史记》亦间有引古文文字处。他们立论皆有证据，是可信的。唯孙星衍据司马迁问故于孔安国而断言《史记》为古文说，失之武断，不能成立。

《诗经》是《史记》的另一重要文献依据。那末，《史记》所引《诗经》是今文还是古文呢？陈寿祺说：“两汉《毛诗》未列于学。凡马、班、范三史所载，及汉百家著述所引，皆鲁、齐、韩《诗》。”（《三家诗遗说考自序》）这就是说，司马迁所引为今文《诗》。陈乔枞继承父业，完成《三家诗遗说考》。他认为，"孔安国从申公受《诗》为博士，至临淮太守。见《史记·儒林传》。太史公尝从孔安国问业，所习当为《鲁诗》"（《三家诗遗说考·鲁诗遗说考自序》。上引陈氏父子文均载《皇清经解续编》卷一千一百一十八），这就又把《史记》所引定为今文家之《鲁诗》。皮锡瑞说："今文三家《诗》、《公羊春秋》，圣人皆无父感天而生，为一义。古文《毛诗》《左氏》，圣人皆有父不感天而生，为一义。……当时（西汉）《毛诗》未出，所谓《诗》言，即三家《诗》所谓传记，即《五帝德》《帝系姓》之类，太史公据之作《三代世表》，自云'不离古文者近是'。是以稷、契有父，皆黄帝子，乃古文说。故与《毛诗》《左氏》合，与三家《诗》、《公羊春秋》不合。太史公作《殷、周本纪》，用三家今文说，以为简狄吞玄鸟卵，姜嫄践巨人迹，而兼用古文说云：'殷契母曰简狄，有娀氏之女，为帝喾次妃；后稷母有邰氏女，曰姜嫄，为帝喾元妃。'是亦合今古文义而两言之。"（《经学通论·诗经·论诗齐、鲁、韩说，圣人皆无父，感天而生，太史公、褚先生、郑君以为有父，又感天，乃调停之说》）这就又是说《史记》杂采古今了。

至于《春秋》以及与之有关的三《传》，自然也是《史记》所引据的重要文献。不过，司马迁所引是今文或古文的问题，前人未做具体讨论。如有讨论，那末肯定也会有分歧意见，而且也会有认为他杂采今古的说法的。

现在开始谈谈个人的看法。我认为，《史记》引用经书的文字和所取的解说为今文或古文的问题，其本身是很复杂的。为了解决这种复杂的问题，前人设立了一些划分今古文的标准。这些标准是有价值的，但是又不能被绝对化。例如，前人根据司马迁曾从孔安国问故这一事实，便设立了《史记》引《书》为古文说（如班固、孙星衍）或兼今古文说（如陈乔枞）的标准，设立了引《诗》为今文《鲁诗》的标准（如陈乔枞）。这种标准的价值在于，它提出了一种可能的条件。可是，只有这一条件显然是不够的。实际上当前人在应用这一标准时还有一个在他们看来是不言而喻的条件，即汉儒守师说、重家法。而这一点也恰恰需要具体分析。汉初伏生传《尚书》，有弟子欧阳生、张生，张生又传夏侯氏。武帝时，欧阳尚书立博士。至宣帝时，大夏侯（胜）、小夏侯（建）尚书又立博士。夏侯胜受业于族父夏侯始昌，又问于欧阳氏；夏侯建受业于族父夏侯胜，又从师于欧阳氏。结果大小夏侯又分为二家。（见《汉书·儒林传》，又《汉书·眭两夏侯京翼李传》）如果汉儒真的严守师说，怎么会有这许多分分合合？学术流派的分合，本是学术发展过程中的正常现象。试看《汉书·儒林传》，因"改师法"而未能补博士缺的，亦仅孟喜一人而已。可是孟喜的弟子以后还当上了博士。可见孟喜未被重用实际与其个人人品不佳有关。那末汉儒为什么高谈师法呢？看来不过是为了标榜自己是"真正老王麻子"，以便猎取官禄罢了。司马迁时代的经师都没有真正严守师法（如他们自我标榜的那样），司马迁并非经师，也无意补博士缺，当然更无严守一家师法之必要。所以，他从师问学，自然会受到影响，我们所能确定的仅仅是这种可能性，而得不出他严守师法的结论。又例如，从司马迁时《书》唯有欧阳立于学官这一事实出发，陈寿祺便得出他引《尚书》为欧阳本的标准。但是这个标准也不能绝对化。司马迁时，诸经立于学官者皆为今文。因此，他考信于六艺时，自然有采用今文的较大的可能性。不过，也不能说，除今文经与经说以外，当时就没有先秦古文典籍与传说的存在。所以，连陈寿祺本人也认为《史记》采《尚书》兼今古文。他说："迁非经生，而好钓奇，故杂胪古今，不肯专守一家。《鲁周公世家》载《金縢》，其前周公奔楚事乃古文家说，其后成王改葬周公事为今文说，此其明证矣。"（《左海经辨·史记采尚书兼古文》）

其实，只要对《史记》的引经略做具体分析，我们就不难发现，司马迁既未墨守于当时已立于学官的经和经说，又未严守任何师法。例略如下：

（1）《五帝本纪》引《尚书·尧典》，基本为今文经。但是司马迁既不满于"《尚书》独载尧以来"，又不满于"百家言黄帝，其文不雅驯"；于是他引用了"儒者或不传"的"孔子所传《宰予问五帝德》及《帝系姓》"，并说"总之不离古文者近是"。如果株守《今文尚书》，那就不可能写《五帝本纪》。《五帝德》《帝系姓》（此二篇先秦古文资料在司马迁死后又被收入《大戴礼记》中）保存了黄帝以下的世系传说。此篇还引了《左传》，亦属于古文。

（2）《夏本纪》引《尚书》之《禹贡》《皋陶谟》《甘誓》，基本皆为今文经，但是也引用了《帝系姓》《五帝德》的文字。

（3）《殷本纪》引《尚书》之《汤誓》《高宗肜日》《西伯戡黎》，基本皆为今文经并用《尚书大传》说，但又引《逸周书·克殷解》；引《诗·商颂·玄鸟》，承认"天命玄鸟"之说，但又取契有父（帝喾）说。

（4）《周本纪》引《尚书》之《牧誓》《吕刑》《泰誓》，皆为今文经并取

《尚书大传》说，但是又博采《逸周书》之《克殷解》《度邑解》，以及《国语》《左传》；引《诗·大雅·生民》，承认弃母履大人迹说，又言弃有父。

（5）《三代世表》主要据《五帝德》《帝系姓》，兼取《尚书》。在当时流传的一部分古文资料中，"黄帝以来皆有年数，稽其历谱牒终始五德之传，古文咸不同，乖异"。他对不可信的古文并不迷信。

（6）《十二诸侯年表》主要据《春秋历谱牒》和《左氏春秋》《国语》。他在此篇序中首次承认《左传》为解《春秋》之书。

（7）《鲁周公世家》引《尚书》之《金縢》，兼取今古文说，引《费誓》基本为今文，但又大量引据《左传》《国语》。

（8）《宋微子世家》引《尚书》之《微子》《洪范》，基本皆为今文经，以为正考父作《商颂》以美宋襄公亦为今文《韩诗》说，但此篇亦大量引据《左传》。他说："襄公既败于泓，而君子或以为多，伤中国缺礼义，褒之也。宋襄之有礼让也。"所用既是今文《韩诗》说，又是今文《公羊传》说。可是他记宋襄公泓之战的历史，完全依据《左传》，笔下至少毫无褒意。

通过上述例证，我们还可以看出，司马迁兼采今古文并非出于简单的钓奇的爱好。因为，一则，司马迁引经并非从主观上愿意或不愿意引某书出发，而是首先要看能说明某一时代历史的究竟是些什么文献。黄帝以下至尧以前，他不得不用古文的《五帝德》《帝系姓》；春秋时期，他又不得不主要据《左传》《国语》。这就是说，他引书有无法选择的一面。二则，当今古文资料并存时，他又非从钓奇或师法出发。他对于"近是"的古文，取之，甚至作《仲尼弟子列传》时也采用了孔氏古文的弟子籍；而对于"乖异"的古文，则不取之。他的确重视《今文尚书》，但是《殷本纪》中竟然未引《盘庚》，《周本纪》中竟然未引周初诸诰。他为什么不引用这些极为宝贵而重要的材料？看来因为这些篇《尚书》太难懂，当时今文经师未能解释通，甚至解释有"乖异"（段玉裁即曾指出汉代《尚书》今文说有"乖异"处，见《古文尚书探异》）处。总之，在有选择余地时，不论古文或今文，凡其说乖异者，他皆不选。三则，他既兼引今古文，在一定条件下，也就不得不兼容并包，信以传信，疑以传疑。例如，他既从今文《韩诗》说，以为契、稷皆感天而生，又从古文《帝系姓》说，以为此二人皆有父。这看来是留下了矛盾，实际是并存了古代的两种传说。古代有生于图腾说或感天神而生说,同时古人又有重血缘而明谱系的传统。尽管两种说法都很不可靠,但两种说法反映的古代传统本身则是真实的。试看《新约圣经》,第一章《马太福音》一开头就开列着耶稣的家谱,从亚伯拉罕直到耶稣母亲的丈夫约瑟,共四十二代;同时又说明耶稣之母玛利亚是童贞女,从上帝圣灵而孕育了耶稣。兼存古代传说,并非《史记》或其他中国古史所特有。

如果用司马迁自己的话来概括他引书兼容并包的方法,那就是:"厥协六经异传,整齐百家杂语。"(《太史公自序》)这是否说明司马迁引书是杂家式的?不是。他引六经时协其异传,整齐百家杂语时"考信于六艺"。这就说明也是"折衷于仲尼"的。但是他又有自己的特色:一则,与当时株守一经及一家之说而拒斥他说的陋儒不同,司马迁对儒家诸经之间的态度是开放的;二则,与董仲舒的罢黜百家、独尊儒术的态度不同,司马迁主张兼容百家,只不过以儒家的六经为最高标准来整齐百家,所以对百家的态度也是开放的。

## 三、司马迁与董仲舒今文经学在思想上的异同

以上谈了《史记》在引据和解释典籍的层次上与当时经学的关系。现在再就学术观点的层次谈谈《史记》与当时经学的关系。那末,当时经学主要研讨的是什么问题呢?汉武帝在策问董仲舒时说:"盖闻'善言天者必有征于人,善言古者必有验于今'。故朕垂问乎天人之应,上嘉唐虞,下悼桀纣,寖微寖灭寖明寖昌之道。"(《汉书·董仲舒传》)汉武帝提出的问题,出于汉统治者从理论上总结历史经验以巩固其统治的需要;而他所提出的,也正是当时在理论上尚未解决的问题,即天人之际与古今之变两个问题。现在分别讨论如下。

关于古今之变的问题,也就是人类历史如何演变的问题。

在汉代经学兴起以前,这个问题就已经提出好久了。孔子说:"殷因于夏礼,所损益可知也;周因于殷礼,所损益可知也;其或继周者,虽百世可知也。"(《论语·为政》)这就是说,当前一朝的治变为乱的时候,下一朝就要加以损

益或变革以求治；当下一朝的治再转为乱的时候，更下一朝又要加以损益以求治。如此在因循与损益过程中一治一乱地走下去，这大概就是孔子自以为"百世可知"的历史演变方式了。孟子说："天下之生久矣，一治一乱。"（《孟子·滕文公下》）看来这是他对孔子说法的概括，也是他自己对历史演变方式的看法。不过，孟子又加了一条："五百年必有王者兴。"（《孟子·公孙丑下》）这样就多了一个五百年一回转的具有神秘色彩的圈子。孟子以后，邹（驺）衍"称引天地剖判以来，五德转移，治各有宜，而符应若兹"（《史记·孟子荀卿列传》）。邹衍书已不传，其说略见于《吕氏春秋·有始览·应同》。这就是，"黄帝之时，天先见大螾大蝼。黄帝曰：'土气胜。'土气胜，故其色尚黄，其事则土。及禹之时，天先见草木秋冬不杀。禹曰：'木气胜。'木气胜，故其色尚青，其事则木。及汤之时，天先见金刃生于水。汤曰：'金气胜。'金气胜，故其色尚白，其事则金。及文王之时，天先见火赤乌衔丹书集于周社。文王曰：'火气胜。'火气胜，故其色尚赤，其事则火。代火者必将水，天且先见水气胜。水气胜，故其色尚黑，其事则水。水气至而不知数备，将徙于土。"这种说法比孟子的"一治一乱"和"五百年必有王者兴"更系统化、更神秘化了。邹衍五德终始说中有着一种战国时期的以力取胜与除旧布新的精神，所以采用了以木克土、金克木、火克金、水克火、土克水的相代嬗的演变方式，但总的体系仍是一个圈子。五行相胜说在秦汉时期曾经盛行，秦始皇正式宣布秦为水德以代周（《史记·秦始皇本纪》），汉文帝时即有人提议至武帝时（太初元年）正式宣布汉为土德以代秦（《史记·封禅书》）。

以董仲舒为代表的今文经学家对于历史演变的解释，虽然受到五行相胜说的某种影响，但实际上是与之不同的。董氏在回答汉武帝策问道是否有变化时说："道者万世无弊，弊者道之失也。先王之道必有偏而不起之处，故政有眊而不行，举其偏者以补其弊而已矣。三王之道所祖不同，非其相反，将以救溢扶衰，所遭之变然也。故孔子曰：'无为而治者，其舜乎。'改正朔，易服色，以顺天命而已；其余尽循尧道，何更为哉？故王者有改制之名，无变道之实。然夏上忠、殷上敬、周上文者，所继之救，当用此也。孔子曰：'殷因于夏礼，所损益可知也；周因于殷礼，所损益可知也；其或继周者，虽百世可知也。'此言百王之用，以此三者矣。夏因于虞，而独不言所损益者，其道如一而所上同也。道之大原出于天，天不变，道亦不变，是以禹继舜，舜继尧，三圣相受而守一道，无救弊之政也，故不言其所损益也。由是观之，继治世者其道同，继乱世者其道变。今汉继大乱之后，若宜少损周之文致，用夏之忠者。"（《汉书·董仲舒传》）这一段话有三层意思：一则，天不变，道不变，故历史实无变；所谓变，只是举偏补弊，把偏离于道之弊纠正并返回于道上来。二则，既是救弊，便没有五行相胜说的前后相反。三则，把孔子三代因循损益之说神化为教条，认为一切历史的变都不会超出三代的圈子，于是五行的圈子为三代的圈子所代替。

为了神化其事，董仲舒又把他的三代圈子展开为三统说或三正说。他说："三正以黑统初，正日月朔于营室，斗建寅，天统气始通化物，物见萌达，其色黑。""正白统者，历正日月朔于虚，斗建丑，天统气始蜕化物，物始芽，其色白。""正赤统者，历正日月朔于牵牛，斗建子，天统气始施化物，物始动，其色赤。"他认为，夏为黑统，以正月（建寅）为岁首；殷为白统，以十二月（建丑）为岁首；周为赤统，以十一月（建子）为岁首。十一月（冬至所在月），阳气在地下开始萌动，植物的根株是红色的；十二月，植物在地下萌芽，其色白；正月，植物芽始出地面，其色黑。这样他就给夏、殷、周三代的三正、三统、三色找出了似为科学而实为神学的理论根据。① 他还构造出一个大的推衍体系。例如，周以本代及前二代夏、殷为三代，以三代前自黄帝至舜的五朝为五帝，以黄帝以前的神农氏为九皇。那末，代周者，将以自身及前二代殷、周为三代，黜夏为五帝之一，再上黜黄帝为九皇。如此等等。（见《春秋繁露·三代改制质文》）由此又可看出，董氏三统说与邹氏五行说还有两个重要差别：第一，董氏三统、三正之变，只是同一个道在不同阶段的展现形式之不同（具体化为同一植物根芽在不同阶段的颜色不同），不是一物为另一物所代替。第二，董氏三统说中，没有以十月（建亥）为岁首的一统，这样他就把以十月为岁首的秦代排除在正统之外。以后刘歆作《世经》，就正式把秦当作闰统。儒家经学的正统说容纳不了反儒的秦王朝，这与五行说承

---

① 夏、殷、周岁首推移的次序与三代相传次序相反。《白虎通义·三正》解释说："天道左旋，改正者右行，何也？改正者，非改天道也，但改日月年。日月右行，故改正亦右行也。"

认秦占一德，汉继秦为土德不同。以后到刘歆《世经》中又以周为木德，木能生火，汉继周为火德。（见《汉书·律历志下》）这就是继承了董仲舒不予秦为正统的方法。

司马迁在解释历史演变时，既没有引用五行相胜说，又没有引用三统、三正说；大概因为它们都神秘化而远于人事。但是也引用了董仲舒的说法。例如，"太史公曰：夏之政忠。忠之敝，小人以野，故殷人承之以敬。敬之敝，小人以鬼，故周人承之以文。文之敝，小人以僿，故救僿莫若以忠。三王之道若循环，终而复始。周秦之间，可谓文敝矣。秦政不改，反酷刑法，岂不缪乎？故汉兴，承敝易变，使人不倦，得天统矣。"（《史记·高帝本纪》赞）这里既承认夏、殷、周三代忠、敬、文三种政教的承敝易变的关系，又把秦置于三王之道以外加以批评，显然受了董仲舒经学的影响。但是，司马迁说："秦取天下多暴，然世异变，成功大。传曰'法后王'，何也？以其近己，而俗变相类，议卑而易行也。学者牵于所闻，见秦在帝位日浅，不察其终始，因举而笑之，不敢道。此与以耳食无异。悲夫。"（《史记·六国年表序》）秦取天下多暴，是事实；其成功大，也是事实。汉基本上继承了秦制，这就是法后王，这仍然是事实。怎能抛开这些事实对秦采取"举而笑之，不敢道"的态度呢？司马迁把这种对秦的态度嘲笑为"与以耳食无异"，应该说这就是对于不予秦为正统的学者（当然首先是董仲舒）的不指名的批评。这是司马迁不同于董仲舒者之一。又如，司马迁在比较三代诸侯与高祖功臣侯者异同时指出，同是诸侯，三代诸侯那么多，历时又那么长久，而汉初受封的功臣侯者百余人，仅经百年，至武帝太初时仅剩下五个，"余皆坐法陨命亡国，耗矣"。于是他深有感慨地说："居今之世，志古之道，所以自镜也，未必尽同。帝王者各殊礼而异务，要以成功为统纪，岂可绲乎？"（《史记·高祖功臣侯者年表序》）这就是说：由于时移世异，古今情况已有很大不同？所以用古作为镜子照照还是有益的，要求今就像古一样那就是不可能的。因此，司马迁说汉代用夏之忠，那只是说以之为借鉴，而绝非汉代又回到了夏的情况。在这里，司马迁是司马迁，董仲舒是董仲舒，"岂可绲乎"？这是司马迁不同于董仲舒者之二。总之，司马迁看历史的演变，从事实而不是从经学或五行说公式出发，同意历史的演变有某种循环的特征，而并不认为客观的历史真的就是在封闭的圆圈中循环的。

第二，关于天人之际的问题。在古代，不少思想家都用天人关系来解释人世间的盛衰与祸福，有时候还用这种关系来解释历史演变的原因。

在儒家典籍中，是有以天人关系解释历史演变的传统的。在《尚书》中，王朝的更替往往被说成为"皇天上帝，改厥元子"(《尚书·召诰》)。天为什么会改换"元子"(即天子)呢？这是为了把这个天子的地位从无德者的手中夺回来，转交到有德者的手中。夏代先王曾经有德，所以得了天命即王位；夏代末王失去了德，天就命令有德者商汤革了夏代的命。商汤以有德得天命，至其末王又失去了德，于是天又命令周文王、武王革了商代的命。《尚书·周书》中有许多篇都反复讲这个道理。周统治者意识到天命是会转移的，因而也是不易把握的。怎样才能知道天命的动向呢？"天棐忱辞，其考我民。"(《尚书·大诰》)看看民心就知道天命的动向了。《孟子·万章上》引真古文《尚书·泰誓》说，"天视自我民视，天听自我民听"，说的也就是这个意思。所以，在《尚书·周书》中，把天看作能赏善罚恶的主宰者或上帝，这个认识的水平并不算太高；可是，把天命看作民心的反映，这种认识中就已经具有水平甚高的理性因素了。

孟子对《尚书》中的上述思想做了进一步的发挥，万章问孟子说，尧把天下传给了舜，有此事吗？孟子回答说，天子不能拿天下给别人，舜得天下是天给的。怎见得是天给的呢？尧在位时用舜做副手，这就是荐舜于天。舜祭祀，神接受，舜办事，"百姓安之"。这就是"天与之，人与之"。尧死以后，人民拥护舜而不拥护尧的儿子。这样就是天把天下给予舜了。万章又问，有人说，禹的德行就不行了，天下不传贤而传子，对吗？孟子回答说，不对。"天与贤则与贤，天与子则与子。"因为禹也曾荐益于天，可是禹死后，人民不拥护益，而拥护禹的儿子启。所以启得天下也是天给予的。益为什么不能得到人民拥护呢？孟子说，舜做过尧的副手二十八年，禹做过舜的副手十七年，"施泽于民久"，而尧、舜的儿子又都不肖，所以舜、禹能得人民拥护；而益只做过禹的副手七年，"施泽于民未久"，禹的儿子启又贤能，所以益得不到人民的拥护。先前的国君的儿子贤或不肖，被荐者做副手的时间长短，这都不是人力所能决定的。"莫之为而为者，天也；莫之致而至者，命也。"所以传贤或传子都决定于天、于命。(见《孟子·万章上》)这样，孟子就又给天加上了一种偶然性的解释。不过，就连这些偶然性，最终也要由人民的拥护这一决定因素来实现。所以，在孟子看来，天命和民心是一致的；他以天命解释历史的演变，实际即是以人心向背来解释历史的演变。

邹衍的阴阳五行说，讲的也是天人关系问题。他的五行相胜说，是以木克土、金克木、火克金、水克火、土克水的形式表示一种不依人的意志为转移而人只能适应它的天命。他的五行相生说，是讲"禨祥度制"(《史记·孟子荀卿列传》)。因而"大祥而众忌讳，使人拘而多所畏"(《史记·太史公自序》)的，其说大体可见于《吕氏春秋》十二纪或《礼记·月令》中。这种思想产生的背景大概是，战国社会剧变而争战酷烈，旧体制的破坏势成命定，不以人的意志为转移了。秦始皇正式宣布秦得水德，"刚毅戾深，事皆决于法，刻削毋仁恩和义，然后合五德之数"(《史记·秦始皇本纪》)。看来他是在自觉地适应以水克火的天命，而不再顾忌人心了。实际上他也是认为人心不足畏的。

汉代秦以后，儒家讲天人关系，大体分为两支：《今文尚书》家讲《洪范》主要以五行说灾祥；而陆贾、贾谊等则又注意以人心解释天命，因为他们在总结秦亡的经验时重新认识到了人心的重要性。到了董仲舒的手里，二者又合而为一。他的春秋公羊说，既以人心解释天命，又以五行相生、相胜说来讲灾祥。他对汉武帝说："臣谨按《春秋》之中，视前世已行之事，以观天人相与之际，甚可畏也。国家将有失道之败，而天乃先出灾害以谴告之，不知自省，又出怪异以警惧之，尚不知变，而伤败乃至。以此见天心之仁爱人君而欲止其乱也。自非大无道之世者，天尽欲扶持而全安之，事在强勉而已矣。""故治乱废兴在于己，非天降命不可得反，其所操持悖谬失其统也。臣闻天之所大奉使之王者，必有非人力所能致而自至者，此受命之符也。天下之人同心归之，若归父母，故天瑞应诚而至。"《诗》云：'宜民宜人，受禄于天。'为政而宜于民者，固当受禄于天。"(《汉书·董仲舒传》)董仲舒把天说成人格化的上帝，上帝是爱护人君的，会对人君给以警告以至奖惩，而最后奖惩的标准还在于人君是否能得民心。这实际是把孟子的说法做了宗教神学化的加工，本质上还是儒家以人心解释天命的思想。董氏以天人感应之说讲灾祥，备见《春秋繁露》书中，成为以后史书中五行志的滥觞，这里不多说了。

司马迁对于天人之际的解释,与董仲舒有同也有异。一方面,司马迁相信灾祥,与董仲舒有相似处。《史记·天官书》前面的绝大部分都是古代天官理论或占星学理论,大概是司马谈从唐都那里学来又传给司马迁的。"太史公曰:自初生民以来,世主曷尝不历日月星辰,及至五家、三代,绍而明之,内冠带,外夷狄,分中国为十有二州。仰则观象于天,俯则法类于地。天则有日月,地则有阴阳。天有五星,地有五行。天则有列宿,地则有州域。三光者,阴阳之精,气本在地,而圣人统理之。"这是司马迁对上文所引天官理论的总结和提要,说明天官理论的核心在于天地,亦即天上人间之间的对应与相通。司马迁承认天地或天人之际的对应与相通,就与董仲舒有了一个基本的共同点。但是,司马迁不赞成以天官理论胡乱解释历史。他在《自序》中说:"星气之书,多杂禨祥,不经;推其文,考其应,不殊。比集论其行事,验于轨度以次,作天官书。"所以,《天官书》中,自从"太史公曰"以下,都是他以史书记载与天官理论相核验的推文考应之作。他对春秋时期,只举了很少的例证,而对于秦灭六国、项羽破秦、汉之兴、平城之围、诸吕作乱、吴楚之乱等等,都列举了星象的先兆,并说"此其荦荦大者,若至委曲小变,不可胜道。由是观之,未有不先形见而应随之者也"。为什么要有这种天人之际的理论呢?司马迁说:"日变修德,月变省刑,星变结和。凡天变,过度乃占。国君强大,有德者昌;弱小,饰诈者亡。太上修德,其次修政,其次修救,其次修禳,正下无之。"所以,这种理论旨在利用天变警戒人君,使之改过、修德。其目的与董仲舒也是一致的。不过,尽管如此,司马迁与董仲舒仍然有很大的不同。司马迁的态度是:对于天官灾祥理论,必须以历史事实去检验之,能核实者(尽管这也是偶合)才承认之。他的方法是归纳的、实证的。董仲舒则是尽力做天人之际的比附(事见《春秋繁露》书中,恕不举例),其方法是演绎的、玄想的。所以,如果说董仲舒为汉代今文经学的神学化奠定了基石,那末司马迁则在一定程度上做了以后兴起的古文经学的先导。尽管司马迁在相信灾祥说的内容上颇有与今文经学一致的地方。

另一方面,司马迁讲天人之际,还有与董仲舒颇为异趣的地方。董仲舒对于皇天上帝的赏善罚恶的性质是充分肯定的,而司马迁对此却将信将疑,甚至疑多于信。他说:"或曰:'天道无亲,常与善人。'若伯夷、叔夷,可谓善人者非邪?积仁洁行如此而饿死!且七十子之徒,仲尼独荐颜渊为好学。然回也屡空,糟糠不厌,而卒早夭。天之报施善人,其何如哉?盗跖日杀不辜,肝人之肉,暴戾恣睢,聚党数千人横行天下,竟以寿终。是遵何德哉?此其尤大彰明较著者也。若至近世,操行不轨,专犯忌讳,而终身逸乐,富厚累世不绝。或择地而蹈之,时然后出言,行不由径,非公正不发愤,而遇祸灾者,不可胜数也。余甚惑焉,倘所谓天道,是耶非耶?"(《史记·伯夷列传》)由于对赏善罚恶的天人之际的怀疑,司马迁对天及天人之际提出了一种新的理解。

司马迁在论秦的兴起时说:"秦始小国僻远,诸夏宾之,比于戎翟,至献公之后常雄诸侯。论秦之德义不如鲁卫之暴戾者,量秦之兵,不如三晋之强也,然卒并天下,非必险固便、形势利也,盖若天所助焉。"(《史记·六国年表序》)又说:"说者皆曰魏以不用信陵君故,国削弱至于亡,余以为不然。天方令秦平海内,其业未成,魏虽得阿衡之佐,曷益乎?"(《史记·魏世家》赞)秦暴戾而终于因天助而得胜,就像《伯夷列传》中所说坏人得好报一样,那末,这个天又是什么样的天呢?其实,司马迁对助秦的"天"已经做了分析和回答。他说,"是(春秋中期)后陪臣执政,大夫世禄,六卿擅晋权,征伐会盟,威重于诸侯。及田常杀简公而相齐国,诸侯晏然弗讨,海内争于战功矣。三国终之卒分晋,田和亦灭齐而有之。六国之盛自此始。务在强兵并敌,谋诈用而从横短长之说起。矫称蜂出,誓盟不信,虽置质剖符犹不能约束也。"(《史记·六国年表序》)山东各国内部及各国之间的争权夺利,本来都为了营其私利,而结果在斗争中削弱了自己的力量并破坏了彼此间的团结,终于为秦的征服与兼并扫清了道路。为秦兼并扫清道路的本是山东六国的人的行为,怎能说是天呢?因为他们的本来目的不是为秦扫清道路,扫清道路是"莫之为而为,莫之致而至"的违反他们本来目的的客观后果,所以这就是天是命了。司马迁在分析秦楚之际形势变化之快并比较先秦统一之难与汉高帝统一之易的时候说:"秦既称帝,患兵革不休,以有诸侯也,于是无尺土之封,堕坏名城,销锋镝,钼豪杰,维万世之安。然王迹之兴,起于闾巷,合从讨伐,轶于三代,乡秦之禁,适足以资贤者为驱除难耳。故愤发其所为天下雄，安在无土不王。此乃传之所谓大圣乎？岂非天哉，岂非天哉！"（《史记·秦楚之际月表序》）秦本为维护自己的统治而不立诸侯，结果却为汉高帝的统一扫清了道路。这也是"莫之为而为，莫之致而至"的事，所以"岂非天哉"。司马迁所说的这种天，如果换用黑格尔的话来说，就叫作"理性"或"普遍的东西"。黑格尔说："热情的特殊利益，和一个普通原则的活泼发展，所以是不可分离的：因为'普遍的东西'是从那特殊的、决定的东西和它的否定所生的结果。特殊的东西同特殊的东西相互斗争，终于大家都有些损失。那个普遍的观念并不卷入对峙和斗争当中……它驱使热情去为它自己工作，热情从这种推动里发展了它的存在，因而热情受了损失，遭到祸殃——这可以叫做'理性的狡计'（The Cunning of Reason）。"① 每一个个体或特殊者都在为自己的利益而热情地斗争着，而站在背后的普遍者、理性或天却假手于个体间的热情的斗争去实现天自己的计划，个体的自觉的努力却使其自身转变为天的不自觉的工具。司马迁在两千余年以前对天人之际的认识，就已经接近于黑格尔的理解，实在是难能可贵的。用这样的天人之际来解释历史的发展，其深度远远超出汉代经学水平之上了。

不过，司马迁的这种天人之际的思想却有其经学的来源。在《尚书》里，天假手于商汤以伐桀、假手于周武王以伐纣，是假手善人以伐恶；人是天的自觉工具，有天人之间的同一而无对立。在《左传》中，又有了这样的记载：蔡侯般是一个弑父而篡位的人（《襄公三十年》），十二年后，楚灵王把他召到申，杀了他又派兵围蔡。晋国的韩宣子问叔向楚是否能胜利，叔向说楚能胜利，因为"蔡侯获罪于其君，而不能其民，天将假手于楚以毙之"。而楚灵王也不是好人，所以叔向又说："天之假助不善，非祚之也，厚其凶恶而降之罚也。"（《昭公十一年》）楚灵王灭蔡，只是为了自己兼并的目的，天却假手于他，一则惩罚蔡侯般，二则为他自己的灭亡准备条件。楚灵王做了天要他做的事，在这一点上天人一致，可是他个人的目的与天的目的又是不同的，这一点上天人又相对立。但是，最终天还是利用楚灵王而实现了天的目的，楚灵王只不过是天的一个热情的而又不自觉的工具。以上曾经说到司马迁多引

---

① 黑格尔：《历史哲学》，王造时译，北京：生活·读书·新知三联书店1950年版，第72页。

《左传》,现在又可以看出,他的这一杰出的天人之际的见解,显然也是受了古文经的影响的。当然,司马迁的见解比《左传》又进了一步。《左传》只说到天假手罪人以罚恶人,而《史记》则已经看到天假手怀有自私目的的人去推动历史的发展了。

(1991年第2期)

# 司马迁的《史记》与中国史学的自觉

杨燕起

中国史学的自觉起始于何时，这在学界的认识上是有分歧的。一般认为这种自觉应起始于中国的第一部史学理论著作《史通》，我则认为应该起始于司马迁的《史记》。故此，试将我的一点不成熟看法陈述于下，以求教于方家。

## 一、《史记》开创由本纪、表、书、世家、列传五种体裁组成的纪传体史书体例，就是一种在"史学领域里有意识地要'成一家之言'"[①]的明确表现

司马迁自己是这样说的：

> 网罗天下放失旧闻，王迹所兴，原始察终，见盛观衰，论考之行事，略推三代，录秦汉，上记轩辕，下至于兹，著十二本纪，既科条之矣。并时异世，年差不明，作十表。礼乐损益，律历改易，兵权山川鬼神，天人之际，承敝通变，作八书。二十八宿环北辰，三十辐共一毂，运行无穷，辅拂股肱之臣配焉，忠信行道，以奉主上，作三十世家。扶义俶傥，不令己失时，立功名于天下，作七十列传。(《史记·太史公自序》)

---

① 白寿彝：《中国史学史》第一册，上海：上海人民出版社1986年版，第50页。

司马迁考虑到，他要撰写出一部囊括古今、包罗万象的中国通史，就必须创制出一种"取各种史体之长的综合体"①的史书体例，来表述出百科全书式的社会历史内容，不然他是不能够完成他给自己提出的任务的。尽管《史记》采用的五种体裁在它以前各有其雏形，但是司马迁加以继承的时候，也并非简单地采择而加以拼合，而是进行了极其慎重的改造，并赋予它们以新的内容、新的意义。由此可知，《史记》纪传体史书体例的形成，在中国史书编纂体例的发展过程中，它不是盲目的，无意识的，而完全是一种非常自觉的行为。《太史公自序》中的这段表述，正是这种自觉行为的具体阐述。司马迁是要通过"网罗天下放失旧闻"的各种历史资料，记述出"王迹所兴"的历史演变过程，同时运用"原始察终，见盛观衰"的方法，"论考"出诸多"行事"的发展变化，采取详今略古的手段，展示当今社会的风貌，从中取得可资借鉴的经验，促使当时的社会能够长治久安。因此，他以"科条"好的十二本纪作为全书的总纲，并以十表来展现不同时期、不同地域间的社会变化及其相互联系，以八书来展现各种重要社会典制对于历史发展和现实政治的功能及作用，从而更深入地考察社会思想方面的天人关系，和在重大历史关头"承敝通变"的特殊意义。他赋予世家以一种新的品质，不仅是表现出一种"开国承家，世代相续"的社会现实，更重要的是强调"拱辰共毂"以维护天下统一的政治格局，并大力倡导"忠信行道，以奉主上"。他为人物立传，是要肯定不同人物的政治品质，和他们之能利用所处时代给予机遇的能力，以及能为天下、国家所做出的贡献。所以，规范在《史记》各种体裁中的人物、事件，司马迁都是经过深思熟虑的，不是轻忽而为之的，这正是表示了一个开创性的史学家的博大的视野、胸怀和抱负，他的体例开创，以其精湛的文化构思而为后代史学家所赞赏、继承，并不断加以发扬。

---

① 白寿彝:《中国史学史》第一册，上海：上海人民出版社 1986 年版，第 50 页。

## 二、在历史资料的选取、利用上，司马迁也是有着明确要求的

比如，在七十列传的首篇《伯夷列传》中，他就开宗明义地提出"夫学者载籍极博，犹考信于六艺"，而在《孔子世家》的"太史公曰"中，他更加精确地说"自天子王侯，中国言六艺者折中于夫子"。司马迁崇奉孔子，相信六艺，原因之一是由于孔子开创的儒学学风严谨，孔子整理的儒家经典取材慎重，所以被确定为《史记》取材的重要标准。然而对于更为古远的传说时代材料来源的处理，较之于信史时期是一个更为复杂的问题。在对待这个问题时，司马迁首先面对着三种情况。一是《尚书》只记载了尧以来的一些传说内容，而没有更为久远的关于黄帝、颛顼、帝喾时的情况说明；二是有些道说黄帝的百家言论，显示出荒诞诬妄，记载的文字都不是典雅的训释，一般的士人很难依据它们进行宣讲；三是有些记载着黄帝时传说内容的典籍，像孔子所传的《宰予问五帝德》及《帝系姓》，因为出于《大戴礼记》和《孔子家语》，不是来自经典，儒生们都不去传授它们，因而也就被人们所忽视。司马迁对这三种情况加以思考：《尚书》虽是儒家经典，因为没有传说时代尧以前的情况记载，当然无从依据；百家不雅训的言论不足以采择；《五帝德》《帝系姓》有这方面的记载，能够因为儒生们不传授，就不信任、不采择吗？于是他决定破除这第三种情况的谜团，来达到自己的撰述目的。办法之一是，他通过亲身的考察访问来证实这些传说的可靠性。"余尝西至空桐，北过涿鹿，东渐于海，南浮江淮矣，至长老皆各往往称黄帝、尧、舜之处"，考察访问的结果，他发现各地长老所讲述的传说故事，因为区域教化上的差异有些内容不完全相同，但大体上还是和《五帝德》《帝系姓》上记载的可以吻合，于是他得出的第一个结论是，"总之不离古文者近是"。这里所说的"古文"，就是指《五帝德》《帝系姓》两种典籍；所谓的"近是"，司马贞《史记索隐》解释为"近是圣人之说"，实际上应该是近似于司马迁所想象、所理解的古代传说时代的状况。这个结论很重要。一是说明司马迁既崇奉儒家经典，但又不为儒家经典所束缚，并不是儒家经典上不说的，或者是儒生们所不传授的，他就无所作为，相反，他同样注意从儒家经典以外的典籍中去发现线索，采择

资料；一是由此他开辟了一条研究重要历史问题时选取资料的新途径，即是访古问故与文献典籍相结合，通过实地考察、访问，来验证文献资料的可靠性，这虽然与后代验证信史时代资料的情况不能完全等同，但毕竟是一种行之有效的方法，从而避免了人们撰述历史时的主观臆断，司马迁态度的谨严，令人信服。办法之二是，他努力去获取旁证。"余观《春秋》《国语》，其发明《五帝德》《帝系姓》章矣，顾弟弗深考，其所表见皆不虚"，由此而得出又一个结论："书缺有间矣，其轶乃时时见于他说。"这就是要用"他说"来论证本事。古代典籍散佚严重，记事不完整，然而典籍缺失部分的内容，常常可以在相关的其他典籍中寻觅到，关键的工作就是要善于"深考"，只要能够广博考论，就会发掘出许多原本是明白无误的材料。司马迁提出了旁考资料的方法，而且是自己身体力行了的。

在讨论了上面这些问题以后，司马迁提出一个惊世骇俗的总结性语言，那就是"非好学深思，心知其意，固难为浅见寡闻者道也"。这样一句话，千百年来研究司马迁和《史记》的，无人不知，无人不晓，引用的更是随处可见，但真正把它讲得很透彻的不多。我觉得就撰史必须慎重地选择资料而言，结合司马迁所处的时代来考察，"好学深思"，就是指前面所提到的对历史资料现状的分析，对"古文"的态度，对儒家经典的认识，通过访古问故验证典籍记载，发掘旁证材料阐发现有资料的价值等方面，要认真实践，广博搜求，并以自己独立的见解去加以辨析、取舍，既不自暴自弃，亦不可人云亦云，而是要以敏锐的观察力，使自己立于坚实、可信的基础上。至于"心知其意"，是比"好学深思"更高一层的思想境界，具体到撰写《五帝本纪》这个《史记》的开篇来说，就是要明确自己的总的创作思想，是要阐明依据这个思想去选取材料，而选取材料的准则重要的是足可阐发自己的立"意"，这正是所谓"雅训"之所在，不然做得如此的严肃认真，又是为了什么呢？实际是，当时存在着的"百家言黄帝"的现成说法，为什么不采取，而偏要东西南北地奔波，和深入地考察遗佚的"他说"呢？在这里，为"意"所驱使是非常重要的。《史记》的开篇很重要，传说时代的资料又很缺乏，但司马迁所要阐发的中国历史起源于"人"的开创而不是神的主宰；中国历史一出现就是一个经过抗争后的大一统局面；自来中国主张德教的都以尧、舜为典型，而尧、舜只是继承了黄帝以来的事业；在当时所知"中国"境内的各部落交往融合后形成不同的"姓氏"，就其后来所建立的不同政权而言，其先祖都是出于"炎黄"，或与之有着密切关系的；等等。这些正是司马迁所要撰写的《五帝本纪》的指导思想。如果不规划这一切，资料的搜集、处理会无从下手，或者就会漫无边际，鱼龙混杂，也就不成其为有价值的历史。这样说，并不是什么主观先验的东西，而是强调撰史者必须树立起正确的立意，如果缺乏正确的立意，历史撰著也就没有生命力，撰著又有什么价值呢？司马迁所批评的"浅见寡闻"，不仅是指学识、能力的浅薄、鄙陋，中心还是指人们是不是理解应该有很好的历史创意。这样说来，最后一句"余并论次，择其言尤雅者，故著为本纪书首"中的"择其言尤雅者"，就有了落脚的实地。

从"考信于六艺"，"总之不离古文者近是"，对"其轶乃时时见于他说"之"深考"，"择其言尤雅者"这些看法中，尤其是作为一种指导思想，从所提出的"好学深思，心知其意"中，可以看到司马迁在撰述历史著作时，有着一种明确的目的，而围绕着这一目的，在关于历史资料选取的途径和方法上，已经具有了史学的自觉意识。

## 三、司马迁编写《史记》时，提出"究天人之际，通古今之变，成一家之言"和"稽其成败兴坏之理"，[①]作为自己的撰著宗旨，最为集中地表述了他的史学思想，他的这一思想，是过去时代文化思想在史学领域第一次最富创意的概括和升华

由于《史记》贯穿了这样的思想，就使它在博大精深方面达到了一个前所未有的高度，以致在封建社会一个相当长的时期内，在总体的思想水平上其他著作均难以企及。它以巨大潜在的力量，影响着中国史学的发展。

白寿彝先生在他的史学理论著作《中国史学史》第一册中谈到："推动历

---

① 《汉书·司马迁传》。

史的力量是什么？是神、是天、还是人？是个别的杰出人物，还是广大的人民群众？这是历史观点上一个最重要的问题。""跟这个问题密切联系的，还有一个问题，就是：历史是怎样运行的？它是否有规律可循？这也是一个很重要的问题。"①我觉得从最主要的意义上来说，司马迁的"究天人之际，通古今之变"，就是在先秦史学诸子思想的基础上，回答了这两个问题。在汉代以天人感应和阴阳五行学说充斥政治和学术领域的时候，司马迁考察天人之间的关系，正是要说明历史是人类社会自身发展的历史，虽然他认为是以帝王将相的作用为主，但同时他也认识到有着社会各阶层，各种政治力量，其中也包括社会最基层的农虞工商，特别是广大农民群众起作用的重要因素在内，他排除了将上帝等神意视为历史发展推动力量的最终企图，把一部中国通史建立在现实可靠的人事的基础上。这方面，尽管司马迁不能完全摆脱迷信思想的影响，但是他重视人是社会历史主体的思想，无疑是具有非常现实的自觉意识。关于司马迁的"通古今之变"，白寿彝先生在谈及"史学的时代特点及其社会影响"时说到："史学在发展中所受时代影响最突出，反映时代特点最集中的，是在阶级关系和政治形势方面。秦以累世经营的基业，灭六国，建帝业，不数年而亡。汉无尺土之封，崛起草莽之中，五年而建立汉朝，开千古之创局。这是为什么？汉初的政治家考虑这个问题，思想家考虑这个问题，有时代敏感的史学家也必然要考虑这个问题。司马迁在这个时候出现了，他提出了'通古今之变'作为《史记》撰写的任务，这不是偶然的，这是时代的要求，也是当时地主阶级的要求。"②要通古今的变化，是史学发展受时代和阶级的影响必然会提出的问题，而司马迁敏感而有自觉意识地把它当作一项写史的任务，这是他能够站在时代波峰上的一个杰出的表现。司马迁不可能做到"通过一切迂回曲折的道路去探索"人类本身的发展"过程的依次发展的阶段，并且透过一切表面的偶然性揭示这一过程的内在规律性"③，但是他提出要"稽其成败兴坏之理"，就是企图在他那个时代，对社会历史发展变化中的某些事"理"，即一定意义上的规律性进行考察，以便为人们所借鉴。这

---

① 白寿彝：《中国史学史》第一册，上海：上海人民出版社1986年版，第304—305页。
② 同上，第41—42页。
③ 恩格斯：《反杜林论》，《马克思恩格斯选集》第三卷，北京：人民出版社1972年版，第63页。

些"理",包括诸如德力结合,人心向背,注重变革,重用人才,发展经济,推重直谏,正确处理君臣关系等,都是有着非常现实的意义的。此外,还包括历史发展显示出具体的阶段性,重视时势变化和社会条件,强调杰出人物的能动作用等方面,也都提出了一些有价值的思想,值得人们探究。

白寿彝先生还有将"成一家之言"这句话,与前两句加以区别看待的思想。他说:"司马迁要'究天人之际,通古今之变,成一家之言',前两句话是说研究客观存在的历史,后一句是说写成书面的历史,但司马迁并没有对二者加以区别。"① 因此,"成一家之言"是说明司马迁撰写《史记》所要达到的目标和抱负,在这一方面所表现的司马迁的自觉意识,白寿彝先生还有更确切的评述。他说:

> 《史记》有一百三十卷,五十二万多字(原注:见《史记·太史公自序》)。上起传说中的黄帝,下至汉武帝的天汉年间,是一部通史,也是一部取各种史体之长的综合体史书。特别应当指出来的,这是史学领域里有意识地要"成一家之言",而在史学实践上也作到了"成一家之言"的第一部史书,在历史观点、史料搜集、文字表述上都有显著的成就。这是中国史学已经成长起来的显著标志。②

司马迁关于史学史的论述,总起来说,是从历史观点、历史资料和政治形势的影响来说的,并且还说出了这几个方面在不同时代的变化。他这些论点,因为还处在起步阶段,不能很好地展开。值得特别注意的,是他对自己提出了"成一家之言"的要求,实际上也是对一个史学家提出了自觉精神的要求。这应该看作是关于史学史论述之有开拓性的重要贡献。③

司马迁自称"成一家之言",是在史学领域里第一次提出这个"家"字,

---

① 白寿彝:《中国史学史》第一册,上海:上海人民出版社1986年版,第7页。
② 同上,第50页。
③ 这是白寿彝先生在评说了《史记》中的《五帝本纪》最后评论、《十二诸侯年表序》和最后评论,以及《太史公自序》等司马迁有关史学史的论述后,做出的总结性评语。见《中国史学史》第一册,第140页。

这是一个开创新局面的史学家自觉的表现。[①]

我们在这里要讨论的是司马迁《史记》所表现的中国史学的自觉精神，上述三段话正好做了深刻的阐述，对我们认识问题非常富于启发。这些年来，白寿彝先生从司马谈《论六家要旨》的"家"，到司马迁"成一家之言"的"家"，从学术史到史学史，从文化和史学的整个发展进程进行了细致的考察研究，因而一再提出了不同凡响的认识和结论。这里引录的第一段，赋予"成一家之言"以思想理论上里程碑的价值，特别指出《史记》不仅是在史学领域里有意识要"成一家之言"，而且已经是在史学实践上也做到了"成一家之言"的第一部史书，《史记》的这种成就，成为中国史学已经成长起来的显著标志。据此，我的理解是中国史学的成长和史学的自觉意识在历史上是同时出现的。这里引录的第二段，是具体探讨了司马迁关于史学史的论述后提出的。其中特别明确，作为一种史学家的思想要求来说，"成一家之言"和自觉精神的密切关系，已经达到了可以视为同义语的程度了。这里引录的第三段，不仅肯定司马迁提出"成一家之言"的"家"字，是"史学家自觉的表现"，而且给这种自觉的表现赋予了"开创新局面"的光辉意义。据我个人的理解，在这里，自觉的程度可以视为是更加深刻了，而且表现得非常富有信心和前进力，司马迁崇高的精神境界在这里也就展示得特别透彻。

白寿彝先生的评述，有多方面的更为深刻的命意，不是我所能完全理解的。我只是说，通过这些评述，可以清楚地看到在史学思想上，司马迁的《史记》与中国史学自觉的关系。

## 四、对史学功能的认识，司马迁也有着自己的明确见解

在《高祖功臣侯者年表序》中说："居今之世，志古之道，所以自镜也，未必尽同。帝王者各殊礼而异务，要以成功为统纪，岂可绲乎？观所以得尊宠及所以废辱，亦当世得失之林也，何必旧闻？于是谨其终始，表其文，颇

---

[①] 白寿彝：《中国史学史》第一册，上海：上海人民出版社1986年版，第181页。

有所不尽本末；著其明，疑者阙之。后有君子，欲推而列之，得以览焉。"这是在讲到古代分封的立意、古今分封情势之不同，以及汉家受封侯国的变化时，所做出的一个评论。这则评论，虽然是针对具体事情有感而发的，但评论中所反映的思想，无疑在《史记》中具有更开阔的意义。在这个评论中，我们可以看到如下的一些认识。第一，记载古事，企图从中汲取历史经验的借鉴，是需要从当前的现实政治出发的，即这种历史经验的汲取，应该有利于考察现实政治的成败兴坏。《史记索隐》解释说："言居今之代，志识古之道，得以自镜当代之存亡也。"关心当代的存亡，是"志古"而"自镜"的重要出发点，从根本上说，历史记载不是为记载而记载，借鉴也不是盲目的借鉴，这在司马迁的《史记》撰著时，认识上是非常清楚的。第二，从现实出发吸取历史经验，要考虑古今情势的差异，决不能等同视之，生搬硬套。在这里，既不要借当今的现实来否定古代，也不要强迫当今去服从古代。而古今差异都是有其合理性的，因为各代帝王在制定他们的政治措施和典章制度时，都是为了一个目的，那就是要使当时的事业获得成功，而为了成功，各个时代就会确立不同的任务，创设不同的礼制，因此，在吸取历史经验时，要注意区别情况，不可让历史经验束缚了自己的手脚。在这里，可以看到，司马迁在处理吸取历史经验的态度上，是有一些辩证法因素的。第三，在同类问题的处理上，更重要的是要吸取当代政治中的经验教训，明确是非得失，以便指导自己的行动，防止走向败亡的道路。就现实生活中的受封侯国而言，忠厚者得尊宠，骄淫者被废辱，就是最好的镜子；然而就整个国家而言，汉家自己分封的这么多侯国，到武帝太初年间，除了五个还存在以外，"余皆坐法陨命亡国，耗矣"，法网是不是也有些太严苛了，也是应该考虑的问题。在总结和吸取历史的经验教训时，在与现实政治密切相关的问题上，司马迁更加重视的是当代社会的历史经验。因此，司马迁认为，在当代的社会政治经验中能够寻求解决的借鉴问题，就不必一定求助于古代历史经验的借鉴，这也正是《史记》之所以重在写当代历史的原因。这在我国史学发展上，是重视历史学自身功用的一条非常宝贵的经验。

　　历史学的功用是总结过去，服务现在，指导将来。在西汉的认识水平上，司马迁对历史学功用的看法，还是达到了一个可观的水平，并为后来的历史学撰著树立了楷模。司马迁还提出了"述往事,思来者"的认识。

司马迁的"思来者",包含了三层意思。第一,他希望将来的人们对于他所遭受的冤屈能够有个公正的评价,并了解他由此而产生出发愤图强以著《史记》的精神和愿望。司马迁在《太史公自序》传文的结尾,申述了一系列的名人撰著事迹,和"《诗》三百篇,大抵贤圣发愤之所为作也"之后,说:"此人皆意有所郁结,不得通其道也,故述往事,思来者。"这在后人读了"藏之名山,副在京师,俟后世圣人君子"的《史记》以后,自然会对司马迁同样的"意有所郁结,不得通其道"的事件原委要有个恰当的认识。不言而喻,司马迁是期望"来者"们能够正确理解他的惨痛遭遇和撰著苦心的。第二,他希望将来的人们能够从他所述的往事中,得到历史知识的启发和历史经验的借鉴。如前面所述"后有君子,欲推而列之,得以览焉",或如《太史公自序》提要中所说"欲循观其大旨","略窥其要","义者有取焉","智者有采焉",等等就是。第三,他希望人们更深地了解他关于《史记》的创意和宗旨。李善注《昭明文选》,对《报任少卿书》中"故述往事,思来者"一语的解释是:"言故述往前行事,思令将来人知己之志。"就司马迁自己而言,要想让人们了解自己的志意,除了前面说的两方面以外,还有就是关于《史记》本身著述的创意和宗旨。《报任少卿书》在此语之下,还说了要像左丘明、孙膑一样,"退论书策","思垂空文以自见",接着说"仆窃不逊,近自托于无能之辞,网罗天下放失旧闻,略考其行事,综其终始,稽其成败兴坏之纪……亦欲以究天人之际,通古今之变,成一家之言"。这就让人们进一步认识到,司马迁确立《史记》的创意和宗旨,有期待着"将来人"评断的自觉意识。

## 五、还有一个方面是人们研究《史记》时谈得比较少的,那就是司马迁关于突出人的社会主体地位的问题

《史记》的记述以人物为中心,五体的设计是服务于这一中心的,它们即是通过记述人们的行为来综合地表述历史,表述对于历史的思想认识的。以

人物为中心，比之于神意史学，神人合一的史学，或史事记述中的重人事，都是进了一大步，并有些性质上的不同的。先秦的史书和诸子著述，在重人事上已经有很高的成就了，但在整体的规模上，比之《史记》是大为逊色的。它们之间的区别在于：第一，先秦是重人事，《史记》是以人物为中心，人在历史上作用的地位在思想上有变化；第二，有重则有轻，仍不免留恋神意，表现出欣赏占卦效验的意图，《史记》则是在最主要的历史记述上排斥了这种意图；第三，突破编纂体例的局限，《史记》中的人的作用，体现出了以其整个社会结构联系在一起的，有着不同社会层次区别的，群体活动的行为价值的意义，而不仅仅单纯论说或强调哪一个方面，哪一种行为；第四，《史记》在主导思想上是通过写人物表现历史，而不仅是在记历史事件中涉及人，这是强调有人的活动才有社会历史，人是社会历史的主体的思想，这表示离开了人也就没有了社会历史。我觉得，《史记》强调人的社会主体地位，是司马迁史学自觉意识的又一重要表现。

## 六、中国史学的自觉是不是起始于刘知幾所写的《史通》

有人认为《史通》是中国史学发展史上第一部史学理论著作，只有这样专门从史学自身发展上进行了理论阐述的，才算得上是史学的自觉。没有对史学自身的发展进行系统的理论阐述，怎么可以谈得上自觉呢？这样的理论阐述来自于刘知幾，那么中国史学的自觉只能起始于《史通》，而不是《史记》。

关于这个问题，我觉得白寿彝先生已经说的很明确了，引述如下：

> 刘知幾的著作，比较集中地反映了这一阶段修史工作的状况。[①]他这部书的本身，则体现了当时先进的史学家之自觉精神。他所著的《史

---

[①] 这是指中国史学史分期的魏晋南北朝隋唐时期三个阶段中的第二阶段，即"自隋、唐设史馆，禁民间修撰国史，至开元年间"的阶段修史工作的状况。

通》,是他在中国史学发展到一定阶段时对史学工作作出的批判性和建设性的总结。

唐代史学评论家刘知幾写了一部《史通》。《史通》有《六家》《二体》《本纪》《世家》《列传》以及《编次》《称谓》等篇,都是讲史体的;有《采撰》《载文》《补注》以至《浮词》《叙事》等篇,都是讲史书取材及行文的。还有《品藻》《鉴识》等篇,是讲历史见识的。这些都是从史学发展过程中进行观察,发现了问题而提出来的。在一定意义上,《史通》可以说是一部史学史通论,对于史学史有关问题的论述,有超过前人的成就。但它的最大缺点,第一是很少从历史的发展变化上看问题。第二是缺乏对历代史学家史学思想的重视。

随着史学的发展,从司马迁到刘知幾,对于史学史的论述不断地有些充实,有些系统化。这反映史学家对自己从事的工作之自觉精神,即使是有一点小小的进步,也是可贵的。[①]

在这里,首先是充分而具体地肯定了《史通》的史学成就,也指出了它的不足;其次是说明了《史通》的性质可以说是一部史学史通论,是处在它那个发展阶段上对史学工作做出的批判性和建设性的总结;第三是阐述了《史记》与《史通》在史学发展上的联系,讲明从司马迁到刘知幾,对于史学史的论述不断地有些充实、有些系统化,是反映了史学家自觉精神的可贵进步。这些都是说的非常明确的,给予了我们以许多的启示。

上述引文中指出刘知幾《史通》的两点不足是非常有意义的。我体会,刘知幾一方面既是从史学发展的角度,主要是从史书的编纂体例和取材、行文等方面进行了总结;另一方面他又是以一种理论的形态对史书的编写设加了限制和束缚,他使史书规范化的企图,并没有阐发出《史记》设立本纪、世家的精意,没有很好地理解司马迁关于史体的创造性价值。由于这样,对于从史学成长时期就已经出现了的"究天人之际,通古今之变,成一家之言"的闪光思想,刘知幾没有给以足够的注意,因而作为一部总结性的史学著作

---

① 白寿彝:《中国史学史》第一册,上海:上海人民出版社1986年版,第64、148、150页。

而言，《史通》是有着明显的缺陷和局限性的。所以白寿彝先生还说过："综观魏晋南北朝隋唐时期的史学，从史家个人的成就说，很难说哪一人能全面超过马、班。"[1]这当然包括着刘知幾。

在我国的学术史上，关于史学史的论述是开始于司马迁的《史记》的。[2]《史记》由于它记述的是汉武帝时期及其以前的中国通史，它主要的是属于历史著作，但是以其表现出关于史学思想、史书体例、历史资料、历史文学方面的深刻思想，及其对后代史学发展的影响，而且同时开始了关于史学史本身问题的论述，所以有时也称《史记》为史学著作。比如，我们通常称一些重要的历史典籍为史学名著，这样说，也是有其特定的科学含义的，决不会形成对少数史学理论著作和其他历史著作的混淆和误解，即使是《史通》《文史通义》，在一定的范围内，也是可以称为历史著作的。

因此，《史记》和《史通》，在史学家所表现的自觉精神方面，有着内在的发展上的密切联系，二者只有自觉意识程度上的差别，而没有什么实质性的不同。如果一定要强调它们这方面的差别，那只是《史通》是专门的史学理论著作，而《史记》则是具有丰富的史学思想，但不是专门的史学理论著作，如此而已，更何况在某些重要的史学思想方面，刘知幾还比不上司马迁高明呢？

所以，我的结论是，中国史学的自觉起始于司马迁的《史记》。

（1995 年第 1 期）

---

[1] 白寿彝：《中国史学史》第一册，上海：上海人民出版社 1986 年版，第 65 页。
[2] 白寿彝先生在评论《十二诸侯年表序》时说："司马迁以这样的话，开始了关于史学史的论述，应该说是相当精彩的。"见《中国史学史》第一册，第 139 页。

# 论《史记》释《尚书·西伯戡黎》

易 宁

《尚书·西伯戡黎》是有关殷代末年历史的一篇重要文献。司马迁叙殷末历史，引录此篇经文，并且补充史料做了解释。司马迁的解释不仅是对经文所述史实的处理，而且反映了他对儒家经典的认识。因此，后世学者对他的解释一直存在着争议。本文拟考辨司马迁解释的史料来源，以明其解释是否正确，并就其"考信于六艺"说，谈一些个人的看法。

## 一、司马迁引经今文本《西伯戡黎》若干问题辨析

《尚书·西伯戡黎》记载的是周西伯征服位于商王朝西北屏蔽之地的黎国后，商朝大臣祖伊感到商王朝危亡在即，对纣王提出警告的一段对话。其文云：

> 西伯既戡黎，祖伊恐，奔告于王。曰："天子，天既讫我殷命，格人元龟，罔敢知吉。非先王不相我后人，惟王淫戏用自绝。故天弃我，不有康食，不虞天性，不迪率典。今我民罔弗欲丧，曰：'天曷不降威？大命不挚？'今王其如台。"王曰："呜呼！我生不有命在天？"祖伊反曰："呜呼！乃罪多参在上，乃能责命于天？殷之即丧，指乃功，不无戮于尔邦。"

《史记·殷本纪》几乎全文引录此篇经文，《周本纪》和《宋微子世家》亦摘引了经文文字。在汉代，《尚书》有今古文之分。因此，分析司马迁释经的

史料来源，首先应辨析其引经为今文抑或古文。

关于司马迁引《西伯戡黎》经文本问题，清代学者多有考论，尤以段玉裁、孙星衍、陈乔枞、皮锡瑞等家用力最勤。段、陈、皮三氏均认为，司马迁引经乃据今文本，兼采欧阳、大小夏侯三家文字。唯孙星衍以为，"史迁所说则孔安国故"，其所引经文出自孔安国古文本。① 孙氏以班固"司马迁从孔安国问故"之语为立说依据。其说失之颇偏，前人已有分析，不再赘言。段玉裁等人的说法，可为定论。不过，清人对经文文字的考辨，仍存一些分歧，后世学者亦有提出质疑者。下面，对这些问题略做辨析。

经文"西伯戡黎"，《殷本纪》作"西伯伐饥国，灭之"。"黎"，《周本纪》作耆国，《宋微子世家》则作阢国。《史记》引经文作饥国、耆国、阢国，段玉裁以为皆为今文。段氏指出，《尚书大传》"黎"作"耆"。徐广《尚书音义》："饥，一作阢，又作耆。""黎"是古文。《说文》"黎"作"𨛫"，云："𨛫，殷诸侯国，在上党东北，从邑利声。"《商书》："西伯戡黎。"古文"𨛫"乃后人改易为"黎"。② 陈乔枞、皮锡瑞进一步指出耆、饥、阢为今文三家异文。③ 陈氏又谓，此三字皆古文"黎"之假借。④ 顾颉刚、刘起釪先生的看法略有不同，认为"耆""饥""黎"诸字古韵母同为脂部。其声母为牙音群纽与舌头来纽之异。"耆""黎"可能是商、周方言对同一地名之异读。"饥"为"耆"之假。⑤ 顾、刘二先生的看法，颇有道理。今做一些补充。"饥"声母为牙音见纽。"饥""耆"声母见群旁纽，脂部双声叠韵，⑥ 音近通假。"西伯戡黎"之"黎"为国名（见上引《说文》）。其义与"黎""耆"之本义有别。《广雅·释器》："黎，黑也。"《说文》："黔，黎也。秦谓民为黔首，谓黑色也。周谓之黎民。"《广雅·释诂》："耆，老也。"《国语·吴语》："有父母耆老而无昆弟

---

① 孙星衍：《尚书今古文注疏序》，北京：中华书局1986年版。
② 段玉裁：《古文尚书撰异·西伯戡黎》，载《皇清经解》卷五百七十七，上海：上海书店1988年版。
③ 皮锡瑞：《今文尚书考证·西伯戡黎》，师伏堂刊本。
④ 陈乔枞：《今文尚书经说考·西伯戡黎》，载《皇清经解续编》卷一千八百一十九，上海：上海书店1988年版。
⑤ 顾颉刚、刘起釪：《〈尚书·西伯戡黎〉校释校论》，《中国历史文献研究集刊》，长沙：岳麓书社1980年版。
⑥ 见王力《同源语字典》"纽表""饥"字条，北京：商务印书馆1981年版。在黄侃《音略》中，王氏的群纽归入溪纽，"饥""耆"声母亦为旁纽。

者，以告。"韦昭注："六十曰耆，七十曰老。"今文家读"黎"作"耆"可能是商、周方言读音之异。然"西伯戡黎"之"黎"与"耆"音近义异，其写作"耆"，仍应视为通假字。①

《西伯戡黎》之"格人元龟"句，《殷本纪》作"假人元龟"。江声以为，《尚书》"假"字，孔颖达《正义》本悉改作"格"。《史记》作假人，乃后人惑于伪孔传而伪改之。"假尔元龟，谓藉尔元龟以叶吉"，"'假'读曰'叚'，为假借之意"，与《曲礼》"假尔泰龟有常"之"假尔"同义。（《尚书集注音疏·西伯戡黎》，载《皇清经解》卷三百九十三）今按，江氏改易说有误。考王充《论衡·卜筮》引经文作"格人元龟"。《尚书》日本足利本（唐以前写本）、敦煌隶古定本（卫包改字前本）均作"格人元龟"。②可见，汉代以来流传的文本，亦有作"格人"者，今本"格"字非后人所改易。江氏以为经文"假"为假借之义。段玉裁持不同的看法，认为"假"为今文，"格"为古文，假、格两字古通，均可作贤人解。（《古文尚书撰异·西伯戡黎》）段氏仅列说，而未详其证据。今考《尔雅·释诂》："假，大也。"马融云："元，大也。元龟，大龟也。"（《史记·殷本纪集解》引）"凡有大义者，皆有完善之义。"（俞樾《群经平议·格人元龟》，载《皇清经解续编》卷一千三百六十五）"格"，《方言》作"正"。《后汉书·傅燮传》："朝庭重方格。"李贤注："格，标准也"，标准当有贤意。王充《论衡·增艺》释此句经文："贤者不举，大龟不兆"，以"格人"作贤者。可知，段玉裁的解释出之有据。江声读"假"作"叚"，音训无误。其释《曲礼》之"假"字为假借之义，说亦合理。（见孔颖达《礼记正义》）然其以为《曲礼》之"假尔"等同于《西伯戡黎》之"假人"，似有牵强之嫌。《曲礼》之句，为历代经师相传之命龟词（见孔颖达《礼记正义》引郑玄注），与祖伊告诫之语不可随意等同。段玉裁的解释，是可以信从的。

《西伯戡黎》"大命不挚（贽）"句，《殷本纪》作"大命胡不至"。段玉裁谓：《说文》："婺，至也，从女执声。《周书》曰'大命不婺'，读若挚同。"

---

① 见王引之《经义述闻·经义假借》，南京：江苏古籍出版社2000年版。
② 顾颉刚等：《尚书文字合编·西伯戡黎》，上海：上海古籍出版社1996年版；参见刘起釪《〈尚书〉源流及传本》，沈阳：辽宁大学出版社1997年版，第205—206页。

（段按，《周书》为《商书》之误）壁中书本作"勢"，后易为"挚"。《殷本纪》作"至"，为今文。(《古文尚书撰异·西伯戡黎》）陈乔枞、皮锡瑞说同段氏。于省吾先生则指出："'挚'乃'艺'之讹。《吕览·先识》'向挚'，《淮南子·氾论》作'向艺'；'艺''迩'同音。"《尧典》'归格于艺祖'，'艺'，《尚书大传》作'祢'。然则'大命不挚'者，大命不近也。《诗·云汉》：'大命近止'，文例有反正耳。"[①]顾颉刚先生赞同此说，谓："挚"当作"艺"，意为"近"。此句经文文意"是说商代奴隶主所宣扬的从上天那里承受来的大命就要离开了，相去不近了"。(《〈尚书·西伯戡黎〉校释校论》）按于先生的说法，司马迁所引经文文字有误，其文意亦不确。因为，"至"不训"近"。《说文》："至，鸟飞从高下至地也"；"到，至也"。《广韵》："至，到也。"《尚书·牧誓》："王朝至于商郊牧野。"《诗·东山》："我征聿至。"于先生指出，古代文献传抄中"挚"有讹作"艺"的情况，"艺"可训作"祢"，确有道理。然而以此断定《西伯戡黎》的"挚"乃"艺"之讹，证据尚不确凿。承先秦博士伏生的今文本作"至"。许慎《说文》引古文本亦作"勢"。《经典释文》亦云："挚，音至，本又作勢。"《西伯戡黎》之"挚"，见于流传之诸本，仅有今古文之别，而无讹作之据。而且"至"字在此句经文中，文意亦贯通。王充《论衡·增艺》云："天曷不降威，大命不至，民之望天降威与大命之至，急欲革命去暴主也。"

综上考述，司马迁引今文本《西伯戡黎》文字无误。他引经兼采欧阳、大小夏侯三家文字，自有深意。"黎"作"耆""饥""阺"，盖欲表明三家经文国名有别，实则为一地，以便于后世学者。这说明，司马迁引经非独尊一家，与前汉经师"严守师法"的传统大相异趣。

---

[①] 于省吾：《双剑誃群经新证·西伯戡黎》，上海：上海书店 1999 年版。

## 二、司马迁释《西伯戡黎》史料来源考

司马迁解释《西伯戡黎》文句,主要在两点上:一是经文"西伯戡黎",《周本纪》释作周文王灭耆国。二是经文未说明戡黎时间,《周本纪》以为在伐邗国之前,并置此事于文王的一系列征伐活动之中。下面,先辨析司马迁释"西伯戡黎"句的史料来源。

周文王作为一代贤明君主,在历史上颇受人们赞誉,先秦文献多载其事迹。然而称其为西伯,不仅经传无文,先秦诸子书亦未见有说。这一说法,始见于《尚书大传》。其文云:

> 文王一年质虞、芮,二年伐邗,三年伐密须,四年伐畎夷。纣乃囚之。四友献宝,乃得免于虎口,出而伐耆。(孔颖达《左传正义》引)
>
> 五年之初,散宜生等献宝而释文王。文王出,则克耆。六年,伐崇,则称王。(孔颖达《尚书正义》引)[1]

《尚书大传》为西汉今文家释经之作。郑玄《尚书大传序》云:"伏生为秦博士,至孝文时年且百岁。张生、欧阳生从其学而受之……生终后,数子各论所闻,以己意弥缝其缺,别作章句,又特撰大义。因经属指,名曰《大传》。"(《玉海》录《中兴馆阁书目》所引)《四库全书总目提要》亦云:"此《传》乃张生、欧阳生所述,特源出于胜尔。"《晋书·五行志》则以为:"文帝时,虙生创纪《大传》。""虙"与"伏"古字通。颜之推谓:兖州永昌郡东门有汉世所立虙子贱之碑,明济南伏生即虙子贱之后。[2]《隋志》、陆德明等家说同《晋书》。[3]前贤对《大传》作者虽有不同的看法,但在此书之说出自伏生,成书于司马迁之前这点上,则是无异议的。司马迁引今文本《西伯戡黎》,当了解《大传》的说法。《殷本纪》称文王伐耆,采用的是今文家说。

不过,文王戡黎说并非仅今文家所主,东汉古文家亦有此说。《尚书·西

---

[1] 本文所引《尚书大传》,参见皮锡瑞《尚书大传疏证》,师伏堂刊本。
[2] 引自朱彝尊《经义考·伏氏尚书大传》,北京:中华书局 1998 年版。
[3] 陆德明:《经典释文序录》,上海:上海古籍出版社 1985 年版。

伯戡黎序》云："殷始咎周，周人乘黎。"马融注："咎周者，为周所咎。"（孔颖达《尚书正义》引）周文王时，商、周矛盾尖锐，先秦文献多有记载。（详下文）马融所谓"始咎殷者"，当为文王。郑玄《尚书注》亦云："纣得散宜生所献宝而释文王。文王出而伐耆。"（孔颖达《尚书正义》引）高诱《吕氏春秋注》说同郑氏。由此可见，司马迁所引的今文家说，也是汉人流行的一种说法。

汉人的文王戡黎说，为魏晋至唐代的学者所信从。王肃云："文王为西伯。黎侯无道，文王伐而胜之。"（孔颖达《尚书正义》引）《后汉书·郡国志》"上党郡"："壶关，有黎亭。故黎国。"章怀太子注："文王戡黎即此地也。"孔颖达亦主文王戡黎说。

但唐代以后，不少学者对汉人说提出了质疑。宋人胡宏《皇王大纪》首发其端，以为戡黎的西伯为武王。薛季宣亦力主此说，并详列五条证据：（1）《说苑》胶鬲谓武王为西伯。（2）《书序》说："殷始咎周，周人乘黎。"盖商人咎周之不伐纣，故有武王乘黎之举。（3）《泰誓》"观政"之语，谓乘黎也。（4）《诗》称文王伐密、侵阮、继以伐崇，而无戡黎之说。（见《皇矣》《文王有声》）（5）《书》次《微子》于《戡黎》之后。《戡黎》之《序》有咎周之语，纣可伐则非文王时。①金履祥亦指出："戡黎，武王也……文王岂遽称兵天子之畿乎？"②宋吕祖谦、陈经，元吴澄、王天与等均以为戡黎者为武王，其辨析大抵不出薛、金两说。清人徐文靖、雷学淇则提出新的见解，以为耆、黎实为两地。文王伐耆国，灭黎国的则是武王。③陈梦家先生赞同此说，并举甲骨卜辞为证，认为卜辞中的"𠂤""召""邵"为黎国，"旨"指的是耆国。④

其实，宋人所列举的证据，根本不能否定汉人的说法。薛季宣以为，刘向《说苑》载胶鬲语称西伯为武王。然而此说未见于先秦文献及汉人他书载录（《国语·晋语》载胶鬲事，未及此事），当不如今文说，也是汉人流行的说法可靠。薛氏所谓《泰誓》"观政"之语，乃出自伪古文《泰誓》。《诗经》所

---

① 薛季宣：《书古文训西伯戡黎》，载《通志堂经解》卷一百二十，上海：上海书店1988年版。
② 金履祥：《书经注西伯戡黎》，归安陆氏刻本。
③ 徐文靖：《竹书纪年统笺》卷六，浙江书局刻本；雷学淇：《竹书纪年义证》卷十五，修绠堂书店本。
④ 陈梦家：《殷虚卜辞综述》，北京：中华书局1988年版，第296页。

云,并非对文王全部活动的记载。其不记文王戡黎,亦未载文王伐邘事,而此事见于《尚书·泰誓》(《孟子·滕文公》引),岂可随意加以否定?薛氏释《书序》则更是望文生义,曲为之说,所以清代善于疑古的学者梁玉绳、崔述等俱不取其说。金履祥称,文王不得在天子畿内称兵,亦辩之无力。先秦文献载文王伐邘、宗等国。黎、邘、宗三地相去不远。邘地为商王室的田猎处。"文王攻此地,实即直叩天邑商的门户。"[1] 又据《左传·僖公十九年》,文王伐崇,"军三旬而不降,退修教而复伐之,因垒而降"。如此之恶战,实为在天子面前称兵。徐文靖、雷学淇所提出的新见解,出自伪《竹书纪年》说,当不可取。[2] 总之,文献上尚未见有确凿的证据可以否定文王戡黎说。因此清代学者,无论今文家抑或古学家,大抵均主汉人的说法。陈梦家先生引甲骨卜辞证成武王戡黎说。然卜辞"旨"字之义,是仍有争论的问题。例如郭沫若先生认为,"旨方"指的是殷的敌国,其地望不详。[3] 杨树达先生以为,"旨"即耆,亦即黎。[4] 日人白川静则说,旨方实为召方。[5]

本世纪在陕西岐山周原发现的甲骨卜辞,为文王有西伯称号提供了有力的证据。卜辞H11.1有文云:"癸子(巳),彝文武帝乙宗。贞:王其邵(昭)祭成唐(汤)。"H11.84云:"贞,王其苯又(佑)大甲,晋周方白(伯)。"学者们认为,此两片卜辞中的"王""周方伯"确指文王无疑。周在商的西方,故文王又有西伯之称。[6] 至于文王戡黎说,虽尚未见于甲骨文资料,但前人提出的质疑,皆无确凿的史料证据。据此,我们以为,司马迁的文王戡黎说,是可以信从的。

司马迁记文王戡黎的时间,是另一个颇有争议的问题。《周本纪》记文王受崇侯虎之谮被囚,获释,质虞、芮之讼诸事后,云:

  诸侯闻之(按,指质虞、芮之讼事),曰"西伯盖受命之君"。明年,

---

[1] 李学勤:《殷代地理简论》,北京:科学出版社1959年版,第97页。
[2] 见王国维《今本竹书纪年疏证》卷上,广仓学宭丛书本。
[3] 郭沫若:《殷虚粹编》,北京:科学出版社1983年版,第630—631页。
[4] 杨树达:《积微居甲文说》卷下,上海:上海古籍出版社1986年版。
[5] 转引自许倬云《西周史》,北京:生活·读书·新知三联书店1995年版,第89—90页。
[6] 见王宇信《西周甲骨探论》,北京:中国社会科学出版社1984年版,第41—51、57—61页。

伐犬戎；明年，伐密须；明年，败耆国。殷之祖伊闻之，惧，以告帝纣。纣曰："不有天命乎？是何能为！"明年，伐邘；明年，伐崇侯虎，而作丰邑，自岐下而徙都丰。明年，西伯崩。

关于文王戡黎的时间，上引《尚书大传》亦有记载，并且排列出文王的活动顺序。但《大传》与《周本纪》的记载有不同之处。《大传》以为文王一年质虞、芮之讼，后依年伐邘、密须、畎夷（被囚）、（获释）伐耆、伐崇并称王。司马迁则以为，文王获释，一年受命（称王），质虞、芮之讼，再依年伐犬戎、密须、耆、邘、崇，并作丰邑。关于文王称王问题，相当复杂，容作另文讨论。这里主要讨论文王征伐黎等国事，他事略为兼及。

《周本纪》和《大传》所记文王征伐活动，均见于先秦文献。《诗·文王有声》："文王受命，有此武功，即伐于崇，作邑于丰"，说的是文王受命后，征伐崇国、徙都于丰。《诗·皇矣》："帝迁明德，串夷载路。"《毛传》云："徙就文王之德。"郑玄笺："串夷即混夷，西戎国名也。路，应天意去殷之恶，就周之德。文王则伐混夷以应之。"（《诗·采薇·序》亦有"文王之时，西有昆夷之患"语）此所谓串夷、混夷，即指犬戎或畎夷。《孟子·滕文公下》引《尚书·泰誓》明言文王伐邘事，云："我武维扬，侵于之疆，则取于残，杀伐用张，于汤有光。"文王讨伐密须，见载于《诗·皇矣》《韩非子·难二》；质虞、芮之讼，被囚事，则分别详于《毛传》和《左传·襄公三十一年》等文献。然而在先秦文献中，未见有把文王诸事联系起来作说者。

西汉以后的学者记载文王的活动，或从《大传》说，如郑玄云："纣得散宜生所献宝而释文王。文王出而伐耆。"高诱《吕氏春秋注》云："文王释而伐耆，明年伐崇。"或从司马迁说，孔颖达云：史迁记文王被囚"之年当得其实，在质虞、芮之前"。（孔颖达《左传正义》）《通鉴纲目前编》载文王事，大抵与《周本纪》同。也有提出新说者，如崔述谓"崇去周仅三百里，文王尚不能克之服之，又安能师二千里外伐密近王室黎"[①]，以为伐崇应在伐黎前。不过，崔说未有确凿的文献依据。据以上文献，我们以为，最早把文王活动

---

① 顾颉刚编订：《崔东壁遗书·商考信录》，上海：上海古籍出版社1983年版。

依年排列的是西汉今文家。司马迁采用了今文说，但在文王戡黎等事上做了改动。

司马迁改动今文说的依据是什么？这是一个值得注意的问题。清人章炳麟对此做了较深入的分析。他指出，《大传》《史记》记载文王活动，皆有考于地望，然其所考俱误，"棼其先后之序而伏生尤甚，且于野王（按，即邗国所在地），去纣都朝歌于古不满三百里，果先用兵畿内，则纣势已去，亦不得囚之"。章氏指出，密须、犬戎皆在岐周以西，崇在丰、镐之间，黎则汉之壶关（按，今之山西长治南面壶关境内），邗为汉之野王（按，今之河南沁阳）。章氏据其所考地望，列出文王活动顺序：文王先伐密须、犬戎，受崇侯虎之谮而被囚；获释后即伐崇，作丰，并伐许、魏（据《三朝记·少问》），约三四年，虞、芮质成。"芮与陕隔河，质成亦当伐崇后。"之后，"文王称王，殷始咎周，于是文王改图以从民望，始乘黎，次伐邗"。①

章氏谓黎、邗之地望，皆有明据，分别见载于《说文》"黎"字条、《汉书·地理志》"河内郡野王"条等。然其考密须、犬戎、崇之地望则不确。顾颉刚、刘起釪先生对此做了详细的辨析。他们指出，《汉书·地理志》"安定郡阴密县"下云："《诗》密人国。"颜师古注："即《诗·大雅》所云'密人不恭，敢拒大邦'者。"其地在今甘肃灵台县西南。犬戎与周族相邻。王国维《鬼方昆夷猃狁考》以为，西周初年在"汧""陇"之间，由宗周之西而包其东北。终西周之世，它都活动在今陕西北部洛河流域中的较大区域。"崇"，《汉书·武帝纪》载有崇高（山）。《郊祀志》和《地理志》"颖川郡"条作"崈高"（山）。颜师古注："崈"，古"崇"字耳。王念孙谓："崇高"即"嵩高"。嵩高，为今之河南登封附近嵩山。（《〈尚书·西伯戡黎〉校释校论》）谭其骧先生《中国历史地图集》（第一册）绘上引诸国之地望，与顾说相合。可以认为，章炳麟虽然指出了一条辨析《大传》与《史记》说孰是孰非的极佳途径，但也因失考于地望，故其说是不能成立的。

据上引汉代文献，汉人对文王所伐诸国之地望大抵是了解的。然而司马迁和今文家则提出了不同的说法。两者相比较，司马迁说更为合理。依《大

---

① 章炳麟：《古文尚书拾遗定本》，章氏国学讲习会铅印本。

传》说,文王征伐离殷都不远的邘国,纣王却无动于衷,直至其伐密须、犬戎后才恶而囚之。此不达于理之一。文王扩张势力,先东渡孟津,长途跋涉攻打邘国,然后再回军岐周,征伐周边的密须、犬戎,以图巩固后方。此不达于理之二。依司马迁的记载,文王先质虞、芮之讼,伐密须,攻犬戎,稳定周边地区,建立稳固的大后方。继而挥师东渡,戡定距殷都朝歌不远的黎国。此举使殷臣祖伊大为恐慌,故对纣王说了"天既讫我殷命"之类的话。但是,在殷都朝歌周围还有一些殷的附属国。因此文王又发动了攻打邘、崇等战役,并为加强统治,东迁都至丰。司马迁对文王伐黎等国事之记载,得到学术界普遍的认可,是学者们经常征引的史料。[1]

综上所考,司马迁解释《西伯戡黎》,引用了今文家说,但只是把经说视为一种需要考订的资料。他采今文家的文王戡黎说,可能考虑到此说在当时流行的情况;对今文家的文王戡黎时间及文王征伐活动说做出改动,依据的则是自己对史料的判断和推论。由此可见,司马迁不仅引经不专主一家,而且对汉代经师说也有自己的理解。他对经文所做的解释,表明其"考信于六艺"说有十分深刻的涵义。这点,下文再做讨论。

## 三、司马迁"考信于六艺"说之涵义

司马迁《史记》叙事,上起黄帝,下至汉武太初年间,所涉猎的史料极为广博。他采录史料入史,当有自己的原则。《伯夷列传》云:"夫学者载籍极博,犹考信于六艺。"学者们一般以为,"考信于六艺"是司马迁撰史的重要原则之一。他认为"六艺"是可信的文献,并以其为考订和解释史料的标准。这一见解,无疑是正确的。下面,主要以司马迁引《西伯戡黎》为例,略陈

---

[1] 关于殷代后期及文王的年代,是颇有争议的问题。参见北京师范大学国学所《武王克商之年研究》,北京:北京师范大学出版社1997年版;夏商周断代工程专家组《夏商周断代工程,1996—2000年阶段成果报告》,北京:世界图书出版公司2000年版,第38—51页。学者们一般认为,司马迁排列文王伐黎等国的顺序,是可信的。见吕思勉《先秦史》(上海:上海古籍出版社1986年版,第120—121页)、顾颉刚等《〈尚书·西伯戡黎〉校释校论》、许倬云《西周史》(第90页),等等。

述一些个人的看法。

在汉代，先秦史籍相当丰富，司马迁撰史，为什么选择"六艺"作为考订和解释史料的标准？我们以为这大概出于两方面的考虑。一是"六艺"作者与其所载史实大体处于同时代或相去不远的时代，是可依据的文献。《太史公自序》云："昔西伯拘羑里，演《周易》；……《诗》三百篇，大抵贤圣发愤之所为作也。"《孔子世家》说，孔子"因史记作《春秋》"；《尚书》记事上至唐舜下迄秦穆公，《礼》载三代之礼，均为上古流传下来的典籍，云云。二是"六艺"的编定者是可信的。司马迁认为，"六艺"皆经过孔子的编定或整理。他对孔子极为敬仰，称："孔子布衣，传十余世，学者宗之。自天子王侯，中国言六艺者折中于夫子，可谓至圣也。"（《孔子世家》）文献内容的真实性往往受到作者或编定者价值取向和知识水平的制约。[①] 司马迁认为"中国言六艺者折中于夫子"，肯定经孔子整理后的"六艺"具有可信性，同时表明了尊重儒家学说的思想。

司马迁"考信于六艺"时，对经文文义是有准确理解的。他以经文为准绳，六经之异传和百家杂语，合于经文者选而录之，不合者则删削之。《西伯戡黎》一文，描写殷纣王荒淫乱政。其"淫戏用自绝"，使民"不有康食"（无安稳的饭吃），"不虞天性"（不安于天性），"不迪率典"（不遵守常法），即将亡国之际仍不思悔改，自以为得"天命"之佑。然而先秦文献中，亦存不少与经文相异的记载。《左传·襄公三十一年》记文王被囚后，云："诸侯皆从之囚。纣于是乎惧而归之，可谓爱之"，以为纣恐违天下之意而释文王，仍有爱其之心。《论语·子张》载子贡语："纣之不善，不如是之甚也。是以君子恶居下流，天下之恶皆归焉。"子贡认为，纣之恶并不像传说的那样。因他居下流，故人们将天下之恶集于其一身。这些与经文不相符合的记载，司马迁俱弃之不用。

司马迁对经文文义的准确理解，还表现在选择经文入史上。他撰写历史，尤其是三代史，大量引录《尚书》等典籍的文字，但也有不少重要篇章未作引用。如《殷本纪》未引《盘庚》，《周本纪》未采周初诸诰，等等。究其原

---

[①] 见托波尔斯基《历史学方法论》，张学哲等译，北京：华夏出版社1990年版，第438—446页。

因，大概是因为文字艰涩，难以读懂。可见，他引用经文的态度是十分严谨的。不过，对于能理解的经文，司马迁亦往往有所取舍。《西伯戡黎》记祖伊谏纣未果而返，云："呜呼！乃罪多，参在上，乃能责命于天？殷之既丧，指乃功，不无戮于尔邦！"此几句经文意为：纣之罪多得积累到天上去了，怎能要求上天再赐予天命？殷王朝将要灭亡。纣王的所作所为发展下去，还能不毁灭自己的国家吗？司马迁以"纣不可谏也"一语取代经文，又举微子数谏不听、比干强谏被剖胸观心等史实加以说明。殷纣王积恶甚多，为上天所弃，当不可再谏。司马迁的取舍，可谓深得经文意旨。诚如学者们所指出的，司马迁取舍经文入史，反映了把儒家经典视为历史文献的思想。

不过，司马迁"考信于六艺"，并非限于引录经文或以经文为考订选择史料的标准，而有更为深刻的思想。就一般情况而言，"六艺"文字皆为简略，所记史实亦多不详备。例如，《尚书·金縢》云："周公居东二年，则罪人斯得。"此两句经文，既不详周公居东事，亦未明罪人为何者。《西伯戡黎》对西伯为何人及戡黎时间，均未有交代。司马迁引录经文，往往补充史料做出解释。他解释上引《金縢》经文为：周公"东伐，……遂诛管叔，杀武庚，放蔡叔，收殷余民，……宁淮夷东土，二年而毕定"（《史记·鲁周公世家》）。引录《西伯戡黎》时，称西伯为文王，并且说明戡黎的时间。经过司马迁的解释，原来记事颇有缺略的经文，被建构为有时间、地点和人物活动的历史事件。这种建构，用西方哲学家柯林伍德的话来说，是历史建构（historical construction）。① 这种历史建构，以经文为中心，同时采用经说和其他史料，内容上则保持了一致性。也就是说，后者是经过考信于经文的。但是，这种建构已超出经文的内容，赋予了经文记事连续性、完整性的新意义。这种建构，不是依靠经文而是依靠司马迁对经文和其他史料做出综合判断、分析和推理后完成的。可以认为，司马迁"考信于六艺"不仅是对经说等资料的考信，选择入史的经文同样也是经过了考信的。司马迁对经文的建构，反映了相当深刻的思想：理解"六艺"并非仅限于其文义之上，经典的意义亦蕴含在后人的理解之中，由于后人的解释而不断得以丰富。

---

① R. G. Collingwood, The Idea of History, Oxford University, 1956, P.237.

司马迁对"六艺"的认识，还表现在对"六艺"的批评上，其中最深刻的是揭示经文文字后面蕴藏的涵义，对儒家经典的思想做出历史的思考。①《西伯戡黎》一文，说的是殷纣王荒淫乱政，导致殷王朝的灭亡，反映了无德之暴君必失天下的思想。然而其中还蕴含另一层意思，即积善累德者必得天下的思想。汉代今文家亦注意到这点，却多以灾祥说加以附会。如《尚书大传》云："文王至磻溪，见吕望。文王拜之。尚父曰：'望钩得玉璜刻曰，周受命，吕佐检德，合于今昌来提。'"（《初学记·武部·渔御览》引）今文家以为天降符瑞，授大命于文王，令太公吕望相佐。此类灾祥说，并非殷末周初人们的天命观，司马迁俱删而不录。他致力于从人事上说明文王得"天命"的原因。《殷本纪》引《西伯戡黎》时云：西伯"阴修德行善，诸侯多叛纣而往归西伯。西伯滋大，纣由是稍失权重"。《周本纪》云："西伯阴行善，诸侯皆来决平。"虞、芮质成，诸侯闻之曰："西伯盖受命之君。"司马迁阐发经文的思想，不像今文家那样"分文析字，烦言碎辞"②，甚至随意附会，而是以经文作者思考的问题为出发点，深入揭示其没有表达出的思想。这里需要指出的是，司马迁所做的阐释，在儒家经典他篇能找到类似的思想。但他做出这样的阐释，并非因为经典中有这样的思想，而是出于自己撰史的需要。他对《西伯戡黎》文意的阐释，同样表明：儒家经典的意义存在于后人的理解和解释之中。

毋容置疑，司马迁以"六艺"为考订史实的标准，对经文做出选择、建构和批评都是出于撰史的需要。但这些如何体现在《史记》一书中，也是一个应深入思考的问题。试以司马迁写殷末历史做出分析。关于殷代末年史事，先秦至汉初文献多有记载，但均为零章碎事，略无连贯。也就是说，经传和诸子百家书中还没有比较完整记载殷末历史的文字。这项艰巨的工作是由司马迁来完成的。在史料的取舍和组织上，司马迁表现出非凡的史识。他引录《西伯戡黎》，对经文做了历史的思考和批判（选择、建构和批评），深刻地揭示了殷亡周兴的原因。以此为准绳，他博采史料入史，或引文字或取文意。例如，纣王嬖于妇人，爱妲己，采自《国语·晋语》；纣王命师涓作新淫声，

---

① 关于历史批评的涵义，参见 R. G. Collingwood, *The Idea of History*, p.237-238. 汉译参见何兆武《历史的观念》，北京：中国社会科学出版社 1986 年版，第 269—270 页。
② 刘歆：《移让太常博士书》，引自《汉书·楚元王传》，北京：中华书局 1962 年版。

设炮格之刑，引自《韩非子》；纣以酒为池，录自《六韬》；纣醢九侯、脯鄂侯，出自《战国策》；文王受崇侯虎之谮被囚，采自《吕氏春秋》；西伯之臣闳夭之徒求美女奇物善马以献纣，纣乃赦文王，引自《尚书大传》；武王伐纣，纣兵败登鹿台赴火而死，采自（逸）《周书》；等等。对这些记事不一的史料，司马迁做了编排，在时间和空间上定位，表现出它们之间的联系，从而展现了一幅生动的殷末历史画面。实际上，不仅殷末历史，整个殷代历史也是如此。他说"余以《颂》次契之事，自成汤以来，采于《书》《诗》"（《殷本纪》赞）。如果仔细分析《五帝本纪》引《尧典》，《夏本纪》采《禹贡》《皋陶谟》《甘誓》，《周本纪》引《牧誓》《吕刑》《泰誓》和《诗·大雅》，等等，同样能看出这一特点。据此，我们认为，司马迁"考信于六艺"说最深刻的涵义是：以经过历史批判的经文为基点，"协六经之异传，整齐百家杂语"，撰写出内容丰富、翔实且表现自己深心远识的信史（主要为五帝和三代史），以成其一家之言。

总之，司马迁提出"考信于六艺"说，表明对儒家经典的尊重，但并非唯经典是从。他对经文做了选择、建构和批评，把经过历史批判的经文作为撰写历史的基点，表现了对儒家经典有自己的深刻认识，反映出鲜明的史学思想的自主性。正是由于这种史学思想的自主性，司马迁撰史成其一家之言，《史记》能成为"史家之绝唱"而永传于世间。

（2001年第2期）

# 班固与《汉书》[①]

冉昭德

## 一

《汉书》亦称《前汉书》[②],东汉班固(32—92)撰。固字孟坚,扶风安陵(今陕西咸阳东)人,出身于世代显贵的家庭,而且家学渊源。[③]父班彪,字叔皮,光武帝时,官至望都长,是个著名的儒学大师。杰出的思想家王充,就是他的学生。他才高学博,专心史籍,著有《史记后传》百余篇[④],为班固写作《汉书》奠定下良好的基础。固九岁能作诗赋,十六岁入洛阳太学读书。他不死守章句,只求通晓大义。及长,博览群书,诸子百家之言,无所不读。他熟悉汉代故事,在他父亲直接影响之下,逐渐转向汉史研究,建武三十年(54),班彪死了,他从洛阳还归故乡,时年二十三岁。

---

[①] 《汉书》的版本,种类繁多。现存重要的版本以北宋景祐本为最古,廿四史百衲本即影印景祐本。明代有嘉靖南监本、汲古阁本。清代有武英殿本。《汉书》多古字古训,在东汉中晚期已有注释。现在可以见到的,有服虔、应劭二家的音义。唐代颜师古采集隋以前二十三家的注释汇成集注,判断前人是非,纠正错误,补充缺遗,贡献是巨大的。清代王先谦又汇集唐以来至清末注释《汉书》的四十余家之说,成为《汉书补注》,搜罗宏富,详于考证,是现在通行的较好注本。近人杨树达著有《汉书窥管》,对王氏补注又有补正。陈直著有《汉书新证》,取证于考古材料,各有参考价值。

[②] 《汉书》的名称是班固自定的,见《叙传》。《前汉书》之称是对《后汉书》而言。梁元帝《金楼子·聚书篇》说:"又使孔昂写得《前汉》《后汉》《史记》《三国志》《晋阳秋》……合六百三十四卷。"是为《汉书》加"前"字之始。

[③] 班固的祖先,当秦汉之际,原为边地豪强,从五世祖班长起,由富而贵,从豪强变成官吏。曾祖班况的女儿为汉成帝婕妤,家累千金,官至左曹越骑校尉。大伯祖班伯,通晓诗书,为定襄太守。二伯祖班斿与刘向典校秘书,家有赐书(秘书副本)。祖班穉,哀帝时为广平相。正如班固在《幽通赋》中所说:"皇十纪(指成帝)而鸿渐兮,有羽仪于上京。"父彪"与从兄嗣共游学,……好古之士自远方至,父党扬子云以下莫不造门"。

[④] 《论衡》卷十三《超奇篇》:"班叔皮续《太史公书》百篇以上,记事详悉,义浅理备。"《后汉书·班彪列传》:"作《后传》数十篇。"《史通·古今正史》:"作《后传》六十篇。"今从《论衡》。

班固在家居丧期间，着手整理他父亲的《史记后传》，叹其"所续前史未详"，欲竟其业。遂于明帝永平元年（58），"探撰前记，缀集所闻"，开始编写《汉书》，时年二十七岁。（《后汉书》卷四十《班彪列传》）永平五年，有人上书明帝告他私改国史，被捕下京兆狱。他的弟弟班超赶到洛阳上书，替他辩白，地方官吏把他的书稿送到京师。明帝看过之后，很赏识班固的才学，就召他到京师的校书部，派为兰台令史。兰台是汉代皇家藏书的地方，设令史六人，掌管图籍，校定文书。这时班固和陈宗、尹敏、孟异等共同写成《世祖本纪》。明年，升迁为郎，典校秘书，他又写成功臣、平林、公孙述等列传、载记二十八篇①奏上。明帝命他在兰台把未完成的《汉书》继续写下去。从此班固集中精力，"以著述为业"（《汉书》卷一百《叙传》），一直坚持到章帝建初七年（82），才写成这部著名的《汉书》②，前后历时二十五年（58—82）。

　　建初四年（79），章帝在白虎观召集诸儒会议，讨论六经同异，用皇帝名义制成定论，班固以史官兼任记录，编成《白虎通德论》。和帝永元元年（89），车骑将军窦宪出征北匈奴，以固为中护军，随宪登燕然山，刻石勒功，记汉威德，由班固作铭。永元四年（92），窦宪以外戚专政，图谋叛乱，畏罪自杀。班固因此免官。固家奴曾侮辱洛阳令种兢，及窦宪失败，其宾客皆被逮捕，兢趁此捕系班固，遂死在狱中，时年六十一。固所著诗文，后人辑有《班兰台集》。

## 二

　　《汉书》是我国第一部纪传体断代史。它沿用《史记》的体例而略有变更，改书为志，改世家为传，由纪、表、志、传四个部分组成。全书共一百篇，后人分为一百二十卷，主要记载汉高帝元年（前206）到王莽地皇四

---

① 这二十八篇列传、载记及《世祖本纪》，都是《东观汉记》的一部分，与《汉书》无关。
② 班固死后，《汉书》的八表和《天文志》还没有写成，和帝命其妹班昭补作，又命马续补作《天文志》。

年（23）二百三十年的历史。有十二帝纪，是从汉高帝到平帝的编年大事记。有八表，前六表分别谱列王侯世系;《百官公卿表》记录秦汉官制沿革和汉代公卿大臣的迁免;《古今人表》分为九等，是对汉代以前历史人物的评价。有十志——律历、礼乐、刑法、食货、郊祀、天文、五行、地理、沟洫、艺文，是叙述古代到汉朝的制度、经济、文化史。有七十传，除《匈奴传》《西南夷两粤朝鲜传》《西域传》记载汉代边疆各民族的历史及《叙传》外，其余都是西汉人物传记。这四个组成部分的形式尽管不同，但通过它们之间的互相联系、互相补充，可形成一个统一的整体。它实不失为断代史的典范。

班固之所以断代为史，并不是偶然的。他是适应时代的要求，总结汉武帝到东汉初年，约一个半世纪的历史著作，加以创造性的发展，写成《汉书》，是为当时统治阶级的政治服务的。

班固所处的时代，正是东汉前期封建统治相对稳定、阶级矛盾比较缓和、社会生产力由恢复到发展的时期，也是东汉帝国鼎盛时期。东汉王朝为了进一步巩固政权，总结前朝的历史经验，就成为当时统治阶级的愿望和要求。《汉书》就是适应这一要求而产生的。另一方面，司马迁的《史记》止于武帝，天汉以后，缺而不录。汉代学者褚少孙、刘向、刘歆父子及冯商、卫衡、扬雄、史岑、梁审、肆仁、晋冯、段肃（一作殷肃）、金丹、冯衍、韦融、萧奋、刘恂等都缀集时事，相次续补《史记》，到建武中，班彪以为这些著作不足以踵继前史；扬雄、刘歆等又褒美伪新，误后惑众，不当任其流传下去。于是慎核其事，旁贯异闻，作《后传》百余篇。由此可见，从褚少孙到班彪，由于时代条件的限制，都只是作了《史记》的续编而不能写成一部汉史。到了班固，东汉王朝已在开始编修国史，同时又需要总结前朝的历史，而且"汉承尧运""协于火德"之说，已为统治阶级所公认。如果再依照前人的成规，续编汉史，不但不能宣扬"汉德"，而且也同司马迁把《汉高祖本纪》"编于百王之末，厕于秦、项之列"一样，势必将《世祖本纪》编于王莽之后，置于新市、平林之列，这是当时统治者所不能允许的。在这种形势之下，就要求摆脱旧传统，开创新体裁。《汉书》之所以成为断代史，正符合了这一时代的要求。①

班固编写《汉书》，首先掌握了比较丰富的资料，并重视审查资料，辨别真伪。举例来说：《贾谊传》，依据他本人的著述五十八篇，"掇其切于世事者著于传"。《晁错传》，"论其施行之语著于篇"。《东方朔传》，则详录朔的文辞和著作篇目，由于后世好事者，多"取奇言怪语附著之朔"，真伪难辨，因而着重指出："凡刘向所录朔书具是矣。世所传他事皆非也。"《律历志》则删去刘歆等所条奏的"伪辞"，"取正义著于篇"。又如在《张汤传》中说："冯商称张汤之先与留侯同祖，而司马迁不言，故阙焉。"班固这样求实的态度，基本上保证了《汉书》的真实性。

其次，班固善于利用前人研究的成果，加以创造性的发展。《汉书》武帝以前的记载，大都采用《史记》。但不是照抄原文，而是进行加工整理，创造补充。我们就《史》《汉》两书比较一下，可以看出班、马有许多相异之处。司马迁"不拘于史法，不囿于字句，发乎情，肆于心而为文"（鲁迅《汉文学史纲要》第十篇《司马相如与司马迁》）。班固则以历史学观点写《汉书》，"言皆精炼，事甚该密"（《史通》卷一《六家》）。因此他在文学上修正了《史记》的"盈辞"。所以《汉书》尽管采用《史记》，但没有一篇是与《史记》完全相同的。更重要的是班固创立了些纪、表、志、传。如《惠帝纪》及王陵、吴芮、蒯通、伍被、贾山等传，《百官公卿表》《古今人表》和《刑法》《五行》《地理》《艺文》四志，都是《史记》所无，《汉书》增立的。《史记》不为张骞立传，事迹附在《卫将军骠骑列传》之后，叙述简略，《汉书》特为张骞立专传，但也删去了《仓公传》。此外，班固又增加新材料，补充《史记》的缺遗。在淮南王安、韩信、楚元王、卫青、公孙弘等传中，都有所增补。特别是在帝纪中增载许多重要诏令，贾谊、晁错、邹阳、韩安国等传中增载有关政治、经济、军事的奏议，全是珍贵的历史文献。可见《汉书》一面继承《史记》，一面也有一定的发展和创造。后人批评《汉书》前半部全同《史记》，甚至"专事剽窃"（郑樵语），显然是不正确的。武帝以后的记

---

① 《太平御览》卷六百零三《史传》上引《后汉书》："班彪续司马迁，《后传》数十篇，未成而卒。明帝命其子固续之。固以史迁所记，乃以汉氏继百王之末，非其义也，大汉当可独立一史，故上自高祖，下终王莽，为纪、表、传、志九十九篇。"按，此后《汉书》作者无考。

载，是以班彪的《后传》为蓝本，综合各家续《史记》，缀集所闻写成的。除元、成二帝纪和韦贤、翟方进、元后三传用《后传》原文外，①其余纪、传，大都是班固改写的。我们从"固以彪所续前史未详，乃潜精研思，欲就其业"（《后汉书》卷四十《班彪列传》）来看，从"以父所撰，未尽一家"（《史通》卷十二《古今正史》）来看，可以得到证明。后人指责班固《汉书》，"因父得成，遂没不言彪"（傅玄语）；甚至有"盗窃父史"（颜之推语）的说法，也是不正确的。

第三，《汉书》在编纂形式方面，整齐了纪传体的体例。我们再就《史》《汉》的篇目比较一下，可以发现许多不同之处。（一）《史记》没有《惠帝本纪》，但在《吕太后本纪》中，仍用惠帝纪年。班固特为惠帝立纪，确立了"纪之为体，犹《春秋》之经，系日月以成岁时，书君上以显国统"（《史通》卷二《本纪》）的义例。（二）《史记》的专传或合传与类传的次序间杂，或以时代的先后，或因事迹的相关，而不拘于体例。例如《刺客列传》在专传之间，《汲郑列传》反在类传之间。《匈奴列传》则置于《卫将军骠骑》之前，《大宛列传》反置在《游侠》之后。《汉书》则以时代的顺序为主，先专传，次类传，次边疆各族传，而以"贼臣"《王莽传》居末，开后世叛逆或贰臣传的先例。②（三）《史记》列传的篇名，或以姓标，或以名标，或以字标，或以官标，或以爵标，③虽寓褒贬之义，而体例不统一。《汉书》除诸王传外，概以姓或姓名标题，统一了体例。④所以章学诚说："迁《史》不可为定法，固《书》因迁之体，而为一成之义例，遂为后世不祧之宗焉。"（《文史通义·书教下》）这种以帝王将相为中心的断代史，最符合封建统治者的要求，所以后来各个朝代的正史，基本上都是沿袭《汉书》的编纂方法。

---

① 韦贤、翟方进、元后三传赞，都称"司徒掾班彪曰"，分明是《后传》的文字。《元帝纪》赞称"臣外祖兄弟为元帝侍中"，《成帝纪》赞称"臣之姑充后宫为婕妤"，这里所谓"臣"，即班彪自称，外祖即金敞，婕妤为班婕妤。应劭说："元、成纪皆班彪所作。"
② 《汉书》外戚及元后传在王莽之前，此为特例。
③ 以字标者如《伍子胥列传》，以官标者如《李将军列传》，以爵标者如《淮阴侯列传》。
④ "万石"（石奋）为《汉书》中的特例。

## 三

《汉书》在中国史学上的贡献和影响，不仅在于编纂体例，它的特点还在于对政治经济制度和社会文化有着较详尽的记载，扩大了历史研究的领域。《汉书》十志取法《史记》八书，但规模宏大，记事丰富，特别是对汉代的记载较为完备。《食货志》为研究西汉经济制度和社会生产力的重要文献。《礼乐》《郊祀》《刑法》三志及《百官公卿表》叙文记载中国专制主义的中央集权的政治、法律制度。后来各个封建王朝的制度，不管其组织形式如何，基本上都是这一制度的演变和发展。《沟洫志》系统地叙述秦汉水利建设，其中贾让的《治河三策》，尤为珍贵而有现实意义。《地理志》是我国第一部以疆域政区为主体的地理著作，它不单限于西汉地理，而且"采获旧闻，考迹《诗》《书》，推表山川，以缀《禹贡》《周官》《春秋》，下及战国、秦、汉"。在篇末又对各地区的经济文化、风俗习惯及海外交通做了综合的叙述，在今天看来又是一部有关地理的著作，开创后代正史地理志及地理学史的研究。《艺文志》采自刘歆《七略》，论述古代学术思想的源流派别和是非得失，是一部极为珍贵的古代文化史，不仅是目录学的开端。《五行志》虽然充满灾异迷信，但也保存下了大量的有关自然灾害、地震和日月蚀的记录，仍为有用的科学史料。《天文》《律历》两志也是研究古代自然科学的宝贵资料。自《史记》创立八书，《汉书》加以发展，成为中国史学上的书志体。后世正史的志，大体依据《汉书》十志有所增减。从唐杜佑作《通典》到近人刘锦藻作《续清文献通考》，有所谓"三通""九通""十通"，尽管它们的分类不同，纪事各有详略，但都是从书志体相继发展而来。我国的典章制度，绝大部分得以保存，《汉书》十志起了开来的作用。

《汉书》的另一特点，是对中国边疆内外各民族的历史有着较详的叙述。我国自古以来是个多民族的国家，汉代以前的历史著作，虽也记载各族的生活状况，但为国内外少数民族立传，则始于《史记》。班固继承这个优良传统，运用新的史料，把《史记·大宛列传》扩充为《西域传》，叙述了西域几十个国家的历史，以及汉朝与匈奴在西域进行争夺战争的历史、汉朝与西域各国经济文化交流的历史。《汉书》又将《史记》的匈奴、南越、东越、朝鲜、西南夷列传加以补充,尤其是《匈奴传》增补武帝以后大量的史实,使之更加完备。这些记载,不但是研究古代中国各兄弟民族历史最珍贵的资料,也是研究东亚、东南亚和中亚有关各国历史最珍贵的资料。后代正史中的少数民族传和外国传,大都取法《史》《汉》而加以推广。其次,班固对民族关系提出新的看法。他既反对征伐匈奴,也不主张屈辱和亲,并严肃地指出董仲舒"说以厚利,结之于天"的主张,是"务赋敛于民,远行货赂,割剥百姓,以奉寇雠"。他提出"来则惩而御之,去则备而守之。其慕义而贡献,则接之以礼让"的政策主张。(《汉书》卷九十四《匈奴传》赞)这一观点,在《匈奴和亲议》和南粤、西域两传中也反映出来。

《汉书》不单是在史学上有着巨大的贡献,而且在文学上也有重要的地位。班固依据实际材料,描写西汉一代不同社会阶层的各种类型的人物。运用巧妙的手法、精辟的对话,刻画出人物的性格、面貌,使读者如见其人。例如苏武、霍光、杨恽、赵广汉、张禹、龚遂、严延年、王莽等传都写得生动活泼,表达出人物的个性、感情和动态,确是一部优秀的文学传记,为后世文学家学习的榜样,范晔在《班彪列传》里说:"若固之序事,不激诡,不抑抗,赡而不秽,详而有体,使读之者亹亹而不厌,信哉其能成名也!"

## 四

班固的历史观点,就其进步方面来说,可以概括为以下几点:

第一,班固批评说:"其是非颇缪于圣人;论大道而先黄老而后六经,序游侠则退处士而进奸雄,述货殖则崇势利而羞贱贫,此其所蔽也。"(《汉书》卷六十二《司马迁传》赞)这段话表明班固以圣人之"是非"为是非、论大道而先六经的观点。但他并不反对诸子学说,以为"若能修六艺之术,而观此九家之言,舍短取长,则可以通万方之略矣"(《汉书》卷三十《艺文志》)。在《答宾戏》中也指出:"有同有异,圣哲之常"(《汉书》卷一百《叙传》),这又说明班固对事物的看法不偏执一端,而注意到它的全面。所以他在评论历史人物时,有褒有贬,而不绝对化。他既称赞汉武帝"雄材大略","号令文章，焕焉可述"；(《汉书》卷六《武帝纪》赞）又指出武帝连年发动战争，使"海内虚耗，户口减半"(《汉书》卷七《昭帝纪》赞），对人民造成严重的损失。一面肯定霍光有"匡国家，安社稷"之功，一面又责斥他"不学亡术，闇于大理"，终遭族诛之祸。(《汉书》卷六十八《霍光传》赞）其次，班固用"时""势"或"天时"变异来表达历史是发展的，人们不能扭转历史的车轮。他说汉高祖之所以"繇一剑之任，五载而成帝业"，是由于"古世相革，皆承圣王之烈，今汉独收孤秦之弊，镌金石者难为功，摧枯朽者易为力，其势然也"。(《汉书》卷十三《异姓诸侯王表序》）并批判贾谊、司马迁以为"向使婴有庸主之材，仅得中佐，山东虽乱，秦之地可全而有，宗庙之祀未当绝也"，是"不通时变"，不知"秦之积衰，天下土崩瓦解，虽有周旦之材，无所复陈其巧"。(《史记》卷六《秦始皇本纪》附录）而王莽之所以篡汉，是因为"乘四父历世之权，遭汉中微，国统三绝，而太后寿考为之宗主，故得肆其奸慝，以成篡盗之祸。推是言之，亦天时，非人力之致矣"(《汉书》卷九十九《王莽传》赞）。因此，他总结历史上成功的人物是"遇其时"(《汉书》卷四十三《郦陆朱刘叔孙传》赞；卷五十八《公孙弘卜式兒宽传》赞），失败的人物是"不知时变"(《汉书》卷五十二《窦田灌韩传》赞），从而提出研究历史要"究其终始强弱之变"(《汉书》卷十四《诸侯王表序》），"列其行事，以传世变"(《汉书》卷九十一《货殖传》），要"以通古今，备温故知新之义"(《汉书》卷十九《百官公卿表序》）。这些观点，在当时来说是可贵的、进步的。

第二，班固能从人民的利害关系，来衡量政治得失。因而关怀人民的思想，在《汉书》中不断地流露出来。他歌颂"兴于闾阎，知民事之艰难"(《汉书》卷八十九《循吏传序》）的汉宣帝。在宣帝时，不但"吏称其职，民安其业"，"技巧工匠器械，自元、成间鲜能及之"，(《汉书》卷八《宣帝纪》赞）而且对经常入侵的匈奴，"权时施宜，覆以威德"，使"边城晏闭，牛马布野，三世无犬吠之警，藜（黎）庶亡干戈之役"。(《汉书》卷九十四《匈奴传》赞）反之，对于汉武帝却批评他"征发烦数，百姓贫耗，穷民犯法，酷吏击断"(《汉书》卷二十三《刑法志》），而不能法"文、景之恭俭以济斯民"(《汉书》卷六《武帝纪》赞）。他歌颂萧、曹为相，"从民之欲而不扰乱，是以衣食滋殖，刑罚用稀"(《汉书》卷二十三《刑法志》)。在《循吏传》中，用"所居民富，所去见思"来表扬文翁、朱邑、召信臣等人；对酷吏张汤则说"汤死而民不思"(《汉书》卷二十四《食货志》下)。《刘屈氂传》叙述汉代人民转车边郡的痛苦。《贾捐之传》描写死亡战士的"孤儿号于道，老母寡妇饮泣巷哭，遥设虚祭，想魂乎万里之外"的惨景，尤其在《鲍宣传》中记载了人民"有七亡而无一得""有七死而无一生"的奏疏。这说明班固对人民的疾苦是抱有同情心的。

　　第三，班固还能从经济关系来论述历史，他在《食货志》中首先肯定食货为"生民之本"，"食足货通，然后国实民富，而教化成"。如果"上贪"则民怨，必然导致"灾害生而祸乱作"。武帝之所以能开拓疆土，通使西域，是由于"遭值文、景玄默，养民五世，天下殷富，财力有余，士马强盛"。但因"师旅之费，不可胜计"，于是"榷酒酤，筦盐铁，铸白金，造皮币，算至车船，租及六畜"，以至"民力屈，财用竭，因之以凶年，寇盗并起"。(《汉书》卷九十六《西域传》赞)这里阐述了历史发展的客观过程，同时也指出农民起义的主要原因。特别是在《地理志》后序中，论证自古以来各地区的人民生活、风俗习惯、生产情况是受自然条件、民族关系和外来的历史影响等所制约，使各地区经济文化的发展有着显著的差异。这在对秦、楚等地的叙述中，表现得最为显著。因此，我们应当肯定这是《汉书》中进步的一面。

　　但是，我们也要看到《汉书》落后的一面。由于班固过分强调"天时"——客观规律，非人力所致，否定了人的主观作用，使人们等待客观规律的恩赐，而坠入了宿命论的深渊。他虽然批评眭弘、京房、翼奉、李寻等人推阴阳，言灾异，是"假经设谊，依托象类，或不免乎'亿则屡中'"(《汉书》卷七十五《眭两夏侯京翼李传》赞)，但他自己也终究不能摆脱阴阳五行学说和他父亲班彪"王命论"的影响。在《汉书》中又出现了一系列五德循环论及王权天授、天人相感等等神秘主义的说教。但这种矛盾，是古代历史学家难以避免的。我们莫要忘记，班固选写《汉书》时，汉光武已"宣布图谶于天下"，而《汉书》又是为统治阶级的政治服务的，怎能不记载阴阳五行、谶纬迷信呢？但难能可贵的是班固不为汉讳。如《贾山传》载他的《至言》，揭露号称"文景之治"弊政。《外戚传》批判"穷富贵而不以功"的裙带关系。《景十三王传》指出西汉诸侯王以百数,"率多骄淫失道"。《哀帝纪》《董仲舒传》叙述名田、限田政策,打击豪强的土地兼并。《儒林传》指明儒学大师多至千余人,都是为了"禄利"。在匡衡、张禹等传中更进一步揭发:自汉武帝罢黜百家,独尊儒术之后,以"儒宗居宰相位"的公孙弘、蔡义、韦贤、玄成、匡衡、张禹、翟方进、孙光、平当、马宫等,都是"服儒衣冠,传先王语","持禄保位,被阿谀之讥"的乡愿。特别是在《陈万年传》中辛辣地讽刺这位大官僚在临死的前夕,谆谆教戒他儿子的只是一个"谲(诣)"字!这些记载,正是班固继承司马迁在写史态度上"不虚美,不隐恶"的一种自我表现。

总上所述,《汉书》是一部伟大的历史著作,是我国人民的一份珍贵遗产,我们应当认真地学习它,批判地继承它。

(原载《历史教学》1962年第4期)

(1964年6月)

# 评班氏父子对司马迁的批评

赵光贤

《史记》成书后,最早对它做出批评的人大概要算班彪、班固父子了。《汉书·司马迁传》赞语中有这样的评论:

> 其是非颇缪于圣人(按,指孔子),论大道而先黄老而后六经,序游侠则退处士而进奸雄,述货殖则崇势利而羞贱贫,此其所蔽也。

《后汉书·班彪列传》述彪对《史记》的评语是:

> 其论术学,则崇黄老而薄五经;序货殖,则轻仁义而羞贫穷;道游侠,则贱守节而贵俗功:此其大敝伤道,所以遇极刑之咎也。

两段文字,大同小异,班固的话当然是根据其父的话,他们的话虽是批评《史记》,其实是批评司马迁的思想。

过去读《史记》的人,多不同意班氏父子这样的评语,但都语焉不详,本文拟就班氏父子提出的三点做进一步的探讨。除了不可避免地重复前人的话外,也谈谈我自己的看法。

## 一、"先黄老而后六经"

这条指摘是根据司马谈的《论六家要旨》,见于《史记·太史公自序》。《自序》对于"阴阳、儒、墨、名、法、道德"六家都论述其优缺点,最后推尊道家，其言曰：

> 道家无为，又曰无不为……其术以虚无为本，以因循为用。无成势，无常形，故能究万物之情。不为物先，不为物后，故能为万物主。有法无法，因时为业；有度无度，因物与合。故曰"圣人不朽，时变是守。虚者道之常也，因者君之纲"也。……凡人所生者神也，所托者形也。……神者生之本也，形者生之具也。不先定其神〔形〕，而曰"我有以治天下"，何由哉？

以"虚"为常道，以"因"为君纲，以"神"为生之本，这都是黄老家言。

> 其为术也，因阴阳之大顺，采儒墨之善，撮名法之要，与时迁移，应物变化，立俗施事，无所不宜，指约而易操，事少而功多。

与此比较：

> 儒者以六艺为法，六艺经传以千万数，累世不能通其学，当年不能究其礼，故曰"博而寡要，劳而少功"。

这种议论在汉初黄老盛行之时，是不足怪的。但是这些议论，《自序》中明明白白地说是司马谈的。"谈为太史公。""太史公学天官于唐都，受《易》于杨何，习道论于黄子。太史公仕于建元元封之间。"这太史公当然是指司马谈。下文有"太史公既掌天官，不治民。有子曰迁"，更可证明论六家要旨的不是司马迁。班氏父子不察，竟误以《论六家要旨》为司马迁之言，真是张冠李戴。

以下我们从《史记》中举出一些对司马迁"先黄老而后六经"的反证。

《史记》的体裁，列帝王于本纪，列公卿大臣于世家，列一般人物于列传，这是有等级性的。司马迁列孔子于世家，《自序》说："周室既衰，诸侯恣行。仲尼悼礼废乐崩，追修经术，以达王道，匡乱世反之于正，见其文辞，为天下制仪法，垂六艺之统纪于后世，作《孔子世家》。"列老子于列传，《自序》只有十字："李耳无为自化，清净自正"，与韩非同传。显然他是扬孔而抑老，这是反证之一。

《孔子世家》赞先引《诗》"高山仰止，景行行止"，然后说："虽不能至，然心向往之。余读孔氏书，想见其为人。适鲁，观仲尼庙堂……余祗回留之不能去云。"这几句话可见司马迁对孔子的崇仰心情。又说："天下君王至于贤人众矣，当时则荣，没则已焉。孔子布衣，传十余世，学者宗之……可谓至圣矣。"尊孔子为至圣，不独非老子所能比，连五帝三王都没有得到这个美称，这是反证之二。

司马迁在《自序》中说：

先人有言："自周公卒五百岁而有孔子。孔子卒后至于今五百岁，有能绍明世，正《易传》，继《春秋》，本《诗》《书》《礼》《乐》之际？"意在斯乎！意在斯乎！小子何敢让焉。

"先人有言"指其父司马谈临终时命他继续作《史记》之意，他不敢辞。而《史记》之作并不仅仅是记事，而是要"正《易传》，继《春秋》"，这至少是司马谈的想法，而被他接受了的。他对壶遂的问话，说："余所谓述故事，整齐其世传，非所谓作也，而君比之于《春秋》，谬矣。"这是他谦让的话。他在答壶遂时引董仲舒的话很多，而董仲舒是讲《公羊春秋》的大师，他说："夫《春秋》，上明三王之道，下辨人事之纪，别嫌疑，明是非，定犹豫，善善恶恶，贤贤贱不肖，存亡国，继绝世，补敝起废，王道之大者也。""拨乱世反之正，莫近于《春秋》。"司马迁引董仲舒的话答壶遂，其意旨很明显，就是作《史记》，以继《春秋》。这是反证之三。

司马迁是儒家，认为儒家应当行孔子之道，因此对于曲学阿世之徒非常反感，常于文中自然流露出来。他在《孟子荀卿列传》中说：

故武王以仁义伐纣而王，伯夷饿不食周粟；卫灵公问陈，而孔子不答；梁惠王谋欲攻赵，孟轲称大王去邠。此岂有意阿世俗苟合而已哉！

持方枘欲内圆凿，其能入乎？

关于荀卿，他说：

> 荀卿嫉浊世之政，亡国乱君相属，不遂大道而营于巫祝，信禨祥，鄙儒小拘，如庄周等又猾稽乱俗，于是推儒、墨、道德之行事兴坏，序列著数万言而卒。

从这些话里，可见司马迁感于儒道不行而发的慨叹。在《叔孙通列传》中以鲁两生与叔孙通对比，讥讽叔孙通曲学阿世，用意亦同。凡此都可见司马迁尊崇儒家的思想。这是反证之四。

司马迁著《儒林列传》讲述汉兴以来，儒学由衰而盛，其序曰：

> 夫周室衰而《关雎》作，幽厉微而礼乐坏，诸侯恣行，政由强国。故孔子闵王路废而邪道兴，于是论次《诗》《书》，修起礼乐。……天下并争于战国，儒术既绌焉，然齐鲁之间，学者独不废也。……及高皇帝诛项籍，举兵围鲁，鲁中诸儒尚讲诵习礼乐，弦歌之音不绝，岂非圣人之遗化，好礼乐之国哉？……及今上即位，赵绾、王臧之属明儒学，而上亦乡之，于是招方正贤良文学之士。……武安侯田蚡为丞相，绌黄老、刑名百家之言，延文学儒者数百人，而公孙弘以《春秋》白衣为天子三公，封以平津侯，天下之学士靡然乡风矣。

从这段言论，可见司马迁对战国以来，儒学由盛而衰，汉兴黄老之言盛行，至武帝时儒学又由衰而盛，深有感慨。所以在这篇序的开头就说："余读功令（按，指武帝时下的法令），至于广厉学官之路，未尝不废书而叹也。"这表示儒学经历过坎坷，秦始皇焚书坑儒，儒学几乎中绝，到武帝时居然又复兴起来，他是多么高兴。这是他轻六经、重黄老的有力反证之五。

《伯夷列传》开篇说："夫学者载籍极博，犹考信于六艺"，六艺是儒家经典，也是最古的史料，孔子用以教学生。

《滑稽列传》首引孔子曰:"六艺于治一也。礼以节人,乐以发和,《书》以道事,《诗》以达意,《易》以神化,《春秋》以义。"

司马迁于《滑稽列传》中为淳于髡、优孟等人作传,而首引孔子的话,用意何在?这表明淳于髡之流能以滑稽语言讽谏君主,使之改过,往往胜于正言直谏,"谈言微中,亦可以解纷",合于六艺,可为儒家之羽翼。这是反证之六。

《货殖列传》首引老子之言而驳之(详见第三节),这是反证之七。

孔子主张德治,反对法治。他说:"道之以政,齐之以刑,民免而无耻。道之以德,齐之以礼,有耻且格。"司马迁相信孔子的话,他在《循吏列传序》中说:

> 法令所以导民也,刑罚所以禁奸也。文武不备,良民惧然身修者,官未曾乱也。奉职循理,亦可以为治,何必威严哉?

在《酷吏列传序》中也有类似的言论,这都说明司马迁是儒家,此班说反证之八。

从上举八项反证来看,班氏父子批评司马迁"先黄老而后六经"是完全错误的,今有人受其谬说的影响,认定司马迁是道家可以迷途知返了。

## 二、"序游侠则退处士而进奸雄"

班氏父子这一条指摘,本于《游侠列传》,传首有长序,以游侠与儒生对比,班氏只看文章表面,司马迁的真义并未读懂,以致发生误解。下面试将《游侠列传》摘要加以解说:

> 韩子曰:"儒以文乱法,而侠以武犯禁。"二者皆讥,而学士多称于世云。至如以术取宰相卿大夫,辅翼其世主,功名俱著于春秋(按,此指史书),固无可言者。

开篇引《韩非子·五蠹》二语，从法家的观点看，儒与侠都犯法禁，二者皆为韩非所讥。但学士即儒生往往见称于世，而任侠之人则多默默无闻。下面再分析儒生也并不一样。有的儒者"以术取宰相卿大夫"，暗指叔孙通、公孙弘之流，能阿谀奉承世主以取高官厚禄，并不是真正的儒者，所以说"无可言者"。

> 及若季次、原宪，闾巷人也。读书怀独行君子之德，义不苟合当世，当世亦笑之，故季次、原宪终身空室蓬户，褐衣疏（蔬）食不厌。死而已四百余年，而弟子志之不倦。

真正的儒者如季次、原宪，是颜渊一流人物，"怀独行君子之德，义不苟合当世"，虽然终身穷苦，但他们死后四百余年，弟子们还思念他们。司马迁将二种儒者加以比较，显然他推崇后者，而鄙弃前者。

> 今游侠，其行虽不轨于正义，然其言必信，其行必果，已诺必诚，不爱其躯，赴士之厄困，既已存亡死生矣，而不矜其能，羞伐其德，盖亦有足多者焉。

司马迁以游侠与季次、原宪相比较，其行动往往"不轨于正义"，但"言必信，行必果"，正是孔子所称道的。至于"不爱其躯，赴士之厄困"，使将亡者存之，将死者生之，而又"不矜其能，羞伐其德"，更不是一般人所能做到的。这正是游侠的可贵之处，不能一笔抹杀。以下司马迁又借题发挥他的愤慨，他历举古时"有道仁人"，如舜、伊尹、傅说、吕尚、管仲、百里奚、孔子等人，都曾有不幸之时，适逢困厄，"况以中材而涉乱世之末流乎？其遇害何可胜道哉"！这是为他自己发牢骚。下文又以有德的人与无德的人做对比。什么叫有德？他说：

> 鄙人有言曰："何知仁义，已（以）飨（享）其利者为有德。"故伯夷丑周，饿死首阳山，而文武不以其故贬王；跖、蹻暴戾，其徒诵义无

穷。由此观之,"窃钩者诛,窃国者侯,侯之门仁义存",非虚言也。

鄙人指一般人,他们认为有利就是有德,什么叫仁义?有利就是仁义。司马迁愤慨当世是非颠倒,义利混淆,所以同意《庄子·胠箧》所说的"窃钩者诛,窃国者侯,侯之门仁义存"。这是愤世嫉俗之言。下文说:

> 今拘学或抱咫尺之义,久孤于世,岂若卑论侪俗,与世沉浮而取荣名哉?

这全是反话。因为乱世里没有什么仁义,没有什么是非。这样看来,一些儒生读书,自命清高,而穷困一生,真不如与世浮沉而取荣名。因为"天下熙熙,皆为利来;天下攘攘,皆为利往","上下交征利",还有什么仁义可说,所以他说:

> 诚使乡曲之侠,予季次、原宪比权量力,效功于当世,不同日而论矣。

这就是说,从表面上看来,真正的儒生若季次、原宪穷困一生,与"闾巷之侠,修行砥名,声施于天下"不能相比。司马迁也是儒生,即当时的知识分子,在文字上同情游侠,实际上是为儒生鸣不平,也为他自己发牢骚。所以我们读《史记》不能只看正面,还要看反面,才能理解司马迁的真义。班氏父子读《史记》,看游侠受到称赞,就认为司马迁退处士而进奸雄,那真是根本不理解司马迁。

## 三、"述货殖则崇势利而羞贱贫"

《史记·货殖列传》与《平准书》讲的都是汉代经济史,但其中心思想与《游侠列传》是一贯的。我们读《货殖列传》应当从两方面看:一方面,司马迁承认自秦末大乱之后，经过文景用黄老之术，与民休息，到武帝时，经济恢复战国时盛况，并且有所发展，封建社会中的商品经济发达到一个高峰，这是大势所趋，不可违反。所以在传首引老子言"至治之极，邻国相望，鸡狗之声相闻，民各甘其食，美其服，安其俗，乐其业，至老死不相往来"之后，立即加以反驳说："必用此为务，輓近世涂民耳目，则几无行矣。"这说明司马迁根本反对老子的幻想，所以他是反对道家的。司马迁认定社会总是前进的，生产是发展的，农、工、商各业必定随着人民的需要而与时并进。这是历史的发展规律，不能违反。所以他说：

> 故善者因之，其次利道（导）之，其次教诲之，其次整齐之，最下者与之争。

经济生活自然向前发展，统治者最好是因势利导，而不能与之争。老子的开倒车想法，就是要"与之争"，那是最坏的。人民要生活，统治者更是穷奢极欲，农、工、商、虞各种生产活动不能禁止，所以他说：

> 故待农而食之，虞而出之，工而成之，商而通之，此宁有政教发征期会哉？人各任其能，竭其力，以得所欲。故物贱之征贵，贵之征贱（按，此指物价），各劝其业，乐其事，若水之趋下，日夜无休时，不召而自来，不求而民出之。岂非道之所符，而自然之验邪？

这是说，人们从事生产、流通之业，是符合"道"与"自然"的，不是人主用行政命令强迫能得到的。他进而说明其理论根据：

> "天下熙熙，皆为利来；天下攘攘，皆为利往。"夫千乘之王，万家之侯，百室之君，尚犹患贫，而况匹夫编户之民乎？
> 富者，人之情性，所不学而俱欲者也。
> 君子富，好行其德；小人富，以适其力。渊深而鱼生之，山深而兽往之，人富而仁义附焉。

这就是说，人的天性，就是为了生活，为了满足嗜欲，用各种方法，追求富和利。于是他列举古之名人，如管仲在齐，范蠡在陶，白圭在周，猗顿、郭纵、乌氏倮等无不致巨万，比于王侯。"汉兴，海内为一，开关梁，弛山泽之禁，是以富商大贾周流天下。"除了商贾之外，地主阶级也兴盛起来。

> 今有无秩禄之奉，爵邑之入，而乐与之比者。命曰"素封"。封者食租税，岁率户二百。千户之君则二十万，朝觐聘享出其中。庶民（按，此指地主）农工商贾，率亦岁万息二千（户）（"户"字衍，《汉书·食货志》无"户"字），百万之家则二十万，而更徭租赋出其中。衣食之欲，恣所好美矣。（此下有错简，删）此其人皆与千户侯等。然是富给之资也，不窥市井，不行异邑，坐而待收，身有处士之义而取给焉。

这是没有封邑的地主阶级不劳而获，专以剥削农民致富的非常形象的描写。这在西汉当是比较普遍的现象。总而言之，汉代全国各地，各阶层的人无不孳孳谋利，司马迁如实地记述下来，认为这是符合经济发展规律的。

从另外一方面看，还有一个问题，即司马迁对于上述情况是不是满意呢？应当说，不满意。他在《孟子荀卿列传序》的开端就说：

> 余读孟子书，至梁惠王问"何以利吾国"，未尝不废书而叹也。曰：嗟呼！利诚乱之始也，夫子罕言利者，常防其原也。故曰："放于利而行，多怨。"自天子至于庶人，好利之弊何以异哉！

这几句话表明了司马迁的根本思想继承了孔孟，反对自天子至于庶人，地位虽不同，好利争利却无区别。天子影射汉武帝，在《平准书》里详叙武帝穷兵黩武、豪强兼并、民不聊生之状。他说武帝初年，

> ……网疏而民富，役财骄溢，或至兼并豪党之徒，以武断于乡曲。宗室有土公卿大夫以下，争于奢侈，室庐舆服僭于上，无限度。物盛而衰，固其变也。

其后汉数伐匈奴，形势又变：

> 匈奴绝和亲，侵扰北边，兵连而不解，天下苦其劳，而干戈日滋。……财赂衰耗而不赡。入物者补官，出货者除罪，选举陵迟，廉耻相冒，……兴利之臣自此始也。

结果必然使政治日趋腐败，于是：

> 议令民得买爵及赎禁锢（锢）免减罪。请置赏官，命曰武功爵。……诸买武功爵官首者试补吏，先除。

其时匈奴浑邪王率数万之众来降：

> 胡降者皆衣食县官，县官不给……山东被水灾，民多饥乏，……乃徙贫民于关以西，及充朔方以南新秦中，七十余万口，衣食皆仰给县官。……其费以亿计……而富商大贾或蹛（滞）财役贫，……封君皆低首仰给。冶铸煮盐，财或累万金，而不佐国家之急，黎民重困。……于是以东郭咸阳、孔仅为大农丞，领盐铁事；桑弘羊以计算用事，侍中。……故三人言利事析秋豪矣。

其后连年用兵，府库空虚。元封元年以桑弘羊为治粟都尉，领大农（《汉书·食货志》作"大司农"），管理天下盐铁，禁止郡国商贾冶铁煮盐，完全归国家经营专利，"尽笼天下之货物，贵即卖之，贱则买之。如此，富商大贾无所牟大利"。总之，武帝一朝，官家与商贾争利，人民遭涂炭。司马迁不敢公然加以反对，只是照事实直叙下来，其意自见。《平准书》以引卜式之言"烹弘羊，天乃雨"作结，戛然而止。顾炎武在《日知录》中说："古人作史，有不待论断，而于序事之中即见其指者，惟太史公能之。《平准书》末载卜式语……皆史家于序事中寓论断法也。"（《日知录》卷二十六《史记于序事中寓论断》）由此可见，司马迁对于当时兴利之臣的做法是不赞成的，特不敢公然反对而已。

司马迁因谏李陵降匈奴事而被刑,是他一生中最痛心的事,他在《报任少卿书》中把他满腔悲愤之情尽情宣泄出来。当时他的《史记》还在撰写中,否则他是会自杀的。武帝时买官赎罪,公开进行,如果他有钱,他很可能不受刑而出狱,可是他苦于"家贫,财赂不足以自赎",这使他非常痛心。因此,他对于当时商品经济的发展,富商大贾的致富巨万,存在非常矛盾的心理。一方面,不能不承认客观存在的经济发展的必然趋势,一方面又认为像武帝时"上下交争利"的现象是危险的,是不符合儒家的治国之道的。特别是联想到他自己的不幸遭遇,他对那些富商小贩都能坐致巨万,而自己是读书人,又是天子的近臣,"太史令"的官也够高贵的,但是秩不过六百石(《太史公自序》索隐引《博物志》),不要说不能与富商大贾比,也不能和种田的秦扬、掘冢的田叔、博戏的桓发、贩脂的雍伯、卖浆的张氏、洒削的郅氏、卖胃脯的浊氏、马医张里等人比,他从这些人得出结论,"富无经业,则货无常主,能者辐凑,不肖者瓦解。千金之家比一都之君,巨万者乃与王者同乐"。这就是说,富贫不是天生的,在于会不会谋利赚钱。司马迁说这话显然是在发不平之鸣,这是反语,必须从反面看,才能理解司马迁的心情,认识他的思想。班氏父子只看文章的正面,不会看反面,当然是不能理解司马迁的。

(1989 年第 1 期)

# 《汉书》历史地位再评价

陈其泰

## 一、时代召唤"汉书"出世

历史现象往往有极相似之处。司马迁著《史记》，是在西汉皇朝鼎盛的武帝时代；班固著《汉书》，则是在东汉国力强盛的明帝、章帝时代。《史记》的成书，凝聚着司马谈、司马迁父子两代人的心血；《汉书》的撰写，则是班固父子兄妹一家学术的结晶。与司马迁同时代的有大思想家董仲舒，他的言论对于我们理解《史记》成书的社会、思想背景有极大帮助；跟班固同时代的也有一位大思想家王充，他所著《论衡》一书，对于我们理解《汉书》产生的社会条件、思想背景，同样提供了很可宝贵的资料。

比如，以往我们评价《汉书》，对《汉书》撰写的目的是为了"宣扬汉德"，认为这是班固忠实地维护汉家统治的正宗史学思想的突出表现，而做了许多批评贬责。这个问题，涉及我们评价《汉书》将它放到什么基本点，关系颇为重大。然而，若果联系《论衡》一书中的有关论述，我们就可以获得有益的启示，产生新的认识。

王充（光武建武三年—和帝永元十六年，27—104），是班彪的学生（《后汉书·王充传》），比班固（光武建武八年—和帝永元四年，32—92）年长五岁，《论衡》中多次提到班固，两人当有交往，而且，他们的思想也确有互相沟通之处。《论衡》撰作的重要目的之一是"颂汉"。书中有《须颂》篇，篇名即揭示出对汉朝必须颂扬的著述宗旨。王充讲："夜举灯烛，光曜所及，可得度也；日照天下，远近广狭，难得量也。浮于淮、济，皆知曲折；入东海者，不晓南北。故夫广大，从横难数；极深，揭厉难溯。汉德酆广，日光海外也。知者知之，不知者不知汉盛也。汉家著书，多上及殷、周，诸子并作，皆论他事，无褒颂之言，《论衡》有之。又《诗》颂国名《周颂》，与杜抚、班固所上《汉颂》，相依类也。"（《论衡·须颂》）王充赞美汉德之盛，如阳光普照天下，如东海不可测量。批评当时许多学者都对此毫无认识，著书只言远古，对汉代之事不加涉及。他认为班固写有《汉颂》，别具识见，所以引为同调。

尤其值得注意的是：王充赞美汉代的言论是有的放矢，态度鲜明地同当时盛行的复古倒退的观点相对抗。《论衡》中的《超奇》《齐世》等都一再尖锐地批评俗儒"好褒古而贬今""尊古卑今"的偏见。《超奇》批评他们迷信古代达到了是非颠倒的地步："俗好高古而称所闻，前人之业，菜果甘甜；后人新造，蜜酪辛苦。"《齐世》进一步列举倒退历史观的种种表现。一是认为人的相貌、体质、寿命，当今比古代普遍丑化或退化了："语称上世之人，侗长佼好，坚强老寿，百岁左右；下世之人，短小陋丑，夭折早死。"二是认为古人与今人品质道德优劣悬殊："上世之人质朴易化，下世之人文薄难治。""上世之人重义轻身，遭忠义之事，得己所当赴死之分明也，则必赴汤趋锋，死不顾恨。……今世趋利苟生，弃义妄得，不相勉以义，不相激以行，义废身不以为累，行媿事不以相畏。"三是认为政治功业古今相比高下悬殊："语称上世之时，圣人德优，而功治有奇。……及至秦、汉，兵革云扰，战力角势，……德劣不及，功被若之征。""画工好画上代之人。秦、汉之士，功行谲奇，不肯图今世之士者，尊古卑今也。"王充所概括的种种谬误说法，突出地表明人们头脑中尊古卑今的意识是多么根深蒂固，需要有见识的人物以社会进步的事实加以批驳，廓清迷误。王充提出了与世俗眼光截然相反的看法："大汉之德不劣于唐、虞也。""光武皇帝龙兴凤举，取天下若拾遗，何以不及殷汤、周武？"（《论衡·齐世》）汉代是封建社会的成长时期，当然比三代大大前进了，王充的结论自是具有进步意义的见解。那么，俗儒为什么会形成这种颠倒历史的看法呢？王充分析说，这是因为儒生们自生下来读的就是记述和颂扬三代的书，"朝夕讲习，不见《汉书》，谓汉劣不若"，所以识古而不识今。王充断言："使汉有弘文之人，经传汉事，则《尚书》《春秋》也，儒者宗之，学者习之，将袭旧六为七，今上、上王至高祖皆为圣帝矣。"（《论衡·宣汉》）为了驳倒复古倒退论者，迫切地需要一部记载汉史的著作。王充认为，若果有一位擅长著述的人修成这样一部"汉书"，记载汉代的政治功业，让读书人从小诵习，那么这部书的价值便可与《尚书》《春秋》相比美，人们尊奉的"六经"也可增加而成七了。王充所言，深刻地反映了时代对"汉书"的召唤。《论衡》即是一部用政论形式"宣扬汉德"的作品，书中直接赞美汉朝功业的篇章，还有《恢国》《宣汉》《验符》《超奇》《齐世》等篇。

王充所论与班固的著史目的是相通的。班固恰恰也意识到撰写汉史的需要。《太平御览》卷六百零三《史传》上引《后汉书》："班彪续司马迁，《后传》数十篇，未成而卒。明帝命其子固续之。固以史迁所记，乃以汉氏继百王之末，非其义也，大汉当可独立一史，故上自高祖，下至王莽，为纪、表、志、传九十九篇。"（按，这部《后汉书》作者未详。）班固《汉书·叙传》中也有类似说法："汉绍尧运，以建帝业，至于六世，史臣乃追述功德，私作本纪，编于百王之末，厕于秦、项之列。太初以后，阙而不录，故探纂前纪，缀辑所闻，以述《汉书》。"班固不满意"以汉氏继百王之末"，固然是正宗思想的表现。但这只是事情的一面，事情有另一面，班固主张"大汉当可独立一史"，客观上具有破除当时浓厚的复古倒退思想的积极意义，而且以艰苦的史学实践，成功地回答时代对"汉书"的需要。因而，对班固"宣扬汉德"需要有新的看法，应该承认，班固这样做，在当时有其历史进步性。以史学实践满足社会思想前进的要求，是班固的一大贡献。

白寿彝教授在20世纪60年代初和70年代末对《史》《汉》做比较研究，独到地分析了班固的正宗思想及其在十志等方面的贡献，他所取得的学术成果为我们继续深入研究打下了坚实基础，并且在研究方法上给了我们宝贵的启示。今天，我们应该推进比较研究方法的运用，做《汉书》《论衡》的比较，使我们达到更深层的认识，更准确地确定《汉书》时代和历史的方位，从而提高对班固史学成就的评价。

与《汉书》撰写目的密切相联系的是：班固在《汉书·高帝纪》中叙述高祖之母"梦与神遇"而生高祖，高祖斩白蛇是赤帝子斩白帝子等神话，历来也因宣扬"皇权神授"、宣扬神怪迷信而一再受到贬斥。这一点，我们再拿《论衡》中相关的内容做比较，也能有助于对问题的理解。

王充具有朴素唯物主义自然观。他认为"气"生万物，讲"天道自然，自然无为","使应政事，是有，非自然也",(《论衡·寒温》)对于人死后变鬼的迷信说法，驳斥尤为有力。然而，《论衡》书中又有许多地方讲"天命"，如讲到高祖的神怪故事的，书中就有《吉验》《初禀》《指瑞》《齐世》《宣汉》《恢国》等篇。仅举出《吉验》所载即可略见一斑。篇中云："高皇帝母曰刘媪，尝息大泽之陂，梦与神遇。是时雷电晦冥，蛟龙在上。及生而有美。性好用酒，尝从王媪、武负贳酒，饮醉止卧，媪、负见其身常有神怪。每留饮醉，酒售数倍。后行泽中，手斩大蛇，一妪当道而哭，云：'赤帝子杀吾子。'此验既著闻矣。秦始皇帝常曰：'东南有天子气。'于是东游以厌当之。高祖之起也，与吕后隐于芒、砀山泽间。吕后与人求之，见其上常有气直起，往求，辄得其处。后与项羽约，先入秦关，王之。高祖先至，项羽怨恨。范增曰：'吾令人望其气，气皆为龙，成五采。此皆天子之气也。急击之。'高祖往谢项羽，羽与亚父谋杀高祖，使项庄拔剑起舞。项伯知之，因与项庄俱起，每剑加高祖之上，项伯辄以身覆高祖之身，剑遂不得下，杀势不得成。会有张良、樊哙之救，卒得免脱，遂王天下。初妊身，有蛟龙之神；既生，酒舍见云气之怪；夜行斩蛇，蛇妪悲哭；始皇、吕后望见光气；项羽谋杀，项伯为蔽，谋遂不成，遭得良、哙，盖富贵之验，气见而物应，人助辅援也。"举凡《汉书·高帝纪》所有的神怪故事，此篇全有，甚至讲得更集中，更活灵活现。王充在此篇中，还讲光武生时，"时夜无火，室内自明"；嘉禾生，"三本一茎九穗"，等等。《论衡》书中还讲明帝、章帝时祥瑞很多，"永平之初，时来有瑞，其孝明宣惠，众瑞并至。至元和、章和之际，孝章耀德，天下和洽，嘉瑞奇物，同时俱应，凤皇、骐麟，连出重见，盛于五帝之时"。(《论衡·讲瑞》)这类神怪、符瑞说法盛行的原因，一者，自西汉中期"天人感应"学说传播，至西汉晚期、东汉初期，更形成谶纬迷信的极度泛滥。王莽、刘秀都曾利用图谶迷信说法上台。光武中元元年 (56)，还"宣布图谶于天下"(《后汉书·光武帝纪》)。章帝时，天下各郡国竞相献上符瑞，种种迷信说法弥漫于朝野。二者，汉高祖斩白蛇之类神话所以特别为人们所乐道，还由于刘邦平民出身，"无土而王"，古代帝主无此先例，这是汉代人无法解释的。于是把他神话化，在他头上添加层层光环。这种特殊的社会和思想的环境，造成《汉书》中大讲刘邦的神怪故事，也造成《论衡》中大讲天命符瑞，并不足怪。问题在于，《论衡》中讲了那么多刘邦的神话，却并不影响我们称王充是中国历史上"杰出的唯物主义思想家"，而对于讲了刘邦神怪故事的班固，我们多年来却一味加以严厉的批评，这不是不大公平吗？对于同一时代人同样性质的问题，我们只能使用同一个标准来进行评价。班固神化了西汉皇朝，其目的在于神化东汉皇朝，这是他封建正宗思想的表现，指出其历史局限性是完全必要的。同时我们又应了解，即令在王充这样的代表时代思想最高水平的哲人身上也有类似的反映，说明在当时历史条件下必然产生出这样的思想，那么对于班固也就不应过分地责备。

## 二、继《史记》而起的巨著

《史记》产生于封建制度成长的前期，《汉书》产生于封建制度业已全面确立的时期，两部史书在历史思想上的不同特点，即是它们各自时代的投影。司马迁所处的时代，封建制度处于迅速上升阶段，就中国整个两千年封建社会来说，也是它最有生气的时期。司马迁在《史记》中讴歌"汉兴，海内一统"的局面，对于社会生活和上层建筑中处于发展阶段的封建等级关系，他表示赞成并加以维护。当时，文化上"独尊儒术"的政策刚刚提出，专制主义还没有充分控制各个思想领域，所以司马迁仍继承了先秦诸子百家的余波，要"成一家之言"，敢于提出与统治者不同的观点，思想比较自由。到东汉班固的时代，封建制度已经稳固化。在文化上，自武帝实行"独尊儒术"以后，经过西汉宣帝石渠阁会议，到东汉章帝白虎观会议，会集大儒讲论经义异同，皇帝亲临裁决，表明封建主义思想文化的控制达到强化的程度。[①] 班固参加了白虎观会议，并被皇帝指定为整理会议记录的定稿人。这种时代特点及班固本人跟东汉皇室的密切关系，决定了他要站在朝廷的立场说话。《汉书》封建正宗思想之时代根源，正在于此。

不过，我们不能因《汉书》的正宗思想而忽视其进步面，也不能因班固

---

① 见白寿彝《中国史学史》第一册《叙篇》第二章，上海：上海人民出版社1986年版。

有批评司马迁"是非颇缪于圣人"的话,而忽视他对司马迁优良史学传统的弘扬。无论从班固创立的修史格局,从他的实录精神,还是从班固对历史问题的见识来说,《汉书》都不愧为继《史记》而起的成熟巨著,值得我们进一步认真地发掘和总结。

(一)班固继承了史记的体裁,同时发扬了司马迁在构建史学体系上的创造精神,开创了纪传体断代史的格局。

《史记》成书以后,它的巨大成功吸引着许多学者继续司马迁的工作。人们对司马迁所载只止于汉武,太初以后没有记载,感到极大遗憾,希望一代代史家继续写下去,保持历史记载的连续不断。自司马迁之后一百余年间,续《史记》的作者,先有褚少孙,以后有刘向、刘歆、冯商、扬雄、史岑等十五人[①],以及班固之父班彪。班彪续作成绩最大,他"才高而好述作,遂专心史籍之间"。他具有独到的眼光,认为以往那些续作者"多鄙俗,不足以踵继其书",于是"乃继采前史遗事,傍贯异闻",作《后传》六十五篇。(《后汉书·班彪列传》)当时学者对班彪续作给予高度赞扬,王充称他:"记事详悉,义浅理备。观读之者以为甲,而太史公乙。"(《论衡·超奇》)说班彪的续作超过《史记》显然过分,但他的努力成为班固著《汉书》的重要基础,则应该肯定。

从褚少孙至班彪,尽管在推进司马迁以后的史学上做出了不同程度的贡献,但是他们所做的却只限于"续作"。即是说,他们自觉或不自觉地把所做的工作置于司马迁巨大成就笼罩之下,只限于修修补补。他们并未意识到需要构建新的史书体系。而这个问题若果不能解决,则"保存历史记载连续不断"的目的,是不能达到的。试看,在众多的续作者中,除褚少孙所补的若干段落由于附于《史记》,班彪所续的一些内容由于存在于《汉书》,因而得到保存外,其他作者所续之篇,早已统统湮灭无闻,便是明证。若无一个构建起来的体系,再好的内容也无从依托,既不能流布于社会,更不能传留给

---

① 此据《史通·古今正史》。其余十人是卫衡、梁审、肆仁、晋冯、段肃、金丹、冯衍、韦融、萧奋、刘恂。此外,《通志总序》讲还有贾逵。又据《汉书·杨恽传》,言司马迁外孙杨恽"始读外祖《太史公记》,颇为《春秋》",或者也有所补作。

后代，这是很明显的道理。班固却有气魄创立了著史的新格局。他"断汉为史"，在内容上提供了时代所需要的历史教材，在构史体系上则取得了重大突破，使史学从司马迁的巨大身影笼罩下走出来，向前跨进了一大步。司马迁在先秦史书规模比较狭小、形式比较粗糙的基础上，经过综合和改造，创立了气魄宏大的纪传体史书，在历史编纂上表现了了不起的创造活力，这对班固是很大启发。《汉书》的体裁，是对《史记》的继承，又是一个影响深远的创造，以后历代修史者对此沿用不改。今天我们考察这个问题，还应该比前人有进一步的认识：它意味着班固创立的断代为史的格局，恰恰符合中国封建社会演进久远行程中皇朝更迭的周期性特点，所以才被相继沿用垂二千年。

（二）班固撰《汉书》还继承和发扬了司马迁的"实录"精神。

首先是体现在班固对司马迁史学成就的评价上。《汉书·司马迁传》赞语，内容大体采用班彪所写的《略论》（《后汉书·班彪列传》），代表了班氏父子对司马迁史学的看法。赞语对司马迁史学有表扬有批评："亦其涉猎者广博，贯穿经传，驰骋古今，上下数千载间，斯以勤矣。又，其是非颇缪于圣人，论大道而先黄老而后六经，序游侠则退处士而进奸雄，述货殖则崇势利而羞贱贫，此其所蔽也。"班固批评司马迁"论大道而先黄老而后六经"，这是拿"独尊儒术"以后将儒学神圣化的正宗观点，去衡量别一时代的思想而得出的偏颇结论。其实，司马迁并没有贬低孔子和儒学，正相反，他对孔子和儒学是多所肯定和表彰的。事实不胜枚举：司马迁认为孔子所修《春秋》，是"王道之大者"，"礼义之大宗"，"拨乱世反之正，莫近于《春秋》"。司马迁宣称他撰史的目的，就是"继《春秋》"；（《史记·太史公自序》）司马迁整理史事、考辨史事的基本方法和标准，是"考信于六艺"（《史记·伯夷列传序》）；司马迁为孔子及其儒家学派修撰了《孔子世家》《仲尼弟子列传》《孟荀列传》《儒林列传》，特别是在《孔子世家》赞语中讲，许多生前地位显赫的人物死后都被人忘却，唯独孔子在思想史、学术史上的地位不朽，"学者宗之。自天子王侯，中国言六艺者折中于夫子，可谓至圣矣"！由此可见，司马迁对孔子学说非常尊奉，证据凿凿，不可否认。所以直到近代，龚自珍仍称司马迁为"汉大儒司马氏"（《龚自珍全集·陆彦若所著书序》）。梁启超也说，"太史公最通经学，最尊孔子"（《读书分月课程》，《饮冰室合集》专集之六十九），"司马迁固汉代独一无二之大儒矣"（《论中国学术思想变迁之大势》，《饮冰室合集》文集之七）。司马迁与班固所不同处在于：司马迁是以比较符合历史实际的眼光表彰儒学，他不把儒学绝对化、神圣化，而他在推崇儒学的同时，吸取老庄、法家等学说的内容，并且批评俗儒、陋儒和谄媚之儒；班固则把儒学绝对化和神圣化，将儒学跟老庄等学说对立起来，尊此抑彼，毫无调和余地。正宗思想使班固走得太远了，所以他要对司马迁做出"先黄老而后六经"的偏颇批评。

可贵的是，班固并没有因对司马迁的政治思想、哲学思想有所批评，而降低他在史学上的杰出成就。相反地，班固十分推崇司马迁的著史才华和品德："然自刘向、扬雄博极群书，皆称迁有良史之材，服其善序事理，辨而不华，质而不俚，其文直，其事核，不虚美，不隐恶，故谓之实录。"（《汉书·司马迁传》赞）称赞司马迁既具有善序事理的史学才华，又具有直笔无隐的高尚史德，实际上，是尊奉他是历史家的楷模。班固的这些精到评价对于确立司马迁在史学史上的地位起到了不能低估的积极作用。班固不被其正宗思想所蔽，公正地表彰司马迁的杰出史学成就，这本身就表现出班固忠实于历史的品格，并且说明，他同样以"不虚美，不隐恶"，写出"实录"式的史书作为自己的治史准则。

其次，体现在班固对内容取舍和史料抉择的标准上。

前人曾批评《汉书》武帝以前"尽窃迁书"（郑樵《通志总序》），这个批评是极其不妥的。既然司马迁对西汉历史的记述是"实录"，那么《汉书》武帝以前的史实，当然绝大部分要以《史记》为依据，班固这样做正是忠实于历史，未可指摘。况且，即令对武帝以前历史的记述，班固也在进一步占有材料的条件下，做了不少有价值的补充。我们对此可以归纳为三个方面。一是增设篇目，如《惠帝纪》及王陵、吴芮、蒯通、伍被、贾山、东方朔、李陵、苏武等传。特别是张骞事迹，《史记》仅附于《卫将军骠骑列传》之后，叙述简略。《汉书》特为张骞立专传，给予他应有的历史地位。二是，班固根据"掇其切于世事者著于传"（《汉书·贾谊传》）、"论其施行之语著于篇"（《汉书·晁错传》）的原则，在有关篇章中记载了西汉一代重要的文章、言论。

如《贾谊传》载其《治安策》,《食货志》载其《论积贮疏》,《晁错传》载其《教太子疏》《言兵事疏》《募民徙塞下疏》,《食货志》载其《论贵粟疏》,《贾山传》载其《至言》,《邹阳传》《枚乘传》各载其谏吴王书,《韩安国传》载其与王恢辩论对匈奴策略的言论,《公孙弘传》载其《贤良策》。(见赵翼《廿二史劄记》卷二《汉书多载有用之文》)三是,《汉书》对西汉前期史实也有重要增补,如《萧何传》增项羽负约,封沛公于巴蜀为汉王,汉王怒,欲攻羽,萧何力言不可,乃之国。《韩信传》对韩信战功,《王陵传》对吕后王诸吕的复杂经过,也都有重要补充。(见安作璋《中国史学家评传·班固》)根据班固自己所申明,凡是《史记》所无材料,决不随便添加,必须确凿有据,方予增补,否则阙疑。《张汤传》赞语云:"冯商称张汤之先与留侯同祖,而司马迁不言,故阙焉。"又《东方朔传》称,朔以滑稽诙谐著名,"后世好事者因取奇言怪语附著之",考核的结果,凡属刘向著录的东方朔的言行才可靠,"世所传他事皆非也"。从班固昌言的标准和他对材料的严格审核,确实说明他发扬了司马迁的"实录"精神。

第三,也是最主要一点,体现在班固敢于秉笔直书,揭露汉代封建统治的阴暗面上。

《汉书》是以宣扬汉朝政治功业为撰写目的的,那么,敢不敢暴露汉代封建统治的阴暗面,就成为班固是否具有"实录"精神的试金石。班固对此做出肯定的回答,他发扬了"不虚美,不隐恶"的好传统,据事直书。有的学者称赞班固"不为汉讳",是很中肯的。(见冉昭德《班固与汉书》,《中国史学史论集》第一册)这里举出以下四个方面。一是,班固揭露西汉土地兼并的严重。《食货志》载有董仲舒上言,讲汉代仍继续秦朝当年严重兼并的局面,"富者田连阡陌,贫者无立锥之地",因此建议"限民名田,以澹不足,塞并兼之路"。同篇又载:哀帝即位,师丹辅政,建言:"今累世承平,豪富吏民訾数巨万,而贫弱愈困。"所以又提出限田。《哀帝纪》中也载皇帝的诏令承认兼并的严重:"诸侯王、列侯、公主、吏二千石及豪富民多畜奴婢,田宅无限,与民争利,百姓失职,重困不足。"二是,揭露诸侯王及外戚集团奢侈纵欲,无法无天。《景十三王传》总括说:"汉兴,至于孝平,诸侯王以百数,率多骄淫失道。"并载广川惠王刘越"燔烧亨(烹)煮,生割剥人。距师之谏,杀其父子。凡杀无辜十六人,至一家母子三人,逆节绝理。"江都王刘建,纵狼杀人,或将人幽禁活活饿死,"凡杀不辜三十五人"。《外戚传》揭露外戚集团利用裙带关系盘踞高位,"穷富贵而不以功",骄奢淫逸,凶狠残忍,宫廷后妃之间、外戚之间因争宠争权,互置对方于死地,甚至杀人投毒。三是,班固对于即使是他所盛赞的"文景之治"时代,也能不加隐饰地揭示当时的弊政。《贾山传》引其《至言》,谏文帝"功业方就,名闻方昭,四方乡风,今从豪俊之臣,方正之士,直与之日日猎射,击兔伐狐,以伤大业,绝天下之望"。《路温舒传》讲景帝时冤狱遍地,狱吏"上下相驱,以刻为明;深者获公名,平者多后患。故治狱之吏皆欲人死,非憎人也,自安之道在人之死,是以死人之血流离于市,被刑之徒比肩而立,大辟之计岁以万数"。班固对宣帝时期吏治修明也是大加赞扬的,同时他对当时地方豪强作恶多端也如实记载。《酷吏传》载:宣帝时涿郡豪强西高氏、东高氏欺压百姓,为非作歹,"宾客放为盗贼,发,辄入高氏,吏不敢追。浸浸日多,道路张弓拔刃,然后敢行,其乱如此"。四是,班固还深刻地揭露独尊儒术之后,以儒学进身任官制度,是打开为利禄奔竞之门:"设科射策,劝以官禄,讫于元始,百有余年,传业者浸盛,支叶蕃滋,一经说至百余万言,大师众至千余人,盖禄利之路然也。"(《汉书·儒林传》赞)他还总结自武帝以后"以儒宗居宰相位"那班人物,如公孙弘、蔡义、韦贤、玄成、匡衡、张禹、翟方进、孔光、平当、马宫等,都是"服儒衣冠,传先王语","持禄保位,被阿谀之讥",(《汉书·匡张孔马传》赞)尖锐地抨击这些以儒学大师进身的显赫人物,都是庸碌自私、巧于饰己、专事谄媚之徒,根本不配居于宰相地位。在各人传记中,班固对他们的虚伪、贪婪多所揭露。如载公孙弘对武帝专事谄媚,对同僚则"外宽内深",设计陷害,"杀主父偃,徙董仲舒胶西,皆弘力也"。(《汉书·公孙弘传》)匡衡假报所封临淮郡地界,侵占田地四百顷。张禹"内殖货财","多买田至四百顷,皆泾、渭溉灌,极膏腴上贾","内奢淫,身居大第,后堂理丝竹管弦"。(《汉书·张禹传》)《陈万年传》载,身为御史大夫的陈万年,病重时召其子咸至床前,教至半夜,咸睡着了,万年怒不可遏,咸忙"叩头谢曰:'具晓所言,大要教咸谄也。'"对这位大官僚谄媚本质的讽刺可谓入木三分。"独尊儒术"是西汉的国策,班固的这些记载,是从一个重要侧面对西汉政治状况和官场风气做严肃批评。班固具有这种识见和史德，是值得称赞的。

（三）实录精神和历史见识，使班固能够较深入地考察历史进程，对于一些历史问题的阐述，提出了具有唯物主义因素的见解。

《汉书》固然有浓厚的正宗思想和天命思想，这是时代打上的烙印。然而，我们又应肯定其中有重视历史时势的进步思想。

刘邦为什么能"无土而王"，迅速建立起汉朝，这是西汉历史的一个重要问题。班固在《汉书·异姓诸侯王表序》中对此做了分析。他总结自虞夏至秦之得天下，有着共同的特点，即都经历了长期的艰难创业：虞、夏之兴，"积德累功"数十年；商汤、周武之王，乃由契、后稷"修仁行义"，历十余世，而后成功；秦的帝业，先由襄公崛起，经过文公、穆公、献公、孝公、昭襄王、庄襄王历代经营，"稍蚕食六国，百有余载"，至始皇乃并天下。刘邦得天下却与历代君主相去天壤，"无尺土之阶，繇一剑之任，五载而成帝业。《书传》所记，未尝有焉"。为什么会出现这样的历史大变局？班固认为，这是因为秦始皇的倒行逆施加速了自己的灭亡，为刘邦的迅速兴起准备了条件。秦始皇本来冀图以取消分封制、销毁天下兵器、禁绝儒学、大事征伐等等，巩固其统治，"用壹威权，为万世安"，结果恰恰激起人民的反抗，"十余年间，猛敌横发乎不虞，适戍疆于五伯，闾阎逼于戎狄，响应瘈于谤议，奋臂威于甲兵。乡秦之禁，适所以资豪杰而速自毙也"。这样，刘邦"无土而王"这一亘古未有的历史新格局，就完全可以用能够确切指明的时代条件来解释。班固用"势"的命题对此加以概括，云："古世相革，皆承圣王之业，今汉独收孤秦之弊。镂金石者难为功，摧枯朽者易为力，其势然也。"

值得注意的是，上述班固对于历史时势的看法，是在司马迁认识的基础上加以发展的。司马迁极为重视秦亡汉兴的历史教训，《史记·秦楚之际月表序》中，他论述刘邦得天下的原因云："然王迹之兴，起于闾巷，合从讨伐，轶于三代，乡秦之禁，适足以资贤者为驱除难耳。故愤发其所为天下雄，安在无土不王。此乃传之所谓大圣乎？岂非天哉，岂非天哉！非大圣孰能当此受命而帝者乎？"司马迁确已论及秦的暴政为汉的兴起准备了条件，表现出其卓识,他感慨"岂非天哉",其中也确有历史时势的意味。但是不能否认,司马迁讲的"天"又含有命定论的意味,所以他称刘邦为"受命而帝"的"大圣"。换言之,司马迁的议论中重视历史时势与命定论二者兼而有之。相比之下,班固的认识明显地提高了,他完全以历史时势来解释,摆脱了命定论的影响。这是观点上的一大进步。与此相联系的是,班固批评司马迁引用贾谊的一个论点:"藉使子婴有庸主之材,仅得中佐,山东虽乱,秦之地可全而有,宗庙之祀未当绝也。"班固认为,这是对历史的客观趋势判断错了,"不通时变",不知"秦之积衰,天下土崩瓦解,虽有周旦之材,无所复陈其巧"。(《史记·秦始皇本纪》附录)班固所论显然比较符合历史时势。

藩国问题是西汉史又一大问题。司马迁的时代,西汉朝廷与藩国斗争的过程尚未结束,过程中矛盾的各个侧面尚未充分暴露,因而他不可能做全面的总结。班固后来居上,他站在新的时代高度,能够俯瞰西汉初至武帝时朝廷与藩国斗争的全过程,从而在《史记》的基础上,对此做出较全面、深入的总结。这也是《汉书》的突出贡献。

《诸侯王表序》中肯地描述了藩国势力对西汉国家的危害:"藩国大者夸州兼郡,连城数十,宫室百官同制京师","小者淫荒越法,大者睽孤横逆",尾大不掉,构成对朝廷的严重威胁。对西汉朝廷与藩国势力做斗争所经主要阶段,班固也做出了正确总结:"文帝采贾生之议分齐、赵,景帝用晁错之计削吴、楚,武帝施主父之册,下推恩之令,使诸侯王得分户邑以封子弟,不行黜陟,而藩国自析。"武帝以后,"诸侯惟得衣食税租,不与政事",标志着严重的藩国问题得到解决。这些论述提纲挈领,接触到历史的实际情形,向来成为后人论述西汉藩国问题最权威的依据。《汉书》贾谊、晁错两传,详载他们向文帝、景帝郑重提出的削藩主张,显然都是班固有意为之,使我们得以窥见当时重大事件的来龙去脉。这里还想讨论《汉书》有关篇章中所反映的藩国问题的曲折性、复杂性,限于篇幅不能展开,只能简略提出三点:第一,班固论及汉初分封同姓王,在一段时间内对于韩信、彭越等异姓王起到制约作用的问题。如讲"汉兴之初,海内新定,同姓寡少","尊王子弟,大启九国"。"高祖创业,日不暇给,孝惠享国又浅,高后女主摄位,而海内晏如,亡狂狡之忧,卒折诸吕之难,成太宗之业者,亦赖之于诸侯也。"(《汉书·诸侯王表序》)第二，贾谊反复陈述侯国必然造成祸乱，危害朝廷："疏者必危，亲者必乱，已然之效也"，"臣窃迹前事，大抵强者先反"。他所提出的"众建诸侯而少其力"的方针，实际上成为解决西汉藩国问题的根本指导思想。而在具体做法上，贾谊甚至提出以藩国制藩国的策略。淮南王刘长谋反事发后，贾谊建议文帝大封皇子武（淮阳王）为梁王，封国占有淮河以北、黄河以南大片地方，以起到"捍齐、赵"和"禁吴、楚"的作用。班固特别载明：至景帝三年吴、楚七国乱时，"合从举兵，西乡京师，梁王捍之，卒破七国"。(《汉书·贾谊传》) 还在《叙传》中概括《贾谊传》的撰写意旨："建设藩屏，以强守圉，吴、楚合从，赖谊之虑。"赞扬贾谊的预见性，同时反映出在一定时期内亲近的封国对疏远的封国的制约作用。可见，《汉书》论述藩国问题，既从总体上看到藩国必乱的结局，又能有分寸地反映出特定时期特定封国的积极作用。包括藩国问题的解决在内，历史发展不可能是平坦的、笔直的，它只能走曲折的道路，这是历史辩证法的体现。笔者认为，《汉书》记载的这些问题，至今仍有丰富我们的认识、启发我们的思维的作用。第三，《汉书·晁错传》比《史记》更公正地评价了晁错主张削藩的贡献。晁错是景帝时期代表西汉朝廷对藩国坚决斗争的关键人物。他明知将由此立即引来杀身之祸，而毫不动摇。对于这样一个悲剧人物，班固做了公正评价："晁错锐于为国远虑，而不见身害"，"错虽不终，世哀其忠"。(《汉书·晁错传序》) 肯定晁错为国尽忠，后人世代承认。比较《史》《汉》对晁错的评价即可发现，班固的评价，采用了司马迁的正确部分，而纠正了《史记》中自相矛盾的见解。《史记·晁错传》赞曰："晁错为家令时，数言事不用；后擅权，多所变更。诸侯发难，不急匡救，欲报私雠，反以亡躯。语曰：'变古乱常，不死则亡。'岂错等谓邪！"并没有肯定他主张削藩的积极作用，相反地，责备他的动机是"欲报私雠"，做法是"变古乱常"。这些都是不恰当的。然则，司马迁毕竟要写出忠实于客观历史的"实录"，因此他记载了邓公称颂晁错和批评景帝的话，称他建议"削地以尊京师"是"万世之利"，是一个"忠臣"。在《吴王濞列传》中，司马迁也称晁错"为国远虑"。这样，司马迁对晁错的评价就自相矛盾。班固纠正了《史记》的矛盾说法，把其中正确部分吸收过来，并加以提高。《汉书·晁错传》中详载其事迹，并将他施行于世的言论采辑于篇，客观上讲，是表现了封建阶级上升时期，这样一位有远见的政治家，为了国家利益不惜冒险患难的可贵精神。班固这样做，就为那个时代，同时也为《汉书》增添了光彩。

班固评论武帝时期人才之盛也很精彩。他认为，武帝时期大批人才的出现是由历史时势造成的。这一观点见于《公孙弘卜式兒宽传》的论赞。班固讲，这三个人在武帝时分别身居丞相、御史大夫之位，可是他们都出身贫贱，或放猪，或放牛，或当伙头。这样低微的出身，"非遇其时"，能够上升到高位吗？班固认为，这正是时势造就人才的结果。汉初的休养生息，到武帝时代，已经具有雄厚的经济实力，可以大有作为了。当时要做的有两件大事，一是开拓边境，奠定版图；二是需要建立一套礼仪、政治、法律等等制度。"上方欲用文武，求之如不及。"于是，"群士慕向，异人并出。……汉之得人，于兹为盛"。时代需要大量人才，人才便成批涌现出来。当时各方面都有不平常的人物施展才智，如儒学大师董仲舒、公孙弘、兒宽，荐贤的韩安国、郑当时，制定法令的赵禹、张汤，文学家司马迁、司马相如，天文历算家唐都、洛下闳，音乐家李延年，理财家桑弘羊，外交家张骞、苏武，大将卫青、霍去病，一共举出十四个方面二十七个特出人物。

依靠这些特出人物，使武帝时代达到强盛。"是以兴造功业，制度遗文，后世莫及。"这又寓含着杰出人才推动社会前进的可贵认识。班固认为，汉宣帝时代也颇有作为，"纂修洪业，亦讲论六经，招选茂异"，举出当时在儒学、文章、将相、治民等方面"有功迹见述于世"的人物，如萧望之、刘向、赵充国、龚遂等。总的讲，班固认识到时代的需要造就了有作为的人物，人物的作为又推动时代前进，不但论述问题完全从时势着眼，而且体现出从许多个别事例中概括出共性的道理，一点也没有掺入天命、迷信的意识。班固所论述的，自然跟历史唯物主义关于历史人物产生及其作用的原理无法相比，但其中有相通的地方，具有唯物主义的因素。一千九百年前的班固能达到这一认识高度，说明他有非凡的历史见识。

（四）《汉书》还具有一定的人民性。

班固历史思想的人民性，首先表现在对西汉几个帝王功业的评论上。他最早提出"文景之治"这一著名的历史概念,此后一向成为恢复生产、爱惜民力、轻徭薄赋政治局面的象征。《文帝纪》赞语表彰文帝"敦朴为天下先",不准在宫中建造费值百金的露台,从皇帝本人到宠爱的后妃都衣着简朴,是为历代帝王所罕见。班固特别强调文帝以"利民""恐烦百姓"为治国标准,他的不事征伐、采纳臣下谏议,都是由利民而不扰民的方针所支配,因此在位期间,出现了"海内殷富"的局面。《景帝纪》赞高度评价汉初以来与民休息政策的成效:"汉兴,扫除烦苛,与民休息。至于孝文,加之以恭俭,孝景遵业,五六十载之间,至于移风易俗,黎民醇厚。周云成、康,汉言文、景,美矣!"对于景帝遵奉文帝"利民"的功业衷心地赞美。

班固推崇武帝的雄才大略,多所设施,奖拔人才,但又批评他连年用兵,造成人力物力的大量虚耗,沉重地增加了人民负担。内容见于《武帝纪》《刑法志》《循吏传》序等。从班固对武帝时期弊政一面的批评,也反映出他对民众利益的关心。

其次,班固历史思想的人民性,还表现在以赞赏态度记述宣帝时期的吏治和考察制度。对于出身贫贱的汉宣帝,如何"五日一听事",让丞相及各大臣报告履行职责情况;如何重视刺史一级地方官的任用,考察其政绩,了解其实情;对于好的地方官如何郑重赏赐表彰,并从中选拔征用朝廷大臣:班固都予以详载。这套办法确实奏效,出现了一批有名的良吏,"所居民富,所去见思"(《汉书·循吏传》)。在位二十四年中,"吏称其职,民安其业",被称为西汉"中兴"时期。(《汉书·宣帝纪》)班固对宣帝时期如何任用、考察官吏的记载,今天看来,不仅有史料价值,而且有思想上的价值。

(五)《汉书》十志在史学上的突出贡献——"将书志体完善起来"。

《汉书》十志是在《史记》八书基础上发展的。根据白寿彝教授的研究,十志"将书志体完善起来"。具体来说有两大贡献。第一,十志"为史学上的有关学科的研究开辟了道路,是很有地位的。有的为政治制度史、法制史、经济史、水利工程史、学术史、历史地理各科的学术源流,提供了开创性的著作","好多分支学科都是从十志开始有记载"。第二,"从十志中,可以看出封建社会统治集团的作用"。"要理解中国的封建社会,以及封建国家的作用,班固在十志中提供了很好的材料。"(《司马迁和班固》,见《司马迁研究新论·代序》)发挥白寿彝教授上述论点,对十志做专题性探讨,将是很有意义的工作。本文只能就《食货志》中班固如何论述经济生产活动谈点粗浅看法。

《食货志》中虽有生产活动是先王之教的唯心说法,但又认为,生产活动是社会生存的基础,食与货二者是"生民之本","食足货通,然后国实民富,而教化成";借古今经济状况的变化,可以鉴知国家的"盈虚"。这些有唯物倾向的见解,后来明显地为杜佑等所发展。

全篇基本思想,则论述封建国家经济政策影响到生产的发展或破坏,决定了国家的盛衰。班固论秦的灭亡,实实在在地归结到经济上的原因:"男子力耕不足粮饷,女子纺绩不足衣服。……海内愁怨,遂用溃畔。"他着意将汉初经济的凋敝与武帝初年的繁荣相对照,证明那些仿佛是从地底下呼唤出来的财富,乃是由六七十年间连续执行"约法省禁"政策取得的。而这种雄厚的经济实力,则为武帝"外事四夷,内兴功利"提供了物质基础。又如论王莽的灭亡,班固认为,既有类似于秦亡的原因:王莽对匈奴征战,"发三十万众,欲同时十道并出","海内扰矣";又有不同于秦亡的原因:王莽由于慕古,任意变换各种"不度时宜"的措施,制造混乱,加上横征暴敛,刑罚严酷,造成"民愈贫困",激起遍地农民起义。按照班固的论述,自战国至西汉末的历史变动,都可以从经济的升降、国家政策的成败得到确切的解释。这同历史唯物主义从经济条件去说明历史事变的终极原因,当然不能相提并论,但其中确有某些萌芽意识。班固还记载宣帝时,"善为算能商功利"的大司农中丞耿寿昌,建议从关内籴粟运京,以省关东漕运每年需卒六万的巨耗,大儒萧望之用阴阳感应说法反对。宣帝拒不采纳望之所议,结果"漕事果便",耿寿昌并将籴粮筑仓之法推行到边郡。班固的记述,也是对唯物论主张的褒扬和对阴阳灾异唯心说法的深刻讽刺。

## 三、六百年间学者"共行钻研"

《汉书》成书后所经历的命运跟《史记》很不相同。《史记》著成后并未被人们重视,至宣帝时,才由司马迁的外孙杨恽"祖述其书,遂宣布焉"(《汉书·司马迁传》)。《史记》在东汉甚至被目为"谤书"。汉晋时期对它研究的学者很少。《汉书》成书后则受到普遍的推重,史称:"当世甚重其书,学者莫不讽诵焉。"(《后汉书·班彪列传》)邓太后临朝时,遍注群经、学生千人的经学大师马融,还"伏于阁下,从(班)昭受读"(《后汉书·列女传》)。这说明当时学术极重专门传授,也证明《汉书》一出世就享有很高的学术地位。至唐司马贞,对《史》《汉》传习的不同情况这样做了总结:"《史记》汉晋名贤未见推重。"(《史记索隐序》)"《汉书》后迁而述,所以条流更明,是兼采众贤,群理备至,故其旨富,其辞文,是以近代诸儒共行钻研。"[①] 司马贞主要活动于唐开元年间(714—741)。据此可知,《汉书》从东汉起备受推崇,长达六百余年。学者们"共行钻仰"的情况可以从以下几个方面见到:

视为五经之亚,遵为修史法式。南北朝时期刘勰在《文心雕龙·史传》中称赞《汉书》:"宗经矩圣之典,端绪丰赡之功","十志该富,赞序弘丽,儒雅彬彬,信有遗味"。与刘勰同时的萧统(梁昭明太子)编《文选》,其中"史论"和"史述赞"所选的代表作,有《汉书》的《公孙弘传》赞、《高祖纪》赞、《成帝纪》赞、《韩彭英卢吴传》赞共四篇,《史记》却一篇未选。

刘知幾作为杰出的史评家,他对《史记》《汉书》这两部巨著在史学上的贡献都有很高评价,而从编纂学角度和反映当时学者所喜爱说,他又较看重《汉书》。他认为,《史记》对纪传体有开创之功,诸体配合,优点很多;不过它是通史体裁,"疆宇辽阔,年月遐长",不易做好。《汉书》继承了《史记》体裁,又断代为史,实在优胜得多:"究西都之首末,穷刘氏之废兴,包举一代,撰成一书,言皆精炼,事甚该密,故学者寻讨,易为其功。自尔迄今,无改斯道。"(《史通·六家》)他还概述学者尊奉《汉书》的情况:"始自汉末,迄乎陈世,为其注解者凡三十五家,至于专门受业,遂与五经相亚。"(《史通·古今正史》)可见《汉书》在当时的地位仅次于五经,继《汉书》而起,历代修成断代"正史"并流传下来的,先后有《三国志》《后汉书》《宋书》

---

① 《史记索隐后序》。按,司马贞生卒年未详。他于贞观初任国子博士、弘文馆学士,晚年撰成《史记索隐》。

《南齐书》《魏书》《梁书》《陈书》《北齐书》《周书》《隋书》《晋书》。刘知幾所讲"自尔迄今，无改斯道"，就是对这六百年间历史编纂上效法《汉书》的取向所做的概括。

传授注解的学者辈出。《汉书》在东汉末年，已有服虔、应劭等家注解。此后，历代专门研究的学者辈出，成为一门发达的学问。据《隋书·经籍志》著录，自汉至唐，注释《史记》的著作只有裴骃、徐野民、邹诞生三种。注《汉书》的则多达十七种，作者有应劭、服虔、韦昭、刘显、夏侯咏、萧该、包恺、晋灼、陆澄、韦棱、姚察、项岱等。姚察对《汉书》研究尤精，一人所撰即有《汉书训纂》《汉书集解》《定汉书疑》三种。因此《隋志》概述说："《史记》《汉书》，师法相传，并有解释。……梁时，明《汉书》有刘显、韦棱，陈时有姚察，隋代有包恺、萧该，并为名家。《史记》传者甚微。"①唐初颜师古撰《汉书注》，是对注释《汉书》一次集大成的工作。据他所撰《汉书叙例》所列，共综合了二十三家注解。其中确知时代的，荀悦、服虔、应劭是东汉人，邓展、文颖、张揖、苏林、如淳、孟康是魏人，韦昭吴人，晋灼、刘宝、郭璞、蔡谟是晋人，臣瓒、崔浩是北魏人。此外注家能见到姓名的，梁时有刘孝标、梁元帝，唐时有颜游秦、刘伯庄、李善。六百年间传习注释《汉书》的学者如此众多，尤其能说明其地位在当时确实超过《史记》。

被当作必读的历史教科书。这里有两个典型例证。一是《三国志·吴主五子传》载：孙权立孙登为太子，张休为太子师傅。"权欲登读《汉书》，习知近代之事。以张昭有师法，重烦劳之，乃令休从昭受读，还以授登。"《汉书》所载是"近代史"，所以被这位江东霸主指定为太子必读的教科书。另一是《陈书·姚察传》所载，陈宣帝时，姚察任职史馆，以兼通直散骑常侍身份，出使北周。传中记载的这次出使的唯一史实，是"沛国刘臻窃于公馆访《汉书》疑事十余条，并为剖析，皆有经据"。由于当时双方是对立政权，官员之间的私人接触很受避忌。这位沛国人士竟为研读《汉书》而甘冒风险，偷偷前来找姚察请教，足见《汉书》对当时士大夫有何等的吸引力。

---

① 司马贞《史记索隐序》云："蔡谟集解之时已有二十四家之说。"此二十四家何人未详。据姚振宗《隋书经籍志考证》，蔡谟《汉书集解》有一百一十五卷。

《汉书》如此盛行六个世纪，时间可谓漫长，究其原因，也应是多方面的。书中的正宗思想适合封建士大夫的胃口，自是重要一项。此外，它所载"近代史"为人们提供了一部很有价值的历史教科书，它包举一代的完整性，使研究汉史者极感方便，它开创的史书新格局成为后代修史"定式"，它囊括的丰富内容具有很高的、多方面的学术价值，这些也都应该是重要的原因。

（1988年第1期）

# 班固的史学史论述与史学史意识

戴晋新

## 一、前言

中文"史学"一词的出现始于后赵石勒（319），当时他设了经学、律学、史学与门臣四祭酒[①]，确实是把史学当作一门独立学科看待的。"史学史"一词的出现则要迟至 20 世纪 20 年代由胡适、梁启超等人相继提出[②]，是否直接受到西方史学史观念的影响还有待进一步考证[③]。不过，中国传统学术的经、史、子、集四分法在魏晋时期已经成形，到《隋书·经籍志》史部已蔚为大观，既有史部，则史部的目录学自可视为一种史学史，虽然当时并无"史学史"这个名词。不论名词与界说如何，古人对过去的认知与理解相对于后人所谓的"史学"仍有其对当性，人有了历史意识乃有对过去的认知，认知过去这一行为与结果的积累即为史学，所谓史学史，即指史学发展的过程与对

---

[①] 《晋书》卷一百零五《载记五》，四库本。
[②] 胡适在 1924 年发表的《古史讨论的读后感》一文中使用了"中国史学史"一词，这可能是中国学者提到"中国史学史"最早的记录；梁启超在《中国历史研究法补编》中提到史学史的做法，这原是他 1926—1927 年在清华大学国学研究院的讲稿，影响很大。（见周文玖《史学史导论》，北京：学苑出版社 2006 年版，第 105 页。）台湾中华书局据 1936 年刊本重刊之梁启超《中国历史研究法补编》第 153 页有梁氏弟子姚名达的案语谓："名达案：民国十四年九月，名达初到清华受业于先生，即有著中国史学史之志，曾向先生陈述，至今二年，积稿颇富，惟一时尚不欲草率成书耳。"姚氏可能受到胡适的影响，也是较早提到"中国史学史"的人之一。
[③] 西方大约自 16 世纪末开始有人以史学史为书名：Lancelot Voisin de la Popeliniere, *Histoire des Histoires, avec l'idèe de L' Histoire accomplie*（Paris, 1599）。见 Herbert Butterfield, *Men on His Past: The Study of the History of Historical Scholarship*（Cambridge University Press, 1955）, P. 2. Butterfield 的说法广被征引。中国学者开始使用"史学史"一词的 1920 年代，西方史学已传入中国，两者的关系有待进一步考证。

此过程的认识，它较简单的形式就是史籍史。[①] 本文所谓史学史论述，即指与史学发展认识有关的论述；所谓史学史意识，即指与史学发展认识有关的意识。

　　史学史的研究近年来已从文本、思想深掘到意识层面，历史意识、史学意识乃至史学史意识都成为探讨的主题。对完成重要著作的专业史家而言，作品即思想的表现，常蕴含了他的史学史意识，值得观察与研究，而成为史学史的新课题。班固《汉书》的出现，不论从体例、内容还是思想方面观察，皆有其自我的认识，这个认识与他的史学史意识或学术史意识有密切关系。在班固的时代，"史学"与"史学史"的名词都还没出现，就语境而言，讨论他的史学史论述与史学史意识未免唐突古人，但是作为分析思想的语言工具，实乃不得不然。本文爬梳《汉书》中有关史学史的论述，探讨其中反映的史学史意识，焦点集中在班固如何看待史官传统、史籍流传、《春秋》的经义与史义，以及自己著作的学术定位等问题上，并于结论中指出班固史学史论述与史学史意识的特点与意义。

　　有关班固与《汉书》的研究，包括专书、论文以及通论中的相关论述，数量甚多，难以做精确统计。如以"中国期刊全文数据库"进行关键词检索，1915—2008年2月中国大陆地区的《汉书》研究论文计达九千零七十五篇[②]，讨论的方面甚广，最近三年又有不少新作，但很少涉及史学史意识这一课题，本文的尝试或可当作抛砖之举。

---

[①] 巴特菲尔德（Herbert Butterfield）在《观念史大辞典》"史学"条说："（史学史）最初是打算去处理种种史书、作者及学派的递嬗发展；但后来扩大自己的范围，把与历史撰述有关的种种技巧与理念的演进，以及对历史自身本质问题在态度上的种种改变也通通包含进来；最后，它甚至涵盖了人对过去的意识在不同时代的演变，以及今人与古人之间复杂多重关系的研究。"概括说明了史学史观念的演变。见幼狮文化事业公司编译部译《观念史大辞典》之《自然与历史》卷，台北：幼狮文化事业股份有限公司1988年版，第107—108页。此处译文酌予调整。
[②] 见吕世浩《从〈史记〉到〈汉书〉——转折过程与历史意义》，国立台湾大学博士论文2008年6月，第13页。

## 二、班固的史官、史籍论述与史学史意识

　　史学的发展有其历史背景与脉络，先秦时期的史学与史官有密切关系，班彪父子对此有相当的认识。班彪说："唐虞三代，《诗》《书》所及，世有史官，以司典籍，暨于诸侯，国自有史"[①]；班固也说："古之王者世有史官。君举必书，所以慎言行，昭法式也。左史记言，右史记事，事为春秋，言为尚书，帝王靡不同之"，"以鲁周公之国，礼文备物，史官有法"，[②]"自古书契之作而有史官"（《汉书》卷六十二《司马迁传》赞）。史官由来久矣，不但列为王官，同时遍及诸侯，并且世代传袭，这是班氏父子对先秦史官的基本认知。班彪说："世有史官，以司典籍"，班固说："左史记言，右史记事"，又说："道家者流，盖出于史官，历记成败存亡祸福古今之道。"（《汉书》卷三十《艺文志·道家序》）史官最主要的工作就是记言记事，这是班氏父子对先秦史官工作内容的认知。班固又说："史官之废久矣"（《汉书》卷三十《艺文志·术数序》），这本是客观事实，从司马迁的《太史公自序》所述身世即可得到印证。由于先秦史官废绝，史书亡佚，班氏父子对史官的论述内容有限，但观点明确，与司马迁对同一问题的论述不大一样，反映出不同的史学史意识。

　　司马迁出身太史世家，但征诸《史记》，他对先秦史官的制度、人物、书法文化很少提及，除了在《太史公自序》中叙述自己的家世，整部《史记》对先秦史官几乎没有什么论述。他源自太史的传承，除了渺远的家谱，主要是他父亲司马谈，似乎太个人化或太家族化了。[③]司马迁多次强调孔子因史记、史文作《春秋》，但是对于诸侯史记的"春秋"与孔子《春秋》之间的种种问题却未能清楚交代，他对先秦史官、史记的认识有所局限，以致他的史官论述明显呈现时代、个人或家族的观点，而于史官传统中的客观事实表露有些

---

[①] 《后汉书》卷四十《班彪列传》，四库本。
[②] 《汉书》卷三十《艺文志·春秋家序》，四库本。
[③] 司马迁受其父的影响是毋庸置疑的。唯司马迁在《太史公自序》中说道："小子不敏，请悉论先人所次旧闻，弗敢阙"，一说"先人"即指司马谈，一说"先人"为义祖，包括列祖列宗。从称谓上看，儿子对还活着的父亲似不宜称先人；从传承上看，司马谈的学术不能与他的家族无关；"先人所次旧闻"或不只是司马谈的"所欲论著"，司马迁的家学也不只传承司马谈一人。

不足。正因为如此,虽然他书写的也是历史,但他期许自己的学术是复杂的"一家之言",而非仅止于他所认知的古代史官记事之学。①

班氏父子距离先秦时代更远,书阙有间,连司马迁还能见着的《秦记》都看不到②,但是他们对史官传统却深为肯定,他们在相关问题的论述上始终意识到这一传统的存在,他们倾向经史分离的史学史见解也与此认知前提有关。不论是班彪的《后传》还是班固的《汉书》,主要的著述动机乃是接续前史,完成一代之史的书写。这种接续写史的意识甚至影响到班固对司马迁撰述《史记》的理解,例如班固说司马迁"据《左氏》《国语》,采《世本》《战国策》,述《楚汉春秋》,接其后事,讫于天汉,其言秦汉,详矣"(《汉书》卷六十二《司马迁传》赞)。所谓"述《楚汉春秋》,接其后事",实非司马迁的述作之旨,班固此言不免以己度人,将自己的述作意识投射到司马迁的身上,完全忽略《太史公自序》与《报任安书》中司马迁的夫子自道。

班彪、班固皆称司马迁为"良史",史而称良,自是经由比较而得,其中不可避免地蕴含了史学史的观察、论述与意识。③《左传·宣公二年》载孔子称赞董狐"古之良史也,书法不隐",原因是董狐坚守史官书法,能够不隐恶地大书"赵盾弑其君"。班彪虽然批评《太史公书》"采经摭传,分散百家之事,甚多疏略,不如其本,务欲以多闻广载为功,论议浅而不笃","其书刊落不尽,尚有盈辞,多不齐一",然而因司马迁"善述序事理,辩而不华,质而不野,文质相称",仍称他"盖良史之才也"。(《后汉书》卷四十《班彪列传》)"文质相称"源自《论语·雍也》的"文胜质则史,质胜文则野,文质彬彬,然后君子","文""质"原义指"文采(饰)""质朴"两种风格,班彪取法其原则或精神,引以为史学评论的标准,其来有自;但"文""质"的具体标准已随时代而有所变化。孔子《春秋》约一万七千字,《左传》约十九万字,《史记》五十二万六千五百字,《汉书》约八十万字,班彪所谓"文质相

---

① 有关司马迁观点的讨论,参拙作《司马迁的史学史论述与史学史意识》,《辅仁历史学报》2009 年第 23 期。
② 《史记·六国年表序》三度提到《秦记》,为秦国史记,"不载日月,其文略不具",不过司马迁还是根据《秦记》撰成了《六国年表》。《汉书·艺文志》未见《秦记》,当已佚。
③ "良史"是中国传统史学的一个重要观念,具体指标随时代而有所变化,这方面较为系统性的讨论可参古伟瀛《撰史凭谁定良窳?——试论"良史"的变与不变》,《台大历史学报》2009 年第 44 期。

称"的良史书写，实际已不可能与《左传》中被孔子称赞为"古之良史"的董狐书法相同，也不可能与《春秋》书法相同。班固在《汉书》中对司马迁的批评承袭乃父，除了无关宏旨的文字更动，主要增加了"然自刘向、扬雄博极群书，皆称迁有良史之材"，"其文直，其事核，不虚美，不隐恶，故谓之实录"，(《汉书》卷六十二《司马迁传》赞）重点在强调《史记》为实录，强调司马迁具良史之才乃时贤共识，并且对品评标准做了些诠释与补充。

司马迁既被视为"良史"，《太史公书》自然是"良史之作"，但是班固在《艺文志》中并未立史目或史籍类，而是将《太史公书》置于"《春秋》家"下。《艺文志》不立史目与将什么书列于"《春秋》家"都是有待解释的问题，学者对此的解释不外：当时史籍数量不多，不足以成类；当时尚无史学观念或史学观念不发达、不统一，难有类名；《春秋》本是史学源头，所谓史籍自当归并在《春秋》家下，无须独立一目。[①]学界对《隋书·经籍志》史部的形成，也贯持"史籍大增"与"经史观念分离"以为解释，两相对照，自也言之成理。不过班固何以如此，其实还有讨论的空间。

班固在《汉书·艺文志》中提到的"春秋"实有二义，《总序》云："昔仲尼没而微言绝，七十子丧而大义乖。故《春秋》分为五，《诗》分为四，《易》有数家之传"，其中的"春秋"指的是孔子《春秋》；《春秋家序》云："古之王者世有史官，君举必书，所以慎言行，昭法式也。左史记言，右史记事，事为春秋，言为尚书，帝王靡不同之"，其中的"春秋"指的是史官记事的"春秋"，不过同篇《春秋》所贬损大人当世君臣"，指的又是孔子《春秋》；至于《六艺序》云："六艺之文：乐以合神，仁之表也；《诗》以正言，义之用也；礼以明体，明者著见，故无训也；《书》以广听，知之术也；《春秋》以断事，信之符也"，其中的"春秋"指的还是汉儒心目中能据以断事的孔子《春秋》。总之，《春秋》有二义：古史官所记"春秋"与孔子《春秋》。班固虽然明乎此理，但一来"周室既微，载籍残缺"，古史官所记"春秋"不传，二来受汉代《春秋》学"的影响，因此"春秋"虽有经、史二义，"《春秋》家"观念的

---

[①] 见郭宏涛《论〈汉书·艺文志〉之不立史目》，《内蒙古社会科学》2007 年第 1 期；曾圣益《论〈汉书·艺文志〉未立史类之缘由》，《先秦两汉学术》2010 年第 13 期。有关《汉书·艺文志》的研究数量甚多，兹不枚举。

落实却只能是"孔子《春秋》学案"。至于"《春秋》家"将《世本》以下包括《太史公书》在内的九种显然并非孔子《春秋》学案成员的文献列入,似可从它们的内容与性质同具古史官所记"春秋"的遗意这方面来理解,《艺文志》既不为它们另立史目,便只有含糊"春秋"二义为一家,将它们胪列其中了。事实上,在《后汉书·班彪列传》与《汉书·司马迁传》中,班氏父子对孔子之后的史学发展都曾有经史分离的论述,如果班固坚守经史分离的立场,将《世本》《战国策》《楚汉春秋》《太史公书》等另立一类,以回应"春秋"的史义,问题自可迎刃而解;结果他将这些史籍列在"《春秋》家",序文却只谈孔子《春秋》学案,调和折衷之余自然是矛盾冲突毕现。班固想必读过《太史公自序》,不可能不知道壶遂与司马迁的问答内容,竟仍必欲置《太史公书》于"《春秋》家",做法诚属可议。

班固说"左史记言,右史记事,事为春秋,言为尚书",若依此而立史目,则《春秋》《尚书》皆在史目之下,这与汉代经学观念不合,非当时所能想象与接受。班固又说:"《书》者,古之号令",这是他对《尚书》内容的理解与定义。《汉书·艺文志》"《书》家"有《周书》七十一篇,班固自注为:"周史记";颜师古注:"刘向云'周时诰誓号令也,盖孔子所论百篇之余也',今之存者四十五篇矣。"据颜师古注引刘向的说法,这部《周书》的内容、来历都与《尚书》相近,班固将它列为"《书》家",自可理解,但自注称它为"周史记",仍反映出他对"书"与"史"关系的认识。"左史记言","言为尚书",《周书》为史官所记,自可视为"周史记"。然而《艺文志》"《书》家"有《议奏》四十二篇,班固自注:"宣帝时石渠论";"《春秋》家"有《议奏》三十九篇,班固自注:"石渠";"《礼》家"有《议奏》三十八篇,班固自注:"石渠"。三处的《议奏》应为同一文献,只是登录篇数稍有出入,这是明显的重复,同时也反映出班固对《议奏》的类属处理不是很清楚。"《春秋》家"又有《奏事》二十篇,班固自注:"秦时大臣奏事,及刻石名山文也",也是记言之作,却不归类于"《书》家"。这些情形说明班固对于"史"与"书"、"史"与"春秋"、"书"与"春秋"的界限与关系认识比较复杂。

## 三、班固的《春秋》论述与史学史意识

《春秋》亦史亦经，如何看待《春秋》，是古代经史关系上的一大课题，相关论述涉及对古代史学的理解，最能反映出论者的史学史立场。

《后汉书·班彪列传》说司马迁《史记》问世之后，续貂者众，"好事者颇或缀集时事，然多鄙俗，不足以踵继其书"。班彪也作了《后传》数十篇，"因斟酌前史而讥正得失"。范晔引述班彪之言曰：

> 唐虞三代，《诗》《书》所及，世有史官，以司典籍，暨于诸侯，国自有史，故孟子曰："楚之《梼杌》，晋之《乘》，鲁之《春秋》，其事一也。"定哀之间，鲁君子左丘明论集其文，作《左氏传》三十篇，又撰异同，号曰《国语》，二十一篇，由是《乘》《梼杌》之事遂阐，而《左氏》《国语》独章。又有记录黄帝以来至春秋时帝王公侯卿大夫，号曰《世本》，一十五篇。春秋之后，七国并争，秦并诸侯，则有《战国策》三十三篇。汉兴定天下，太中大夫陆贾记录时功，作《楚汉春秋》九篇。孝武之世，太史令司马迁采《左氏》《国语》，删《世本》《战国策》，据楚、汉列国时事，上自黄帝，下讫获麟，作本纪、世家、列传、书、表凡百三十篇，而十篇缺焉。

这段简短的史学史论述最引人注意的是完全没有提到孔子《春秋》，其中所谓的"鲁之《春秋》"既然引自《孟子》，与晋《乘》、楚《梼杌》并举，"其事一也"，指的当然是鲁国史记，而非"其义则丘窃取之矣"（《孟子·离娄下》）的孔子《春秋》。称《左氏》与《国语》"独章"，而未将其与《春秋经》《公羊传》《穀梁传》等混为一谈，正显示班彪摆脱汉代经学的《春秋》经、传论述基调，而别有其区分经、史脉络的论述立场。在这段文字稍后，班彪又说：

> 夫百家之书，犹可法也。若《左氏》《国语》《世本》《战国策》《楚汉春秋》《太史公书》，今之所以知古，后之所由观前，圣人之耳目也。

其中所列书名与前段文字大致对应，同样也没提孔子《春秋》。班彪在论述史籍发展时刻意不谈孔子《春秋》，这项论述背后的认知前提与司马迁在《史记·三代世表》中所说：

> 五帝、三代之记，尚矣。自殷以前诸侯不可得而谱，周以来乃颇可著。孔子因史文次春秋，纪元年，正时日月，盖其详哉。

显然是大异其趣的。班彪的经、史学术分野是泾渭分明的，视孔子《春秋》为经而与史无关，因此他在续《史记》作《后传》进行史学史的考察与评论时，并未将孔子《春秋》列为讨论对象。他既提到《孟子》，当然不会不知道孟子对"孔子《春秋》"这一命题的看法，但是他只引用孟子"楚之《梼杌》，晋之《乘》，鲁之《春秋》，其事一也"的说法，而完全不提孟子引述孔子之言"其义则丘窃取之矣"，"知我者其惟《春秋》乎？罪我者其惟《春秋》乎？"（《孟子·滕文公下》）择别去取，自见用心。同时他身为汉代通儒[1]，不可能不知道公羊《春秋》一派有关"孔子《春秋》"这一命题的论述，但也同样不取。显然他将孔子《春秋》剔除在史籍传统之外并非一时的疏失，而是刻意的，是有意识的。班彪的史学史论述完全摆脱了经学的纠缠，与司马迁视"孔子《春秋》"亦经亦史而为史学史论述必不可少的元素[2]，在观点上明显不同。

班彪的史学史论述建立在"世有史官""国自有史"的普遍前提上，同时将孔子《春秋》摒除在外。班固部分承袭了这个观点，《汉书·叙传下》云：

> 固以为唐虞三代，《诗》《书》所及，世有典籍，故虽尧舜之盛，必有典谟之篇，然后扬名于后世，冠德于百王，故曰："巍巍乎其有成功，焕乎其有文章也。"汉绍尧运，以建帝业，至于六世，史臣乃追述功德，私作本纪，编于百王之末，厕于秦、项之列。太初以后，阙而不录，故

---

[1] 《后汉书·班彪列传》，范晔称其为"通儒上才"。
[2] 司马迁的《春秋》观颇为复杂，非一言可解，参拙作《司马迁的史学史论述与史学史意识》，《辅仁历史学报》2009年第23期。

探纂前记,缀辑所闻,以述《汉书》。

《汉书·艺文志·春秋家序》云：

> 古之王者世有史官,君举必书,所以慎言行,昭法式也。左史记言,右史记事,事为春秋,言为尚书,帝王靡不同之。

所谓"世有典籍""世有史官""帝王靡不同之",与班彪"世有史官""国自有史"的说法可谓如出一辙。另一方面,班固对于"孔子《春秋》"的史学性质与影响也有自己的看法：

> 周室既微,载籍残缺,仲尼思存前圣之业,乃称曰："夏礼吾能言之,杞不足征也；殷礼吾能言之,宋不足征也。文献不足故也,足则吾能征之矣。"以鲁周公之国,礼文备物,史官有法,故与左丘明观其史记,据行事,仍人道,因兴以立功,就败以成罚,假日月以定历数,藉朝聘以正礼乐。有所褒讳贬损,不可书见,口授弟子,弟子退而异言。丘明恐弟子各安其意,以失其真,故论本事而作传,明夫子不以空言说经也。《春秋》所贬损大人当世君臣,有威权势力,其事实皆形于传,是以隐其书而不宣,所以免时难也。及末世口说流行,故有公羊、穀梁、邹、夹之传。四家之中,公羊、穀梁立于学官,邹氏无师,夹氏未有书。

《汉书·司马迁传》赞亦云：

> 自古书契之作而有史官,其载籍博矣。至孔氏纂之,上继唐尧,下迄秦缪。唐虞以前,虽有遗文,其语不经,故言黄帝、颛顼之事未可明也。及孔子因鲁史记而作《春秋》,而左丘明论辑其本事以为之传,又纂异同为《国语》。又有《世本》,录黄帝以来至春秋时帝王公侯卿大夫祖世所出。春秋之后,七国并争,秦兼诸侯,有《战国策》。汉兴伐秦定天下,有《楚汉春秋》。故司马迁据《左氏》《国语》,采《世本》《战国

策》,述《楚汉春秋》,接其后事,讫于天汉。其言秦汉,详矣。

这两段论述都在史官史学谱系中为孔子《春秋》留了位置,观点大异于班彪而略近于司马迁,其中有关《春秋》与《左传》成书背景的解释,与《史记·十二诸侯年表序》中的说法基本一致:

是以孔子明王道,干七十余君,莫能用,故西观周室,论史记旧闻,兴于鲁而次《春秋》,上记隐,下至哀之获麟,约其辞文,去其烦重,以制义法,王道备,人事浃。七十子之徒口受其传指,为有所刺讥褒讳挹损之文辞不可以书见也。鲁君子左丘明惧弟子人人异端,各安其意,失其真,故因孔子史记具论其语,成《左氏春秋》。

不过,班固明言孔子"因鲁史记"而作《春秋》,鲁史记即鲁春秋,乃"国自有史"前提下之诸侯史记;与司马迁含糊其辞地说孔子"论史记旧闻""因史记作《春秋》"[①]而未能确指孔子所"因"、所"论"为何,两者同中还是有异,反映了两人对孔子取材史记、史文的环境条件有认知上的差异。以今日对古代史学的认识,班固的看法可能较符合事实。班固认为孔子作《春秋》重点在褒讳贬损之义,性质是经,若无"本事",不免空言,乃至口授弟子而人人异端;《左传》论"本事"而为传,呈现的是历史事实,其性质为史。班固在《汉书·叙传下·艺文志小序》中说孔子"纂《书》删《诗》,缀礼正乐,象系大《易》,因史立法",《汉书·儒林传》也说孔子"缀周之礼,因鲁春秋,举十二公事,绳之以文、武之道,成一王法,至获麟而止","因史立法""成一王法"指的就是作《春秋》,意思很清楚,《春秋经》的本质是"法",不是"史",是"以制义法"[②]的法,也是"以当王法"(《史记》卷二十一《儒林列传》)、"当一王之法"(《史记》卷一百三十《太史公自序》壶遂言)的法。班固认为,孔子《春秋》是"经",是"法",但是与"史"也有一定关系,即

---

① 司马迁多次说孔子"因史记""因史文"作《春秋》,见《史记》的《三代世表》《孔子世家》和《儒林列传》。
② 《史记》卷十四《十二诸侯年表序》,四库本。

"因史"而成；不论孔子所"因"的是鲁史抑或如司马迁所说包括其他诸侯史记旧闻，孔子不可能徒托空言作《春秋》，必有所据；同时正因为孔子"窃取其义"，所作当然也就不可能如孟子批评诸侯史记"其事则齐桓晋文，其文则史"一般，了无深意。"因史立法"，确是一语破的。孔子《春秋》既是"经"，是"法"，即使"因史"而成，也不可能是班固心目中的"史"了。

司马迁在《孔子世家》中解释孔子作《春秋》的背景与动机时说：

> 子曰："弗乎！弗乎！君子病没世而名不称焉。吾道不行矣，吾何以自见于后世哉？"乃因史记作《春秋》。

班固《汉书·艺文志》未采此说，而谓：

> 周室既微，载籍残缺，仲尼思存前圣之业，乃称曰："夏礼吾能言之，杞不足征也；殷礼吾能言之，宋不足征也。文献不足故也，足则吾能征之矣。"以鲁周公之国，礼文备物，史官有法，故与左丘明观其史记，据行事，仍人道，因兴以立功，就败以成罚，假日月以定历数，藉朝聘以正礼乐。

这分明是移接改写《孔子世家》论孔子与《书传》《礼记》关系的文字：

> 孔子之时，周室微而礼乐废，《诗》《书》缺。追迹三代之礼，序《书传》，上纪唐虞之际，下至秦缪，编次其事。曰："夏礼吾能言之，杞不足征也；殷礼吾能言之，宋不足征也。足，则吾能征之矣。"观殷夏所损益，曰："后虽百世可知也，以一文一质。周监二代，郁郁乎文哉。吾从周。"故《书传》《礼记》自孔氏。

司马迁采择《论语》、《孟子》、三《传》论述孔子《春秋》，《史记》中的例子很多，班固多不取。本例的移接与改写，所谓"载籍残缺""思存前圣之业""文献不足""史官有法"，仔细玩味，对班固的历史解释与史学认识当可有进一步的了解。

## 四、班固的自我论述与史学史意识

史家的述作之旨往往集中表述于自序中，包括如何自我定位。班固对于自己的述作之旨讲的很少，严格地说，只有《汉书·叙传下》里的这一段：

> 固以为唐虞三代，《诗》《书》所及，世有典籍，故虽尧舜之盛，必有典谟之篇，然后扬名于后世，冠德于百王，故曰："巍巍乎其有成功，焕乎其有文章也。"汉绍尧运，以建帝业，至于六世，史臣乃追述功德，私作本纪，编于百王之末，厕于秦、项之列。太初以后，阙而不录，故探纂前记，缀辑所闻，以述《汉书》。

意思是一代之史得以传世，有赖载籍，汉代历史述作不全，体例复有可议，因此自己来作一部《汉书》。如与司马迁《太史公自序》中的悱愤之言相较，班《叙》似乎卑之无甚高论。司马迁在《太史公自序》中表达的述作之旨颇为复杂，容易被曲解与误读，甚至要借由与壶遂的问答来澄清他对孔子《春秋》的看法以及自己著作与孔子《春秋》的区别，他的"唯唯，否否，不然"，充分显示他的述作之旨自己清楚却难以让别人了解的处境，当然这与他的自我学术定位和当时的学术环境有很大关系。[①] 班固的时代与司马迁不太一样，面临的问题也不相同，"武帝时，司马迁著《史记》，自太初以后，阙而不录，后好事者颇或缀集时事，然多鄙俗，不足以踵继其书"（《后汉书》卷四十《班彪列传》），据《后汉书·班彪列传注》与《史通·古今正史》，这些好事者姓名可考者有十余人，可见在班固之前，包括班彪在内，已有许多人续《史记》，《史记》已发生影响力，成为历史书写竞相模仿、接续的对象。而且这时孔子《春秋》的经、史地位也已渐趋分明，想修史的人再不会遇到

---

① 详见拙作《司马迁的史学史论述与史学史意识》，《辅仁历史学报》2009 年第 23 期。

壶遂这类人的质问，要担心的问题变成"私改作国史"[①]。众人想续《史记》，一方面是认为历史的赓续必须接着写，如班固说的"太初以后，阙而不录，故探纂前记，缀辑所闻，以述《汉书》"(《汉书》卷一百《叙传下》)；另一方面在书写上也要取法可见到的典籍，斟酌损益，以求胜出，如班彪说"夫百家之书，犹可法也"，即为此意。班彪又说"今此后篇，慎核其事，整齐其文，不为世家，唯纪、传而已"，(《后汉书》卷四十《班彪列传》) 这就是他斟酌《史记》之后的抉择。班固强调"傍贯五经，上下洽通"，意有所指，明显是针对司马迁；同时删去世家，改八书为十志，保留纪、表、传，也表现了他不同于司马迁与班彪的取舍抉择。在《后汉书·班彪列传》《汉书·叙传》《汉书·司马迁传》《汉书·艺文志·春秋家序》中，班氏父子一贯地从"世有史官""国自有史"的历史观点进行他们的史学史论述，《史记》与《汉书》也都在这个论述架构中被审视与定位，《史记》续《楚汉春秋》，《汉书》续《史记》，各有斟酌损益，如是而已。因此《汉书·叙传》的内容不像《太史公自序》那么复杂与沉重，述作之旨简单许多，也平和许多，除了叙述家世，只有接续《史记》书写的背景动机、对《史记》的取舍以及各卷序意而已。

　　班固的史学史观念重视传承演变，在《汉书·司马迁传》赞中有清楚的表述，他认为孔子《春秋》所继承的乃古代史官史籍的传统，古史遗文语多不经，《春秋》以下脉络方较可循，由《左传》《国语》《世本》《战国策》《楚汉春秋》以至《太史公书》，正可说明此一脉络与传统。他将这几部书同列为"《春秋》家"，并且说仲尼之前有史官，有左史、右史，也有"春秋"，而且"帝王靡不同之"。总之，班固认为《史记》与孔子《春秋》共同继承一个更古老深厚的传统，而不是孔子突然发明《春秋》，《史记》又简单直接地继承《春秋》。班固当然读过《太史公自序》，知道壶遂与司马迁的问答内容，并且他也知道班彪的史学史论述完全不提孔子《春秋》，他重视史官制度与史学传统同时又将孔子《春秋》纳入其中的看法，显然是在班彪与司马迁之间的一种折衷。不过，《汉书》的体例与叙事承袭《史记》的远比《春秋》为多，却是不争的事实，这又清楚说明班固在历史书写上的判断与抉择，反映了他对

---

[①] 据《后汉书·班彪列传上》，班固被告下狱的原因正是"私改作国史"。

史学发展的最终认识。

## 五、结语

班固对于古代史学发展脉络的认识，可以归纳为四点：第一，"自古书契之作而有史官，其载籍博矣"，"古之王者世有史官"，古代有一史官传统与传承，殆无疑义。第二，"左史记言，右史记事，事为春秋，言为尚书"，"历记成败存亡祸福古今之道"，史官的主要工作就是记言记事，载明古今成败存亡之道。第三，班彪将孔子《春秋》完全摒除在史学史之外，班固则采取折衷态度，在论及史学传承发展的场合，一方面将孔子《春秋》置于诸史间做一客观交代，论列《左传》《国语》而不言《公羊》《穀梁》；一方面又在《艺文志·春秋家序》中回归汉代"《春秋》学"的立场，尊经略史。第四，《左传》《国语》而下，班氏父子常提到的史书只有《世本》《战国策》《楚汉春秋》《太史公书》几种，《艺文志》"《春秋》家"虽另增列了数种，但显然并不重要，在古代史籍多已亡佚的情况下，他们能见到并且认为是史籍的就是这些，对照他们对"春秋"经、史二义的认识，更能具体反映他们的史籍与史学概念。

班固能够意识到先秦史官传统与"春秋"的史义、经义之别，显然深具史学史意识。不过他也有他的矛盾，《汉书·艺文志》不立史目，将《世本》《战国策》《楚汉春秋》《太史公书》这些史籍列入《春秋》家，这样的目录分类与班彪论史不言孔子《春秋》以及班固自己在《汉书·司马迁传》赞中的相关论述存在一定的矛盾。《艺文志·春秋家序》在"仲尼思存前圣之业"之前，说的是古代史官传统及其式微，之后讲的却全是《春秋》经、传，置《世本》《战国策》《楚汉春秋》《太史公书》这些列入《春秋》家的史籍不论，移经学之花接史学之木，大异于《后汉书·班彪列传》与《汉书·司马迁传》中的经史分离论述。班固何以如此？或许与《艺文志》本系根据刘歆的《七略》写成，反映的是刘歆的见解有关；也可能与汉代的学术氛围及压力有关，一旦遇上孔子《春秋》的问题，思想上很难与今文经说划清界限，这是不自觉的，或自觉而无奈的。在史学史的论述上，司马迁除了自家的太史世家，很少谈《春秋经》之前、之后、之外的史学传统，他是将所有学问冶于一炉，从文化史的高度来思考"史学"的问题，所谓"厥协六经异传，整齐百家杂语"，并非史料学的含义，而是文化史的意涵，他的史学观念是复杂的，是与整个文化道统不分的，《史记》诉求的是一家之言，而非仅如班固所说"司马迁据《左氏》《国语》，采《世本》《战国策》，述《楚汉春秋》，接其后事，讫于天汉。其言秦汉，详矣"。班彪的史学史观念倾向经、史分离，论史明显排除孔子《春秋》、《公羊传》、《穀梁传》，他作《后传》只是要接续《太史公书》，斟酌损益，以成一代之史。班固则折衷于班彪与司马迁之间，既承认古代史官、史学自成系统，也承认孔子在此系统中有相对而非绝对的地位，但是这个观点缺乏明确而有力的论述，而不免自陷矛盾。在历史书写上，班固舍《春秋》而取法《史记》，这一部分是很明白的；即使在处理《艺文志》"《春秋》家"的问题时他的经、史观念出现一些混淆，但他的史学基本观点并不难掌握。从司马迁到班彪，再从班彪到班固，以迄魏晋南北朝时期的史部史学独立，唐代刘知幾的疑古惑经，史家的史学史论述与辩证从未断绝，从而反映出一条史学史意识的思路，班固的观点与意识当从这条线索中去理解与评价。

（2012 年第 1 期）

# 董仲舒与汉代史学思潮

汪高鑫

汉代史学发达，史学思想多姿多彩。在汉代史学思想的发展和演变过程中，注重以天道论人道、探寻历史的变易及其法则和着力阐发大一统思想，则是贯穿于始终的三条主线或三大主潮。而汉代史学思想的发展何以会演绎成这三大主潮，则与董仲舒历史思想的影响密不可分：董仲舒通过构建天人感应理论，借助这种神学形式来表述其历史盛衰观，从而启发了汉代史学家、思想家们注重去"究天人之际"；董仲舒宣扬"三统"历史变易说，从而影响了汉代史学家、思想家们的"通古今之变"；董仲舒倡导大一统思想，其中蕴含的尊王论、民族一统论和思想一统论，则成了汉代史学家、思想家们阐发其大一统思想的理论路径。以下试对此做具体论述。

一

关于天人关系问题，自先秦以来人们已经对此做了很多探讨。然而，只有到西汉中期，经学大师董仲舒为满足汉武帝"垂问乎天人之应"要求的需要，通过对儒家经典的阐释和发挥，在其《春秋繁露》和《贤良对策》（即《天人三策》）中提出了一整套"大道之要，至论之极"，从而才真正构建起了一套系统的天人感应理论体系。

董仲舒天人感应论的逻辑起点或理论前提是天有意志，其主旨思想则是宣扬天命王权和天人谴告（亦即灾祥说）。董仲舒宣扬天命王权，认为"天之所大奉使之王者，必有非人力所能致而自至者，此受命之符也"（《汉书》卷五十六《董仲舒传》）。在董仲舒看来，君王之所以称作"天子"，便是体现了这种授命之意：何谓天子？"德侔天地者，皇天右而子之，号称天子。"[1]董仲舒天命王权理论的一个重要论调是"圣人无父，感天而生"说。此说源于《诗经》，《诗经·商颂·玄鸟》说："天命玄鸟，降而生商，宅殷土芒芒。"董仲舒认为："四法之天施符授圣人王法，则性命形乎先祖，大昭乎王君。"（《春秋繁露》卷十五《三代改制质文》）在他看来，圣王的祖先乃天神所生，当上天赋予他们生命之时，也就注定了他们的后人必然会称王天下。《三代改制质文》肯定了舜、禹、汤、文王的王权皆为天命所授，而非人力所为。经过董仲舒的大力发挥，"圣人无父，感天而生"说遂成为汉代今文学家的一种系统的天命王权理论。董仲舒宣扬天命王权思想，是出于尊王的政治需要。在西汉前中期，王权是国家统一和政治有序的象征，只有强化王权，才能使西汉政治大一统局面得以维系；而强化王权的最好办法则是神化王权，只有赋予王权以神性，才可使广大臣民感到敬畏而顺从于君王的统治。与董仲舒出于尊王的需要而宣扬天命王权不同，他宣扬天人谴告则是出于"神道设教"的需要。董仲舒时代是一个普遍敬畏天命的时代，汉武帝在试策时向贤良文学们提出的"三代受命，其符安在？灾异之变，何缘而起"（《汉书》卷五十六《董仲舒传》），便集中反映了封建帝王对于天命和灾异之变的畏惧和困惑。作为积极入世的思想家，董仲舒正是借助为汉武帝答疑解惑的机会"言天道而归于人道"。董仲舒认为："天之生民，非为王也；而天立王，以为民也。故其德足以安乐民者，天予之；其恶足以贼害民者，天夺之。"（《春秋繁露》卷七《尧舜不擅移、汤武不专杀》）这就是说，上天对于王权的收授与否、降灾还是布祥，都是由人间的政治得失、历史的治乱兴衰所决定的。因此，董仲舒的天人感应论实际上是一把双刃剑，它既可以使民众畏惧而服从于君王的统治，又可以使君王畏惧而服从于上天的意志。他希望君主发挥人为作用，以安乐民众为己任。毫无疑问，董仲舒所宣扬的这套天人感应论，就其实质而言，显然不是一种宇宙哲学，而是一种政治哲学、历史哲学。他是要借助于这种神学的形式，来表述自己的历史盛衰观点。

董仲舒构建起的这套天人感应理论体系，对于汉代思想家、史学家的历

---

[1]《春秋繁露》卷十五《顺命》，见苏舆《春秋繁露义证》，中华书局1992年版。

史思想和史学思想无疑产生了重要影响。

司马迁和董仲舒是同时代人，他曾问学于董仲舒，是在汉武帝推崇儒学的时代氛围中成长起来的杰出史学家和思想家。由于共同的时代背景和学术渊源关系，使得司马迁与董仲舒一样，也非常关注于对天人关系问题的探究，而明确以"究天人之际"作为其《史记》撰述的旨趣。同时，从思想内涵而言，董仲舒天人观之于司马迁的影响也是显而易见的。这一方面表现在司马迁接受了董仲舒"圣人无父，感天而生"的天命王权思想，《史记》的《殷本纪》《周本纪》《秦本纪》和《高祖本纪》等篇章在谈到商、周、秦、汉的王权由来时，对这一思想做了系统宣扬；另一方面则是司马迁突出地吸收了董仲舒"言天道而归于人道"的思想，《史记》创立的以人物为中心的纪传体史书体裁，将论载"明主贤君忠臣死义之士"作为史书撰述的目的之一，通篇都体现了一种重人事的思想。然而，由于人生经历和对社会历史认识的不同，司马迁的天人观又与董仲舒存在着很大的不同。首先，司马迁对于"天"的认识是充满着矛盾的，他一方面相信天命，相信天命王权思想；一方面又对天道表示怀疑，提出质问。其次，司马迁重人事思想之"人"，其内涵要较董仲舒宽泛得多，在他的笔下，人是一种群体（所谓"明主贤君忠臣死义之士"），而不只是封建帝王一人。

两汉之际，随着封建政治局势的变化，时代"究天人之际"思潮也出现了新的变化。其具体表现则是伴随着神意史观得到进一步发展的同时，社会上出现了一股反神学的批判思潮。

西汉后期，随着政局衰败的同时，作为封建统治思想的经学（主要是今文经学）逐渐与谶纬迷信神学相结合，儒家思想进一步神学化。在这种政治、思想背景下，西汉的史学思想也发生了明显的变化——神意史观得到了一定的发展。其具体表现一是董仲舒天人感应论之灾异学说在这一时期得到了大力宣扬。其中以刘向为代表的史家得董仲舒灾异论之精髓，他著《洪范五行传论》，以灾异之变说外戚专权，以此来警示封建统治者，以期挽救封建统治危机；而以眭孟（董仲舒再传弟子）为代表的思想家，则借言灾异以鼓吹"异姓受命"（《汉书》卷七十五《眭弘传》），显然已经背离了董仲舒言灾异的初衷。二是面对刘汉灭亡和王莽代汉已成为一种不可逆转的形势，古文经学派的建立者刘歆编撰《世经》(《汉书》卷二十一下《律历志下》),构建了一套五行相生之五德终始历史学说,系统宣扬了"圣人同祖"的天命思想①,特别是集中阐发了"汉为尧后"说②,从而为刘汉政权的和平过渡提供理论依据。

东汉政权建立后,一方面由于光武帝由一介儒生而登上帝王宝座,主要是依靠了谶纬神学作为精神支柱,因此,谶纬神学很快便成为东汉初年风靡一时的学问。同时,刘汉政权经历这场兴衰之变后,也需要史学家们对其政权的合法性从神意角度做出解释。东汉初年这种特定的时代背景,自然促进了神意史观的进一步发展;而这种神意史观进一步发展的集中表现则是大力宣扬"汉为尧后"说。与西汉末年刘歆宣扬"汉为尧后"说以为王莽代汉提供理论依据不同,东汉初年史家宣扬"汉为尧后"说,则是要为刘汉政权的合法性从神意角度做出论证。先是班彪作《王命论》,肯定"刘氏承尧之祚,氏族之世,著乎《春秋》"(《汉书》卷一百上《叙传》)。接着班固作《汉书》,进一步宣扬了"汉为尧后"的神意思想。班固一方面在《汉书·高帝纪》赞中详细考证出了一个"汉为尧后"的刘氏世系,并明确指出"断蛇著符"便是刘氏"德祚已盛"奉天命建汉的具体标志;另一方面还系统宣扬了自董仲舒、刘向以来的天人感应思想,如《汉书》不但为天人感应论的构建者董仲舒单独立传,还特意将系统反映董仲舒天人感应思想的《天人三策》完整地载入《董仲舒传》中,《汉书》的《天文志》则系统宣扬了董仲舒以来的灾异理论,等等。

当然,在两汉之交神意史观流行的同时,也出现了像王充这样的反神意的思想家。王充著《论衡》,认为天道自然,王者圣而不神,历史治乱兴衰"皆在命时"。他反对灾异为有意志的天所谴告的说法,而认为是阴阳之气失调的结果。但是,王充的反神意并不彻底,他在否定意志之神的同时,又肯定了命运之神的存在;在批判天人谴告说的同时,却又认为符瑞与圣贤和盛世联系在一起。很显然,在当时那个神学弥漫的时代,要想彻底摆脱神学的

---

① "圣人同祖"说认为,伏羲氏"继天而王",炎、黄二帝继之而王,黄帝以后诸帝皆黄帝之后。
② 刘歆"汉为尧后"说的理论基点是王莽代汉,它在确定黄帝、虞舜为土德的前提下推衍出王莽的土德,进而由虞舜、王莽的土德又推出唐尧、刘汉的火德。参见拙著《中国史学思想通史·秦汉卷》第二编第六章第三节,合肥:黄山书社2002年版。

束缚，并非一件容易的事情。

东汉末年，封建政治出现了宦官、外戚轮流专权，王权日益衰落的局面。这种政治统治的严重危机，在当时思想家、史学家的天人观上也得到了明显的反映。首先是更加重视阐发灾异论。在这一时期。以何休、荀悦为代表的思想家和史学家们继承了董仲舒"言天道而归于人道"的灾异论传统，都非常重视结合东汉末年的衰政，来着力阐发灾异与人事的关系，大力宣扬灾异不离人事、灾异由人事招致的思想。应该说，他们的灾异论尽管披着的是神学的外衣，而内蕴实质无疑是紧密服务于挽救统治危机这一时代政治主题的。其次是继承并大力宣扬了自刘歆、班彪、班固以来的"汉为尧后"说这一天命王权思想。如荀悦作《汉纪》，以刘歆的新五德终始说为开篇，以班彪的《王命论》为结语，所体现的神意史观是一贯到底的。荀悦在汉末群雄并起之时大力宣扬"汉为尧后"说，显然是出于维护刘汉正统的一种需要。

从上可知，自从董仲舒构建天人感应理论体系，从而系统表述其历史盛衰观以后，它从理论思维方式到具体思想内涵都对汉代史学家、思想家产生了巨大的影响，这些人正是沿着董仲舒的理论路径，同时结合时代政治需要，去努力探究天人之际，阐发其天人思想的。

## 二

关于历史变易及其法则问题，春秋战国时期的思想家就已经做了探究。儒家经典《易传》的作者就充分肯定事物变易具有必然性，《系辞下》将其变易思想集中表述为"《易》穷则变，变则通，通则久"。《易传》还进一步提出以革命的手段实现变易的必要性，《革》卦象辞认为革命的意义在于"文明以说，大亨以正"，因而它是自然界和人类社会变易发展的共同法则。儒家代表人物孟子通过对历史变易及其法则的探究，提出了在中国思想史上产生久远影响的"五百年必有王者兴"之历史循环变易阶段论。战国后期，阴阳家的代表人物邹衍创立了一套较为系统的五德终始说，用以解释历史变易及其法则。根据《吕氏春秋·有始览·应同》的引述，邹衍认为历史王朝的更替是按照"土木金火水"五行相胜之序循环变易的,据此,黄帝得土德、大禹得木德、商汤得金德、文王得火德。《吕氏春秋》代邹衍立言:代火者水,继周而建的王朝必将是得水德的王朝。邹衍这套五德终始历史循环变易论,对于战国秦汉时期人们的历史变易观影响很大。

董仲舒的历史变易观无疑是受到了先秦思想家特别是《易传》的变革思想和邹衍的五德终始说的影响,故而他在《春秋繁露·尧舜不擅移、汤武不专杀》中提出了"有道伐无道"思想,认为自有夏氏以来的历史变易是"夏无道而殷伐之,殷无道而周伐之,周无道而秦伐之,秦无道而汉伐之"的一个相克相胜过程。

然而,董仲舒的历史变易思想主要还是体现在他对"三统"说的系统阐述上。"三统"说的创始人究竟是谁,现已无法确知。但从现有资料来看,对这一学说记述最为详尽的,当数董仲舒的《春秋繁露》一书。因此,"三统"说无疑是董仲舒历史思想体系的一个重要组成部分。董仲舒的"三统"说从表面上看宣扬的是一种历史循环变易论,因为它认为历史王朝是按照黑、白、赤三统顺序循环更替的,以此来对应历史朝代,则商朝为白统,周朝为赤统,《春秋》为黑统[1];从实质而言,它却是主张"继治世者其道同,继乱世者其道变"(《汉书》卷五十六《董仲舒传》),以更化救弊为目的,强调汉皇朝更化的必要性,因而是一种历史更化论。如果我们将董仲舒"三统"说与邹衍五德终始说做一比较便不难发现,二者虽然在形式上都是宣扬历史循环论,但是它们的内蕴却明显不同,五德终始说的五德变易是一个相胜的过程,而"三统"说的三统循环则是一个更化的过程,正如刘家和先生所说的,"董氏三统、三正之变,只是同一个道在不同阶段的展现形式之不同",认为"既是救弊,便没有五行相胜说的前后相反"。[2]因此,同样都是历史循环变易学说,五德终始说是一种改朝换代的学说,而"三统"说则是一种巩固政权的学说,它们的政治作用是不相同的。

伴随着董仲舒经学思想正宗地位的确立,董仲舒的"三统"历史变易学

---

[1] 董仲舒认为孔子有其德而无其位,他托于王鲁而作《春秋》,以当一王之法,这一王之法是专门为汉朝制定的。因此,董仲舒以《春秋》为黑统制度,其实也就是许汉朝以黑统制度。

[2] 刘家和:《古代中国与世界——一个古史研究者的思考》,武汉:武汉出版社1995年版,第450、449页。

说自然也对汉代史学家和思想家产生了重要影响，这一方面表现在它启发了汉代史学家和思想家们注重运用变易的观点去看待历史；另一方面它或者直接被汉代史学家和思想家们用以表达他们的历史变易观，或者被他们作为用以构建其历史变易学说的重要素材。

史学家司马迁重视探究历史变易及其法则，"通古今之变"是其撰述《史记》所奉行的重要旨趣。而从思想渊源而言，司马迁的历史变易思想不但受到了《易传》"《易》穷则变"思想的影响（司马迁的《易》学有家学渊源）和邹衍五德终始说的影响（司马迁主汉为土德说），同时也受到了董仲舒"三统"说的重要影响。司马迁受董仲舒"三统"说的影响，不仅表现为重视以原始察终、见盛观衰的方法来观察历史，即所谓追溯其原始，察究其终结，以期对历史运行的盛衰法则做出把握；尤其表现在对"三统"学说的具体吸取上。如《天官书》接受了董仲舒"三统"循环理论，认为天运有三五循环之变，而天人一系，故"为国者必贵三五"。肯定三五循环之变是天人之际普遍存在的一种法则。《高祖本纪》则直接援用董仲舒的"三道"循环变易说（"三统"说之一种）来解说自夏朝以来的历史演变，认为夏、商、周三王之道分别为忠、敬、文，而接周而建的秦朝却不知变道救弊，实行忠质之道，汉朝则能"承敝易变，使人不倦"，故"得天统矣"。由此来看，《史记》确实对董仲舒的"三统"说做了重要吸取。

西汉末年，古文经学家刘歆创立的以五行相生之序来解说历史变易和王朝更替的新五德终始说，显然也是与自邹衍以来人们古史观念的不断变化特别是董仲舒历史思想的影响分不开的。首先，董仲舒的"三统"历史变易说对于刘歆新五德终始说的创立有着直接的影响。如"三统"说将古史上溯至五帝、三皇时期，[①] 这一古史期与刘歆的《世经》几乎是一致的；"三统"说所宣扬的三统、三正及三道的循环变易，都不含有相胜相反之义，这与五行相生之新五德终始说有相通之处；"三统"说没有以十月为岁首的秦朝为一统所肇端的摒秦思想，对于新五德终始说宣扬的彻底的摒秦论无疑是

---

① 钱唐说："董子法以三代定三统，追前五代为五帝，又追前三代为九皇。"转引自苏舆《春秋繁露义证》，第186页。按，据《春秋繁露·三代改制质文》，商汤作新王，即推庖羲为九皇。

有着重要影响的。其次，如果撇开历史运次而论五行相生，刘歆以前最早对此做出系统阐述的当属董仲舒（见《春秋繁露》）。董仲舒虽然尚未将五行相生说运用到古史的解说中去，但对刘歆构建五行相生之五德终始说无疑是有重要思想启迪作用的。概言之，董仲舒历史变易思想对于刘歆的影响，一方面表现为一种思想启迪作用，一方面则为其历史变易学说的构建提供了具体素材。

东汉末年，公羊巨子何休又提出了一套别开生面的"三世"学说，用以描述历史发展的过程。"三世"说的主旨思想是认为历史的发展必然经历"衰乱世——升平世——太平世"三个时期，从而肯定历史发展是一个从低级到高级、从衰乱到太平、从野蛮到文明的过程，体现了身处东汉衰世时代的思想家何休对于人类历史的发展和进步所充满的一种自信。从理论渊源而言，何休的"三世"说其实也是对公羊先师董仲舒"三统"说的一种系统改造和重要发展。作为汉代公羊家的一种历史发展理论，"三世"说实肇端于董仲舒，只是董仲舒在论述其"三世"说（即其"三等"说）时，是将它视为其"三统"说的一种别传。按照董仲舒的"三世"说，《春秋》十二世被划分为"所传闻世——所闻世——所见世"三等；而何以要做如此划分，旨在体现尊新王大义，因而隐含了一种历史发展的观点。何休正是在此思想基础上赋予了"三世"说以全新的内容，从而将《春秋》三世论提升为一种对人类历史发展总趋势的描述。

由上所述可知，汉代是一个历史变易思想多姿多彩、历史变易理论不断涌现的时代。一方面，先秦《易传》的变易思想、邹衍的五德终始说继续对汉代史学家、思想家有着重要影响；另一方面，又先后出现了董仲舒的"三统"说、刘歆的新五德终始说和何休的"三世"说。然就董仲舒"三统"说对于汉代历史变易观的影响来说，它不但启发了史学家司马迁等人去"通古今之变"，而且也对刘歆新五德终始说和何休"三世"说的构建有着直接的影响。

## 三

"大一统"作为一种历史观和政治观，也是自春秋战国以来思想家们所着力阐发的一种思想。如儒家孟子的"定于一"思想，墨家的"尚同"思想，等等，都是对这种"大一统"理论所做的具体阐述。西汉景帝时期著于竹帛的公羊学派的重要经典《公羊传》，则别开生面地从《春秋》"王正月"推论出"大一统"之义，从而最早从形上层面上对这一思想做了解说。到了西汉武帝时期，随着大一统政治局面的形成和巩固，时代要求思想家们对于"大一统"之义做出系统的阐发和论证。董仲舒适应时代政治需要，不但通过构建天人感应学说，从天人合一、天人一系的高度论证了大一统的合理性；而且作为公羊大师，他还以《公羊传》为理论依据，对"大一统"之义从形上和形下两个方面做了系统论证和重要发挥。

董仲舒对"大一统"形上之义的阐发，显然是承继了《公羊传》的思维方式，其切入点也是由"王正月"到"大一统"，但在对其内涵的理解上，二者有着较大的出入。《公羊传》所谓"王正月"，是指天下承奉周正（周历），一统于周天子；而董仲舒则认为天下一统于受命新王，且新王必须改正朔、易服色，以对天命进行报答，由此新王又必须一统于天。同时，董仲舒还对《公羊传》首言"元年"做了追究，认为"元"是一种先于天地、先于万物的本体，因此是天地万物之"始"；这个作为万物源头的"始"之所以称作"元"，是因为它不同于具体的"一"，是一种"大一"，所谓"元者辞之所谓大也"。[①]因此，"王正月"所体现的天下一统于新王、新王一统于天，追根溯源还必须要天一统于元。于是乎，"元"也就成了董仲舒"大一统"论的形上根源。如果说董仲舒推究"大一统"形上之义的目的在于立"元"正始的话，那么他阐发"大一统"形下之义的目的则是宣扬王者一统。为了建立起王者一统的政治历史统治秩序，董仲舒在政治上鼓吹尊王，而其尊王论的具体内涵则是神化君权和立王正始；在思想上主张"罢黜百家，独尊儒术"；在民族关系上强调夷夏之辨和以夏化夷。正是由于有了董仲舒的系统阐述，从而使

---

① 见《春秋繁露》卷三《玉英》、卷四《王道》、卷五《重政》等篇和《汉书》卷五十六《董仲舒传》。

大一统理论成为汉代公羊家的一种重要理论。

董仲舒的大一统思想对于汉代史学家、思想家有着重要影响。

史学家司马迁曾从董仲舒问《春秋》公羊学，他对于以董仲舒为代表的公羊家的大一统理论有着深刻的领会。与思想家董仲舒关于"大一统"之义所做的义理阐发不同，作为史学家的司马迁则主要是通过一种史实叙述来表达自己的大一统思想。《史记》从编撰体例到记述内容，无不内蕴了大一统的思想。如"十二本纪"的撰述，司马迁取年的周期数即所谓历数与自黄帝以来的帝王之数相配，目的一方面是为了说明人事运行与天道运行的一致性，体现了一种天人合一的思想；另一方面以人间君王与统御万物的天相对应，旨在说明君王也应像天一样拥有统御人间的权力，体现了一种王者一统的思想。又如"三十世家"的撰述，司马迁视"三十世家"为君王的"辐拂股肱之臣"、环绕北辰的星宿，认为无论众星如何运行、车辐如何旋转，北斗星和车毂的轴心位置是永远不变的；同样，无论人间世道如何变化，君王至尊的地位也是永远不会变化的，从而体现了一种王者独尊的思想。《史记》还用大量的篇幅对黄帝以来的大一统政治做了热情颂扬，如司马迁对秦政多有批评，却充分肯定秦的统一是"世异变，成功大"；司马迁盛赞汉皇朝大一统功业，《平准书》对文景太平盛世时期经济繁荣局面做了满怀激情的颂扬，《汉兴以来诸侯王年表》则对汉武帝为加强大一统局面而消除封国势力给予了充分的肯定。值得注意的是，司马迁在继承董仲舒大一统思想的同时，却也提出了一些与董仲舒大一统之义不尽相同的思想。如在民族观上，如果说董仲舒重视夷夏之别的话，那么司马迁则"不斤斤于夷夏之别"①，他更强调夷夏一统。也可以说董仲舒的夷夏观重于"别"，而司马迁的夷夏观则重于"统"。学术思想上，董仲舒主张"罢黜百家，独尊儒术"，而司马迁则提出"厥协六经异传，整齐百家杂语"（《史记》卷一百三十《太史公自序》）其学术思想大一统的路径与董仲舒存在着明显的不同。

东汉史家班固基于对西汉大一统皇朝历史的充分认识，而断汉为史作《汉书》，以此凸现西汉大一统政权的历史地位。《汉书》的大一统思想是很

---

① 白寿彝主编:《中国通史》第一卷，上海：上海人民出版社1989年版，第10页。

丰富的，它不但对西汉一代大一统盛世做了热情讴歌，而且还重视将西汉历史作为统一的多民族的历史过程来加以把握，体现了其民族一统的历史意识。班固的民族一统思想，就其理论渊源而言，主要是承继董仲舒的夷夏观，但二者具体内涵也不尽相同。班固一方面接受了董仲舒的以夏化夷观，《西南夷两粤朝鲜传》积极宣扬了"招携以礼，怀远以德"的德化思想；另一方面，班固出于对蛮夷民族的偏见，视他们为"贪而好利，被发左衽，人面兽心"之人，故而又主张对蛮夷实行羁縻之策。（《汉书》卷九十四下《匈奴传》赞）

东汉末年，随着宦官、外戚轮流专权，由此导致皇权的极度衰弱，大一统政治出现了严重危机。在这种特定历史背景下，何休出于挽救东汉大一统政治局面的需要，而继承了汉代公羊学派重视阐发大一统思想的传统，并沿袭了公羊先师董仲舒的理论路径，从形上、形下两个方面对大一统思想做了系统阐述。首先，何休着重对汉代公羊家的"五始"说做了系统阐述。"五始"说是汉代公羊家关于《春秋》经文首句"元年，春，王正月"的解释，他们认为"元年""春""王""正月"外加"公即位"（因鲁隐公意在摄政，思虑以后还要归政于桓公，故经文首句"元年春王正月"之后省去了"公即位"这一书法定式）这五要素都体现了"始"之义，共成"五始"。"五始"说不见于《公羊传》，公羊先师董仲舒虽未提出"五始"之名，却已对其内涵做了初步论述，只是形上色彩还不够彰显。何休在公羊先师的论说基础上，将"五始"概括为"元年"为天地之始，"春"为四时之始，"王"为受命之始，"正月"为政教之始，"公即位"为一国之始。"五始"各为一统，"元"统"春"、"春"统"王"、"王"统"正月"、"正月"统"公即位"，"五始"之间"相须成体"，它们合乎逻辑地构成了一种天人一系的宇宙图式。而"统者，始也，总系之辞"。确定天地万物的统属关系，目的就是要立统正始，立定法式。所以何休说："故《春秋》以元之气，正天之端；以天之端，正王之政；以王之政，正诸侯之即位；以诸侯之即位，正境内之治。"何休关于"五始"说的系统阐发，使得公羊学派的"大一统"形上理论由此更加完善、更为系统。其次，何休大力宣扬"尊天子"论。董仲舒宣扬尊王思想，是出于构建王者独尊的大一统政治的需要；而何休宣扬"尊天子"论，则既是秉承公羊先师的遗教、遗训，同时也是对东汉末年皇权衰落、政治无序、国家衰败的一种警世之论。何休认为，东汉末年的天子不尊，是强臣专权、妃党势众所致，因此，只有"屈强臣""弱妃党"，才能使王者谨守王权，天子受到尊崇。《春秋公羊传解诂》常常借史发论，阐发这一"尊天子"之义。最后，何休将"张三世"与"异内外"相结合，用一种历史发展的观点来看待民族关系问题和国家统一问题。董仲舒等公羊先师对于"张三世"和"异内外"之义都曾经做过表述，可是他们却都没有从中阐发出"大一统"之义来。因此，将"张三世"和"异内外"相结合来阐发"大一统"之义，这既是何休大一统理论的主要特色，也是何休对公羊学大一统理论的重要发展。何休以"三世"说来解说"异内外"，认为在"所传闻之世"（亦即"衰乱"之世），夷狄"未得殊也"，故而不存在夷夏之辨问题；在"所闻之世"（亦即"升平"之世），夷狄已"可得殊"，故而必须"内诸夏而外夷狄"；到了"所见之世"（亦即"太平"之世），夷狄通过不断进化，已经由野蛮而至文明，成为诸夏的一部分，因此这是一个"夷狄进至于爵，天下远近小大若一"的大一统之世。毫无疑问，何休的"异内外"说体现了一种民族发展的观点，对传统公羊"大一统"说做出了新的诠释。[①]

由上可知，董仲舒的历史思想对于汉代史学思潮的出现和走向是有着重要影响的。重视对中国传统经学与史学的关系的研究，是深入认识中国古代史学思想民族特点的十分重要的工作。董仲舒是汉代公羊大师，他的经学化的历史思想对于汉代史学思潮产生了重大影响，揭示这一史学特征，也就抓住了中国传统史学的一个关节。

（2003年第4期）

---

[①]《春秋公羊传解诂》隐公元年，见汉何休、唐徐彦《春秋公羊传注疏》，上海：上海古籍出版社1990年版。

# 两汉时期的历史盛衰总结与政治

许殿才

## 一

秦亡汉兴的历史实践，提出了发人深思的问题：秦累世经营，灭六国而成帝业，为什么陈涉揭竿而起，一下子就土崩瓦解？刘邦出身平民，无累世功德，为什么几年内就打败了所有竞争对手，建立起大汉帝国，成为天子？秦何以亡得这样快？汉何以兴得这样暴？当时的政治家、思想家、史学家思索这些问题，是为了了解历史变化的原因，给新生政权提供经验教训，解决汉政权怎样统治下去的问题。

刘邦即帝位当年，便开始思考这个问题。在与群臣欢聚时，他问臣下："列侯诸将无敢隐朕，皆言其情。吾所以有天下者何？项氏所以失天下者何？"高起、王陵回答："陛下慢而侮人，项羽仁而爱人。然陛下使人攻城略地，所降下者因以予之，与天下同利也。项羽妒贤嫉能，有功者害之，贤者疑之，战胜而不予人功，得地而不予人利，此所以失天下也。"刘邦说："公知其一，未知其二。夫运筹策帷帐之中，决胜于千里之外，吾不如子房。镇国家，抚百姓，给馈饷，不绝粮道，吾不如萧何。连百万之军，战必胜，攻必取，吾不如韩信。此三者，皆人杰也，吾能用之，此吾所以取天下也。项羽有一范增而不能用，此其所以为我擒也。"（《史记·高祖本纪》）刘邦君臣都把人的作用放在首位。当天下大乱之际，在你死我活的厮杀之中，军事首领及辅佐者的个人才智确实发挥着重要作用，决策的正确与否往往会在顷刻之间改变双方力量的对比，决定战争的胜负。当时他们对人的作用的体会应当说是很深的。不同的是，高起和王陵看到的是刘、项用人的不同，注意的是领导者的胸怀与气度。刘邦的高明之处在于看到了个人力量的有限，意识到广用各方面人才之长，才能成就大业。

这样的总结，对刘邦君臣是很有影响的。杰出军事人才站在刘邦一边时，是他统一天下的倚重力量，天下初定后，则成为对新生政权的最大潜在威胁。刘邦建立汉政权之初，对拥有重兵又能征惯战的韩信、彭越、英布等杰出军事将领非常害怕，为解决新生政权稳定问题费尽了心机。他不得不采用封王的办法，对这些人啖以厚利，使他们的野心部分得到满足。同时抓住一切机会削弱他们的军事力量，一旦时机成熟马上下手，将他们彻底消灭。刘邦在位时，次第剪除了韩信、韩王信、彭越、英布、卢绾等异姓王及代相陈豨等异己力量，改封宗室子弟为王，力图起到以枝叶护本根的作用。并斩白马为誓，宣布："非刘氏不王，若有亡功非上所置而侯者，天下共诛之。"（《汉书·外戚恩泽侯表序》）刘邦的做法，固然出于维护家族统治的私心，客观上却成为巩固新生大一统政权的有力措施。

深入总结历史经验教训，提出巩固政权根本方针的是陆贾。他常常在刘邦面前称引《诗》《书》，惹得刘邦很反感，说："乃公居马上得之，安事《诗》《书》！"陆贾反问："居马上得之，宁可以马上治之乎？"此言可谓一语破的，道出了夺取政权与巩固政权方略的不同。不能以武力治天下，可说是千古不磨的真理，有着久远的生命力。接下来，他用历史事实说明了不施仁义、纯任武力必然失败的道理，也道出了秦亡的根本原因："且汤、武逆取而以顺守之，文武并用，长久之术也。昔者吴王夫差、智伯极武而亡；秦任刑法不变，卒灭赵氏。向使秦已并天下，行仁义，法先圣，陛下安得而有之？"刘邦被他说得面有惭色，要求他总结出秦亡汉兴及历史上成败得失的经验教训来。陆贾"乃粗述存亡之征，凡著十二篇"。因为很好地贯彻了刘邦的撰述意图，所以"每奏一篇，高帝未尝不称善，左右呼万岁，号其书曰'新语'"。（《史记·郦生陆贾列传》）在《新语》中，陆贾系统总结古今施政的经验教训，阐述了以仁义为本的治国学说。针对百废待兴的社会现实，他提出无为而治的主张，要求政府减少对社会的行政干预，减少徭役，减轻刑罚，休养民力，通过教化达到天下大治。

陆贾的思想主张对汉初统治政策有重大影响，在他的直接劝说下，刘邦实现了统治方针的改变，由依赖武力改成推行文治，这一指导思想的改变确实成了汉政权长治久安的根本举措。从高祖、吕后，到文帝、景帝，一直执行休养生息的政策，取得了巨大的历史成就。刘邦时时注意改秦之败，休养民力，即使是消除异己力量之时，也尽量避免使用武力。惠帝、吕后时期，"君臣俱欲无为，故惠帝拱己，高后女主制政，不出房闼，而天下晏然，刑罚罕用，民务稼穑，衣食滋殖"（《汉书·高后纪》赞）。文帝"加之以恭俭"（《汉书·景帝纪》赞），"专务以德化民，是以海内殷富，兴于礼义，断狱数百，几致刑措"（《汉书·文帝纪》赞）。景帝继承文帝事业，于是汉兴"五六十载之间，至于移风易俗，黎民醇厚"，取得了"周云成、康，汉言文、景"（《汉书·景帝纪》赞）的历史成就。对于陆贾思想主张的重大理论与实用价值，汉代人就给以相当高的评价。王充在《论衡·案书》中说："《新语》，陆贾所造，盖董仲舒相被服焉。皆言君臣政治得失，言可采行，事美足观，鸿知所言，参贰经传，虽古圣之言，不能过增。"

汉文帝时的贾谊对历史与现实问题又一次做了深入思考。他的《过秦论》（见《史记·秦始皇本纪》赞）是一篇出色的历史论文。文章对秦由兴起到败亡的历史做了全面回顾与总结。肯定秦"立法度，务耕织，修守战之备"，完成统一大业的历史功绩。然后分析秦统一后政策的失误，揭示秦亡的原因。他具体论述道：天下初定时，经多年战乱之苦，"天下之士斐然向风"，"元元之民冀得安其性命，莫不虚心而仰上"，为社会的安定与治理提供了良好的时机。可惜秦始皇不能及时调整政策，仍崇尚武力，"其道不易，其政不改，是其所以取之守之者无异也。孤独而有之，古其亡可立而待"。而且继秦始皇为帝的二世与子婴还不知改弦更张，"三主惑而终身不悟，亡不亦宜乎"！通过细致的分析，他得出结论：秦灭亡的根本原因在于"仁义不施而攻守之势异也"。贾谊所言历史，处处观照着现实，明白表露出总结历史经验，为现实服务的宗旨。文中言："君子为国，观之上古，验之当世，参以人事，察盛衰之理，审权势之宜，去就有序，变化有时，故旷日长久而社稷安矣。"这已是从个别历史现象中总结出来的规律性的治国方略了。

从汉兴到文帝时期，一直执行无为而治的政策，虽然民众得到苏息，社会经济得到恢复和发展，取得了不小的成就，却也积累了一些问题。在经济逐步好转之际，王公贵族、强宗豪右逐渐养成奢靡之风，连以恭俭著称的文帝也有与臣下驰驱射猎、一日再三出之举。对于这样的苗头，如不能防微杜渐，发展下去便会重蹈亡秦的覆辙。最严重的是诸侯王骄奢淫逸，小者淫荒越法，大者睽孤横逆，成为封建皇朝的离心力量，威胁着国家的统一。贾谊具有见盛观衰的敏锐眼光，在朝廷内外一派歌舞升平之时，写下重要政论文章《治安策》(见《汉书·贾谊传》)，指出天下大势危如累卵，"可为痛哭者一，可为流涕者二，可为长太息者六，若其它背理而伤道者，难遍以疏举"。他逐一讨论了当时所存在的社会问题，指出诸侯尾大不掉，形成对中央政权的威胁是可为痛哭者；不能解决匈奴对汉中央政权的侵扰是可为流涕者；奢侈成风、风俗败坏、礼制未定、重法轻德、摧辱大臣、太子教育之制未备等是可为长太息者。他"稽之天地，验之往古，按之当今之务"，提出了"移风易俗，使天下回心而向道"，"定经制，令君君臣臣，上下有差，父子六亲各得其宜"等根本措施，也提出了理顺朝廷与地方关系的具体解决办法。贾谊服膺儒家的仁义学说，但与陆贾不同，他主张积极有为地整顿社会，使之进于王道之境，实发武帝尊儒之先声。

贾谊对秦亡教训的总结，对当时社会问题的揭示，以及提出的社会问题解决方案，都对当时及以后的政治决策产生了很大的作用。文帝、景帝在执行恭俭、以德怀民政策的同时，注意解决社会矛盾，稳定统治秩序。在对内对外政策上，也多采纳贾谊之议，削弱藩国势力、礼遇大臣、抚慰南越、减轻刑罚、端正风俗等，这些都与文景之治有直接关系。贾谊提出的"众建诸侯而少其力"的办法，更成为后来根本解决藩国问题的良策。文帝"思贾生之言，乃分齐为六国，尽立悼惠王子六人为王；又迁淮南王喜于城阳，而分淮南为三国，尽立厉王三子以王之"(《汉书·贾谊传》)。景帝、武帝在七国之乱后，继续实行削弱藩国势力的办法，最终解决了这一问题，汉大一统政权进入新的发展阶段。

刘向在高度评价贾谊理论建树的同时，为之未能实行而深表惋惜。他说："贾谊言三代与秦治乱之意，其论甚美，通达国体，虽古之伊、管未能远过也。使时见用，功化必盛。为庸臣所害，甚可悼痛。"班固同意刘向对贾谊思想主张的评价，同时纠正了刘向的片面看法，他认为："追观孝文玄默躬行以移风俗，谊之所陈略施行矣。……谊亦天年早终，虽不至公卿，未为不遇也。"

(《汉书·贾谊传》赞）班固通达国体，对封建政权建设有更深入的理解，他的话是合乎历史实际的。

## 二

汉武帝执政时期，顺应历史发展的要求，改变黄老无为而治政策，代之儒家积极有为的新政策，在大一统政权建设上取得了新的历史成就。他有很强的历史感，重视历史上的经验教训，从历史中得到了相当多的启示。

武帝即位当年，采取一系列措施进行思想文化领域的基本建设。他下诏宣称："古之立教，乡里以齿，朝廷以爵，扶世导民，莫善于德。"（《汉书·武帝纪》）以历史为依据，树起整顿伦理秩序、以德教为本的政纲。

为了进一步推行德教政纲，全面改革朝章国制，巩固大一统政权，汉武帝要求贤良对策讨论治国的根本方针问题。在所下诏书中，他说："朕闻昔在唐虞，画象而民不犯，日月所烛，莫不率俾。周之成康，刑错不用，德及鸟兽，教通四海。海外肃慎，北发渠搜，氐羌徕服。星辰不孛，日月不蚀，山陵不崩，川谷不塞；麟凤在郊薮，河洛出图书。呜呼，何施而臻此与！今朕获奉宗庙，夙兴以求，夜寐以思，若涉渊水，未知所济。猗与伟与！何行而可以章先帝之洪业休德，上参尧舜，下配三王！朕之不敏，不能远德，此子大夫之所睹闻也。贤良明于古今王事之体，受策察问，咸以书对，著之于篇，朕亲览焉。"（《汉书·武帝纪》）诏书准确传达出他对前代治世的向往，明确提出思考前代治世形成的原因，以解决现实存在的问题，选择适宜的施政方针。他所以向贤良讨教，正因为他们"明于古今王事之体"。

在另一篇诏书中，他指示要思考五百年来历史变化的原因："夫五百年之间，守文之君，当途之士，欲则先王之法以戴翼其世者甚众，然犹不能反，日以仆灭，至后王而后止，岂其所持操或悖缪而失其统与？固天降命不可复反，必推之于大衰而后息与？呜呼！凡所为屑屑，夙兴夜寐，务法上古者，又将无补与？"要在此基础上回答"三代受命，其符安在；灾异之变，何缘而起"等治国根本问题，达到"伊欲风流而令行，刑轻而奸改，百姓和乐，政事宣昭，……膏露降，百谷登，德润四海，泽臻草木，三光全，寒暑平，受天之祜，享鬼神之灵，德泽洋溢，施乎方外，延及群生"的目的。

大儒董仲舒"明先圣之业，习俗化之变，终始之序"，在著名的《天人三策》中首先谈到要"视前世已行之事，以观天人相与之际"，把古今和天人结合起来，在广阔的时空背景下探索治国根本方略。这样大的理论气魄和这样深的理论思考，决定了他的思想在当时所能达到的高度，也决定了适应新生大一统政权需要，建立新的思想体系的任务非他莫属。

通过对古今联系的考察和对天人关系的思考，董仲舒提出："道者，所繇适于治之路也，仁义礼乐皆其具也。故圣王已没，而子孙长久安宁数百岁，此皆礼乐教化之功也。"要把礼乐教化作为治国之本。这个主张与武帝的本意相合，也是贾谊等有远见的思想家早已提出过的。从深层次原因看，这也正是历史发展的客观需要，是建立稳固封建秩序的必然选择。董仲舒对策的价值在于因理论论证的有力，而促使武帝坚定了实行这一政策的决心，同时也为整个封建社会确立了基本统治政策。

董仲舒认识到统一的社会要有统一的思想，当时统一的中央政权已经建立，可是在思想领域百家纷争的局面还未结束，这实际上成为大一统政权建设的最大障碍。他在对策中论证了以儒家思想统一意识形态的必要。他说："《春秋》大一统者，天地之常经，古今之通谊也。今师异道，人异论，百家殊方，指意不同，是以上亡以持一统，法制数变，下不知所守。臣愚以为诸不在六艺之科孔子之术者，皆绝其道，勿使并进。邪辟之说灭息，然后统纪可一而法度可明，民知所从矣。"（《汉书·董仲舒传》）这一论证以天人古今的通则为理论支点，具有理论高度，同时紧紧贴近社会现实，有很强的说服力。武帝采纳了他的建议，在思想领域实行"罢黜百家，独尊儒术"的政策，用政权的力量树立起儒家思想的权威。

汉武帝在儒家思想指导下，进行社会的全面建设，"兴造功业，制度遗文，后世莫及"（《汉书·公孙弘卜式兒宽传》赞），把新生封建统一国家引上更广阔的发展道路。虽然在当世曾造成严重的社会负担，可从长远看，其历史成就是必须肯定的。

儒家思想是在华夏民族文化积累和华夏民众社会心理基础上形成的。它以仁爱为本，提倡用反求诸己和道德约束的办法使天下归仁，建立理想的社会关系。此时，董仲舒将阴阳五行之说援入儒学，创立起以天人合一宇宙观为核心的新儒学，成功地论证了封建社会的天然合理，为封建社会的存在，奠定了牢固的理论基础，为它的巩固与发展，确立了合适的指导思想。此后，儒学统领中国社会的格局保持了两千余年，直接影响了中国历史与社会发展的方向与进程。

明清之际的著名思想家王夫之充分肯定董仲舒整顿封建思想秩序、确立儒家思想统治地位的历史意义。他说："经天下而归于一正，必同条而共贯，杂则虽矩范先王之步趋而迷其真。惟同条而共贯，统天下而经之则必乘时以精义，而大业以成。仲舒之策曰：'不在六艺之科、孔子之术者，皆绝其道。'此非三代之法也，然而三代之精义存矣。"（《读通鉴论》卷三）这话是很有道理的。

西汉宣帝起自民间，以重刑名著称，他对历史的态度与秦始皇有相近之处，他看到了历史的借鉴作用，同时对于历史保持了一份清醒。他在与时为太子的元帝讨论汉代统治政策时，说的一段话道出了为政要害："汉家自有制度，本以霸王道杂之，奈何纯任德教，用周政乎！且俗儒不达时宜，好是古非今，使人眩于名实，不知所守，何足委任？"（《汉书·元帝纪》）人们对待历史的态度首先可分为重视与不重视两种。重视历史当然是对的，但还不够。只有正确看待历史，在认真研究历史的基础上，吸取其中的有益营养，才是真正可取的态度。泥古不化，把历史当作包袱背起来，实际上是在糟蹋历史。宣帝以时变的眼光看待历史，指出"不达时宜""是古非今""使人眩于名实，不知所守"是俗儒的通病，真是切中要害。正是对待历史的健康态度，使他在执政期间牢牢抓住"以霸王道杂之"这一要点，取得了新的历史成就。

西汉成帝时发生的一件事，可以让我们从另一个角度看到历史知识的重要。元帝的弟弟东平思王刘宇当元帝去世时，曾有野心取成帝而代之，受到处罚后不久入朝，"上疏求诸子及《太史公书》"[1]。成帝拿不定主意，问当

---

[1] 《太史公书》即《史记》。司马迁撰《史记》，要"究天人之际，通古今之变，成一家之言"，对历史的发展变化进行深入系统的研究。另外，班固撰《汉书》，要"纬六经，缀道纲"，为封建国家提供治国方略。这两部著作对汉代及以后的中国社会产生了相当大的影响，笔者将另撰文做专门论述。

政的舅舅大将军王凤。王凤意识到刘宇掌握历史知识会对成帝构成威胁，回答："臣闻诸侯朝聘，考文章，正法度，非礼不言。今东平王幸得来朝，不思制节谨度，以防危失，而求诸书，非朝聘之义也。诸子书或反经术，非圣人；或明鬼神，信物怪；《太史公书》有战国从横权谲之谋，汉兴之初谋臣奇策，天官灾异，地形厄塞，皆不宜在诸侯王。不可予。不许之辞宜曰：'五经圣人所制，万事靡不毕载。王审乐道，傅相皆儒者，旦夕讲诵，足以正身虞意。夫小辩破义，小道不通，致远恐泥，皆不足以留意。诸益于经术者，不爱于王。'"（《汉书·宣元六王传》）成帝信从此言，按王凤的说法回绝了刘宇。

## 三

光武帝在两汉之际经过多年努力，建立起东汉政权。他为稳定统治、重建天下秩序，日夜操劳，乐此不疲，"虽身济大业，兢兢如不及，故能明慎政体，总揽权纲，量时度力，举无过事"（《后汉书·光武帝纪下》）。他取得卓越历史成就的原因之一，就是以西汉历史为施政龟鉴。在他的诸多中兴举措中，我们可以明显看到历史思考的印记。

初建政权时，面临着与西汉初类似的情况，他从刘邦那里学到了不少东西，又注意改变刘邦做法的不妥之处，采取了比刘邦更高明的办法。称帝的第二年，他"封功臣皆为列侯，大国四县，余各有差"。博士丁恭劝阻："古帝王封诸侯不过百里，故利以建侯，取法于雷，强干弱枝，所以为治也。今封诸侯四县，不合法制。"从表面看这是在维护国家的统一，是顺应历史潮流之举，其实却是不达时变之论。当时天下尚未安定，外有赤眉、公孙述、窦融等割据势力，内有诸将拥有重兵，可以说天下形势危如累卵，不对功臣施以恩惠，不但不足以笼络他们为统一事业征战，而且随时可能激起他们的反叛。光武回答丁恭："古之亡国，皆以无道，未尝闻功臣地多而灭亡者。"（《后汉书·光武帝纪上》）他们君臣都在称引历史，但丁恭是拘泥于古制，光武帝是深一层的思考。更重要的是，他在征引历史之时，向臣下做了自己是有道之君的暗示，同时也向臣子提出戮力同心共建理想政局的要求。而且大国封以四县，实际上已在封赏之中暗寓约束之意。

天下初定之后，他马上采取罢兵措施，让天下武士归农。同时鉴于西汉一朝权臣跋扈的教训，采取了对功臣以优厚封赏笼络而实际褫夺其职权的办法进行安置，使功臣得以善终，国家得以安定。从进一步的政权建设要求来看，此举不但杜绝了骄兵悍将武力反叛的可能，防止了功臣恃功跋扈对朝政的干扰，而且为治国贤才提供了参政的机会。这后一点其实尤为重要，因为文武各有所长，当国家中心工作由武功改为文治之时，大量吸取理政安民人才，正是当务之急。光武帝的举措得到有识史家的赞许。《后汉书》作者范晔深通刘秀内心款曲，评述：

> 中兴二十八将，前世以为上应二十八宿，未之详也。然咸能感会风云，奋其智勇，称为佐命，亦各志能之士也。议者多非光武不以功臣任职，至使英姿茂绩，委而勿用。然原夫深图远算，固将有以焉尔。若乃王道既衰，降及霸德，犹能授受惟庸，勋贤皆序，如管、隰之迭升桓世，先、赵之同列文朝，可谓兼通矣。降自秦、汉，世资战力，至于翼扶王运，皆武人屈起。亦有鬻缯屠狗轻猾之徒，或崇以连城之赏，或任以阿衡之地，故势疑则隙生，力侔则乱起。萧、樊且犹缧绁，信、越终见菹戮，不其然乎！自兹以降，迄于孝武，宰辅五世，莫非公侯。遂使缙绅道塞，贤能蔽壅，朝有世及之私，下多抱关之怨。其怀道无闻，委身草莽者，亦何可胜言。故光武鉴前事之违，存矫枉之志，虽寇、邓之高勋，耿、贾之鸿烈，分土不过大县数四，所加特进、朝请而已。观其治平临政，课职责咎，将所谓"导之以政，齐之以刑"者乎！若格之功臣，其伤已甚。何者？直绳则亏丧恩旧，桡情则违废禁典，选德则功不必厚，举劳则人或未贤，参任则群心难塞，并列则其弊未远。不得不校其胜否，即以事相权。故高秩厚礼，允答元功，峻文深宪，责成吏职。建武之世，侯者百余，若夫数公者，则与参国议，分均休咎，其余并优以宽科，完其封禄，莫不终以功名延庆于后。昔留侯以为高祖悉用萧、曹故人，而郭伋亦讥南阳多显，郑兴又戒功臣专任。夫崇恩偏授，易启私溺之失，

至公均被,必广招贤之路,意者不其然乎!(《后汉书·朱景王杜马刘傅坚马列传》)

范晔赞赏这个做法的高明,同时指出这个做法来自历史的教育。从上述分析中我们可以清楚看出,光武帝是个善读史者。从实行的结果看,他的做法取得了成功:功臣们"功名不自矜""爵位不过望""奉身及家皆自勤约";(叶适《习学记言序目》卷二十四)朝廷因引进大量新的人才,而在治国理民方面取得成就。光武帝为后来的统治者提供了安置功臣的成功经验。

光武帝基本完成统一大业之时,仿效西汉实行休养生息政策。他宣布自己的统治政策就是"吾理天下,亦欲以柔道行之",他"知天下疲耗,思乐息肩。自陇、蜀平后,非儆急,未尝复言军旅"。皇太子曾向他请教攻战之事,他回答:"昔卫灵公问陈,孔子不对,此非尔所及。"(《后汉书·光武帝纪下》)明确交代要把统治方针放到文治上来。他多次下诏或罢兵归农,或减省吏员,或抚恤民众,或赦免犯人,或释放奴婢,或减免租税,使民力得到充分休养,社会经济很快得到恢复。

光武帝不满足于照搬前代的成功经验,而是根据面对的社会现实,进行适当调整。他采用汉初黄老之术中的休养生息政策以恢复民力,又尽量避免西汉初年单纯任用黄老之术产生的弊端,吸取儒家学说中的有益成分,积极进行政权建设。建武五年(29),他"幸鲁,使大司空祠孔子"。同年,他"初起太学,车驾还宫,幸太学,赐博士弟子各有差"。(《后汉书·光武帝纪上》)次年,命公卿举贤良方正,进行积极的文化建设。他扩大尚书台的权力,改变西汉一代三公权力过重之制,以此加强皇权。他还采取措施加强监察制度,保证国家机器更有效地运转。这些做法对于政权的长治久安是有深远意义的。把"无为"与"有为"有机地结合起来,交互为用,达到从心所欲的程度,可见光武帝确实有着过人之处。我们说光武帝是善读史者,于此可见一斑。

光武帝自律甚严。他以节俭著称,《后汉书·循吏列传》说他"身衣大练,色无重采,耳不听郑卫之音,手不持珠玉之玩,宫房无私爱,左右无偏恩。建武十三年,异国有献名马者,日行千里,又进宝剑,贾兼百金,诏以马驾鼓车,剑赐骑士。损上林池籞之官,废骋望弋猎之事。其以手迹赐方国者,皆一札十行,细书成文"。《后汉书·皇后纪》说:"光武中兴,斫雕为朴,六宫称号,唯皇后、贵人。贵人金印紫绶,奉不过粟数十斛。"由于自身俭朴以为天下先,这一时期"勤约之风,行于上下"(《后汉书·循吏列传》)。看到这些记载,我们很容易联想到《汉书》对文帝恭俭行为的赞美。光武帝显然有追踪前汉贤明帝王之志。

为避免重蹈西汉覆辙,光武帝确实是费尽心机。他"闵伤前代权臣太盛,外戚与政,上浊明主,下危臣子",对后妃之家参政进行严格限制。使"后族阴、郭之家不过九卿,亲属荣位不能及许、史、王氏之半耳"。(《后汉书·明帝纪》注引《东观汉记》)这一制度在东汉初得到很好贯彻。《后汉书·明帝纪》记载明帝"遵奉建武制度,无敢违者。后宫之家,不得封侯与政。馆陶公主为子求郎,不许,而赐钱千万。谓群臣曰:'郎官上应列宿,出宰百里,苟非其人,则民受其殃,是以难之。'"伏波将军马援战功卓著,却没有列位云台二十八将,就是因为其女为明帝皇后,"以椒房故,独不及援"(《后汉书·马援列传》)。在这样的控制下,终明帝之世"诸豪戚莫敢犯法者"(《后汉书·窦融列传》)。他们无法想象的是,后来外戚集团成为东汉政权的主要掘墓人,历史无情地和他们开了个玩笑。

(2000 年第 2 期)

# 陈寿与《三国志》

缪 钺

一

《三国志》的作者陈寿，字承祚，巴西郡安汉县（今四川南充）人。生于蜀汉后主建兴十一年（233），卒于晋惠帝元康七年（297），年六十五岁。

陈寿少时受学于同郡古史学家谯周，"聪警敏识，属文富艳"（《华阳国志》卷十一《陈寿传》）。在蜀汉政权下，陈寿出仕为观阁令史[①]。当时宦者黄皓专权，许多朝臣都谄附他，陈寿独不然，所以屡被谴黜。

炎兴元年（263），蜀汉后主为曹魏所灭，这时陈寿三十一岁。两年之后，司马炎夺取曹魏政权，建立晋朝，是为晋武帝。陈寿居父丧时，有病，使侍婢调治药丸，当时人认为这件事触犯封建礼教，加以贬责，沉废累年。后来张华欣赏陈寿的才学，以为他虽然未能远嫌，但是还不至于因此废黜。于是陈寿举孝廉，做佐著作郎，出补平阳侯相[②]。当陈寿为佐著作郎时，曾受中书监荀勖、中书令和峤的委托，定诸葛亮故事。晋武帝泰始十年（274），陈寿为平阳侯相时，撰辑成《诸葛亮集》二十四篇，奏于朝廷。陈寿为佐著作郎

---

[①] 按，《华阳国志·陈寿传》谓陈寿在蜀汉时，"初应州命，卫将军主簿，东观、秘书郎，散骑、黄门侍郎"。《晋书·陈寿传》谓寿"仕蜀为观阁令史"。兹从《晋书》。

[②] 按，《晋书·陈寿传》："除佐著作郎，出补阳平令，撰《蜀相诸葛亮集》，奏之。"钱大昕《廿二史考异》卷六《晋书·陈寿传》："按，泰始十年，寿上表称平阳侯相，此云阳平令，恐误。"钱氏之说甚是。《华阳国志·陈寿传》正作"出为平阳侯相"，今从之。不过，《华阳国志》将陈寿出为平阳侯相事叙于西晋平吴之后，则是错的。

及著作郎时,都兼领本郡中正。①

晋武帝太康元年(280)灭吴,中国统一。这时陈寿四十八岁。他开始整理三国史事,著魏、蜀、吴书共六十五篇,号《三国志》。张华看到这部书,很欣赏,荐举陈寿为中书郎。权臣荀勖嫉妒张华,因此也不喜欢陈寿,授意吏部迁陈寿为长广太守。陈寿以母老为借口,辞官不就。镇南大将军杜预表荐陈寿为散骑侍郎,朝廷任命他为治书侍御史。后来因母死丁忧去职。他母亲临死时,遗嘱葬于洛阳,陈寿遵照办理。当时清议认为陈寿不以母丧归葬蜀中故乡是不对的,于是又受到贬责。数年之后,起为太子中庶子。还没有就职,即于惠帝元康七年病故了。

陈寿虽然很有才学,但是当西晋朝政腐败、权贵恣肆之时,他终身仕宦是不得志的,所以《华阳国志·陈寿传》说:"位望不充其才,当时冤之。"

## 二

陈寿的老师谯周是一位研究古史的人,他撰作《古史考》二十五篇,皆凭旧典以纠正司马迁《史记》中的谬误。虽然书中批评的意见并不全都恰当(后来晋司马彪又驳辩《古史考》中不当者一百二十二条),但是他究竟是对古史用过一番考核功夫的。陈寿受到谯周的启发和教育,所以从少时起,就精读古代历史名著,如《尚书》、《春秋》三《传》、《史记》、《汉书》等,研究撰写史书的方法、义例、别裁、通识。后来他自己写史书,先从地方史做起。自东汉初以来,蜀郡郑伯邑、赵彦信,汉中陈申伯、祝元灵,广汉王文表等,都留心乡邦人物,作《巴蜀耆旧传》。陈寿认为他们的著作还有不足之

---

① 陈寿领本郡中正事,《晋书·陈寿传》叙于编辑《诸葛亮集》迁著作郎之后。按,陈寿编辑《诸葛亮集》在泰始十年,则领本郡中正似应在泰始十年之后。但是《三国志·谯周传》又说:"(泰始)五年,尝为本郡中正,清定事讫,求休还家,往与周别。"这是陈寿自叙之词,是最可靠的,可见他在泰始五年已为本郡中正了。大概陈寿在为佐著作郎时已兼领本郡中正,并非只在为著作郎时,《晋书·陈寿传》可能是概括言之。

处，于是撰《益部耆旧传》①十篇。此外，他又撰《古国志》五十篇，而最精心结撰的则是《三国志》。《益部耆旧传》与《古国志》都亡佚了，只有《三国志》流传下来。

在陈寿撰著《三国志》之前，魏、吴两国都有官修的史书，如王沈《魏书》、韦昭《吴书》；又有鱼豢《魏略》，是私家撰述。这些书都是陈寿所参考依据的资料。当然，除此之外，陈寿还可能多方采访。至于蜀汉，因为未置史官，无有撰述②，所以蜀汉史事，更有赖于陈寿的搜集；不过，陈寿原是蜀人，对于故国文献，向来熟悉，在撰著《三国志》之前，即曾奉命定诸葛亮故事，所以也还是具有有利的条件。《三国志》撰成后，当时见到稿本的人都很赞赏，"称其善叙事，有良史之才"。张华比之于司马迁、班固，并且对陈寿说："当以《晋书》相付耳。"夏侯湛正在撰《魏书》，"见寿所作，便坏己书而罢"。陈寿死后，梁州大中正、尚书郎范頵等上表说："臣等按：故治书侍御史陈寿作《三国志》，辞多劝诫，明乎得失，有益风化。虽文艳不若相如，而质直过之，愿垂采录。"于是朝廷命令河南尹、洛阳令派人到陈寿家中抄写这部书，保藏于政府。(《晋书·陈寿传》)

陈寿的《三国志》，就大体说来，超出于其他诸家关于魏、蜀、吴三国史事的撰著，成为古代纪传体史书中杰出的作品，所以后人对它评价颇高。刘勰《文心雕龙·史传》说："及魏代三雄，记传互出。《阳秋》《魏略》之属，《江表》《吴录》之类，或激抗难征，或疏阔寡要。唯陈寿《三志》，文质辨洽，荀、张比之迁、固，非妄誉也。"可以代表一般人的意见。但是其中也有

---

① 《晋书·陈寿传》谓："《益都耆旧传》十篇。"按，《华阳国志·陈寿传》作"《益部耆旧传》"。《隋书·经籍志》《旧唐书·经籍志》《新唐书·艺文志》均同。按，西汉武帝分全国为十三部，部置刺史，督察郡国，东汉改称州，所以"益部"即是益州，《晋书》作"益都"，误也。
② 《三国志·蜀后主传》评曰："国不置史，注记无官，是以行事多遗，灾异靡书。"刘知幾不同意这个意见，他说："案，《蜀志》称王崇补东观，许盖掌礼仪，又郤正为秘书郎，广求益部书籍，斯则典校无阙，属辞有所么。而陈寿评云'蜀不置史官'者，得非厚诬诸葛乎？"(《史通·史官建置》)按刘知幾所举之例，并不足以驳倒陈寿的说法。蜀汉时虽有东观郎、秘书郎等官，可能只典校书籍，而并未修史，所以陈寿说："注记无官，是以行事多遗。"蜀汉有没有官修史书，这是一件重要的事情，当时许多人都是知道的，陈寿不至于为此事说假话以"厚诬诸葛"。《华阳国志》卷十一《王化传》说，王化之弟王崇，"蜀时东观郎"，西晋时为尚书郎，曾著《蜀书》，亦是蜀汉亡后的私家撰述，其撰作大概与陈寿同时，并不是他为蜀汉东观郎时所撰。

一些问题,引起后人的批评与责难。

《晋书·陈寿传》中记载两件事,说明陈寿修史有时对人物评价所持的态度不够公平:

> 或云:丁仪、丁廙有盛名于魏,寿谓其子曰:"可觅千斛米见与,当为尊公作佳传。"丁不与之,竟不为立传。寿父马谡参军,谡为诸葛亮所诛,寿父亦坐被髡,诸葛瞻又轻寿。寿为亮立传,谓亮将略非长,无应敌之才,言瞻惟工书,名过其实。议者以此少之。

但是这两件事是否可信呢?后人颇多怀疑者。清王鸣盛综合朱彝尊、杭世骏的意见,为陈寿辨诬,认为《晋书》好引杂说,故多芜秽,这两件事,亦其一也。陈寿对于魏朝文士,只为王粲、卫觊等五人立传,至于徐幹、陈琳、阮瑀、应瑒、刘桢,仅于《王粲传》中附书。今《王粲传》附书云:"沛国丁仪、丁廙,弘农杨修,河内荀纬等,亦有文采。"又于《刘广传》附书云:"与丁仪共论刑礼。"这样已经够了,何必还要更立专传呢?况且丁仪、丁廙兄弟并非好人,王沈《魏书》、鱼豢《魏略》都记载他们的坏事,这种人当然不能给他立佳传,并不是陈寿因索米不得而故意抑之。关于街亭之败,陈寿直书马谡违背诸葛亮的节度,为张郃所破,并未尝以私怨而归罪于诸葛亮;至于论诸葛亮将略非其所长,则张俨、袁准都曾这样说过,也不是陈寿一人之私言。王鸣盛又补充说:陈寿入晋之后,撰次《诸葛亮集》,作表奏上,推许甚至,在《诸葛亮传》中,特附《亮集》目录,并所上书表,以表示尊崇,传后评中反复称赞他的刑赏之当,都足以说明陈寿在论述诸葛亮时是很推崇的,并无因父坐罪,怀私怨而贬抑诸葛亮之处。(见《十七史商榷》卷三十九《陈寿史皆实录》)赵翼《廿二史劄记》卷六《陈寿论诸葛亮》,也举出许多例证,说明陈寿对诸葛亮推崇备至,所谓因父被髡而于诸葛亮有贬词者,乃无识之论。以上这些辨析都很明确,可见《晋书·陈寿传》所记的这两件事都是不足信的,不能据此认为陈寿修史时因私人恩怨而褒贬不公。

《三国志》的书法中,经常为后人所责难者,是以魏为正统一事。陈寿撰《三国志》,是以魏为正统的。书中对于魏国的君主,如曹操(曹丕建立魏朝后，追尊曹操为武皇帝）、曹丕、曹叡等，都列为武帝、文帝、明帝诸纪，而对于蜀汉与吴的君主，如刘备、孙权等，则立为传。在《魏书》中，对于刘备称帝、孙权称帝之事，皆不书；而在《蜀书》《吴书》中，于君主即位，必记明魏之年号，以见正统之在魏。东晋习凿齿作《汉晋春秋》，开始提出异议，主张以蜀汉为正统。南宋朱熹以后，多赞同习凿齿而非难陈寿。关于此问题，《四库全书总目提要·三国志》有一段解释：

> 以理而论，寿之谬万万无辞；以势而论，则凿齿帝汉顺而易，寿欲帝汉逆而难。盖凿齿时晋已南渡，其事有类乎蜀，为偏安者争正统，此孚于当代之论者也。寿则身为晋武之臣，而晋武承魏之统，伪魏是伪晋矣，其能行于当代哉！此犹宋太祖篡立近于魏，而北汉、南唐迹近于蜀，故北宋诸儒皆有所避而不伪魏。高宗以后，偏安江左，近于蜀，而中原魏地全入于金，故南宋诸儒乃纷纷起而帝蜀。此皆当论其世，未可以一格绳也。

这个解释相当的明白。所谓"正统"之说，完全是为封建统治服务的，其是非标准，以对当时封建统治是否有利为权衡。西晋承魏，北宋承周，建都于中原，所以当时封建史家都以魏为正统；东晋与南宋都是偏安江南，情况与蜀汉相似，所以当时封建史家又都以蜀汉为正统。陈寿修《三国志》，以魏为正统，这正是封建史家照例的做法。这种是非的争论，在我们今天看来，是毫无意义的。

另一种对《三国志》的批评，是说书中时有曲笔，多所回护，换句话说，就是替封建统治者（尤其是西晋的统治者）隐恶溢美。《史通》卷七《直书》："当宣、景开基之始，曹、马构纷之际，或列营渭曲，见屈武侯，或发仗云台，取伤成济，陈寿、王隐，咸杜口而无言。"赵翼《廿二史劄记》卷六《三国志多回护》举出许多例证，譬如魏齐王芳之被废，是司马师的主张，事前太后并不知道，而《齐王芳纪》"反载太后之令，极言齐王芳无道不孝，以见其当废"；高贵乡公亲自率兵讨司马昭，为司马昭之党成济所杀，而《高贵乡公纪》但书"高贵乡公卒"，绝不见被杀之迹，反载太后之令，言高贵乡公悖逆不道，自陷大祸，欲以庶人礼葬；叙魏与蜀战争，常是讳败夸胜；刘放、孙资本是奸邪之人，而陈寿作二人合传，说他们"身在近密，每因群臣谏诤，多扶赞其义，并时陈损益，不专导谀言"，大概因为孙、刘二人有功于西晋统治者司马氏，司马氏感激他们，所以陈寿为二人作佳传。由刘知幾、赵翼所举的例证，可以看出陈寿为西晋统治者回护是很明显的。本来封建史书都是为封建统治服务的，不过，封建史家的思想有进步与落后的不同，因此对封建统治者的态度也不完全一样。有进步性思想的封建史家，能在一定的程度上揭露封建统治的黑暗，或据事直书，或微辞讽刺，司马迁《史记》之所以卓绝，这也是很重要的一点。陈寿《三国志》在这方面是不如《史记》的。

以上所举，是历来学者对于《三国志》几点重要的批评。其中索米不遂而不为丁仪兄弟立传及因父受刑而贬抑诸葛亮的两种传说，都是不可靠的。至于以魏为正统，乃是西晋封建史家所不得不如此做的，而且所谓"正统"的是非，我们今日也不必去管它。所以这两项都不能算是《三国志》的缺点。唯独书中时有曲笔，多所回护，替西晋统治者隐恶溢美，这的确是《三国志》思想性较差之处。

陈寿修《三国志》，为了维护当时统治者司马氏的利益，做了不少的曲笔，但是对于曹魏与孙吴刑政的苛虐、徭役的繁重，都还是据事直书；同时，其他许多史事的叙述，也都是"翦裁斟酌处，亦自有下笔不苟者，参订他书，而后知其矜慎"（赵翼《廿二史劄记》卷六《三国志书事得实处》）。兹以《诸葛亮传》为例，加以说明。诸葛亮是三国时杰出的政治家与军事家，关于他的史料，文献记载与口头传说都相当的丰富。陈寿作《诸葛亮传》时，在史料的取舍上，是经过审慎斟酌的。关于刘备与诸葛亮最初相识的经过，《魏略》与《九州春秋》都说是诸葛亮自己去见刘备的，陈寿不取此说，而根据诸葛亮《出师表》中的自述，"先帝不以臣卑鄙，猥自枉屈，三顾臣于草庐之中"，所以记此事时说："由是先主遂诣亮，凡三往乃见。"诸葛亮征南中事，当时传说不免有夸大溢美之处，譬如对于孟获的七擒七纵，是不合情理的，所谓"南人不复反"，也是不合事实的（后来东晋习凿齿作《汉晋春秋》，采录这些事），陈寿一概不取，只说："其秋悉平，军资所出，国以富饶。"当时又有一种传说：建兴五年，诸葛亮北伐时屯于阳平，司马懿率二十万人径至城下，城中兵少力弱，将士失色，莫知所出。诸葛亮意气自若，敕军中皆卧旗息鼓，大开城门。司马懿疑有伏兵，引军北去。西晋人郭冲说诸葛亮五事，此为其一。（见《三国志·诸葛亮传》裴注引王隐《蜀记》）这个传说既不合当时事实[①]，也不合情理，所以陈寿屏弃不取。诸葛亮《后出师表》载于吴人张俨《默记》中，就这篇文章中所叙事实与思想看来，都不像是诸葛亮的作品，可能是张俨拟作的（清人袁枚、黄以周都曾作文辨析）。陈寿作《诸葛亮传》，不录此篇，是有道理的。从以上所举诸事例，都足以看出陈寿对于史料的取舍选择，非常谨严矜慎。他虽然很崇拜诸葛亮，但是对于有些传说将诸葛亮夸饰得过于神奇者，他都不采用。

陈寿所作诸传，照顾的方面很广。凡是三国时期在政治、经济、军事上有关系的人物，以及在学术思想、文学、艺术、科学技术上有贡献者，他几乎都网罗其事迹，写在书中，又根据其重要程度的不同，或立专传，或用附见。不过，也不免偶有遗漏。譬如华佗与张仲景都是建安中的名医，陈寿为华佗立传，而忽略了张仲景，《史通·人物》已指出这一点，认为是陈寿的"网漏吞舟"。又如马钧是当时"天下之名巧"，陈寿也没有给他立传。

《三国志》只有纪、传而没有志，似乎也是一个缺陷。志是比较难作的，江淹认为，"史之所难，无出于志"（《史通·古今正史》）。陈寿大概是因为资料搜集的不够所以没有作志。

《三国志》通体简约爽洁，无繁冗芜杂之弊，各传中所选录的文章，也都能择取最重要者，不像王沈《魏书》、鱼豢《魏略》的"秽累"（《史通·载文》）。至于陈寿的文章，亦以简洁见长，而对于历史人物的描写，在生动传神方面，则不如司马迁的《史记》，亦不如班固的《汉书》。叶适说："陈寿笔高处，逼司马迁，方之班固，但少文义缘饰尔，要终胜固也。"（《文献通考》卷一百九十一《经籍考·三国志》引）未免称赞过高。李慈铭说："承祚固称良史，然其意务简洁，故裁制有余，文采不足；当时人物，不减秦汉之际，乃子长作《史记》，声色百倍，承祚此书，暗然无华，范蔚宗《后汉书》较为胜矣。"（《越缦堂日记》"咸丰己未三月初三日"条）这个衡量是分寸恰当的。

---

① 蜀汉建兴五年即魏太和元年，这时司马懿为荆州都督，镇宛城，并未在关中抗御诸葛亮。

三国时期颇有些英俊奇伟、倜傥不群的人物，后来小说戏剧多取材于三国时的历史故事，这也是一个原因，如果陈寿能在描写历史人物方面艺术性更高一些，则将会使这部史书更为出色。

## 三

在陈寿作《三国志》后约一百三十余年，刘宋文帝命裴松之为《三国志》作注。

裴松之（372—451），字世期，河东闻喜人。"博览坟籍，立身简素。"宋初，官中书侍郎。他奉命作《三国志注》，即"鸠集传记，增广异闻"，书成，于元嘉六年（429）奏上，宋文帝很欣赏，说："此为不朽矣。"（《宋书·裴松之传》）

裴松之《上三国志注表》中说：

> 寿书铨叙可观，事多审正。……然失在于略，时有所脱漏。臣奉旨寻详，务在周悉。上搜旧闻，傍摭遗逸。……其寿所不载，事宜存录者，则罔不毕取以补其阙。或同说一事而辞有乖杂，或出事本异，疑不能判，并皆抄内以备异闻。若乃纰谬显然，言不附理，则随违矫正以惩其妄。其时事当否及寿之小失，颇以愚意有所论辩。

可见裴注体例，不在于训诂名物的解释，而在于史料的补阙与纠谬。虽然后来有些学者认为裴注失于繁芜，譬如刘知幾说：裴注"喜聚异同，不加刊定，恣其击难，坐长烦芜"（《史通·补注》）。陈振孙也说：《三国志》"本书固率略，而注又繁芜"（《直斋书录解题》卷四《三国志》）。叶适认为："注之所载，皆寿书之弃余。"（《文献通考》卷一百九十一《经籍考·三国志》引）但是这些批评并不全都恰当，尤其叶适的说法更是错的。裴注所引史料，其中大部分是陈寿同时或以后的人的著作，从各方面搜得的史料，并非都是陈寿所能见到的，怎么能说是"皆寿书之弃余"呢？

裴注搜采广博，引书一百四十余种，其与史家无涉者尚不在数内。[①]其中有百分之九十几早已亡佚了，赖裴注征引，尚可见其崖略；并且裴注引书，首尾完具，不加以剪裁割裂，尤便于读者参考。所以《四库全书总目提要》说："考证之家，取材不竭，转相引据者反多于陈寿本书焉。"裴注不但广引史料，而且有些考证辨析，也还相当的精确。我们今天读《三国志》，必须读裴注；研究三国时期的历史，裴注应是很重要的参考资料。

（原载《历史教学》1962年第1期）

（1964年6月）

---

① 据钱大昕的统计，见《廿二史考异》卷十五《三国志一》。

# 陈寿曲笔说辨诬

陶懋炳

陈寿撰《三国志》，素有曲笔之称。《晋书·陈寿传》云："或云丁仪、丁廙有盛名于魏，寿谓其子曰：'可觅千斛米见与，当为尊公作佳传。'丁不与之，竟不为立传。寿父为马谡参军，谡为诸葛亮所诛，寿父亦坐被髡。诸葛瞻（亮长子）又轻寿。寿为亮立传，谓亮将略非长，无应敌之才，言瞻惟工书，名过其实。议者以此少之。"

《晋书》成于唐初，是以南齐臧荣绪《晋书》为蓝本而兼采诸家之说。据金毓黻先生考证，两晋南朝人撰晋史者共二十三家，而晋人所撰有十一家。《晋书·陈寿传》所列二事，当为晋人所记，可惜诸书均已亡佚，无从查考此说究何所出。此说影响很大。深恶曲笔的唐代史学家刘知幾便据此痛斥陈寿，说是"记言之奸贼，载笔之凶人，虽肆诸市朝、投畀豺虎可也"（《史通·曲笔》）。后世学者徒以耳食，信之不疑，辗转相传。虽曾有人据实申辩，影响反而不大。

关于陈寿索米一事，须先得解决一个问题，那就是丁仪、丁廙的政治建树和文学成就究竟如何，是否有立传的资格。

曹魏时代的文豪诗人，三曹而外，莫过于"建安七子"。孔融位高望重，而系汉臣，《三国志》中无传。其余六人唯有王粲立了传，陈琳、阮瑀、应玚、徐幹、刘桢皆附于《王粲传》后。二丁也附于《王粲传》后。附传云："自颍川邯郸淳、繁钦，陈留路粹，沛国丁仪、丁廙，弘农杨修，河内荀纬等亦有文采，而不在此七人之例。"此外，魏文帝的智囊、文友吴质，魏晋之际的名士阮籍、嵇康，也都附于此。若说陈寿因索米不得竟不为二丁立传，则文学造诣胜于或埒于二丁者甚多，岂尽与陈寿有私怨而被摈不能立传吗？

如果二丁在政治军事方面有重要建树，当然应立专传，而事殊不然。裴松之《三国志注》广引《魏略》《魏书》等书，对二丁事迹叙述较详，但说来说去，无非说明二丁和杨修同是曹植的"智囊团"成员，曹氏兄弟争夺王位继承权，杨修、二丁为曹植划策献计，效力甚多。于是，曹操先将杨修处死。曹丕继魏王位，又诛二丁。另据《刘廙传》载，丁仪曾与他共论礼刑，而语焉不详。二丁事迹不过如此，显然是不足以立传的。

尤其值得注意的是，《陈思王植传》明载："文帝即王位，诛丁仪、丁廙并其男口。"自惭孤陋寡闻，至今未见有关史笈载明丁仪有子当时得以幸免而后仕于晋朝，如据此记载，丁仪之子不存，陈寿米将谁求？索米之说，不攻自倒。

《晋书》多琐碎诡谬之说，赵翼曾经列举事实证明。其实，《晋书》的病源正来自于诸家晋史。因而，"或云"一词，已可见《晋书》作者也并未确信其事，而丁仪之子无名，更可见出于传闻。看来，陈寿索米，事属莫须有。

为什么这样莫须有的事会传闻如此之广？又为什么会有人制造这种不实之词呢？尽管诸家晋史都已亡佚，但还是可以从侧面看出一些消息。

西晋统一南北前后，中原门阀世族对益州、江左地方势力是歧视和排挤的。东吴"二俊"陆机、陆云虽见重于张华，而被别人骂为"貉子"，终于遭到冤杀，就是一个典型事例。陆氏门望崇高，尚且如此，何况陈寿？再从陈寿的遭遇来看，也可以清楚。陈寿为张华赏识，欲举以为中书郎，为荀勖所嫉，排挤出朝，陈寿借口母老，不去就职。再由杜预推荐，授御史治书，又以母丧去职。最后，"母遗言令葬洛阳，寿遵其志。又坐不以母归葬，竟被贬议"(《晋书·陈寿传》)。几年后，得了个有名无实的太子中庶子，还未拜官便病死了。陈寿遭受排斥、攻讦，并不是他与别人私怨的问题，而是中原世族排斥异己的表现。那么，陈寿索米之类的不实之词，出于中原世族的攻讦，应当说是不成问题的。

后人对此信而不疑，也有其原因。自晋以来，因子孙显赫而得佳传者有之，因子孙赂遗而得佳传者也有之，直至唐修八史，其风犹存。这样，索米之说在人们看来，不消说是想当然之事，信而不疑。刘知幾正是这样，才不加辨别地痛斥陈寿。不见他把尧舜禹的"禅让"和王莽、魏、晋的"禅代"等同看待吗？

对于诸葛亮，陈寿是很推崇的。他曾整理《诸葛亮集》，奏呈于晋朝，在

《上诸葛亮集表》中，陈寿对诸葛亮做了很高的评价："……于是外连东吴，内平南越，立法施度，整理戎旅，工械技巧，物究其极，科教严明，赏罚必信，无恶不惩，无善不显，至于吏不容奸，人怀自厉，道不拾遗，强不侵弱，风化肃然也。……"他还歌颂诸葛亮死后，深为百姓怀念："……至今梁、益之民，咨述亮者，言犹在耳，虽《甘棠》之咏召公，郑人之歌子产，无以远譬也。孟轲有云：'以逸道使民，虽劳不怨；以生道杀人，虽死不忿。'信矣！……"他又在《诸葛亮传》后评论说："诸葛亮之为相国也，抚百姓，示仪轨，约官职，从权制，开诚心，布公道；尽忠益时者虽仇必赏，犯法怠慢者虽亲必罚，服罪输情者虽重必释，游辞巧饰者虽轻必戮；善无微而不赏，恶无纤而不贬；庶事精练，物理其本，循名责实，虚伪不齿；终于邦域之内，咸畏而爱之，刑政虽峻而无怨者，以其用心平而劝戒明也。可谓识治之良才，管、萧之亚匹矣！……"这些评论对诸葛亮是何等钦敬、何等歌颂？特别是强调其开诚布公，信赏必罚，值得我们从中理解陈寿的用心。正史之中，往往于本人纪传中盛美其美，乃至全无瑕疵，而在别传却揭出真相，暴露其短。《三国志》也不乏其例。然而，陈寿对诸葛亮则不然，既在本传后推崇颂扬，又在别人传中加以印证，使两者相得益彰。尤其值得注意的是陈寿在《李严传》和《廖立传》所用的笔法。李严以罪废为民，徙梓潼郡，对诸葛亮毫无怨艾。陈寿特书他"闻亮卒，发病死"；并且指明，这是因为他"常冀亮当自补复，策后人不能，故以激愤也"。廖立自恃甚高，以为当任诸葛亮之副，以罪废徙汶山郡，不但不怨恨诸葛亮，而且相信诸葛亮秉公用人，他会有起用的机会。陈寿又特书："闻诸葛亮卒，垂泣叹曰：'吾终为左衽矣！'"并且把姜维不能起用廖立来做陪衬。

从以上所引陈寿的评论和叙述来看，可见陈寿对诸葛亮髡其父一事并无怨忿之意，他写李严、廖立，也正写出了他自己的心迹。赵翼《廿二史劄记》卷六《陈寿论诸葛亮》中，认为把陈寿说成对诸葛亮挟私寓贬的人是"真不知轻重者"，可称确当之论。陈寿评诸葛亮"将略非长，无应敌之才"，是被斥为挟私寓贬的主要依据。对于这个问题，必须仔细考察，认真分析，以辨明是非。下面先把陈寿的两段评论节录出来：

> 然亮才，于治戎为长，奇谋为短，理民之干，优于将略。而所与对敌，或值人杰，加众寡不侔，攻守异体，故虽连年动众，未能有克。亮之器能政理，抑亦管、萧之亚匹也，而时之名将无城父、韩信，故使功业陵迟，大义不及邪？盖天命有归，不可以智力争也！

> 然连年动众，未能成功，盖应变将略，非其所长欤！

从这两段话来看，非但不能说陈寿挟私寓贬，恰恰足以证明他实事求是，立论公允。

首先，人无全知全能，有其长必有其短。封建史书（尤其是官修正史）每有溢美虚夸之词，尤其是对一些"明君令主"（绝大多数是开国之主）加以神化，一切功德、一切智慧，一概归之，把他们描画成至善至美、全知全能的神圣主宰。这不但是封建文化专制主义的产物，而且是典型的唯心论和形而上学。这种记载是应当摒弃的封建糟粕。陈寿评诸葛亮，兼言其短长，在这方面恰恰是符合唯物论和辩证法的。这正是我国史学遗产的可贵之处。

陈寿论诸葛亮短长，意思深长。他强调理民治戎之长，又指出奇谋将略之短，很有分寸，而又能分别轻重。不言而喻，治国理民为本，武备以治戎为先，这是根本大计。陈寿于此，乃是盛赞诸葛亮得其根本，虽然北伐无功，而势弱力寡的蜀汉却能屹立一方而不亡。《三国志·魏延传》载：魏延"辄欲请兵万人，与亮异道会于潼关，如韩信故事，亮制而不许"。这并不是认为诸葛亮奇谋不及魏延，而是肯定诸葛亮胸有全局，不求侥幸，这种稳扎稳打的谨慎态度，正是他人所不能及的。

陈寿论诸葛亮北伐无功，不是主要归咎于其军事才能不足，而是着眼于当时形势和魏蜀双方力量的对比，也就是说，基本原因是"众寡不侔，攻守异体"。至于"所与对敌，或值人杰"，不过是虚晃一枪的姿态而已。"盖天命有归，不可以智力争也"，这句话透露了陈寿对诸葛亮的极大惋惜，也透露了他对诸葛亮聪明才智的无比崇敬。

陈寿论诸葛亮"奇谋为短"，"应变将略，非其所长"，看来不是把他与同时代的人物相比，而是就他本身的才能做比较。从《三国志·诸葛亮传》和有关人物的传记来考察，陈寿笔下没有记载一件诸葛亮无谋致败的事。即以街亭之役论,《诸葛亮传》明载:"(马)谡违亮节度,举动失宜,大为(张)郃所破。"显然,这不是诸葛亮无谋,而是马谡不听部署。此外,接连记载诸葛亮斩王双,走郭淮,杀张郃,而每次退军主要都是因为军粮不继。人们只看到陈寿评诸葛亮的两段话,却不去仔细考察《三国志》中有关诸葛亮用兵作战的全部记载,便断定陈寿贬低诸葛亮的军事才能,当然也就不能了解陈寿的深意了。即使对于晋朝的开创之主司马懿,陈寿也并不认为他的军事才能优于诸葛亮。尽管陈寿以"亡国大夫"的身份仕于晋朝,不得不称颂司马懿为"人杰",然而他却没有昧心曲笔,贬低诸葛亮。《诸葛亮传》载,诸葛亮病逝,蜀军退回,"宣王案行其营垒处所,曰:'天下奇才也!'"这一笔用心良苦,其意至深:用司马懿赞叹诸葛亮的话来表明他的将略智谋出司马懿之上,既无人敢于非议,又保持了直笔。妙哉!苦哉!

赵翼说:"寿于司马氏最多回护,故亮遗懿巾帼,及'死诸葛走生仲达'等事,传中皆不敢书。"(《廿二史劄记》卷六《陈寿论诸葛亮》)此说似是而非。毋庸讳言,陈寿《三国志》于魏晋多所回护,确是事实,但此处却不尽然。陈寿叙诸葛亮,考订事实,颇为慎重。因而,关于诸葛亮的一些传说,如"七擒七纵""空城计"之类,概弃而不取。"七擒七纵"与魏无干,没有什么敢不敢写的问题。"空城计"也与司马懿无关,记之不足以称诸葛亮之才。即以赵翼所云二事言,"巾帼计"既不足信,而记载下来,非但不足以说明诸葛亮高明,反而表现他于焦躁之中,百计求战,不及司马懿忍小忿而全大计;至于"死诸葛走生仲达",与"空城计"一样,不过是传闻奇谈,不足征信。可见,在这方面与其说陈寿为司马氏讳,倒不如说他慎重考订史实,不取诡奇之说,这恰恰是应当肯定的。

关于陈寿以见轻于诸葛瞻而挟私贬毁之说,也是不符事实的。据《诸葛亮传附子瞻传》记载,诸葛瞻年十七,尚主、拜官,尔后一帆风顺地擢为侍中、尚书仆射,加军师将军。他既无军功,又无治民之绩,却有很高的声望:"瞻工书画,强识念,蜀人追思亮,咸爱其才敏。每朝廷有一善政佳事,虽非瞻所建倡,百姓皆传相告曰:'葛侯之所为也。'是以美声溢誉,有过其实。"陈寿的记载是符合情理的,而且,诸葛亮对诸葛瞻曾经估计说:"嫌其早成,恐不为重器耳。"正与陈寿的记载若合符契。应该看到,陈寿于诸葛瞻为国捐躯的精神是敬佩的，因而他特载，魏将邓艾招降诸葛瞻，许以琅琊王位，瞻拒而不受，父子死于战阵。晋人干宝评诸葛瞻说："瞻虽智不足以扶危，勇不足以拒敌，而能外不负国，内不改父之志，忠孝存焉。"（《三国志·诸葛亮传》裴松之注引）这段话和陈寿的记载相对照，如出一辙。可见陈寿有实事求是之心，无挟私诋毁之意。

辨明陈寿曲笔二事，并不是要全盘肯定《三国志》。《三国志》于魏晋多所回护，前人言之甚详，不必再谈。《三国志》宣扬门阀世族的"风化"，为当时所称誉，后人莫能察其本质。只有马克思主义的史学家才能揭示其阶级本质，予以批判。本文不拟全面评论《三国志》，也不须论此了。

考察陈寿曲笔二事，可知：索米之事属莫须有，陈寿于《三国志》中附二丁于《王粲传》后，与吴质、杨修相埒，是公允的。至于陈寿之评诸葛亮，非但不见其曲诬，恰恰见其可贵。考证史实，务求实录；不掩善，不讳短；这都是继承了我国史学的优良传统。而最可贵的还是他不记私怨，在"亡国大夫"的处境中，费尽心思，秉笔直书，立公允之论。在这方面，也可以说他正是效法诸葛亮"开诚心，布公道，尽忠益时者虽仇必赏，犯法怠慢者虽亲必罚"的精神，而运用于撰史之中。这正是我国史学家优良品质和优秀传统的一种表现。可以说，陈寿不但不是"记言之奸贼，载笔之凶人"，而是史德有足称者。时至今日，这种精神还是值得我们借鉴与发扬的。

（1981年第3期）

# 《十六国春秋》、《晋书》载记对读记

赵俪生

## 一

大凡钻研"五胡十六国"一段史事，或者说，大凡要料理中国四五世纪历史的同志们，都不可避开地要以《晋书》载记和《十六国春秋》作为主要的史料书来对待。当然，在这两种基本史料书之外，也还有一些溢出的资料，例如《资治通鉴》就又补入了不少。但无论如何，这两种是最主要的。可是，有关这两种史料书历来的议论就是很多的，也很纷歧。大体地说，不外两个方面的问题，其一是载记与《十六国春秋》的文笔和史源孰优孰劣、孰早孰晚的问题，其二是明朝屠侨孙辑今本《十六国春秋》与北魏崔鸿原本《十六国春秋》间的关系问题。现在，按议论者的先后罗列出来，并予以分析。傅山（青主）在顺治年间写的一段日札中说：

> 七月初九日夜大风，偶得睡。梦老古来，甚称张斌。吾笑应之曰，王景略已自不足道，何复斌之可喜？古亦点头。因为极论载记本之崔鸿《十六国春秋》，其事顾不足尽信；即其文笔，亦一糟套，可厌也。古默然。（《霜红龛集》卷四十《杂记五》）

按，这里所提的张斌，是不见于《二十五史人名索引》的无名之士（《索引》所列张斌是元朝人），《十六国春秋·前凉录》之末偶载之，说他是敦煌人，曾写过一篇《葡萄酒赋》而已，在此处无足多道。青主由张斌扯到王猛，由王猛扯到载记和《十六国春秋》，主要的话是说这两种书在史料价值上不足信，在文笔方面也不过是可厌的糟套而已。他另有赠李天生（因笃）的五律十首(《霜红龛集》卷九《为李天生作十首》),其第十首中有一联云"《春秋》难续狗,《十六》秽崔鸿"。意思是说,《春秋左传》是貂裘,而《十六国春秋》不过是狗尾而已。在这里,青主加了一个"秽"字。我们应该指出,这个"秽"字跟很多人给《魏书》作者魏收所加的"秽"字应该有所区别,魏的"秽"字由史德问题而来,崔的"秽"字是由文笔问题而来,说他文章芜乱,远远比不上马、班史笔的谨严、峭削、遒炼而已。

雍正年间的全祖望(谢山)在对门人答问的时候说了一大堆关于《十六国春秋》的话。(《鲒埼亭集》外编卷四十三《答史雪汀问》)他直截了当地把明万历刊本《十六国春秋》说成"赝本",说"以愚观之,则直近人撮拾成书,驾托崔氏",还说"东涂西抹,痕迹宛然"等语。傅青主仅从文章芜秽方面立论,并未涉及崔本与屠本的关系问题;全氏进了一步,正式定屠本为驾托的赝书。从雍正到乾隆,考据之学大兴,从版本角度来谈论的越来越多了。纪昀(晓岚)的评论是有代表性的,见《四库全书总目提要·史部》卷六十六,人人可以查读,兹不具引。他与全氏持相类态度,说明朝屠侨孙整理刻印的书是"伪本",他做出这个结论的前提是崔鸿原本"亡于北宋"。近人已故夏定域先生在其遗作《四库全书提要补正》中说:

>……据《汲古阁秘本书目》有新抄本,称从宋本出,盖未亡佚。该书目录后列乔孙及同校姓氏十人,非仿旧翻刻之本,非出伪造明甚。《汲古阁秘本书目》可信,《四库提要》所云不确。①

另一近人已故余嘉锡先生亦有类似辨析,他说:"尤袤《遂初堂书目·伪史类》有此书,则不得谓之诸家书目不载。尤即南宋初人,亦不得谓之亡于北宋也。"② 由此可见,全、纪二氏之论,不免偏激,欠于持平。不过纪昀在《提要》该文段的尾部又加写了几句,"其文皆联缀古书,非由杜撰,考十六国之事者,固宜以是编为总汇焉",总算是持平了一下。

---

① 夏定域:《四库全书提要补正》,《中国历史文献研究集刊》第五集,长沙:岳麓书社1985年版,第161页。
② 余嘉锡:《四库提要辨证》第一册,北京:中华书局1980年版,第385页。

乾嘉之际，赵翼（瓯北）又有了新的议论，主要是关于《十六国春秋》与载记的优劣比较问题。兹引其有关文段如下：

> 当时（按，指唐初）史官，如令狐德棻等，皆老于文学，其纪传叙事，皆爽洁老劲，迥非《魏》《宋》二书可比，而诸僭伪载记，尤简而不漏，详而不芜；视《十六国春秋》不可同日语也。
>
> ……修史诸人皆文咏之士，好采诡谬碎事，以广异闻。又史论竟为艳体，此其所短也。（《廿二史劄记》卷七《晋书二》）

窃以为，对瓯北上述议论，本文作者意见最多。赵氏纯乎从阳湖派"文咏之士"的角度出发，说什么"爽洁老劲"，其实《十六国春秋》《晋书》《魏书》《宋书》四书究竟如何评骘，尚大费商量，容将来为文详辩，此处不赘。仅以上段引文而论，瓯北所云，即有足商榷之处不少。窃以为《晋书》并非"简而不漏，详而不芜"，而是所漏甚多，其"芜"的程度与《十六国春秋》仅在伯仲之间，更不得加一"详"字。至于《晋书》段尾的"史臣曰"，更不仅仅是什么艳体不艳体的问题，而是存在着严重的观点立场问题。试想，唐朝统治者虽自称狄道李氏、西凉李暠之后，但究其实则是六镇镇将出身的胡汉杂糅的一个家族。唐太宗在民族关系问题上，尚能持有比较恢宏的观点。但于世宁、令狐德棻辈却不能体察这种最高旨意，在编写载记过程中一方面表述石勒、苻坚，甚至沮渠蒙逊，也并不例外地像一些带开创性的国主那样留意生产、关心社会生活、减轻一些负担等等；但另一方面，则在文尾处抬出"戎狄是膺，荆舒是惩"，"非我族类，其心必异"等民族沙文主义老教条来狠狠地咒骂一通，把这些少数民族首领说成是禽兽狗彘之不若，并且在传文与评语之间形成一种作者与作者自己斗打不休的怪状。试问，面对这样的载记，我们能相信上引赵瓯北先生的评论是公正的吗？

## 二

基于以上的缘故，我决心像胡适所说"拚得用极笨的死功夫"，把载记和《十六国春秋》并摆面前，一卷一卷地对读。自然，我已不可能读到崔鸿原本的《十六国春秋》，而只能读屠氏今本的《十六国春秋》了，这是无法超越的局限。读完之后，我坚持认为载记主要采自《十六国春秋》的断语，是可信的。此其一。理由是，两书在若干大关节目的重要文段地方几乎都是雷同的，给人的印象，就像发表出来的新闻文段比较编辑室里原送来的文段只有一半个字句的增芟那样，非常清楚，那是编辑先生所加的点染。载记作者唐朝史官，亦正是如此，点染的痕迹，历历可数。其次，我又坚持认为今本《十六国春秋》在屠氏等十人整理付刻过程中虽然也留有这里动一动、那里动一动的痕迹（有些动是并不高明的也是事实），但若干基本内容还是北魏末年搜集到的东西，明朝人造是造不出来的（例证见下文）。此其二。为了证明我个人如上的两个论断，我从庞杂的读书笔记中选出八个例证，来说明自己的观点。

〔例证一〕慕容德南燕国中一场农民起义的首领的故事。

这首领叫王始，是一个迷信"做皇帝"到了发疯程度的农民。史书中著录了这桩事，曾被诟病为"芜"和"秽"的根据。我借这一故事来看取载记和《十六国春秋》间的史源问题。载记的文段比较"爽洁老劲"吧，我们就引它：

> 妖贼王始聚众于太山，自称太平皇帝，号其父为太上皇，兄为征东将军，弟征西将军。慕容镇讨擒之，斩于都市。临刑，或问其父及兄弟所在，始答曰："太上皇帝蒙尘于外，征东、征西乱兵所害。唯朕一身，独无聊赖。"其妻怒之曰："止坐此口，以至于此，奈何复尔？"始曰："皇后！自古岂有不破之家、不亡之国邪？"行刑者以刀环筑之，仰视曰："崩即崩矣，终不改帝号。"（《晋书》卷一百二十七）

兹以今本《十六国春秋》对照，其卷六十五《南燕录三》中，立《王始传》

一小条，基本情节与载记相同，但《十六国春秋》中却溢出了后来被唐朝史官芟去的几个原始情节，一是王始是莱芜人，二是其父名王固，三是兄名王林，四是弟名王泰，五是妻姓赵氏，真名真姓。这些琐节虽是无足重要的，唐朝史官将它芟去也是完全应该的；但从史源上说，它是更原始的，是北魏末年从原来案卷中搜集来的，不可能是明朝屠侨孙等十人异想天开添油加醋造出来的。由此证明，今本《十六国春秋》就其主要内容看，大体仍崔鸿之旧，从史源看，它比载记更原始。

〔例证二〕北凉国沮渠蒙逊之子沮渠牧犍（一作"茂虔"）向南朝刘宋献书目录的事。

这件事有两重意义，第一，说明当时河西"五凉"地方文化高、成品多，沮渠氏的北凉也跟张氏的前凉、李氏的西凉一样，对文化人是重视的，对文化成品是珍重的。第二，说明沮渠氏虽然不能不跟在山西大同的拓跋魏保持关系，但同时又跟在南京的刘宋有来往，把河西成品献过去，把江南的成品讨要过来。所以这件事，不像上引"夸大狂"故事那样无关重要，它是重要的。书目如下：

① 《周生子》十三卷　　② 《时务论》十二卷
③ 《三国总略》二十卷　④ 《俗问》十一卷
⑤ 《十三州志》十卷　　⑥ 《文检》六卷
⑦ 《四科传》四卷　　　⑧ 《敦煌实录》十卷
⑨ 《凉书》十卷　　　　⑩ 《汉皇德传》二十五卷
⑪ 《亡典》七卷　　　　⑫ 《魏驭》九卷
⑬ 《谢艾集》八卷　　　⑭ 《古今字》二卷
⑮ 《乘邱先生》八卷　　⑯ 《周牌》一卷
⑰ 《皇帝王历三合纪》一卷　⑱ 《赵㪍传》一卷
⑲ 《甲寅元历》一卷　　⑳ 《孔子赞》一卷

以上，共二十种，一百五十四卷。

这个目录，不见于《晋书》，亦不见于《（北）魏书》，只见于《十六国春秋》和《宋书》。于是产生出两个问题来。其一，是不是明朝屠侨孙等十人现成地从"十七史"的《宋书》（卷九十八）中抄去的呢？其二，是不是崔鸿从《宋书》中抄去呢？看起来都不是。《宋书》目录中《亡典》作《王典》，《魏驭》作《魏驳》，假如照抄，不可能出这么大的差错。再者，我们姑且定崔鸿成书年为522年，沈约成书年为488年，相距三十四年，在南北分裂局面下，资料传递不可能这么快。我的想法是，《宋书》所据，是原来献书的目录，《十六国春秋》所据，是拓跋焘兼并北凉，将北凉资料俘来平城后存档的孑余。两处资料来源不同，故有两个字的互相歧异。是否如此，请专家判断吧。无论如何，《十六国春秋》的史源，自有其独特之处，不容被诬为"撮合成书""东涂西抹"的东西。

〔例证三〕慕容评"卖水鬻薪"的事。

370年，慕容燕的亲王、大将慕容评率领大军与苻秦以王猛为统帅的军队，在今太行山东侧山西潞城黎城、河北武安一带的浊漳水沿边，要打一场决战。王猛根据慕容评性贪鄙、军无斗志来判断燕军必败。慕容评的贪鄙，表现在他"卖水鬻薪"这件事上。关于这件事，目前我们能看到的有四处，这四处是《水经注》、《太平御览》引崔本《十六国春秋》、《晋书》载记和明屠氏今本《十六国春秋》。[①] 大体说来，这四处材料是大同小异。"小异"在哪里？在卖水的价码上，"入绢一匹，得水二石"，这是很重要的资料要点。全汉升先生四十余年前曾引此来说明自然经济不以货币为媒介而是实行以物易物的办法去进行交换。在上述四种材料来源之中，两种无此要点，两种具此要点。《水经注》与今本《十六国春秋》具之，而《御览》引崔本《十六国春秋》与载记均不具。

由此，似乎可以推出两点推论，其一，关于这同一件事，有两种史源，一是《水经注》，一是崔本《十六国春秋》，二者同是北魏末的成品；其二，从这一例证中可以看到一件意外的事，即同一《十六国春秋》，在崔氏原本与

---

① 《水经注》卷十，《太平御览》卷三百一十二，《晋书》卷一百一十三，《十六国春秋》卷二十九。

屠氏今本间,仍然存在着某些差异:崔本未纳入"绢一匹、水二石"的资料,而屠本纳入了。这是为什么?是不是屠氏等十人重编时自《水经注》中摘入的呢?姑存疑于此,以俟高明。

## 三

〔例证四〕苻坚军自代北是否俘来代国国主,此国主究是什翼犍、抑或是窟咄的事。

此事,今人周一良先生于论列崔浩因修魏初国史之事被杀事,曾论及之;今周氏《魏晋南北朝史札记》[1]已出版,读者可以参阅。吾今所论,则欲借此同一史实、三种不同记录之事,来考验考验《十六国春秋》的史料价值。三种不同记录,是指(一)魏收《魏书》根本不提国主被俘的事,给人的印象仿佛压根儿没有那么一回事,只说什翼犍怕敌不过苻秦兵力躲到漠北去了,回到漠南被人(极可能是自己儿子寔君)行刺,"暴崩"了。(二)载记说什翼犍被苻洛打败,其子缚父请降,苻坚以其荒俗,令入太学习礼,并召见有所问答。(三)今本《十六国春秋》说苻坚把昭成帝(什翼犍)的长庶子窟咄迁之长安,使入太学读书。在这段文后,今本《十六国春秋》的编纂者又将载记的文段以小体字附在后边。这就是一条绝好的证据,说明窟咄之说,是崔鸿原本《十六国春秋》的内容,明朝人把载记中歧异的说法引来并列,以供读者采择。而到北宋司马光写《通鉴》时,他却既不采用《魏书》之说,亦不采用《晋书》《宋书》《南齐书》之说,而单单采用了"窟咄"之说,这说明司马温公在选择时,还是信任了崔鸿的《十六国春秋》的。[2]

〔例证五〕有关"五凉"时候凉州文士的记载。

有关"五胡十六国"时期河西"五凉"地区的文化人积累和文化成果积

---

[1] 周一良:《魏晋南北朝史札记》,北京:中华书局1985年版,第342—350页。
[2] 《资治通鉴》卷一百零四《晋纪二十六》,中华书局标点本第七册,第3280页。

累问题，陈寅恪先生早已先见及此，见于其所著《隋唐制度渊源略论稿》之中，兹不赘述。我今只从史料渊源上来看问题。我可以说，对于文化史上这一重大公案，《晋书》卷九十一暨九十二《儒林》《文苑》诸传中，竟尔一无涉及。这说明他们心目中只看到那些见马咆哮说什么"敢是虎"的酸子，他们头脑中充满着那些但凡沦于夷狄之区的尽是些"野蛮人"的不正确观点。《魏书》卷八十四暨八十五《儒林》《文苑》诸传中，亦同样未予涉及。但《魏书》在其卷五十二中，相应地《北史》在其卷三十四中，则为这一桩公案中的重点人物如刘昞、阚骃，以及宗钦、索敞等立了传。这说明，这些编史之人，远在陈寅恪之前，已经看到这桩公案的影子了。但他们所表述的却多是较晚的情节，我的意思是指在拓跋焘统治后期，通过崔浩的汲引和保护，自凉州搬到平城来以后的那些情节。在此以前的情节呢？换言之，原在河西地区张凉、李凉以至沮渠凉统治下的较早的情节呢？那我们只有依靠今本《十六国春秋》所传递下来的崔本《十六国春秋》所著录的《前凉录》（六）、《西凉录》（三）、《北凉录》（四）了。从这些断节中，我们可以看到很多东西，如（一）这些人大都是受西晋玄学思想和谶纬书典影响很重的人，并不偏重儒学，他们大都是敦煌人，不少是在酒泉南山（祁连山）隐居不仕，但又授徒以百计、以千计的人。他们形成中国儒学与玄学相融合的学术温床之一。这些人的私谥上都冠一个"玄"字，值得留意。（二）进入《魏书》专传，无形成为全国性的，所以只留下头面人物和头面事迹，至于够不上头面的人物和事迹的，《魏书》自然而然予以排除，但在作为地方史志性质的前、西、北三个《凉录》中则予以保留，如善阴阳术数的、善占梦的、善鼓筝的、著过《葡萄酒赋》如前引张斌的，统统写进来了。试问：从这些侧面，我们不是可以窥见当年河西文化界的一些面貌，从而也可以窥见《十六国春秋》的某种独有的价值吗？

〔例证六〕关于沙门昙无谶的事。

昙无谶（"无"读"摩"），是自罽宾来的一名沙门，留居凉州。在昙无谶的问题上，不是需要拿《晋书》跟《十六国春秋》来对读，因为唐人修晋史，认为凡进入北魏范围的事已经毋庸料理了。需要的，是拿《魏书》来对读。

对读的结果,是关于同一人物两种记载截然不同。《魏书》只写他如何"以男女交接之术教授妇人"并跟沮渠氏家族兄弟姐妹"朋行淫佚"等事挂起钩来。《十六国春秋》则不然,它用相当长的篇幅,缕述昙无谶多次翻译佛教经典若干部若干卷,还带了几个徒弟,其一是沮渠蒙逊的从弟,后来流落金陵、钟山成为一名高僧;其一是张掖人道进,在饥馑中割胆肉以啖饥民。为什么这么悬殊?这是和政治牵连着的。最初拓跋焘想拉拢沮渠氏,以蒙逊女为昭仪,以公主妻蒙逊之子牧犍,派特使李顺往返其间;后来拉拢不成,刀兵相见,遂诛李顺,赐昭仪与牧犍死。沙门史事,受此政治斗争的折光,遂有如许差异。而《十六国春秋》则比较公正地、详细地著录了这一沙门的正常事迹。

〔例证七〕关于沙门佛图澄的事。

佛图澄与鸠摩罗什前后同时,但风格很不相同。鸠还带有某些研治经典的学者气息,澄大不然,他以术士的姿态,从一开始到结束,一直与石勒、石虎父子的政治军事活动缠在一起,做出种种的预言和参谋。对于这样一个妖妄气息很浓厚的人,《十六国春秋》和《晋书》的史笔很不相同。《晋书》的写法,是将澄的主要事迹统统集中到《艺术传》里,使石勒、石虎载记显得净化,这也许就是赵瓯北所谓的"不芜"吧。《十六国春秋》的写法另是一路,它把石勒、石虎的每一个举措跟澄的预言参谋缠到一起写,这样的写法缺点就是傅青所说,不免有些"秽"。但也有其优越之处,即把一个虽然"凶残",却也"猛气横飞""奇谟间发"的倜傥人杰如何在一个迷信工作者协助下有声有色地进行活动的过程勾勒出来了。从阅读的效果看,《十六国春秋》实优于《晋书》载记。

〔例证八〕关于周虓的事。

周虓是汝南周访的玄孙,在涪陵时,其母为秦军所俘,虓遂降了北。苻坚待他极好,他在宴会上骂苻坚为"氐贼",苻坚原谅他;他参与苻苞的谋反活动,苻坚也不处死他,只加杖刑。在描述周虓之死的过程中,《十六国春秋》的弱点暴露出来了:

虓加考楚，不食而死。敛已经旬，坚复剖棺临视，虓尸倏忽回眸，鬓髭张裂，睛瞳明亮，顾回盼坚。坚睹而喜，乃厚加赠。（今本《十六国春秋》卷三十七《前秦录五》）

这就是地地道道的芜秽了。不过，周虓的事迹还是有必要记录的，因为从苻坚对侍一系列敌对阵营人物如慕容晲、慕容垂、朱序以至周虓的态度上去检查，苻坚有容人之量固然值得肯定，但姑息养奸的缺点，不能不是苻坚招致失败的原因之一吧。观朱序于八公山下自秦军中唱曰"秦军败矣"这一情节，不是可以思过半矣了吗？

## 四

根据如上的一些例证，本文作者认为是不是可以提出如下的一些论断？

（一）不能把"伪本""赝本"这样的帽子，扣在今本《十六国春秋》的头上。崔鸿原本《十六国春秋》究竟如何，已不可知。但此一书稿流传，历北宋、南宋，迄未流散。明屠侨孙等十人所辑，根据内容判断，绝大部分是北魏末季之人才可以留下来的记录，其非"东涂西抹""撮拾成书""驾托崔氏"可知。全谢山氏之论，失于偏激而无据。

（二）不应将《晋书》载记的评价，弄得过高；也不应把今本《十六国春秋》的评价，弄得过低。赵瓯北氏纯从文笔简繁立论，不顾史源之深浅、史料价值之高低，殊非评史的论。评史标准，必须是史料史源价值第一，文字第二，此不容颠倒者。

（三）《晋书》为唐人所辑，距离晋朝已近四百年。且唐初史臣受南朝骈俪影响甚深，形式主义倾向很重，故在编写史书时，于文笔方面留意较多，于史料说明性之强弱、史源之浅深，介意不多。故初看起来，载记似有"简而不芜"的优点；但仔细深入地读下去，则感到史料丰富性很差，仅在舞文弄墨而已。尾部"史臣曰"云云，尤为荒谬，即唐太宗李世民亦不抱如此恶劣的民族沙文主义态度。

（四）今本《十六国春秋》缺点亦仍不少。傅青主以"秽"称之，谓其文笔可厌云云，不无中的之处。但它所著录的某些历史资料，多为《晋书》《魏书》所不备，此即其不可摇撼的价值之所在。即以苻坚史料而论，其丰富性驾出载记一至二倍不止。读者不信，可以亲验。到头来还是纪晓岚氏圆滑的措辞更为允妥："考十六国之事者，固宜以是编为总汇焉。"

（1986 年第 3 期）

# 孙盛史学发微

乔治忠

东晋著名史家孙盛（302—373），字安国，祖籍太原中都（今山西平遥）。祖、父皆在西晋为官。西晋灭亡时，孙盛未满十岁，渡江避难。成年后，以博学善辩闻名，初仕佐著作郎，不久外任，辗转迁职，官至秘书监。他"笃学不倦，自少至老，手不释卷"（《晋书》卷八十二《孙盛传》），著述宏富。除《孙盛集》（《隋书》卷三十五《经籍四》著录为五卷）及今载于《弘明集》《广弘明集》的几篇论辩之文外，余皆史作，有《逸人传》《魏氏春秋》《晋阳秋》《魏世谱》《蜀世谱》《魏阳秋异同》等等。这些史著由于原书散佚，至今仅有支离不全的辑本或散见于他书引录，致使其史学方法与史学思想长期隐而未彰。本文试以现存资料为依据，细加探研，对孙盛的史学阐幽发微，并就正于学界。

## 一、《魏阳秋异同》——史料考异的重要著作

孙盛的《魏氏春秋》二十卷，是一部以编年体记述三国时期历史的著作。而在孙盛以前，记载三国时期史事的著述已然很多，除陈寿的纪传体《三国志》外，如韦昭等的《吴书》、鱼豢《魏略》、虞溥《江表传》、王崇《蜀书》以及难以数计的杂史、杂传，同述一事而往往相互歧异，对这些资料的鉴别取舍，乃是撰史中不可避免的工作。孙盛则将这种鉴别史料的依据和见解编撰成《魏阳秋异同》一书。按，《魏氏春秋》原名恐亦称"魏阳秋"，《史通·摸拟》称孙盛著"魏晋二《阳秋》"，沈涛《铜熨斗斋随笔》指出："盛避晋郑太后讳，改'春秋'为'阳秋'，则《魏氏春秋》亦当改为'阳秋'。今

《隋志》仍作'春秋',当是后人追改。"(转引自姚振宗《隋书经籍志考证》卷十二)因此,从书名上看,《魏阳秋异同》即是《魏氏春秋》的副产品。

《旧唐书·经籍志》《新唐书·艺文志》均著录《魏阳秋异同》八卷,清严可均在《全晋文》中辑得其中十条题作《魏氏春秋异同评》,裴松之在《三国志注》中引述本书时或称《异同评》,或称《异同杂语》《杂记》《异同记》等等。对于这些不同的名称,前人历有解释,如钱大昕指出:裴松之注所引有"孙盛《异同评》,或作《异同杂语》,又作《异同记》,又作《杂记》,其实一书也"(《廿二史考异》卷十五《三国志一》)。章宗源《隋书经籍志考证》、吴士鉴《补晋书经籍志》等所持看法,也与钱大昕相同。但为什么同为一书却有差异颇大的不同书名,似应有更进一步的解释,这需要结合引录时的不同内容予以分析。查《三国志》中凡引为《异同评》或题为"孙盛评曰"者,均带有对不同历史记载何者属实的辨定,而引为《杂语》《杂记》者,皆为传闻异事,皆没有是否属实的辨定。据此,《魏阳秋异同》应包括两大类内容,一是罗列不同的记载而随之加以孰是孰非、孰实孰非的评断,是为《异同评》;二是仅录各种不同记载或传闻,尚未能做出是否属实的判断,即称为《异同杂语》或《异同记》,亦简称《杂语》《杂记》等等。全书的总称自当以两《唐书》著录的《魏阳秋异同》为确,而《异同评》应是全书最重要部分,约定俗成地称此书为《异同评》亦无不可。

《魏阳秋异同》在中国古代史学史上有着重要的意义,是撰史中史料考异方法的首创之作。《三国志·武帝纪》的一条裴松之注引文曰:"《曹瞒传》及《世语》并云桓阶劝王正位,夏侯惇以为宜先灭蜀,蜀亡则吴服,二方既定,然后遵舜、禹之轨。王从之。及至王薨,惇追恨前言,发病卒。孙盛评曰:'夏侯惇耻为汉官,求受魏印,桓阶方惇,有义直之节。'考其传记,《世语》为妄矣。"这里根据桓阶和夏侯惇在以魏代汉问题上的一贯态度,反驳了《曹瞒传》和《魏晋世语》的错误记述,显示了全面掌握历史人物事迹以判断具体记载的眼光。而同处还引有《魏氏春秋》的记述:"夏侯惇谓王曰:'天下咸知汉祚已尽,异代方起。自古已来,能除民害为百姓所归者,即民主也。今殿下即戎三十余年,功德著于黎庶,为天下所依归,应天顺民,复何疑哉!'王曰:'施于有政,是亦为政。若天命在吾,吾为周文王矣!'"这表明孙盛在

《魏阳秋异同》做出史料的判断后,便在自撰的《魏氏春秋》中采用了相应的记述,两书之间的关系是十分清楚的。

孙盛审定史料的方法,既有对不同记载的比较,又有以理做出的推断,还有精湛的历史考证。如关于赤壁之战与孙权攻合肥事的先后,他比较了《三国志》中《魏志》和《吴志》的不同记载,指出"《吴志》为是"[1],这是以比较斟酌定取舍;关于诸葛恪赴宴被孙峻所杀,《三国志》记载为滕胤一劝而使其入宴,《吴历》则记载为滕胤劝其避还,孙盛认为这种"非常大事",诸葛恪若自己欲躲避,是不会听人一劝而去冒险的,因此在真实性上"《吴历》为长",[2]这是以理推断之例;关于吴将朱然击败魏将胡质的时间,孙盛通过博引资料,指出了《三国志·吴书》之误,[3]这是史事考订之例。而关于孙策遇刺事对《江表传》《三国志》《九州春秋》多种记载的一一辩正,[4]则使用了比较、推理、考订等方法,将之熔合一体,其详密、精核的程度,与七百多年后司马光《资治通鉴考异》相比而毫不逊色。且《魏氏春秋》记三国史事共二十卷,而为之辨定史料的《魏阳秋异同》即有八卷,内容不为不富。因此,一些论著中往往称宋司马光《资治通鉴考异》一书为史料考异法的创始之作,是不确切的,史料考异法及其著述的创始人都是东晋的孙盛。北宋时期编撰的《太平御览》《太平寰宇记》都引录有《魏阳秋异同》之文(见章宗源《隋书经籍志考证》引录),疑此书北宋时尚存。《资治通鉴考异》中也有两处引自孙盛《异同评》(《资治通鉴考异》卷三"汉献帝建安五年四月"条与"魏嘉平五年十月"条),又《资治通鉴考异》无论就编撰动机、内容结构还是考辨方法,都与孙盛之书相同,说明司马光是受了孙盛撰史方法的启示并仿照为之,柳诒徵称"温公考异,滥觞于裴松之《三国志注》"(柳诒徵《国史要义·史德第五》),亦非确论。

魏晋时期,解释经义的异说蜂起,随之又出现了许多名为《异同评》的

---

[1] 《三国志·武帝纪》注引,北京:中华书局1964年版,第31页。后版本同此,仅注页数。
[2] 《三国志·诸葛恪传》注引,第1439、1440页。
[3] 《三国志·朱然传》注引,第1307页。
[4] 《三国志·孙策传》注引,第1111—1112页。

相关著述,如西晋时孙毓著有《毛诗异同评》《春秋左氏传贾服异同略》[①],徐苗著有《五经异同评》(《晋书》卷九十一《徐苗传》),陈邵著有《周官礼异同评》(《隋书》卷三十二《经籍一》),等等。这些书籍皆已久佚,但从孙毓二书的马国翰所辑条目上看,皆是在各家注解经义之说中取其一面驳其余,即专主一家经义而否定他说。孙盛《魏阳秋异同》也以"异同"为名,当是受这种经学上论辩是非异同的启迪,但他将之引入史学,并且改解释其义为判定史实,从而对史学方法做出创造性的贡献,在史学发展上的功绩是不应磨灭的。

## 二、孙盛撰著编年史的整体规划和具体方法

孙盛著有《魏氏春秋》和《晋阳秋》两部编年体史书,《魏氏春秋》记述三国时期历史,《晋阳秋》则从司马懿在曹魏时的活动起,直记至孙盛本人的生活时期,包括司马氏创业、整个西晋和东晋的约二分之一时期的历史。孙盛撰著《魏氏春秋》,同时将对史料异同的辨定纂成《魏阳秋异同》,此二书的联系显示了孙盛撰史规划的一部分。然而,与《魏氏春秋》密切相关的著述还有《魏世谱》《蜀世谱》二书,虽也久佚,但从《三国志注》所引录的内容中尚可窥其大略。

第一,《魏世谱》《蜀世谱》记述了两国君主宗室的人物事迹,而且一直记述至晋代。如《魏世谱》载:"晋受禅,封齐王为邵陵县公。年四十三,泰始十年薨,谥曰厉公。"[②]"齐王"即魏帝曹芳,早被司马师所废除,但《魏世谱》载其事至西晋时逝世止。《蜀世谱》记述刘备的后世更加详细,刘璿为刘备之孙、刘禅之子,刘永为刘禅庶弟,"璿弟瑶、琮、瓒、谌、恂、璩六人。蜀败,谌自杀,余皆内徙。值永嘉大乱,子孙绝灭。唯永孙玄奔蜀,李雄伪署安乐公以嗣禅后。永和三年讨李势,盛参戎行,见玄于成都也。"[③]这里的记

---

① 见文廷式《补晋书艺文志》,二十五史补编本,第 3803、3804 页。
② 《三国志·三少帝纪》注引,第 131 页。
③ 《三国志·二主妃子传》注引,第 908 页。

载直至孙盛自己生活的东晋时期，并以亲自见闻为依据。

第二，《蜀世谱》不但记载蜀汉皇族的世系及人物事迹，而且记述其文武大臣的后代子孙。如《三国志·吕凯传》裴注引《蜀世谱》曰："吕祥后为晋南夷校尉，祥子及孙世为永昌太守。李雄破宁州，诸吕不肯附，举郡固守。王伉等亦守正节。"吕祥为蜀汉云南太守吕凯之子，王伉为蜀汉时永昌太守，这里记蜀汉官员及其子孙也至西晋末年。其他如记费诗后代："诗子立，晋散骑常侍。自后益州诸费有名位者，多是诗之后也。"① 记述蜀汉将领张嶷之孙张奕为"晋梁州刺史"②，记蜀汉官员吴壹之孙吴乔"没李雄中三十年，不为雄屈也"③。这些都表明《蜀世谱》记载范围不限于皇室，而广及一般臣僚，时间上延至晋代，而且对历史人物有所评论。《魏世谱》在体例和写法上也应与《蜀世谱》一致。

第三，除直接记述历史人物外，还有着如地理考释之类的其他内容。《魏世谱》曰："高平陵在洛水南大石山，去洛城九十里。"④ 所谓高平陵，乃魏明帝曹叡之墓，魏嘉平元年，曹爽携幼主曹芳以谒陵为名游猎，遂使司马懿乘机举事夺权。《魏世谱》必是在记述此次事件有关人物事迹时顺便考释了高平陵的地理位置。《蜀世谱》亦有其例："初，秦徙吕不韦子弟宗族于蜀汉。汉武帝时，开西南夷，置郡县，徙吕氏以充之，因曰不韦县。"⑤ 这是因蜀汉官员吕凯的籍贯而做出的考释，原书中必然也有对吕凯家世及事迹的记述。

综上三方面内容，《魏世谱》《蜀世谱》是以两国的君主和大臣的世系为线索，以追踪人物事迹和归宿为记述方法，并考释与人物活动相关问题（如地理）的历史典籍。两晋时期，士族势力兴盛，门第观念浓厚。与此相应，专门记录士族门第世系的谱牒之书逐渐风行，形成所谓谱学。其中有专记一姓的，有记一地区士族各家的，有专记帝王宗室世系的。这些书籍可作为朝廷选官任职的依据，可作为士族炫耀门第和谨防伪冒的册籍，为士族特权制

---

① 《三国志·费诗传》注引，第1017页。
② 《三国志·张嶷传》注引，第1055页。
③ 《三国志·二主妃子传》注引，第906页。
④ 《三国志·三少帝纪》注引，第123页。
⑤ 《三国志·吕凯传》注引，第1047页。

度的产物并为维护这种特权服务。而孙盛《魏世谱》和《蜀世谱》只是吸取了谱牒中以人物世系为线索的方法，重点在于记事而不是世系，记述对象也不是士族，这与谱学之书完全不同，其编撰动机应与《魏氏春秋》《魏阳秋异同》联系起来考察，从《魏世谱》《蜀世谱》的形式和内容上看，孙盛是将魏、蜀二国人物事迹予以清理，条而贯之而粗得眉目，辅助《魏氏春秋》的编纂，同时也自成独立之书。其记事又延至晋代，表露出他早有撰著《晋阳秋》之意。孙盛撰著两部时间上接续的编年史，同时又撰成辨定史料（《魏阳秋异同》）和条贯史事（《魏世谱》《蜀世谱》）的几种附属著述[1]，这种修史上的整体规划是前无古人的创举，虽不及后来司马光修史的全面部署周密，但筚路蓝缕之功不可埋没。

　　孙盛撰写编年史的具体方法也有值得注意之处。其一，他十分重视实际访察，不排除口碑史料，往往将其载入史著之中。如在《魏氏春秋》的史论中提到："闻之长老，魏明帝天姿秀出，立发垂地，口吃少言，而沉毅好断。"[2]这就使历史人物更加形象化，补充了文字资料的不足。在《晋阳秋》中，记述了亲访蜀地故老，听到关于姜维诈降、试图恢复蜀汉的传说。[3]这种实际访察史事而载入史书，是学习了司马迁的优良作风，应当予以肯定。其二，孙盛将记事的时间下限，一直延至自己生活的当时。《隋书·经籍志》著录《晋阳秋》为"讫于哀帝"，尚未为全本。据《晋书·孙盛传》，《晋阳秋》记载了桓温枋头兵败之事，此次战役发生于东晋海西公太和四年（369），即晋哀帝后之又一朝。孙盛于孝武帝宁康元年（373）逝世，可知他撰写编年史一直写完了他逝世前三年的史事，这一点亦可与司马迁相媲美。其三，在编年史中往往录入长篇诗文，如《魏氏春秋》全文引录陈琳撰写的檄曹操文、刘表遗袁谭书、曹植赠白马王彪诗、曹冏论封建上疏等等[4]，这是将《史记》《汉书》

---

[1] 孙盛是否撰有吴国世谱，文献无征。而《世说新语》的《识鉴》《假谲》两篇各有一条注文引自《晋世谱》，但未标明作者。查各种文献，魏晋南北朝时期除孙盛的魏、蜀二《世谱》及未明作者的《晋世谱》外，再无这样名为《世谱》而记述范围为一朝、一国的著述。因此，不能排除《晋世谱》是孙盛所撰，谨此存疑。

[2] 《三国志·明帝纪》注引，第115页。

[3] 《三国志·姜维传》注引，第1067—1068页。

[4] 分别见中华书局标点本《三国志》第197、203、565、592页裴松之注引。

等纪传史的方法移入编年史。其四，记述史事有时采取必要的存疑方式，如魏帝曹芳，史称"宫省事秘，莫有知其所由来者"（《三国志》卷四《三少帝纪》）。而《魏氏春秋》则特别记上一句"或云任城王（曹）楷子"[①]。在对隐士焦先的记载中也并存两种完全相反的史料。[②] 这种存疑性的记述很有必要，其资料或恐来自《魏阳秋异同》中"杂记""杂语"部分搜罗到的传闻轶事。其五，虽为编年史，但叙事中往往将人物事迹集中叙述，甚至是父子、兄弟一并叙述，如《魏氏春秋》载许允事[③]，《晋阳秋》载胡质父子事[④]，记王湛及其子孙事[⑤]，等等，这可以收载年代不明之事，避免人物事迹分割零落之弊。此外，如《魏氏春秋》以"初"字开头而追述公孙瓒与刘虞的多次战争[⑥]，《晋阳秋》以同样方法追述卫瓘曾暗示晋武帝改立太子事（《世说新语·规箴第十》刘孝标注引），这样的事例甚多。《晋阳秋》还采用"他日"开头，附叙了刘禅投降后曾自言"乐不思蜀"事。（《艺文类聚》卷三十五《人部·泣》）所有这些具体的修史方法，虽不是孙盛首创，但在他的史著中得以全面应用，则超过了同时的其他编年体史书。总之，孙盛在编年史纂修的整体规划、史料考异上取得开创性成就，并且较全面地采用了有助于编年史发展的具体修史方法，使他成为这一时期编年史家的杰出代表者。

## 三、孙盛的史识与历史思想

在孙盛撰写的两部编年史中，皆穿插了不少历史评论，随事而发涉及面宽，可显示其史识和历史见解的基本倾向。

（一）历史评论中的道义观念。三国至东晋时期，封建秩序被打乱，"君不君，臣不臣"的现象司空见惯。对此，孙盛在史论中强调儒学的忠孝伦理，

---

[①] 《三国志·三少帝纪》注引，第 117 页。
[②] 《三国志·管宁传》注引，第 363—365 页。
[③] 《三国志·夏侯玄传》注引，第 303 页。
[④] 《三国志·胡质传》注引，第 743 页。
[⑤] 《三国志·王昶传》注引，第 750 页。
[⑥] 《三国志·公孙瓒传》注引，第 244 页。

以"道义"作为君臣行为是非的标准。他认为"夫帝王之保，唯道与义，道义既建，虽小可大，殷、周是也。苟任诈力，虽强必败，秦、项是也"①。在评论吴末帝孙皓时提出："夫古之立君，所以司牧群黎，故必仰协乾坤，覆焘万物；若乃淫虐是纵，酷被群生，则天殛之，剿绝其祚，夺其南面之尊，加其独夫之戮。是故汤、武抗钺，不犯不顺之讥；汉高奋剑，而无失节之议。何者？诚四海之酷仇，而人神之所摈故也。"②对于人臣，他同样认为："夫杖道扶义，体存信顺，然后能匡主济功，终定大业。"③而忠于君主、奉持臣节是道义上的基本要求，因此，孙盛对姜维先曾降蜀、终又降魏的行为多所抨击，认为"士虽百行，操业万殊，至于忠孝义节，百行之冠冕也"④。主张在君臣皆守道义的原则下建立起牢固的封建统治秩序，在君臣关系上达到"君使臣以礼，臣事君以忠"⑤。

（二）严明政刑、恢复礼制的历史思想。孙盛主张治国要严明政刑，恢复礼制。他认为："庶狱明则国无怨民，枉直当则民无不服。"⑥蜀汉的法正多报复私仇，因其有功，诸葛亮出言宽宥之，孙盛批评说："夫威福自下，亡家害国之道；刑纵于宠，毁政乱理之源。安可以功臣而极其陵肆，嬖幸而藉其国柄者哉？……诸葛氏之言，于是乎失政刑矣。"⑦曹操击败袁氏残军，占据河北地区后，哭祀袁绍之墓，孙盛对此大不以为然，指出："尽哀于逆臣之冢，加恩于饕餮之室，为政之道，于斯踬矣。"⑧可见孙盛主张的是严执国法，明正典刑，而这又与倡导忠节的道义原则相表里。

孙盛惩于礼崩乐坏的世道，极力主张恢复儒学倡导的礼制，对丧葬、婚姻、舆服及继嗣、分封等问题都有议论。他认为汉文帝废除上古守孝的"三年之礼"是"开偷薄之源"，（《晋书》卷二十《礼志中》引）主张坚持这项

---

① 《三国志·宗预传》注引，第1076页。
② 《三国志·三嗣主传》注引，第1179页。
③ 《三国志·诸葛亮传》注引，第918页。
④ 《三国志·姜维传》注引，第1068页。
⑤ 《三国志·何夔传》注引，第380页。
⑥ 《三国志·毛玠传》注引，第377页。
⑦ 《三国志·法正传》注引，第961页。
⑧ 《三国志·武帝纪》注引，第26页。

"万世不易之典,百王服膺之制"①。在婚姻上讥评魏皇后多"起自幽贱,本既卑矣,何以长世"②!在舆服上主张体现出"贵贱等差"③。关于帝王立储,孙盛称"《春秋》之义,立嫡以长不以贤"④。特别是关于分封制问题,他不顾西晋"八王之乱"的历史教训,声言春秋时的"五等之制,万世不易之典",对魏国予以严厉攻讦:"异哉,魏氏之封建也!不度先王之典,不思藩屏之术,违敦睦之风,背维城之义。"⑤在《魏氏春秋》中,他全文引录曹冏要求实行分封制的长篇上疏⑥,在《晋阳秋》中全文引录陆机鼓吹分封制优于郡县制的《五等诸侯论》(《群书治要》卷三十引),以增强他主张分封制的声势。所有这些,都表现为强烈的恢复礼制的要求,而且是要追复上古的礼制和政体,具有明显的守旧复古的思想倾向。

(三)略具直书实录的撰史态度。孙盛身为晋臣,能够在史著中记述晋开国之祖的一些不光彩行径。如《魏氏春秋》载司马昭害死郑玄之孙、当时颇有名望的郑小同事:"小同诣司马文王,文王有密疏,未之屏也。如厕还,谓之曰:'卿见吾疏乎?'对曰:'否'。文王犹疑而鸩之,卒。"⑦对于魏君主高贵乡公曹髦被弑的记述,亦十分真切,《魏氏春秋》称曹髦"神明爽俊,德音宣朗",并详记了与群臣讲论时的精到见解,叙述了司马昭近臣贾充督率成济刺死曹髦的过程,还描述了司马昭归罪于成济,成济兄弟不服,被匆忙以乱箭射杀的情节。⑧这与刘知幾在《史通·直书》赞扬的干宝、习凿齿对此事的记述基本一致,而互有详略,也是直书史事的显例。

据《晋书·孙盛传》,《晋阳秋》记述了权臣桓温于枋头兵败的史事,而不惧桓温的威胁,这向被作为秉笔直书的例证。但清初思想家王夫之却指出:桓温之败是受到东晋廷臣乖阻造成的,"若孙盛之流,徇流俗而矜直笔,幸灾

---

① 《三国志·文帝纪》注引,第61页。
② 《三国志·后妃传》注引,第168页。
③ 《三国志·和洽传》注引,第656页。
④ 《三国志·武文世王公传》注引,第581页。
⑤ 《三国志·任城陈萧王传》注引,第577、576页。
⑥ 《三国志·武文世王公传》注引,第592页。
⑦ 《三国志·三少帝纪》注引,第142页。
⑧ 《三国志·三少帝纪》注引,第145、147页。

乐祸，亦恶足道哉"（《读通鉴论》卷十四）！这是站在"夷夏之防"的立场上发论，而孙盛则是将尊王忠君置于第一位的。今《晋阳秋》的这段记述已然不存，无以验证是否心怀"幸灾乐祸"，但另有一段记述桓温平定蜀地后，"闻有善星者，后有大志，遂致之，夜独执其手，于星下问国祚之修短"（《艺文类聚》卷八十五《布帛部·绢》引），揭露其心怀异志，欲图篡国。这说明孙盛特别注意直书不忠之臣的劣迹，而不避强御。但由于遵循忠君的原则，也使孙盛的直书精神有很大的局限性，《魏氏春秋》以司马氏为人臣，尚有一些暴露其违背道义的记述，《晋阳秋》则多为曲笔回护，如称司马懿"初不欲屈节曹氏，辞以风疾不能起"（《太平御览》卷七百四十三《疾病部》引）。似乎他作为曹魏之臣是勉强的、迫不得已的。记述司马懿与诸葛亮两军对峙，则掩盖其屡败而不敢再战的真相（《世说新语·方正第五》刘孝标注引），这都是在撰史态度上的缺点。

（四）天人感应与灾异应验的迷信观念。在孙盛的历史著述中，反映出浓厚的天人感应思想和灾异应验观念，如西晋太康十年十一月太庙梁折，孙盛论曰："于时后宫殿有孽火，又庙梁无故自折。先是帝多不豫，益恶之。明年，帝崩，而王室频乱，遂亡天下。"（《宋书》卷三十《五行一》引）《晋阳秋》的一段记述中，一连列举了诸如秦始皇时东南金陵言有天子气，西晋时社中有青气，芜湖出石函以及童谣、星变，等等，归结为西晋亡而晋元帝建东晋之兆。（《太平御览》卷九十八《皇王部》引）一个仅存半壁江山、庸庸碌碌的晋元帝，竟使天地间自五百年前就不断地出现符瑞、征兆，可谓荒诞之极。其他如大星陨而诸葛亮卒[①]，妖星见而祖逖自知将死（《世说新语·赏誉第八》刘孝标注引），荧惑（火星）守端门而东晋皇帝（海西公）被废（《世说新语·言语第二》刘孝标注引），此类记述在《晋阳秋》中俯拾皆是，不胜枚举。

《魏氏春秋》载孙盛之论："盛闻国将兴，听于民；国将亡，听于神。（孙）权年老志衰……而伪设符命，求福妖邪，将亡之兆，不亦显乎！"[②] 他还反驳

---

[①] 《三国志·诸葛亮传》注引，第 926 页。
[②] 《三国志·吴主传》注引，第 1148—1149 页。

吴国赵达有逆算将来之术的记载说：这是"流俗好异，妄设神奇"①。而在《与罗君章书》（载《弘明集》卷五）中认为"吾谓形既粉散，知亦如之，纷错混淆，化为异物，他物各失其旧，非复昔日"。这些是否可以证明孙盛具备无神论思想呢？不能！孙盛否定的仅是流俗妄设的怪力乱神以及佛教的灵魂不灭之说，却坚信董仲舒等汉儒主张的正宗神学体系。同在《魏氏春秋》中，他绘声绘色地记述了张掖郡"玄川溢涌，宝石负图"②的情景而作为西晋将兴的符瑞，甚至还载有："初，（杜）畿尝见童子谓之曰：'司命使我召子。'畿固请之，童子曰：'今将为君求相代者。君其慎勿言！'言卒，忽然不见。"③"司命"之神见于《楚辞》，可谓"出身"高雅，于是信而载入史著，《晋阳秋》中也有魏舒夜听神语，预知自己会位至三公的记述。（《太平御览》卷三百八十一《人事部》引）因此，孙盛不但具有浓厚的天人感应和灾异应验的思想，而且是个迷信鬼神的史家。《辞海》及一些论著仅据片面资料轻许他为"无神论者"，真是不察之甚。

## 四、孙盛史学的思想基础和时代背景

魏晋时期，老庄之说倡行，玄学兴起，思想界高唱"名教出于自然"，"名教即自然"，"越名教而任自然"，冲击了两汉以来的官方儒学，带来一股活跃思想的清新空气，然而也产生了另一方面的问题，即"越名教而任自然"的思想，加之复杂的社会原因，促成一大批官僚、士人蔑礼弃教，狂放不羁。这虽然也有冲破礼教牢笼的意义，但对于巩固封建统治秩序和建立防御内扰外侵的社会机制十分不利。因此，早在西晋时期即有傅玄等人提出"纲维不摄，而虚无放诞之论盈于朝野"，上疏说："夫儒学者，王教之首也。尊其道，贵其业，重其选，犹恐化之不崇。忽而不以为急，臣惧日有陵迟而不觉也。"（《晋书》卷四十七《傅玄传》）西晋的动乱与灭亡，促使更多的人对玄学及

---

① 《三国志·赵达传》注引，第1426页。
② 《三国志·明帝纪》注引，第106页。
③ 《三国志·杜畿传》注引，第497页。

其影响下的风气予以反思，而史学是这种反思直接而系统的学术方式。其中编年史源于《春秋》《左传》，已形成的一套义例书法，契合于儒学，便于表达儒术。东晋之初，首先编撰编年体晋史总结历史教训的是《晋纪》的作者干宝。干宝字令升，西晋末曾任佐著作郎，东晋初为史官。他在《晋纪总论》（载《文选》卷四十九）中总结西晋灭亡的原因之一是"学者以庄老为宗而黜六经，谈者以虚薄为辩而贱名俭，行身者以放浊为通而狭节信……"，尖锐地批评了玄学而表达了崇尚儒术的思想。在史学方法上，干宝力主仿《左传》而撰著编年史，"盛誉丘明而深抑子长"（《史通·二体》），对编年史的发展做出一定的贡献。孙盛踵干宝之后，不仅极大地发展了编年史的纂修方法，而且在批评玄学、提倡儒学上迈进了一大步。

上文所述孙盛史著中一系列重道义、复礼制的史论，表现了强烈的呼唤儒术复归的意念。他虽善辩名理，但并不赞同谈玄，《晋阳秋》中特别记载了"妙善玄言"的王衍将被石勒所杀时的自悔之言："吾等若不祖尚浮虚，不至于此。"（《世说新语·轻诋第二十六》刘孝标注引）还以肯定的笔调载录了陶侃的言论："老庄浮华，非先王之法言，而不敢行。君子当正其衣冠，摄以威仪，何以乱头养望，自谓宏达耶？"（《世说新语·政事第三》刘孝标注引）体现了对唯务玄谈和不修礼仪的反对态度。

孙盛对玄学的批判，还深入到学术理论方面，他批评王弼说："《易》之为书，穷神知化，非天下之至精，其孰能与于此？世之注解，殆皆妄也。况弼以傅会之辩而欲笼统玄旨者乎？故其叙浮义则丽辞溢目，造阴阳则妙赜无间，至于六爻变化，群象所效，日时岁月，五气相推，弼皆摈落，多所不关。虽有可观者焉，恐将泥夫大道。"[1]《周易》是儒学经典，但也被玄学奉为"三玄"之一，王弼的《周易注》是早期的玄学名著。孙盛的这段史论，指斥王弼歪曲《易经》的根本精神，亦即反对将《易经》傅会为玄学的理论依据。玄学崇尚老子而孙盛则撰有《老聃非大圣论》《老子疑问反讯》二文（载《广弘明集》卷五），前者贬抑老子的同时将儒学称为"圣教"，认为"老子之作，与圣教同者，是代大匠斫、骈拇咬指之喻；其诡乎圣教者，是远救世之宜，违明

---

[1] 《三国志·钟会传》注引，第796页。

道若昧之义也"。后文指摘《老子》中多处自相抵牾之处，特别批评其"屏拨礼学，以全其任自然之论"，并指出："或问老庄所故发此唱，盖与圣教相为表里，其于陶物明训，其归一也矣。盛以为不然，夫圣人之道广大悉备矣，犹日月悬天，有何不照者哉！老氏之言皆驳于六经矣，宁复有所怨忘俟佐助于聃、周乎？"这就将老、庄之说置于儒学的对立地位，矛头所向，直破玄学的理论根基，表达了儒学"犹日月悬天"因而独尊儒术的立场。

但是，孙盛未能对儒学做出新的发展，所主张的仍是旧有的儒学道义和上古的礼制观念，在历史著述中又捡起汉儒的天人感应学说和灾异应验思想以解释历史的变动。他撰史甚至在文字上也着意模仿《左传》，被裴松之予以尖锐批评[1]；在书法上竟模拟《春秋》"某年春帝正月"的写法，被刘知幾斥为"貌同而心异"（《史通·模拟》）。而此前的干宝，也有这类模拟《春秋》之弊，受到刘知幾同样的批评。说明干宝、孙盛在以史著提倡儒术方面，尚停留于形式及内容的复旧，因而显得苍白少力。尽管如此，他们批评玄学、提倡儒术的作为，仍有一定的影响。与孙盛同时而稍后的习凿齿，撰有《汉晋春秋》，主旨在于提倡忠义，摒斥曹魏政权，以蜀汉为东汉的延续，对后世儒学的历史正统论影响颇大。当时尚有袁宏撰《后汉纪》，认为"夫史传之兴，所以通古今而笃名教也"（《后汉纪自序》）。可见东晋时期在对玄学的反思中，产生了一个以编年史阐扬名教、力倡儒学的史学流派，孙盛是其中成员之一，他对史学方法的创树和对玄学的批评，是史学史研究和思想史研究都应注意的问题。

（1995 年第 4 期）

---

[1] 《三国志·武帝纪》注引，第 19 页。

# 范晔与《后汉书》

束世澂

## 一、范晔的身世和著作[①]

《后汉书》作者范晔，字蔚宗，祖籍顺阳（今河南淅川）(《晋书·范晷传》)，家居山阴（今浙江绍兴），遂为"顺阳山阴人"[②]。父泰，长于经学，能文章。仕晋朝为中书侍郎，袭爵阳遂乡侯。桓玄执政时被废黜，徙居丹徒。桓玄篡位后，刘裕于京口起兵诛杀玄，掌握晋朝军政大权，泰入为黄门郎御史中丞。安帝义熙六年（410），裕出兵镇压卢循，泰时任东阳太守，发兵千人并开仓供军粮以助裕。裕加泰官为振武将军，次年升任侍中，从此为裕所信任。泰始终忠于刘裕，在刘裕专政的晋朝，仕至尚书常侍兼司空，和右仆射袁湛授宋公（刘裕）九锡（篡位的第一步）。宋代晋后，拜金紫光禄大夫，加散骑常侍，少帝时加位特进。

晔生于晋安帝隆安二年（398），出继从伯弘之，袭封武兴县五等侯。少好学，博览经史，善为文，精于音乐。安帝义熙十年，晋雍州（侨置）刺史任用为主簿（顺阳郡属雍州），晔不肯就职。不久投入刘裕子义康部下，后受义康命为冠军参军。那时的刘义康，是"宋台"（宋的政府，即刘裕自己）所任命的相国掾，督豫、司、雍、并四州诸军事，冠军将军，领豫州、司州刺史。那时的刘裕由"相国宋公"自称"宋王"，已建立"宋台"，自成一国了。[③]

---

① 参见《宋书·范晔传》。
② 《宋书·范泰传》。顺阳县本属南阳，晋升为郡。大概在土断以后，籍隶当地，而仍标旧时郡望。
③ 刘裕为相国宋公事在义熙十四年六月，称宋王在恭帝元熙元年（419）。晔投入义康部下，时在刘裕弑安帝前，时代不详。义康为冠军将军在元熙二年，即刘裕篡位之年。晔并非自始即为冠军参军，《范晔传》只举其隶义康时的最后官职。

到了刘裕代晋称帝（是为宋高祖、武帝），义康封彭城王，晔入补兵部员外郎，后出为荆州别驾从事。

宋文帝元嘉元年（424）冬，"彭城太妃"（彭城王的生母）死，将葬的前夕，义康的旧僚属皆来集会于王府。晔酒瘾大发，那天正遇其弟广渊值守司徒府，他便和司徒左西属王深二人投宿司徒府。夜中酣食，醉后开北窗听挽歌为乐。义康大怒，晔被贬官为宣城太守。郁郁不得志，乃修订诸家后汉书成为一家之作[①]，这是著作《后汉书》的开始，时年二十七。

元嘉三年，宋文帝杀徐羡之、傅亮，任王弘为司徒录尚书事（掌国政）。范泰劝弘，权要的地位是很难处的，宜征义康入朝共参朝政，弘接受了他的意见。后来王弘决意退让义康执政实由泰发其端，而成粲促成之。[②]

元嘉五年范泰死，晔因父丧去官。服阕后为征南大将军檀道济部下的司马，领新蔡太守。后升任尚书吏部郎。元嘉十六年遭母丧，服阕后为始兴王浚后军长史，领南下邳太守。不久，升任左卫将军（掌部分禁军）、太子詹事，虽得参与机密，却不见信任，只以"才艺"见重。

先是，义康执政久，威权日重，宋文帝和义康之间，构成嫌隙，元嘉十七年，解司徒职，改授都督江、广、交三州诸军事，出镇豫章。在这以后，义康的记室参军谢综（范晔的外甥），传达义康好意；对义康感恩图报的孔熙先又结交谢综从而和晔亲近。元嘉二十二年，晔与熙先、谢综等谋立义康为帝，事情败露，在这年十二月被杀，时年四十八。

晔生平著作，有《汉书缵》十八卷，集十五卷，录一卷，（见《隋书·经籍志》）《百官阶次》一卷[③]，皆已散佚；唯《后汉书》流传至今。

晔谋立义康事，《宋书·文帝纪》写作："十二月乙未，太子詹事范晔谋反，

---

① 在范晔前写后汉史的有：袁彦伯《后汉纪》三十卷，张璠《后汉纪》三十卷（以上编年体）；刘珍等《东观汉纪》一百四十三卷，吴谢承《后汉书》一百三十卷，薛莹《后汉纪》一百卷，晋司马彪《续汉书》八十三卷，华峤《后汉书》九十七卷，谢沈《后汉书》一百二十二卷，袁山松《后汉书》一百卷（以上纪传体）。在范晔后有梁萧子显《后汉书》一百卷，王韶《后汉林》二百卷。皆见《隋书·经籍志》。
② 义康为荆州刺史镇江陵时，嘉为平陆令，见《王弘传》。义康执政从元嘉六年至十七年。
③ 见《隋书·经籍志》，但没有注明是范晔著的，赖《唐书·艺文志》写明了，这就是《南齐书·百官志序》所说的："蔚宗选簿，梗概钦明，阶次详悉。"

及党与皆伏诛。丁酉,免大将军彭城王义康为庶人。""谋反",在封建时代是罪大恶极的。清人王鸣盛于《十七史商榷》中力为辩白,说"蔚宗不反"。陈澧特作《申范》一卷,替范氏申雪"千古之至冤"。后来傅维森和李慈铭,也都认为范晔谋反情理所必无。[1]他们的动机,如《申范》所说:"三代以下,学术风俗莫如后汉,赖有范书以传之,……其书大有益于世,而著书之人,负千古之冤,安得而不申之。"这是从地主阶级是古非今的观点出发的。但凭主观推断而不能举出"不反"的确证,其辩白是无力的。即如《申范》也不能不说:"其甥谢综与孔熙先谋反,蔚宗知之,轻其小儿,不以上闻。"试问:"谋反"是何等事?知情不举,应得何罪?即如《申范》所说,称为"谋反"也不算冤枉;何况谢综是担任写《后汉书》十志的人,和孔熙先都是才气纵横,具有政治经验,"轻其小儿",怎能说得过去!

"犯上作乱",在封建统治者视为洪水猛兽,一切封建礼法多是为此设防。但所谓"犯上作乱"是以成败论的,刘裕的天下就是由犯上作乱而来。即如范泰亲授刘裕九锡,范晔不受晋朝刺史辟举而投入自成一国、图谋篡位的刘氏部下,对晋王朝来说,干的是什么事?在东晋、南朝,杀君立君,犯上篡位,数见不鲜,有如范泰所说:"先帝(指刘裕)登遐之日,便是道消之初。"(《宋书·范泰传》)范晔是有其政治思想的,彭城王"少而聪察,及居方任,职事修理",执政十年"纠剔是非,莫不精尽",(《宋书·彭城王义康传》)素为刘裕所倚重[2],又为众望所归,被范晔认为是一个大有为之君,想辅佐他以展开自己的抱负,这是很可能的。晔自始倾心于义康,隶其部下时日不短,情感很厚。中间宣城之贬,范氏父子并不抱怨,范泰仍极推崇义康,拥护他执政,再经义康解释,自无芥蒂。观其狱中所作的诗:"寄言生存子,此路行复即",实对文帝滥杀、肖小倾排、人人自危的政局深致愤慨。谋立义康实是企图"拨乱反正"(《宋书·范泰传》)、稳定政局的一次政变的酝酿,在当时是有进步意义的。所以他临刑神色不变,谈笑自如,毫无愧怍。他在狱中与诸甥侄书自己做了鉴定:"吾狂衅覆

---

[1] 见傅维森《缺斋遗稿·读宋书蔚宗传书后》;李慈铭《越缦堂读书记》,第187页。
[2] 刘裕自寿阳入都篡位时,留义康代镇寿阳。称帝以后,把自己起家的彭城,封给义康。

灭",值得我们重视,"狂者进取",岂有他哉!前人辩诬之作,距离实际太远了。

晔作《蔡邕传论》,竭力回护蔡邕党附董卓,他说:"意气之感,士所不能忘也;流极之运,有生所共深悲也。当伯喈抱钳扭,徙幽裔,……及解刑衣,窜欧越,潜舟江壑,不知其远,捷步深林,尚苦不密,但愿北首旧丘,归骸先垄,又可得乎?董卓一旦入朝,辟书先下,分明枉结,信宿三迁。匡导既申,狂僭屡革,资《同人》之先号,得北叟之后福。属其庆者,夫岂无怀!"大意是说:被废逐,是士人最感痛苦的。当蔡邕远窜边地时,不要说再想回朝了,就是想死在家乡也是不成的。董卓一旦执政,蔡邕即被赦免,并且三日之间,位历三台,他怎能不感恩呢?这说明范泰在被晋政权废黜后依附刘裕的心情是很贴切的。

《荀彧传论》说:"……天下之命倒悬矣。荀君乃越河、冀,间关以从曹氏。察其定举措,立言策,崇明王略,以急国艰,岂云因乱假义,以就违正之谋乎?诚仁为己任,期纾民于仓卒也。……夫以卫赐之贤,一说而毙两国。彼非薄于仁而欲之,盖有全必有丧也,斯又功之不兼者也。方时运之屯邅,非雄才无以济其溺,功高势强,则皇器自移矣。此又时之不可并也!盖取其归正而已,亦杀身以成仁之义也!""仁为己任","期纾民于仓卒",是范氏的抱负。功不可兼,时不可并,当有所取舍,要"取其归正",这种"正",非当时一般所谓正,而即"仁以为己任",为此虽杀身有所不惜,这是范氏的自白。

## 二、《后汉书》的写作及其在史学上的地位

范晔著《后汉书》时,曾对纪传体和编年体做过比较,得出结论说:"《春秋》者,文既总略,好失事形,今之拟作,所以为短。纪传者,史、班之所变也,网罗一代,事义周悉,适之后学,此焉为优,故继而述之。"(《隋书·魏澹传》引)因此他采用了纪传体。虽然他的结论并不全面,但敢于指出《春秋》的缺点,在当时是大胆的;提出两体优劣的比较,他是第一

个人。

原定计划，有"十纪、十志、八十列传"（见《史通·古今正史》），有序例。① 范氏生前，只成十纪、八十列传，序例未完工。十志原是托付谢俨撰作的，俨采撰将毕，范晔事败，和晔同时被杀，稿亦散佚。② 梁朝刘昭注《后汉书》时，因范氏曾褒美晋人司马彪的续志，因取彪所撰《续汉书》中的八志，以补范书之缺，合成完书。

《宋书·范晔传》中载晔在狱中与诸甥侄书可作为《后汉书》自序看待。其主要论点如下：

> 常耻作文士。文患其事尽于形，情急于藻，义牵其旨，韵移其意。虽时有能者，大较多不免此累，政（正）可类工巧图缋，竟无得也。常谓情志所托，故当以意为主，以文传意。以意为主，则其旨必见；以文传意，则其词不流。然后抽其芬芳，振其金石耳。此中情性旨趣，千条百品，屈曲有成理。自谓颇识其数，尝为人言，多不能赏，意或异故也。
> ……
> 本未关史书，政恒觉其不可解耳。既造《后汉》，转得统绪。详观古今著述及评论，殆少可意者。班氏最有高名，既任情无例，不可甲乙辨。后赞于理近无所得，唯志可推耳。博赡不可及之，整理未必愧也。吾杂传论，皆有精意深旨，既有裁味，故约其词句。至于《循吏》以下及《六夷》诸序论，笔势纵放，实天下之奇作。其中合者，往往不减《过秦》篇。尝共比方班氏所作，非但不愧之而已！欲遍作诸志，《前汉》所有者悉令备。虽事不必多，且使见文得尽。又欲因事就卷内发论，以正一代得失，意复未果。赞自是吾文之杰思，殆无一字空设，奇变不穷，同合异体，乃自不知所以称之。此书③行，故应有赏音者！

---

① 梁刘昭《后汉志序》："（范晔）序或未周，志遂全缺。""司马续书，总为八志，范晔序例，颇褒其美。"
② 《后汉书·皇后纪下》"皇女"注引沈约语。唯沈约原说："搜撰垂毕，遇晔败，悉蜡以覆车。宋文帝令丹阳尹徐湛之就俨寻求，已不复得，一代以为恨。"不尽确。南齐时，檀超议立十志，百官依范晔合州郡。疑南齐时尚有部分存在。
③ 指单行的《后汉书赞论》四卷，这是他自己编的，见《隋书·经籍志》。

纪、传例（指序例）为举其大略耳，诸细意甚多。自古体大而思精，未有此也。恐世人不能尽之，多贵古贱今，所以称情狂言耳！

……

吾书（指《后汉书》）虽小小有意，笔势不快，余竟不成就，每愧此名！

在即将被杀之时，别无所望，独关心于《后汉书》的流传，其情可悲。所说著作的艰难，文心的甘苦，不是别人可以代为表达的。可惜他的"序例"已不存在了，不知他所谓"体大而思精"内容如何。今从自序和原书，谈论他的得失。

（一）范氏作史，最注重的是文，他自命不凡的也在于他的文章。的确，范书的文章，可以比美班《汉》，所以范书一出，诸家后汉书都废；后来梁人萧子显又曾改写过后汉书也不能争胜。① 前人拿它和《史记》《汉书》并称"三史"②，推为名著，主要是取其文章之美。我们可以说，从司马迁到六朝的史家著作，是文学的史书，而在这以前，如《春秋》《左传》则是经学的史书。③司马迁自序其作《史记》的动机说："鄙没世而文采不表于后也。"《汉书》之被推重，是由于"比良迁、董，兼丽卿、云"（《后汉书·班彪传》赞）。我们在文学史上实应给予"三史"以较高地位。

正由于所重在文，对历史真实就不免有所亏损。以范晔而论，他因华峤《后汉书》文章较美，即用为蓝本。如清人顾栋高所指出：范书"比谢承书、《东观记》所载人物，削去十之四五，……是使可传者，不获显于后世矣"④。个别事实，如《任延传》："九真俗以射猎为业，不知牛耕"，不如《东观记》："九真俗烧草种田"的明确；谢承《后汉书》说李固"改易姓名，枚策驱驴，负笈追师三辅，……每到大学，密入公府，定省父母，不令同业诸生知是（司徒）郃子"，行动很不寻常，而范书《李固传》则作"少好学，常步行寻师，

---

① 今有七家后汉书辑本，文章确不如范书精炼。
② 唐有"三史"，见《唐书·选举志》。
③ 《汉书·艺文志》把《史记》附在《春秋》的后面，显然可见。
④ 见顾氏所作惠栋《后汉书补注序》。

不远千里",那只是一个通常好学之士了。司马彪《续汉书》载:"虞诩为武都太守,始到郡,谷石千、盐石八千、见户万三千。视事三载,米石八十、盐石四百,流人还归,户数万,人足家给,一郡无事。"又"下辩东三十余里许,有峡,中当泉水生大石,障塞水流,每至春夏辄溢没秋稼、坏败营郭。诩乃使人烧石,以水灌之,石皆坼裂,因镌去石,遂无泛溺之患",叙述很具体而可宝贵。范书《虞诩传》叙此两事则说:"数十里中皆烧石翦木,开漕船道。""二三年间,遂增至四万余户,盐米丰贱,十倍于前",文字确是简练,但只剩下抽象的概念了。如此之类,不能全举,这或者就是所谓"文人不可作史"的一个例证吧。

历史编纂,当然要讲求文辞表达,但文辞是为历史真实服务的,古人多不明这个道理,不能独责范晔,只能看作汉至六朝史家风气使然。直至刘知幾才开始扭转这种风气。隋人王劭作《隋书》八十卷,唐初人斥为"辞义繁杂,无足称者"(《隋书·王劭传》)。但刘知幾却很为推崇说:"劭撰齐、隋二史,文皆诣实,理多可信,至于悠悠饰词,皆不之取。"(《史通·载文》)这是文与史的正确关系。

(二)历史编纂的目的何在?古人是不明白的。司马迁说他作《史记》的宗旨,劈头一句是:"究天人之际。"班固《叙传》平列了"准天地,统阴阳,……穷人理,该万方。……"没有说出主旨何在。荀悦《汉纪序》提出:"夫立典有五志焉:一曰达道义;二曰彰法式;三曰通古今;四曰著功勋;五曰表贤能。于是天人之际,事物之宜,粲然显著,罔不备矣!"他们都要提到"天人之际"或阴阳人理,好像是在追求一种哲理,而哲理向"天人之际"来追求是落空的。范晔则干脆说:"欲因事就卷内发论,以正一代得失。"可算是最先明白提出历史编纂是为政治服务的,比他的前辈,前进了一步。虽然"就卷内发论"没有做,而"正一代得失"的工作却已在论、赞、序中做了不少。因此他最重史论,特把他的史论单行。史论并不始于范氏,《史记》有赞、序,《汉书》有论、赞,《汉纪》《后汉纪》也偶作通论,干宝《晋纪总论》成为名作,但皆不是诸家重点所在,而范书则以此为重心,成为《后汉书》一个特点。可能有一种看法:"秉笔直书,是非自见",不必要有史论。这话不见得正确,我们从史书中吸收经验教训、掌握规律,总需要作者说几句话点明一下。夹叙夹议，经典著作不乏其例。范氏重视史论，对他的前辈来说，总是一个进步。

还有一个关键问题，阐明历史发展规律，是历史编纂的首要任务。天才的司马迁已模糊地提出了这一点，他称为"通古今之变"，贯通"古"怎样变成"今"的道理，岂不是企图寻求历史发展规律吗？问题在于他把"通古今之变"放在"究天人之际"之下，而企图由此"成一家之言"，这种"通"，就成为杳茫之事了。但司马迁在杂传序和书序中，确是做了一些通古今的工作，有一些正确意见。因为他所写的是通史，所以能提出这个问题，做了一点事。至于班固以后，断代为书，"通古今之变"，就根本做不到了。范氏所作诸序、论，特别是《循吏传》以下的序、论，往往是打破朝代断限，探求、叙述各个历史现象发生、发展及其归宿，这是他所做的通古今之变。虽然他所找到的事物内在联系，往往是表浅的，甚至是错误的（我们不能过高要求他），从而他的论断和所提出的解决问题的办法（有时他直说没有上策，如《乌桓鲜卑传论》），不会完全恰当；但他在向"通古今之变"这条道路上走，——只以时代太早，不懂怎样走才好，——我们不能不说他的史学方向是对的。特别是写断代史的人，如果不求会通，就会割断历史，班固却没有见到这一点。在这一方面，不能不说范晔优于班固。他批评班固"任情无例，不可甲乙辨"；自称《循吏》以下及《六夷》诸序论，……其中合者，不减《过秦》篇，并不夸大。

（三）范书在体制方面，也有所创立：（1）在范以前，正史上除后妃以外，妇女没有地位。他慨叹说："高士弘清淳之风，贞女亮明白之节，则其徽美未殊也，而世典咸漏焉！"因创立《列女传》。内容并不限于表扬贞节，而是："搜次才行尤高秀者，不必专在一操而已！"（《列女传序》）此例一开，后来作者一般沿用，两千年中优秀的妇女，才在正史上占有一席。（2）孔子说："行有余力，则以学文。"孔门四科，文学居末。重"德"轻"文"，是封建经典的传统压力，马、班虽曾为个别文学家作传，还不敢把"文学"和"儒林"并列。但自汉以后，文学蓬勃发展，写作很多。曹魏时郑默、荀勖作《中经》（一种图书目录），已把图书分为六经、诸子、史书、文集四部，文学可与"儒林"抗衡，形势显然。范氏把握这种趋势，创立了《文苑列传》，此例一开，也为后世史家所遵行。(3)在这以外，他还创立了《逸民》《独行》《党锢》《宦者》《孝子》①列传，这是反映东汉一代风尚和特有的历史现象的。清人邵晋涵氏讥评范氏"多立名目"，以为"综其人之颠末，是非得失，灼然自见"(《江南文钞·后汉书提要》)，这话似是而实非。历史是在变化的，断代史自不能千篇一律；叙述一代史事须要反映一代特点，范氏为后汉一代创立诸传是正确的。例如马、班都有《游侠传》，而东汉没有游侠，他就不作《游侠传》，不是范氏好多立名目。宦者、党锢，一代大事，不用说了。《逸民》《独行》二传，实有深意：独行是"狷者有所不为"，可叹可佩。逸民中除了遁世避祸的以外，一般是"处士纯盗虚声"，"文不能演义，武不能死君，钓采华名，庶几三公之位"。而东汉君主却很优容他们，理由是："自古明王圣主，必有不宾之士。"(《后汉书·周党传》)其政治作用是："举逸民而天下归心焉！"逃避现实，是对统治者有利的，因此上下相欺，成为风气。这些情况，范氏在史事叙述中，在论、序中已揭出了。他自己并不向往这批人，特为周燮、黄宪、徐穉、姜肱、申屠蟠作合传，并破例于篇首作序，指出："若二三子，可谓识去就之概，候时而处"，区别于逸民、独行，这是对东汉风尚的否定。他自己一心向往的则是和政治上恶势力进行殊死战斗始终不懈的志士，这是所谓"狂者进取"。《陈蕃传》论可见其意旨："彼非不能洁情志、违埃雾也！愍夫世士以离俗为高，而人伦莫相恤也！以遁世为非义，故屡退而不去；以仁心为己任，虽道远而弥厉。……功虽不终，然其信义足以携持民心。汉世乱而不亡，百余年间，数公之力也！"他指出，为正义而斗争，即使失败，也必然会发生重大的有利于国家的深远的影响，给我们以深刻的教训。

至于为"孝子"立传，也本于当时崇尚。汉代"以孝治天下"，两汉皇帝的庙号，都要戴上一个"孝"字；《孝经》一书，在两汉很为盛行。统治者劝孝的目的，是把孝父母和忠君联系起来，所谓："其为人也孝弟，而好犯上作乱者鲜矣！"在生性淳厚的下层人民中，孝是不需要劝的，见了孝子一般都肃然起敬。统治者的手腕，在于把孝引导到忠。士族，在东汉是一个新兴的、

---

① 说见《后汉书·孝子列传序》注。"孝子传"创立后，从沈约起历代沿用，或称孝义，或称孝友。

上升的阶层，他们还是讲孝义、重耿直的。他们以"修己以致禄"为孝之大，以此光大门庭、保持族望，这和东晋南朝堕落腐败的士族"干禄"而不"修己"，形成鲜明的对比，《孝子列传》之作，是很有意义的。

（四）范氏某些观点，有超过前人之处，如张衡是文学家而兼科学家，范氏不把他纳入《文苑列传》，而替他作了专传。在传文中虽也表扬了张衡的文学，而在论中却专力推崇他的"艺"（科技发明），说是："围范两仪，天地无所蕴其灵；运情机物，有生不能参其智。……量斯思也，岂夫艺而已哉？何德之损乎！"打破了前人重德轻艺的传统。[①]但范氏也有些比前人更落后的观点。如《周党传》载："初，乡佐尝众中辱党，党久怀之。后读《春秋》，闻复仇之义，便辍讲而还，与乡佐相闻，期克斗日。既交刃，而党为乡佐所伤，困顿。乡佐服其义。"李慈铭指出，此事载《风俗通》，应劭已加以贬斥，这是"以一朝之怨而肆其狂怒"，不孝不智，说不上"义"。这种观点不是落后于前人吗？范氏还有自相矛盾的地方。他不信有鬼神，《宋书·范晔传》说："晔常谓死者神灭，欲著《无鬼论》"，这是很进步的思想。但在全书中又常见到他对符瑞、气运、期数、阴德等等的迷信。特别是他创立《方术列传》，把大医学家华佗和方士并列。在传中历述：费长房的缩地，王乔的凫履，左慈的羊鸣，郭宪、栾巴的潠酒灭火，樊英的潠水灭火，像煞有介事，天下真有神仙！又把大兴水利、压抑豪强的良吏许扬也混在其中，真是冤哉枉也！人的思想是复杂的，往往不能超脱当时社会意识的限制；头脑中有了进步思想，常常被落后的思想拖住了。我们见到古人有这种情况，应自己加倍警惕，而不能对古人求全责备。孔子说的好："与其进也；不与其退也！"我们侧重他进步的一面罢！

此外，在全书中，有些较重要的资料被遗漏了，目录编排次序也不大妥当，我们应当体谅：范书并未全部写完，没有做最后刊定，原稿在他死后给后人编排，又有点变样，这些小节，可以存而不论。

---

[①] 造纸发明家蔡伦，仍被列于《宦者列传》，不予以另眼看待，这是为阶级意识所限制。

## 三、结语

范晔生活在晋末宋初,是一位政治活动者。"耻作文士","无意于文名",而终于是一个"文士"。所著《后汉书》,文学的色彩偏重,这是当时史家风尚使然。但拿班固和他相比,班氏还是一个书生,对历史上政治变动的观察,不及范氏深刻敏锐。他提出搞历史是要正一代政治得失,明确了历史为政治服务;他在体制上有所创建,使纪传体史的内容更加完善;他继承并发扬了司马迁"通古今之变"的优良传统,把古代史学推进了一步。

(原载《历史教学》1961年第11、12期)

(1964年6月)

# 《魏书·释老志》的史学价值

向燕南

《魏书》，一百三十卷。北齐魏收撰。《释老志》是该书十志之一，为作者所独创。

《魏书》中的《释老志》，作为世俗史著中唯一一部以"志"的形式，系统化记述佛、道二教历史及其社会影响的专篇，应具有特殊的史学价值。

案，佛教和道教，对于中国历史的影响很大，陈寅恪先生说，二教在中国学说思想方面之影响，甚至远远超过作为封建统治学说的儒学。（见《金明馆丛稿二编》录《冯友兰〈中国哲学史〉下册审查报告》）但是，传统世俗史著中，只有《魏书》创制了《释老志》包容有关佛、道二教的史实，给予二者以比较客观平允的系统表述。因此，周一良先生在评价魏收的史学时，认为其"《释老志》之作，尤具卓识"（《魏晋南北朝史论集·魏收之史学》）。

## 一、《释老志》反映了作者把握历史特点的自觉意识

魏收，巨鹿下曲阳（今河北晋县西）人。生于北魏宣武帝正始四年（507），卒于北齐后主武平三年（572），一生经历了北魏、东魏、北齐三个朝代。《魏书》的撰述完成于北齐天宝五年（554）左右。从魏收生活的年代可以看出，当时无论是传自域外的佛教，还是土生土长于域内的道教，都处于一个重要的发展时期。因此，我们可以认为，《释老志》的创制，首先是客观历史在史学中的反映。作为一部正史，如果不把这时期有关佛、道二教的内容涵括于这段历史的表述之中，是很难反映这一时期社会历史的全貌的。显然，佛、道二教在魏晋南北朝时期的巨大发展及其社会影响，已对当时史家

提出了新的课题和时代要求。关于中国传统史学对于宗教历史记述的疏略，陈寅恪先生有过十分中肯的批评，他说："中国史学，莫盛于宋，而宋代史家之著述，于宗教往往疏略，此不独由于意执之偏蔽，亦其知见之狭陋有以致之。元明及清，治史者之学识更不逮宋，故严格言之，中国乙部之中，几无完善之宗教史。"(《明季滇黔佛教考序》)

传统正史的作者中，最接近魏收活动年代的史家，莫过于《宋书》的作者沈约（441—513）和《南齐书》的作者萧子显（489—537）。其时，道教在南方社会中存在的势力及其影响，仅以晋末孙恩、卢循领导的"五斗米道"起义的声势就可看出。同样，南朝的佛教也处于一大发展的时期。史载，梁武帝上台不久，即下诏云："大经中说，道九十六种，唯佛一道是于正道。其余九十五种，名为邪道。朕舍邪外道以事正内。诸佛如来！若有公卿能入此誓者，各可发菩提心……其公卿百官侯王宗族，宜反伪就真，舍邪入正。"(《广弘明集》卷四《舍事李老道法诏》）此诏之发，无异于正式宣布佛教为国教。梁武帝亦先后四次舍身寺庙为奴，令朝臣以巨款赎出，以资佛教教事。而此只为南朝统治者佞佛之一斑。有统治者的支持，南朝的佛教自然繁荣兴盛。遗憾的是，无论是沈约还是萧子显，皆未能完全尽到史家的责任。值梁武帝诏令公卿百官公侯皈依佛教时，《宋书》诸志尚未杀青，《南齐书》还未开始撰写，故当时的现实完全有可能引起沈、萧二人的注意，反思佛、道二教在宋、齐两朝的历史存在和社会影响。而且从沈、萧二人的身世与思想看，亦完全有可能、有条件在各自的史著中容纳有关佛、道二教的历史内容。考诸史实，二人均与佛、道二教多瓜葛。其中，沈约不仅是以佞佛著称的齐竟陵王萧子良府中的"八友"之一，更是当时攻击范缜反佛言论的卫道健将，曾经撰写有《形神论》《神不灭论》《难范缜神灭论》等文章，宣扬佛教唯心论。又，以现存的文献看，萧子显与道教的关系不甚明朗，可是沈约的家族却确实是世奉天师道。然而，条件如此，却未能使二人敏锐地把握住有关佛、道二教的历史内容，自觉地在史著中予以客观反映。其中，《南齐书》对于佛、道二教的内容全无所表述，《宋书》也只是在《夷蛮传》中的《天竺迦毗黎国传》末，因谈到"凡此诸国，皆事佛道"，而不尴不尬地突兀叙起刘宋一朝的佛教概况来。其体裁即非有关佛教的专篇，取材论事的角度亦多有不当。

至于有关佛教的经济、人口占有及教旨教义等重要内容，概未言及。

史学史上，魏收以后的史家同样没能对佛、道二教的历史内容做出恰如其分的客观表述。以传统的正史为例：唐代统治者自称为道教教祖李耳之后，内廷中往往丹炉青烟袅袅；佛教自隋也开始宗门教派分衍，使佛学成为隋唐时代学术的代表思潮。但无论是隋唐人撰写的前代史著，还是五代、北宋人撰写的唐代史著，都未能客观如实地对佛、道二教的存在予以恰当的表述。此后，"宋旧史有《老释》《符瑞》二志，又有《方技传》，多言机祥"，但定本时却"省二志，存《方技传》"。（《宋史·方技传序》）后来，《元史》虽本旧《宋史》的旨意，专门设立了《释老传》（详见《元史·释老传序》），但由于体裁的局限和史识的疏陋，也基本上只是八思八、丘处机等僧道及其与时政相关的事迹，并未能从社会政治、经济及文化诸角度，全面地把握佛教和道教及其与当时社会之关系的内容。

总之，与其他诸史比较，魏收在创制《魏书·释老志》时所表现的反映社会的自觉精神，以及对重大社会内容的敏锐把握，在中国古代史学史中是十分突出的。

## 二、《释老志》体现了作者的史识和史才

《魏书·释老志》的史学价值，还在于作者能用比较客观的态度，对佛、道二教的历史，做出平允、全面和系统的表述，这些集中地体现了作者的史识和史才。

首先，作者选择了一种恰当的外部形式——"书志"体，从而为全面系统地表述有关史实奠定了重要的基础。

采用何种形式体裁来表述新的社会内容，魏收显然有过慎重的考虑。因为传统史学对于体裁体例的选择，并不仅仅从是否有利于表述内容着想，而是寓有价值判断的深层含意。如在一般正史中，对于有关僧侣道徒的记载，大多归入"艺术"或"方技"等类传中。这种形式体裁不仅限定了其取材的角度和范围，而且明显地表明了对于佛、道二教贬斥的态度。《宋书》将有关

佛教的记载，附见在《夷蛮传》中，把佛教看作夷狄文化的内容，表明沈约坚持儒家文化本位的立场。与这些形式体裁比较，纪传体中的书志部分的价值意向则相对淡薄，表述史实也较容易做到客观平允。

除价值意向的考虑外，魏收在《魏书》中采用书志体裁记述佛教与道教的历史内容，更多的还是从表述的便易着眼。这是因为，从纵的方面看，由于书志部分所承担的历史内容在时间上一般具有更长时段的延续性，因此，修史者为了方便表述，往往打破断代体例的局限，从历史发展的角度，追述某一典章制度的沿革损益。显然，这种方式，对于前无史著记述的佛、道二教的历史内容十分适宜。因为这样既能补充前史记载的缺录，又能突出其历史发展的线索。而在横的方面，因为书志部分一般是以某一专门事物的发展为记述中心，所以相对容易容纳、反映该事物于社会各方面的全貌。

体裁的选用外，《魏书·释老志》对佛、道二教历史内容的具体表述，也相当集中地体现出作者的史识与史才。

《魏书·释老志》全文近两万字。其中有关佛教的表述最详明，约占全文的四分之三。对于佛教，《释老志》是采取概述的方式，先叙一般经旨要义，然后简述佛教传入的历史。其间，每于叙述中以事带人，将佛教传播史中的关键人物做出重点交代。而全文的重点则在集中论述北魏一朝的佛教概况。关于道教，《释老志》同样把重点放在北魏，尤其详细地记载了寇谦之的道教改革及其与太武帝等人的政治关系。但总的说来，要逊于佛教表述。因此，《释老志》中有关佛教历史内容的表述更具有史学价值。

《释老志》对于佛教史实表述的史学价值，表现在以下几个方面：

（一）表述上的平实。章学诚论史德说："盖欲为良史者，当慎辨于天人之际，尽其天而不益以人也。"（《文史通义·史德》）所谓"尽其天而不益以人"，正是要求史家在历史表述中，排除主观好恶的感情因素，纯采客观之态度，以达到主体认识与客体实际的符合。

魏收在表述佛教史实时，所执的客观态度，除体现在上述对表述外部形式的选择外，突出地体现于具体的行文之中。行文中，魏收既没给佛（道）教罩上过多的神秘色彩，渲染佛（道）的鬼神迷信，也未以正统儒家的立场予以斥詈，而是基本上本着史学家的责任，平实地记述历史事实，尽力为人们留下一幅有关佛（道）教及其社会影响的相对准确可信的历史图卷。

（二）作为一种思想学派看待。魏收认为佛教是一种与阴阳、儒、墨、名、法、道德等同的思想学说，只是这一学说渊于域外，流播较晚，使"刘歆著《七略》、班固志《艺文》""所未曾纪"（《魏书·释老志》）也。也正是在这种基调下，魏收开始简述佛教在中国从无到有，其势由小到大的传播过程（这过程也可说是中国人对佛教的接受过程）。而文中一些发展标界性事件的提出，使得佛教在中国一步步发展的历史线索非常明晰。

考虑到佛教为传自域外的意识形态，魏收在《释老志》中，除了介绍一些主要佛教经典外，还以精炼通俗的文字，对佛教的基本经旨教义以及教徒的习俗等，从文化的角度做了简明的介绍。

由于两种文化所存在的语言差异，魏收还特意从语源训释的角度，对一些专有名词做了重点解释。如《释老志》中有这样的文字介绍："浮屠正号曰佛陀，佛陀与浮图声相近，皆西方言，其来转为二音。华言译之则谓净觉，言灭秽成明，道为圣悟"，等等。这样便使得佛教文化异地传播的特点更加突出，使后人更容易获得立体直观性的概念。而这些介绍性的文字，也说明魏收对于佛教这种外来文化的研究，已臻一断代史作者所应了解的水平。

（三）对佛教流传之重大问题的把握。《释老志》中最具史学价值的，是作者对于佛教传播中重大社会问题的把握。

如前所述，魏晋南北朝时期的佛教已具有了广泛深刻的社会影响。其中，这时期所建立的僧官制度，已成为整个中国封建官僚体系中的组成部分；这时佛教所特有的寺院经济，已紧密地附着在整个封建中国经济的机体上，形成其重要的有机构成；同时，整个佛教在当时，更已构成了一个拥有僧尼教团和广大信徒的社会实体，并在当时社会总的人口构成中占据了相当的比重；而统治阶级因自身的利益，对于佛教势力的利用和打击，更是一幕幕生动的历史活剧。因此，作为综合反映一代历史面貌的"正史"，在对佛教的表述中，最重要的任务便是从全社会历史的角度，考察其地位及其对于全社会的多方面的影响，并予以准确的表述。

考诸《释老志》，作者魏收在文中所详细记述的重要问题包括沙门统、昭玄统等僧官的建置与完善；佛教势力的兴衰与时政发展的关系；有关佛教的重要章奏与政令的颁行；佛图户、僧祇户等阶级成分及有关寺院经济诸问题；僧尼的人口占有及寺庙佛窟的建额；等等，无一不是从佛教与社会关系的角度取材论事。而这些内容，也正是我们今天的历史研究所重视的重要问题。

值得注意的是，对于上述诸问题，《释老志》中仍有主次轻重详略的剪辑。

首先，《释老志》最集中表述的是佛教的发展与时政的关系。这应是与正史以政治为表述中心的特点相一致的。在《释老志》中，魏收不仅十分详细地记述了北魏太武灭佛事件的始末，而且历述了以后诸帝对于佛教或兴或抑的态度变化，使人清晰地看到北魏统治者的政策由兴佛转向抑制佛教发展的过程。其后则全文收录神龟元年（518）冬季，北魏司空公、尚书令任城王澄的一篇长奏文，将北魏后期佛教势力发展的种种弊端，以及社会政治的尖锐矛盾倒叙出来，作为北魏佛教与政治关系发展的总结。

除佛教与时政的关系外，魏收对有关寺院经济及佛教势力与封建国家争夺劳动人口的矛盾斗争也给予了同样的重视。《释老志》中所提供的一些数据，对于我们今天了解当时的佛教状况，有着极其重要的意义。据《释老志》记载，自北魏孝文帝承明元年（476）至孝明帝正光之际，不到半世纪的时间，北方黄河流域的僧尼人数，已由七万余人，骤增至二百万人左右，竟然占去政府编户总人口数额的十五分之一。加上佛教寺院所侵占的寺奴佛图户、僧祇户及部曲等，严重地影响到北魏的国家经济，由此导致佛教势力与朝廷的冲突，经济问题演化为政治冲突。可以看出，魏收对此是有着清楚的认识的。不言而喻，选择佛教经济问题作为表述的重点，同样具有重要的史学价值。而有关宗教的经济问题，正是一般传统史家所最易忽略的问题。

尤其令人注目的是，作者魏收并没仅仅停留在客观地记述史实上，而是进一步从史鉴的高度总结北魏佛教发展的历史，指出佛教猥滥发展的社会政治原因及其弊端。这点，除去在《释老志》中有关具体史实的选择与陈述外，更在全篇之末写下一段令人深思的结语，其云："魏有天下，至于禅让，佛经流通，大集中国，凡有四百一十五部，合一千九百一十九卷。正光已后，天下多虞，王役尤甚，于是所在编民，相与入道，假慕沙门，实避调役，猥滥之极，自中国之有佛法，未之有也。略而计之，僧尼大众二百万矣，其寺三万有余。流弊不归，一至于此，识者所以叹息也！"联系到作者当朝君主的穷奢黩武和佞佛，这一结语不能不说是意味深长了。

通过上述诸节的讨论，我们可以看出，《魏书·释老志》确实具有相当的史学价值。然而，这样一篇史作，在千余年封建正统史学中，却不断遭受攻击。如古代著名史学理论家刘知幾，就对魏收在《魏书》中增设《释老志》深表不满。他在《史通·书志》中称："王隐后来，加以《瑞异》；魏收晚进，弘以《释老》。斯则自我作故，出乎胸臆。"把魏收立《释老志》与他人的《祥瑞》等志等同。而较之刘知幾稍晚的皮日休则认为，魏收所以作《释老志》，不过是为了"媚于伪齐之君"（《皮子文薮》卷八《题后魏释老志》）。传统史学对待《魏书·释老志》的态度，在很大程度上也正是其对待宗教所采取的态度。而产生这种态度的根本原因，是传统史学中儒家文化本位立场所致。《宋书》对于佛教内容的安排，便明显是受这种意识的影响。传统史学中的儒家传统意识最强烈，它的政治功能只是"穷探治乱之迹，上助圣明之鉴"；伦理功能只是"记功书过，彰善瘅恶"。于是，对于传统史学来说，从感情上对佛、道等非儒家的异端意识形态，必在排斥之列；从内容上，亦因其无补于治，"非圣人之书，乖圣人微旨"，而"不取焉"。（李翰《通典序》）

魏收何以能在《魏书》中创制《释老志》，容纳当时佛、道二教社会存在的史实呢？我们认为，除了魏收本人所具有的史家责任感和史识外，一个很重要的条件，便是魏收本身所处的就是一个少数族政权，所撰写的也是一部少数族政权的历史。这种特定的情况不仅使得所谓"严夷夏之防"的民族意识无从谈起，而且儒家所谓的正统思想也相对减弱，从而使魏收在撰《魏书》时，相对较少地受这些意识的影响。了解这一点，有助于我们今天更正确地评价《魏书·释老志》的史学价值。

（1993年第2期）

# 东魏北齐史官制度与官修史书
## ——再论史馆修史始于北齐

牛润珍

## 一、学术文化中心之转移

北魏永熙三年（534），孝武帝与高欢因政争而成水火，致使高欢督师南下，进逼洛阳。七月，孝武帝西逃关中，高欢入洛。九月，高欢立元善见为帝，是为孝静帝。魏于是始分为二。高欢"以孝武既西，恐逼崤、陕，洛阳复在河外，接近梁境，如向晋阳，形势不能相接，乃议迁邺，护军祖莹赞焉。诏下三日，车驾便发，户四十万狼狈就道"（《北齐书》卷二《神武纪下》）。据《魏书·孝静纪》，永熙三年十月十七日丙寅，元善见即位于洛阳城东北，改元天平。壬申（二十三日）告庙，然后发布迁都诏书，曰："安安能迁，自古之明典；所居靡定，往昔之成规。……吉凶有数，隆替无恒。事由于变通，理出于不得已故也。高祖孝文皇帝式观乾象，俯协人谋，发自武州，来幸嵩县。魏虽旧国，其命惟新。及正光之季，国步孔棘，丧乱不已，寇贼交侵，俾我生民，无所措手。今远遵古式，深验时事，考龟袭吉，迁宅漳滏。庶克隆洪基，再昌宝历。主者明为条格，及时发迈。"是月丙子（二十七日）"车驾北迁于邺"。自壬申至丙子，中间相隔三天，诚如《北齐书·神武纪下》所言"诏下三日，车驾便发"。迁都邺城，高欢蓄谋已久，初立孝武时，"以为洛阳久经丧乱，王气衰尽，虽有山河之固，土地褊狭，不如邺，请迁都。魏帝曰：'高祖定鼎河洛，为永永之基，经营制度，至世宗乃毕。王既功在社稷，宜遵太和旧事。'"（《北齐书》卷二《神武纪下》）虽遭拒绝，但高欢一直在为迁邺做准备，及元善见立，时机成熟，便匆忙迁都邺城，建立东魏政权。

由洛迁邺，不仅是北朝政治中心的转移，也是学术文化中心的大迁徙。东魏沿袭孝文洛京制度，建筑邺南城，宫城主要殿堂构件大多取自洛阳旧宫，拆毁旧宫运抵邺城，邺南宫阊阖门、太极殿、昭阳殿建筑制度与郭城布局基本上沿承北魏洛京。孝武帝由河桥西奔长安，并未带走洛宫片纸。高欢入洛，北魏图籍文物尽为东魏所有，元善见迁邺，洛宫銮驾、仪仗、文物、图籍、档案，包括历朝所修国史书稿、起居注等，也悉数被搬运至邺都。《北齐书》卷二十《慕容绍宗传》："天平初，迁都邺，庶事未周，乃令绍宗与高隆之共知府库图籍诸事。"北魏孝文以来所积累的文明遗产悉被东魏所继承，这为以后魏收在邺京撰成《魏书》奠定了图书资料方面的基础。

东魏迁都邺城，邺城逐渐形成为南北朝时期北方文化中心和南北文化交流的中心。汉化胡贵、世族重臣、文官、士人、学者、工匠、画家等各业人才纷纷聚集邺下。如元坦、元惊、元鸷、元景植等元氏宗亲；祖莹、封隆之、高隆之、崔暹、崔季舒、高昂、李元忠、卢文伟、李同轨、李神威等汉姓高门；孙搴、陈元康等才士文官华选；还有思想家邢劭、杜弼等；儒学家李铉、权会、刁柔、张买奴、刘轨思、鲍季详、邢峙、马敬德、刘昼、张景仁、张思伯、张雕等；史学家魏收、李德林、阳休之、杜台卿、魏澹、王劭、祖崇儒、崔子发、宋孝王等；文学家温子升、祖鸿勋、李广、樊逊、刘逖、荀士逊等；南朝士人徐之才、颜之推等；画家杨子华、曹仲达、刘杀鬼、殷英童、徐德祖、高尚士、曹仲璞、萧放等；建筑家辛术、高隆之等；术数历算有王春、信都芳、宋景业、綦母怀文、马嗣明等；音乐家祖珽、李搔、崔季铮等；还有名僧释法上、僧范、僧稠等。他们汇聚邺下，共同创造出灿烂的邺都文化。《北齐书》卷四十五《文苑传》尝论述邺下人才济济与文章盛事。曰：

> 有齐自霸图云启，广延髦俊，开四门以纳之，举八纮以掩之，邺京之下，烟霏雾集，河间邢子才、钜鹿魏伯起、范阳卢元明、钜鹿魏季景、清河崔长儒、河间邢子明、范阳祖孝徵、乐安孙彦举、中山杜辅玄、北平阳子烈并其流也。复有范阳祖鸿勋亦参文士之列。天保中，李愔、陆邛、崔瞻、陆元规并在中书，参掌纶诰。其李广、樊逊、李德林、卢询祖、卢思道始以文章著名。皇建之朝，常侍王晞独擅其美。河清、天统之辰，杜台卿、刘逖、魏骞亦参知诏敕。自愔以下，在省唯撰述除官诏旨，其关涉军国文翰，多是魏收作之。及在武平，李若、荀士逊、李德

林、薛道衡为中书侍郎，诸军国文书及大诏诰俱是德林之笔。

邺都又是图籍集中的地方，除了由洛搬迁至邺的图籍外，还有从南朝搜集到的佳本、名画。《北齐书》卷三十八《辛术传》："少爱文史，晚更修学，虽在戎旅，手不释卷。及定淮南，凡诸资物一毫无犯，唯大收典籍，多是宋、齐、梁时佳本，鸠集万余卷，并顾、陆之徒名画，二王已下法书数亦不少。"这些典籍后来都被运回邺城。南朝梁徐勉等撰修的类书《华林遍略》也被人带至邺都求售。《北齐书》卷三十九《祖珽传》："州客至，请卖《华林遍略》。文襄多集书人，一日一夜写毕，退其本曰：'不须也。'"邺下私人藏书颇丰，"太常卿邢子才、太子少傅魏收、吏部尚书辛术、司农少卿穆子容、前黄门郎司马子瑞、故国子祭酒李业兴并是多书之家。"（《北齐书》卷四十五《文苑传》）官、私藏书丰盛，带动了官方校书、修书活动。天保七年（556），"诏令校定群书"，（樊）逊与高乾和、马敬德、许散愁、韩同宝、傅怀德、古道子、李汉子、鲍长暄、景孙、王九元、周子深等十一人"同被尚书召共刊定"。秘书监尉瑾征集私人藏书"凡得别本三千余卷，五经诸史，殆无遗阙"（《北齐书》卷四十五《文苑·樊逊传》）。又设文林馆，参考《华林遍略》，编纂类书《修文殿御览》。《北齐书》卷四十五《文苑传》曰：

> 后主……颇好讽咏，幼稚时，曾读诗赋，语人云："终有解作此理不？"及长亦少留意。初因画屏风，敕通直郎兰陵萧放及晋陵王孝式录古名贤烈士及近代轻艳诸诗以充图画，帝弥重之。后复追齐州录事参军萧悫、赵州功曹参军颜之推同入撰次，犹依霸朝，谓之馆客。放及之推意欲更广其事，又祖珽辅政，爱重之推，又托邓长颙渐说后主，属意斯文。三年，祖珽奏立文林馆，于是更召引文学士，谓之待诏文林馆焉。珽又奏撰《御览》，诏珽及特进魏收、太子太师徐之才、中书令崔劼、散骑常侍张雕、中书监阳休之监撰。珽等奏追通直散骑侍郎韦道逊、陆乂，太子舍人王劭，卫尉丞李孝基，殿中侍御史魏澹，中散大夫刘仲威、袁奭，国子博士朱才，奉车都尉眭道闲，考功郎中崔子枢，左外兵郎薛道衡，并省主客郎中卢思道，司空东阁祭酒崔德，太学博士诸葛汉，奉朝

请郑公超，殿中侍御史郑子信等入馆撰书，并敕放、懿、之推等同入撰例。复令散骑常侍封孝琰，前乐陵太守郑元礼，卫尉少卿杜台卿，通直散骑常侍王训，前南兖州长史羊肃，通直散骑常侍马元熙，并省三公郎中刘珉，开府行参军李师上、温君悠入馆，亦令撰书。复命特进崔季舒、前仁州刺史刘逖、散骑常侍李孝贞、中书侍郎李德林续入待诏。寻又诏诸人各举所知，又有前济州长史李翥，前广武太守魏骞，前西兖州司马萧溉，前幽州长史陆仁惠，郑州司马江旰，前通直散骑侍郎辛德源、陆开明，通直郎封孝謇，太尉掾张德冲，并省右民郎高行恭，司徒户曹参军古道子，前司空功曹参军刘颙，获嘉令崔德儒，给事中李元楷，晋州治中阳师孝，太尉中兵参军刘儒行，司空祭酒阳辟疆，司空士曹参军卢公顺，司徒中兵参军周子深，开府参军王友伯、崔君洽、魏师骞并入馆待诏，又敕右仆射段孝言亦入焉。《御览》成后，所撰录人亦有不时待诏，付所司处分者。……当时操笔之徒，搜求略尽。……待诏文林，亦是一时盛事。

邺又是南北文化交流的中心。东魏北齐时，高丽、勿吉、蠕蠕、吐谷浑、地豆干、室韦、库莫奚、契丹、肃慎、靺鞨、新罗、突厥、大莫娄、百济等多次遣使到邺，促进经济、文化交流。东魏与南朝也是信使不断，双方各以俊义才杰相耀。梁使至邺，邺下为之倾动，尽选风流儒雅，应对宾客，贵胜子弟盛饰聚观，礼赠丰盛，馆门成市。

学术文化中心的转移，人才与图书资料的聚集、搜求，东魏北齐君臣稽古右文的举措及抄书、校书、撰书活动，为魏收在邺京撰成《魏书》营造了良好的学术与文化氛围，官修史书的活跃亦正有赖于此。

## 二、专门修史机构的建立

专门修史机构——史馆肇建于北齐，昔撰《北齐史馆考辨》，想已辨明。后有学人提出异议，兹不得不冗费精力再申前说。

史官修史制度在东魏北齐时发生了新的变化，国史著作权越来越接近皇权，著作虽在秘书，但秘书监并不掌史事，史事改由朝中大臣监掌，此已不同于北魏之秘书著作。北魏于秘书省置著作省，又称著作局，秘书省长官监领国史修撰，如崔浩监秘书事，典领国史；高允"领秘书、典著作"，与校书郎刘模一起"修撰《国记》"，"每日同入史阁，接膝对筵，属述时事"。(《魏书》卷四十八《高允传附刘模传》) 孙惠蔚"迁国子祭酒、秘书监，仍知史事"(《魏书》卷八十四《儒林·孙惠蔚传》)。山伟"除安东将军、秘书监，仍著作"(《魏书》卷八十一《山伟传》)。东魏时，秘书著作制度起了变化，到了北齐，出现了史馆修史制度。

"史馆""史阁"之称谓，已见诸南北朝文献。南朝宋有玄、史二馆，但此"史馆"并非修史机构。据《宋书》卷九十四、卷一百，大明六年（462）徐爰领著作郎，撰成宋史，国史撰修仍在著作。北魏末年有"史阁"，"史阁"在秘书省，既是收藏元魏国史资料之所，又是秘书著作撰修国史的地方。《史通·史官建置》曰："元魏初称制，即有史臣……其后始于秘书置著作局……普泰以来，三史稍替，别置修史局。"《唐六典》在记述唐代秘书省著作局和中书省史馆时，追溯其沿承，亦认为北魏秘书省著作局，又称著作省，北齐因之。《隋书》卷二十七《百官志》："（后齐）秘书省，典司经籍……又领著作省，郎二人，佐郎八人。"《通典》卷二十六《职官八》："晋元康二年，诏曰：'著作旧属中书，而秘书既典文籍，宜改中书著作为秘书著作。'于是改隶秘书，后别自置省（谓之著作省），而犹隶秘书……隋于秘书省置著作曹。"按照唐代人的说法，西晋于秘书省下置著作省，宋、齐、梁、陈、北魏、北齐沿袭，隋代改称著作曹。然检核南北朝当时的文献资料，并未发现有关著作省的记载。刘知幾说元魏有著作局、修史局，然魏收《魏书·官氏志》于此只字不提，北魏、东魏、北齐碑刻亦无此字眼。北魏、东魏、北齐文献有"史阁"的记载，但没有资料能够证明当时人所说的"史阁"即指秘书省的著作省或著作局，或者说是著作省（局）的口头称谓。正史记事注重规范，不用正式的机构名称而用口头称谓，这不符合古人撰修国史的常规。

北齐有"史阁"，亦即"史馆"，《北齐书》于此有明确记载。李百药的《北齐书》是根据其父李德林的《齐书》撰成，李德林在北齐被后主"召入文林馆,又令与黄门侍郎颜之推二人同判文林馆事"(《隋书》卷四十二《李德林传》)。参与高齐史修撰,还曾就齐史断限与魏收等往来商讨。[①] 从史料来源看,《北齐书》所记"史阁""史馆"应是北齐当时人的称谓,它实不同于北魏"史阁"。北魏"史阁"在秘书省,东魏北齐史馆似在集书省或起居省。《魏书》卷四十七《卢玄传附孙元明传》:"天平中,兼吏部郎中,副李谐使萧衍,南人称之。还,拜尚书右丞,转散骑常侍,监起居。积年在史馆,了不厝意。"卢元明以散骑常侍监起居,其办公地点在集书省,又云其积年在史馆,由此推断出史馆当在集书省或起居省。其具体位置应在邺南城宫禁东部,距圣寿堂较近,似与文林馆相邻。而且在史馆修史的史官多非秘书著作官。天保二年(551),魏收"受诏撰魏史,除魏尹,故优以禄力,专在史阁,不知郡事"(《魏书》卷一百零四《自序》)。魏尹官正三品,岁秩五百五十匹,而正三品朝官的岁秩才四百匹。(参见《隋书》卷二十七《百官志》)魏收拿着魏尹的官品俸禄,在史阁修史,这是高洋对他的照顾与优待。魏尹与秘书监均为正三品,魏收以魏尹在史阁修史,而非秘书监,这说明北齐"史馆"修史与北魏秘书省"史阁"修史已经判然两途了。

再者,史馆修史的一个重要特征就是"大臣监修"。晋宋以来,秘书著作修史,"佐郎职知博采,正郎资以草传,如正、佐有失,则秘监职思其忧"[②]。北魏大臣监秘书,领著作,这与史馆修史"大臣监修"还不是一回事。北齐史馆修史是直接向皇帝负责,皇帝有时也参与其中,然皇帝并不能事必躬亲,所以派一位亲信大臣监修。首任监修大臣为平原王高隆之,他"以本官录尚书事,领大宗正卿,监国史"(《北齐书》卷十八《高隆之传》)。以后,"大臣监修"常态化,并形成史馆修史的一项制度。到了唐代,又发展成为固定的"宰相监修"制度。

北齐史馆修史的史官大多来自尚书省、门下省、集书省和中书省及其他部门的官员,诸如中书侍郎、中书舍人、通直常侍、散骑常侍、给事黄门侍郎、尚书郎、国子博士等。魏收修《魏书》,"加兼著作郎"(《北齐书》卷

---

① 见拙文《齐史断限与平四胡之岁》,《中国人民大学学报》2000年第4期。
② 刘知幾:《史通》卷十一《史官建置》,浦起龙通释本,上海古籍出版社1978年版。

三十七《魏收传》）；杜台卿"历中书、黄门侍郎，兼大著作、修国史"（《北齐书》卷二十四《杜弼传附杜台卿传》）。以著作官修史，人数较少，而且著作郎又多为兼加。另据《北齐书·魏收传》，《魏书》撰成后，"时论既言收著史不平，文宣诏收于尚书省与诸家子孙共加讨论"。在尚书省讨论《魏书》，而不在秘书省，诸多的旁证材料也可以证明：北齐史馆修史已脱离了秘书著作修史的系统，如果说它与秘书著作还有联系的话，或许在形式上还保留着秘书著作的名号。唐贞观三年（629）"别置史馆于禁中"，"龙朔二年（662），改著作郎为司文郎中，佐郎为司文郎，咸亨初复旧。初，著作郎掌修国史及制碑颂之属，分判（著作）局事，佐郎贰之，徒有撰史之名，而实无其任，其任尽在史馆矣"（《通典》卷二十六《职官八·秘书监》）。唐朝史官制度的变化肇始于北齐。

梳理有关史料，由晋到唐，史官制度的变化线索便可清晰呈现：西晋元康二年（292），著作由中书改属秘书，历宋、齐、梁、陈、北魏，形成秘书著作系统。北齐史馆修史在实质上已经脱离了秘书省的系统。西魏大统十四年（548）以前，秘书虽领著作，但不参史事，史事实属中书。自柳虬为秘书丞，著作官修史又由秘书省长官监掌。隋朝沿承西魏、北周官制，于秘书省置著作曹。唐初因袭隋制，贞观三年以后，史馆修史制度取代著作官修史。《唐六典》《通典》均言北魏秘书省有著作局，北齐因之。这不符合史实，北齐史馆修史实不同于北魏。史馆始置于北齐，是专门的修史机构，它开启了唐代史馆修史制度。从北齐天保到唐代贞观，史馆制度的确立，其原因在于史权与皇权愈益密切并结合在一起，史权成为皇权的一个组成部分。其理论依据在于礼，从东魏北齐到隋唐，制礼作乐，一脉相承，所以唐代官制以东魏、北齐为主源。这样的认识，大体符合历史事实。

## 三、大臣监修制度的形成

北魏秘书监、丞典领著作，萌生了后来的大臣监修制度。大臣监修制度的形成当在北齐，首位监修大臣为高隆之。《北齐书》卷十八《高隆之传》

曰："齐受禅，进爵为王。寻以本官录尚书事，领大宗正卿，监国史。"他是鲜卑化汉人，从高欢起义山东，平邺，破四胡于韩陵，深得高欢信任，在邺与孙腾、高岳、司马子如"号为四贵"。据《北齐书》卷四《文宣纪》：天保元年（550）六月封平原王。七月"乙卯，以尚书令、平原王隆之录尚书事"。其"监国史"当在天保元年七月之后。魏收于天保二年在史馆修《魏书》，由此断言大臣监修与史馆修史是同时启动的。高隆之以平原王、录尚书事、大宗正卿的身份总监《魏书》修撰，虽"署名而已"（《北齐书》卷三十七《魏收传》），但这标志着北魏以来秘书省长官典领著作的制度在北齐天保初被废止了。

高隆之以后，魏收于天保八年（557）监国史。《北齐书》卷三十七《魏收传》"八年夏，除太子少傅、监国史，复参议律令……皇建元年，除兼侍中、右光禄大夫，仍仪同、监史"，收所监修的国史为北齐史，北齐史的修纂始于《高祖本纪》。《北齐书》卷四十二《阳休之传》云："魏收监史之日，立《高祖本纪》，取平四胡之岁为齐元。"不久，孝昭高演听信宠臣王晞的谗言，疏远魏收，以阳休之兼中书，典诏诰，"又除祖珽为著作郎，欲以代收"（《北齐书》卷三十七《魏收传》）。魏收由此失去了"监史"的地位。魏收监史，时在天保八年至皇建元年（560）。

继魏收监国史者似是崔劼，时约在皇建中。《北齐书》卷四十二《崔劼传》："崔劼，字彦玄，本清河人。曾祖旷，南渡河，居青州之东，时宋氏于河南立冀州，置郡县，即为东清河郡人。南县分易，更为南平原贝丘人也。世为三齐大族。……劼少而清虚寡欲，好学有家风。……天保初，以议禅代，除给事黄门侍郎，加国子祭酒，直内省，典机密。清俭勤慎，甚为显祖所知。……皇建中，入为秘书监、齐州大中正，转鸿胪卿，迁并省度支尚书，俄授京省，寻转五兵尚书，监国史，在台阁之中，见称简正。"后主武平年间，"除中书令，加开府，待诏文林馆，监撰新书"。"新书"即类书《圣寿堂御览》。

河清元年（562），赵彦深"监国史"。《北齐书》卷三十八《赵彦深传》："赵彦深，自云南阳宛人，汉太傅熹之后。高祖父难，为清河太守，有惠政，遂家焉，清河后改为平原，故为平原人也。本名隐，避齐庙讳，改以字行。……天保初，累迁秘书监。……河清元年，进爵安乐公，累迁尚书左仆射、齐州大中正、监国史，迁尚书令，为特进，封宜阳王。武平二年拜司空，为祖珽所间，出为西兖州刺史。"其监国史当在河清元年至天统初。

天统初，阳休之继赵彦深监国史。《北齐书》卷四十二《阳休之传》："阳休之，字子烈，右北平无终人也。……俊爽有风概，少勤学，爱文藻，弱冠擅声，为后来之秀，……齐受禅，除散骑常侍，修起居注。……乾明元年，兼侍中，……仍拜大鸿胪卿，领中书侍郎。……天统初，征为光禄卿，监国史。……武平元年，除中书监，寻以本官兼尚书右仆射。二年，加左光禄大夫，兼中书监。……五年，正中书监，余并如故。……六年，除正尚书右仆射。未几，又领中书监。"一生三为中书监，"休之好学不倦，博综经史，文章虽不华靡，亦为典正"。休之监国史自天统初至武平初（约565—570）。

武平三年（572），祖珽监国史。《北齐书》卷三十九《祖珽传》："祖珽，字孝征，范阳遒人也。……神情机警，词藻遒逸，少驰令誉，为世所推。起家秘书郎，对策高第，为尚书仪曹郎中，典仪注。……后为秘书丞，领舍人，……珽天性聪明，事无难学，凡诸伎艺，莫不措怀，文章之外，又善音律，解四夷语及阴阳占候，医药之术尤是所长。文宣帝……爱其才伎，令直中书省，掌诏诰。……文宣崩，……除为章武太守。会杨愔等诛，不之官，授著作郎。……（天统元年）拜秘书监，加仪同三司，大被亲宠。……和士开死后，……以珽为侍中。……珽欲以陆媪为太后，撰魏帝皇太后故事，为太姬言之。……太姬亦称珽为国师、国宝。由是拜尚书左仆射，监国史，加特进，入文林馆，总监撰书，封燕郡公。"据《北齐书》卷八《后主纪》：武平二年秋七月庚午，太保、琅邪王俨矫诏杀录尚书事和士开。三年二月辛巳，以并省吏部尚书高元海为尚书右仆射。庚寅，以左仆射唐邕为尚书令，侍中祖珽为左仆射。是月，敕撰《玄洲苑御览》，后改名《圣寿堂御览》。八月，《圣寿堂御览》成，敕付史阁。后改为《修文殿御览》。武平四年，"五月丙子，诏史官更撰《魏书》。癸巳，以领军穆提婆为尚书左仆射"。至此，祖珽的尚书左仆射官职被解除，其"监国史"亦被罢免。祖珽以尚书左仆射"监国史"，时约在武平三年（572）二月至四年（573）四月。

约于武平四年五月，崔季舒监国史。《北齐书》卷三十九《崔季舒传》：

"崔季舒，字叔正，博陵安平人。……少孤，性明敏，涉猎经史，长于尺牍，有当世才具。……天保初，……为将作大匠，再迁侍中。……大宁初，……累拜度支尚书、开府仪同三司。营昭阳殿，敕令监造。……加左光禄大夫，待诏文林馆，监撰《御览》。加特进、监国史。"据《北齐书》卷八《后主纪》，武平四年二月丙午，置文林馆，五月丙子，诏史官更撰《魏书》。冬十月辛丑，杀侍中崔季舒、张雕虎，散骑常侍刘逖、封孝琰，黄门侍郎裴泽、郭遵。季舒监国史不及半年。

张雕也曾被举荐监国史。《北齐书》卷四十四《儒林·张雕传》："张雕，中山北平人。……慷慨有志节，雅好古学。……入授经书，帝甚重之，以为侍读，与张景仁并被尊礼，同入华光殿，共读《春秋》。加国子祭酒，假仪同三司，待诏文林馆。胡人何洪珍大蒙主上亲宠，与张景仁结为婚媾。雕以景仁宗室，自托于洪珍，倾心相礼，……洪珍又奏雕监国史。寻除侍中，加开府，奏度支事，大被委任，言多见从。"张雕本名张雕虎，避唐讳，曰张雕，或曰张雕武。雕虎于武平四年十月与崔季舒、刘逖等一起被杀。在此之前，祖珽、崔季舒"监国史"。何洪珍仅有奏言，但并未形成事实。

高隆之、魏收、崔劼、赵彦深、阳休之、祖珽、崔季舒等先后"监国史"，自天保初至武平末，历经高齐一代，大臣监修国史在北齐已经制度化。这些大臣都是皇帝的亲信，或为权贵，或为才学高深的名士，典掌机要，撰制诏诰，深得皇帝倚重。他们基本上都有尚书、中书、门下三省长官的经历，其"监国史"时，品秩为正一品、正二品、从二品、正三品，都是宰相一级的重臣。魏收、赵彦深、祖珽虽曾历官秘书监，但他们"监史"时，均非秘书省长官，而且，监修大臣无一例是由秘书监、丞的身份"监史"的，这说明北齐秘书省已不典掌史事。

## 四、著作官与修史臣

东魏沿承北魏官制，置秘书著作郎、秘书著作佐郎。（参见《魏书》卷一百一十三《官氏志》）著作郎虽隶属秘书省，但实际上这一官职多由中书省的官员兼任。山伟在北魏时，以秘书监领著作，东魏"孝静初，除卫大将军、中书令，监起居。后以本官复领著作"（《魏书》卷八十一《山伟传》）。武定四年（546），魏收以正常侍、中书侍郎，"加兼著作郎"，直至北齐"天保元年，除中书令，仍兼著作郎"。（《北齐书》卷三十七《魏收传》）东魏著作郎见于史籍者仅有山伟、魏收二人。王肃的儿子王理于武定末被任用为著作佐郎。《魏书》卷六十三《王肃传附子理传》："理，孝静初，始得还朝。武定末，著作佐郎。"史书所记东魏佐郎仅此一例。

史籍可考见的东魏著作官只有三人，而修史臣却有宇文忠之、魏收、陆卬、李广、李概等五人。宇文忠之于"天平初，除中书侍郎。……后敕修国史。……武定初，为安南将军、尚书右丞，仍修史"（《魏书》卷八十一《宇文忠之传》）。时约在武定初，魏收"求修国史"。崔暹为言于高澄曰："国史事重，公家父子霸王功业，皆须具载，非收不可。"高澄启收兼散骑常侍，修国史。武定二年（544），魏收"除正常侍，领兼中书侍郎，仍修国史"（《北史》卷五十六《魏收传》）。陆卬"少机悟，美风神，好学不倦，博览群书，五经多通大义。善属文，甚为河间邢邵所赏。……除中书侍郎，修国史"（《北齐书》卷三十五《陆卬传》）。时约在东魏武定年间。李广"博涉群书，有才思文议之美，少与赵郡李謇齐名，为邢、魏之亚。……中尉崔暹精选御史，皆是世胄，广独以才学兼御史，修国史"（《北齐书》卷四十五《文苑·李广传》）。广兼御史在武定初，修国史当在武定年间。李概修国史亦似在东魏末。《北史》卷三十三《李灵传附李公绪传》："公绪弟概，字季节，……为齐文襄大将军府行参军，……除殿中侍御史，修国史。"概还曾著有《战国春秋》二十卷，记十六国事；另有《左史》六卷。"修国史"为兼职，官员均来自尚书省、中书省、门下侍官及御史，未见有秘书省的官员。

《隋书》卷二十七《百官志》："后齐制官，多循后魏，……秘书省，……又领著作省，郎二人，佐郎八人，校书郎二人。"《唐六典》卷十《秘书省》、《通典》卷二十六《职官》亦云北齐著作郎员额二人。查《北史》《北齐书》《周书》《隋书》，北齐著作郎可考者五人：魏收、祖珽、权会、杜台卿、司马消难。

魏收是高氏政权第一任著作郎，兼跨东魏北齐两朝，任期为东魏武定四年至北齐皇建元年（560）。天保八年"监国史"，同时兼著作郎。《北齐书》卷三十七《魏收传》："皇建元年，除兼侍中、右光禄大夫，仍仪同、监史。收先副王昕使梁，不相协睦。时昕弟晞亲密。而孝昭别令阳休之兼中书，在晋阳典诏诰，收留在邺。盖晞所为，收大不平，谓太子舍人卢询祖曰：'若使卿作文诰，我亦不言。'又除祖珽为著作郎，欲以代收。司空主簿李蓥，文词士也。闻而告人曰：'诏诰悉归阳子烈，著作复遣祖孝徵，文史顿失，恐魏公发背。'"

《北齐书》卷三十九《祖珽传》："文宣崩，普选劳旧，除为章武太守。会杨愔等诛，不之官，授著作郎。数上密启，为孝昭所忿，敕中书、门下二省断珽奏事。"著作郎虽为修史之官，然其任免亦尝与皇帝关系密疏变化有关。祖珽取代魏收为著作郎，不久，又由于孝昭帝高演的不信任而沉潜，崔劼监史，祖珽也就无所作为了。祖珽以著作郎的身份上密启，惹怒孝昭帝，下令断其中书、门下奏事。这说明北齐著作郎不仅有修史之任，还有讽议之责，此又不同于北魏。

皇建中，权会曾被追著作。《北齐书》卷四十四《儒林·权会传》："权会，字正理，河间郑人也。志尚沉雅，动遵礼则。少受郑《易》，探赜索隐，妙尽幽微，《诗》《书》《三礼》，文义该洽，兼明风角，妙识玄象。……被尚书符追著作，修国史，监知太史局事。皇建中，转加中散大夫，余并如故。"权会由尚书追授著作，似应为正郎，时间当在祖珽被疏远之后。

杜台卿兼著作郎当在后主武平年间。《北齐书》卷二十四《杜弼传附杜台卿传》："台卿字少山，历中书、黄门侍郎，兼大著作，修国史。武平末，国子祭酒，领尚书左丞。……隋开皇中，征为著作郎，岁余以年老致事，诏许之。"

司马消难也曾仕北齐著作郎。《周书》卷二十一《司马消难传》曰："父子如，为齐神武佐命，位至尚书令。消难幼聪惠，微涉经史，好自矫饰，以求名誉，起家著作郎。子如既当朝贵，消难亦爱宾客。邢子才、王元景、魏收、陆卬、崔赡等皆游其门。"起家之选，一般为佐郎，然消难为朝贵子弟，也有可能为正郎。比勘史料，四位著作郎兼任时间前后并不相同，没有发现同一时间有两位著作郎，史书所云"郎二人"，令人质疑。

史籍所见北齐著作佐郎有萧慨、元行如、崔镜玄、魏长贤四人。《北齐书》卷三十三《萧退传附子慨传》："慨，深沉有礼，乐善好学，攻草隶书。……历著作佐郎，待诏文林馆。"同书卷三十八《元文遥传附子行如传》："行如，亦聪慧早成，武平末，任著作佐郎。"同书卷三十九《崔季舒传》："（次子）镜玄，著作佐郎。"从史书反映的情况来看，此三人任佐郎均在后主时。然此三人在人数上与《隋志》所云"佐郎八人"相差甚远。另据清严可均辑《全北齐文》卷四《魏长贤》："长贤，收族叔，孝静时举秀才，除汝南王悦参军，入齐，平阳王淹辟法曹参军，转著作佐郎。河清中出为上党屯留令，武平中，辞疾去职。"[①]四位佐郎，虽有历官的记载，但均无参与修史的记录。

修史臣则有房延祐、辛元植、睦仲让、刁柔、裴昂之、高孝干、陆印、李广、綦母怀文等，[②]他们所修的史书是《魏书》。天保末，北齐国史的编纂已提上日程，修史臣又称"修国史"。刘逖"迁给事黄门侍郎，修国史，加散骑常侍"（《北齐书》卷四十五《文苑·刘逖传》），时约在河清年间。武平三年（572），李德林"除中书侍郎，仍诏修国史"（《隋书》卷四十二《李德林传》）。魏澹在北齐任"殿中郎将、中书舍人，复与李德林俱修国史"（《隋书》卷五十八《魏澹传》）。文献所见修史臣十二人，其官职为国子博士、中书侍郎、中书舍人、通直常侍、给事黄门侍郎、司空司马、尚书郎等，很少有秘书省的官员。北魏以他官兼史事者则称"参著作"或"参著作事"，北齐则称"修国史"，这一称谓的变化也能说明秘书著作制度至北齐已经发生了变化。

## 五、记注官与起居注之编纂

北魏太和之制，集书省掌注起居，东魏、北齐沿承太和制度，仍置集书省。《隋书》卷二十七《百官志》中："（北齐）集书省，掌讽议左右，从

---

[①] 严可均：《全北齐文》，北京：商务印书馆1999年版，第55页。
[②] 见魏收《前上十志启》，《魏书》，北京：中华书局1974年版，第2331、2332页。

容献纳。……又领起居省，散骑常侍、通直散骑常侍、散骑侍郎、通直散骑侍郎各一人，校书郎二人。"北齐置有起居省。《北齐书》卷四十三《源彪传》："陈将吴明彻寇淮南，历阳、瓜步相寻失守。赵彦深于起居省密访文宗（源彪字）"，商议应敌之策。此事在武平四年，彦深官司空，源彪官秘书监，二人在起居省密议，说明秘书监虽不掌史事，但与起居省有一定的工作关系。

起居省集注起居。东魏、北齐宫中起居注撰集制度沿承北魏，或由中书、门下二省的长官监领，散骑常侍等侍官掌撰记注，或由中书、门下二省的长官监领。《北史》卷五十《山伟传》："孝静初，除卫大将军、中书令，监起居。"《北齐书》卷二十三《崔㥄传》云："天平初，为侍读，监典书。……初㥄为常侍，求人修起居注。或曰：'魏收可。'㥄曰：'收轻薄徒耳。'更引祖鸿勋为之。"同书卷二十四《陈元康传》："天平元年，修起居注。"《魏书》卷四十七《卢玄传附孙元明传》："天平中……转散骑常侍，监起居。"《北齐书》卷四十二《崔劼传》："魏末，自开府行参军历尚书仪曹郎、秘书丞，修起居注，中书侍郎。兴和三年，兼通直散骑常侍。""魏末"即东魏末，时间约在兴和、武定年间。武定年间，崔肇师也曾修起居注。同书卷二十三《崔㥄传》："㥄族子肇师……涉猎经史，颇有文思。……武定中，复兼中正员郎，送梁使徐州。还，敕修起居注。寻兼通直散骑常侍。"同书卷四十二《阳斐传》："历侍御史，兼都官郎中、广平王开府中郎，修起居注。"似在东魏。崔㥄、祖鸿勋、陈元康、卢元明、崔劼、崔肇师在东魏或监或修起居注，然东魏起居注集撰工作的成效并不佳，卢元明"监起居"，魏收批评他"积年在史馆，了不厝意"。（《魏书》卷四十七《卢玄传附孙元明传》）看来记注官并没有认真对待这项工作，敷衍了事，记注资料缺乏完整、系统，所以最终没能撰出孝静一朝起居注之专书。

北齐起居注制度因循东魏，侍中、大鸿胪等大臣监修，散骑常侍等职掌记注。天保初，崔㥄"除侍中，监起居"（《北齐书》卷二十三《崔㥄传》）。武平初，王晞由秘书监"迁大鸿胪，加仪同三司，监修起居注，待诏文林馆"（《北齐书》卷三十一《王昕传附弟晞传》）。掌撰北齐起居注者有阳休之等。《北齐书》卷四十二《阳休之传》："齐受禅，除散骑常侍，修起居注。"北齐有记注之官，然他们如何记录皇帝言行及宫廷之事，这些记注资料又是如何被整理成起居注，史书并无明确的记载。高齐起居注成果如何？它们如何被保存？其流传、散佚情况又如何？已难以详考。《史通》卷十二《古今正史》曰："天统初，太常少卿祖孝徵（祖珽）述献武起居，名曰《黄初传天录》。时中书侍郎陆元规常从文宣征讨，著《皇帝实录》，唯记行师，不载它事。自武平后，史官阳休之、杜台卿、祖崇儒、崔子发等相继注记。逮于齐灭，隋秘书监王劭、内史令李德林并少仕邺中，多识故事。王乃凭述起居注，广以异闻，造编年书，号曰《齐志》，十有六卷。（原注：其《序》云二十卷，今世间传者唯十六卷焉。）"《隋书》卷三十三《经籍志》于古史编年类，列有"《齐纪》三十卷，纪后齐事，崔子发撰；《齐志》十卷，后齐事，王劭撰"。《旧唐书》卷四十六《经籍志》著录"《北齐志》十七卷，王劭撰"。另有"《北齐记》二十卷"，不注撰人。由《史通》《隋书》《旧唐书》等所记高齐记注编年一类的史书推知，东魏、北齐帝王重要言行均有记录，由亲信侍臣执笔，记注资料被保存在集书省和起居省，祖珽、杜台卿、王劭、李德林等因"监史""修史"，故能见到这些记注资料，所以才能撰出《黄初传天录》《齐志》等书。再者，读《魏书·孝静纪》、《北齐书》之《神武纪》《后主纪》《杜弼传》等，亦能发现其依据记注资料的痕迹。《北齐书》卷二十九《李浑传附弟绘传》："魏静帝于显阳殿讲《孝经》《礼记》，绘与从弟骞、裴伯茂、魏收、卢元明等俱为录议。"《北齐书》卷二十四《杜弼传》："相府法曹辛子炎咨事，云须取署，子炎读'署'为'树'。高祖大怒曰：'小人都不知避人家讳！'杖之于前。弼进曰：'《礼》，二名不偏讳，孔子言徵不言在，言在不言徵。子炎之罪，理或可恕。'高祖骂之曰：'眼看人瞋，乃复牵经引《礼》！'叱令出去。弼行十步许，呼还，子炎亦蒙释宥。"天保年间，杜弼与邢劭扈从高洋在东山宫，共论名理，争辩形神，往来锋难，记述翔实而精彩，这些都当是根据原始记注资料撰成的。

## 六、魏史、齐史之编纂

东魏天平、兴和年间,虽有史官,但不见有修史之事。魏史之修当始于武定初,是时,魏收求修国史。"崔暹为言于文襄,……文襄启收兼散骑常侍,修国史。武定二年,除正常侍,领兼中书侍郎,仍修史。……四年,神武于西门豹祠宴集,谓司马子如曰:'魏收为史官,书吾等善恶,闻北伐时,诸贵常饷史官饮食,司马仆射颇曾饷不?'因共大笑。仍谓收曰:'卿勿见元康等在吾目下趋走,谓吾以为勤劳,我后世身名在卿手,勿谓吾不知。'"(《北齐书》卷三十七《魏收传》)武定年间的魏史编纂仅仅属于起步阶段,但未有实质性的进展。

北齐天保初,魏史纂修步入轨途。天保元年(550)八月,高洋下诏征集史料,曰:"朕以虚寡,嗣弘王业,思所以赞扬盛绩,播之万古。虽史官执笔,有闻无坠,犹恐绪言遗美,时或未书。在位王公文武大小,降及民庶,爰至僧徒,或亲奉音旨,或承传傍说,凡可载之文籍,悉宜条录封上。"(《北齐书》卷四《文宣纪》)这次史料征集的目的明确,"赞扬盛绩,播之万古";范围亦甚广,涵盖官方、民间及僧众。至于效果如何,虽无从得知,然联系到后来的魏史编纂,诸如元晖业《辨宗室录》及大量士族家谱被征集到史馆,以供《魏书》采择,当与这次史料征求有关。

天保二年(551),高洋"诏撰魏史"。魏史编纂是在北魏国史纂修工作的基础上进行的,充分利用了元魏史的纂修成果。"魏初邓彦海撰《代记》十余卷,其后崔浩典史,游雅、高允、程骏、李彪、崔光、李琰之徒世修其业。浩为编年体,彪始分作纪、表、志、传,书犹未出。宣武时,命邢峦追撰《孝文起居注》,书至太和十四年。又命崔鸿、王遵业补续焉。下讫孝明,事甚委悉。济阴王晖业撰《辨宗室录》三十卷。①收于是部通直常侍房延祐,司空司马辛元植,国子博士刁柔、裴昂之,尚书郎高孝干专总斟酌,以成《魏书》。辨定名称,随条甄举。又搜采亡遗,缀续后事,备一代史籍,表而上闻

---

① 《北齐书》卷二十八《元晖业传》曰:"晖业之在晋阳也,无所交通,居常闲暇,乃撰魏藩王家世,号为《辨宗录》,四十卷,行于世。"

之。勒成一代大典：凡十二纪，九十二列传，合一百一十卷。五年三月，奏上之。秋，除梁州刺史。收以志未成，奏请终业，许之。十一月，复奏十志：《天象》四卷，《地形》三卷，《律历》二卷，《礼乐》四卷，《食货》一卷，《刑罚》一卷，《灵征》二卷，《官氏》二卷，《释老》一卷，凡二十卷，续于纪传，合一百三十卷。分为十二表，其史三十五例，二十五序，九十四论，前后二表一启，皆独出于收。"（《北史》卷五十六《魏收传》）

《魏书》卷一百零五《天象志》前，载有魏收《上十志启》。曰："臣等肃奉明诏，刊著魏籍，编纪次传，备闻天旨。窃谓志之为用，网罗遗逸，载纪不可，附传非宜。理切必在甄明，事重尤应标著，搜猎上下，总括代终，置之众篇之后，一统天人之迹。偏心末识，辄在于此。是以晚始撰录，弥历炎凉，采旧增新，今乃断笔。时移世易，理不刻船，登阁含毫，论叙殊致。《河沟》往时之初，《释老》当今之重，《艺文》前志可寻，《官氏》魏代之急，去彼取此，敢率愚心。谨成十志二十卷，请续于传末，并前例目，合一百三十一卷。……十一月，持节、都督梁州诸军事、骠骑将军、梁州刺史、前著作郎、富平县开国子臣魏收启，平南将军、司空司马修史臣辛元植，冠军将军、国子博士修史臣刁柔，陵江将军、尚书左主客郎中修史臣高孝干，前西河太守修史臣綦母怀文。"《魏书》例目一卷，纪传一百一十卷，志二十卷，合一百三十一卷。《北史》未计例目，故曰《魏书》一百三十卷。

《魏书》编撰始于天保二年，五年三月撰成纪、传，十一月续成九志，前后历时三年多。尤其是天保四年以后，魏收等全力以赴，工作进度加快，效率亦高，是为全书最后完成的关键阶段。纂修工作由魏收主持，房延祐、辛元植、刁柔、裴昂之、睦仲让、高孝干等六人参与了纪、传的编撰，辛元植、刁柔、高孝干、綦母怀文等四人合修九志。綦母怀文通"道术"，"又造宿铁刀，其法烧生铁精以重柔铤，数宿则成刚。以柔铁为刀脊，浴以五牲之溺，淬以五牲之脂，斩甲过三十札"（《北齐书》卷四十九《方伎传》）。《魏书》之《天象》《律历》《灵征》三志似出其手。《魏书》卷九十五列传僭伪，传序论帝统，以魏承晋，其思想与卷一百零八《礼志》所引李彪、崔光所论皇统甚相符合，由此也能看出魏收统贯全书的痕迹，亦可能由其执笔《礼志》《乐志》。

《魏书》传多为大姓家族人物传,其立传标准、传主取舍、记事详略、人物评价等并没有构建出一个公认的尺度,因此,成书后便招来门阀大族的争议。"文宣诏收于尚书省与诸家子孙共加论讨,前后投诉百有余人,云'遗其家世职位',或云'其家不见记录',或云'妄有非毁'。收皆随状答之。"魏收的辩解没能消除一些士族心中不平的情绪,反而使争端激化,王松年、李庶、卢斐、卢潜等均因谤议《魏书》获罪,卢斐、李庶俱死狱中。"然犹以群口沸腾,敕魏史且勿施行,令群臣博议,听有家事者入署,不实者陈牒。于是众口喧然,号为'秽史',投牒者相次,收无以抗之。时左仆射杨愔、右仆射高德正二人势倾朝野,与收皆亲,收遂为其家并作传。二人不欲言史不实,抑塞诉辞,终文宣世更不重论。又尚书陆操尝谓愔曰:'魏收《魏史》可谓博物宏才,有大功于魏室。'愔谓收曰:'此谓不刊之书,传之万古。但恨论及诸家枝叶亲姻,过为繁碎,与旧史体例不同耳。'收曰:'往因中原丧乱,人士谱牒,遗逸略尽,是以具书其支流。望公观过知仁,以免尤责。'"

皇建元年(560),孝昭帝高演"以魏史未行,诏收更加研审。收奉诏,颇有改正。及诏行魏史,收以为直置秘阁,外人无由得见。于是命送一本付并省,一本付邺下,任人写之"。其后群臣仍多言魏史不实,后主天统二年(566),武成帝复敕魏收再度修改《魏书》。收"遂为卢同立传,崔绰返更附出。杨愔家传,本云'有魏以来一门而已',至是改此八字;又先云'弘农华阴人',乃改'自云弘农',以配王慧龙自云太原人"。(以上引文均见《北齐书》卷三十七《魏收传》)唐长孺先生校记,曰:"杨愔家传,本云'有魏以来一门而已',至是改此八字,诸本云'云'作'无',三朝本、百衲本及《北史》卷五六、《册府》卷五六二作'云'。又诸本及《北史》'改'并作'加',《册府》作'改'。按今《魏书》卷五八《杨播传》即所谓'杨愔家传'无此八字,独见于《北史》卷四一《杨播传论》。若《魏书》定本'加此八字',何故不见于传世诸本?知《魏书》初稿,特书此八字以媚杨愔,后来杨愔被杀,又削去八字,以示不亲杨氏。李延寿认为不该削去,故在《北史传论》中又据《魏书》初稿写上此八字。李延寿于《魏收传》中说'此其失也',是说他削去不对,不是说有此八字不对。这里'云'字先讹'亡',又写作'无',后人遂并下'改'也改作'加'。《北齐书》旧本和《北史》'云'

字尚不误,而'改'字唯《册府》独是,今从三朝本及《册府》。"

魏收撰《魏书》,重视门阀士族,这实际上是继承了崔浩、高允、李彪、崔光的纂修思想,而且在修史实践中,过分突出家族,将人物传写成了家族传。杨愔批评他"论及诸家枝叶亲姻,过为繁碎,与旧史体例不同"。此为其短,亦为其长,它反映了北朝宗族社会的风貌和时代特点。然时移世变,士族政治势力彼此消长与升降,士族之间的名分之争凸显。《魏书》撰著偏重士族新贵,自然会引起老牌和势衰士族的不满。尽管魏收在此后的十一二年间曾对《魏书》做了两次修改,从修改内容上看,他基本上采纳了王松年、李庶、卢斐等人的意见,但并没有消除人们对《魏书》的讥议。士族之间的矛盾、东魏北齐与西魏北周之间的正统之争均交织于《魏书》纂修,以致形成长期的争议。武平三年(572),魏收卒。次年五月,后主"诏史官更撰《魏书》"(《北齐书》卷八《后主纪》),但未成书。

北齐国史的纂修始于天保八年(557)。魏收监史,拟撰《高祖本纪》,碰到的第一个问题就是断限,北齐史应从何年写起?魏收、李德林主张国史起元于"平四胡之岁",即北魏永熙元年(532)高欢率军平定尔朱兆、尔朱天光、尔朱度律、尔朱仲远于韩陵山(在邺城南),主要政敌被消灭,并控制了北魏朝廷;而阳休之则主张应从天保元年写起。两说相竞,辩锋不断,朝贤先后廷议,不能形成共识,直到武平三年(572)魏收去世,后主高纬才在朝野内外士人的建议下,发诏依从阳休之的"天保建元说"。[①]这场争论持续了十四五年,由于国史断限意见不能统一,齐史编纂工作未能有效地开展,此间的主要任务则是有关史料的积累与整理,这为武平年间及以后的北齐史撰著打下了基础。

武平时(570—575),北齐国史编纂较有成就。李德林"预修国史,创纪传书二十七卷。至开皇初,奉诏续撰,增多齐史三十八篇,以上送官,藏之秘府。皇家贞观初,敕其子中书舍人百药仍其旧录,杂采他书,演为五十卷"(《史通》卷十二《古今正史》)。《齐史》二十七卷为官修,撰者除李德林外,还有魏澹,澹"与李德林俱修国史"(《隋书》卷五十八《魏澹传》)。李德林在高齐史断限上与魏收有相同的看法,其子李百药继承其纂修思想、编撰体

---

① 见拙文《齐史断限与平四胡之岁》,《中国人民大学学报》2000年第4期。

例与内容，完成五十卷本《北齐书》，立《神武本纪》二卷、《文襄本纪》一卷，完整地保存了高齐一代的史事和材料。后主高纬虽曾下诏从天保元年设限，但实际上并没有真正地贯彻于国史纂修的实践。

编年体高齐史除天统年间祖珽《黄初传天录》、陆元规《皇帝实录》外，杜台卿、王劭等于武平年间积累材料，着手编纂《齐纪》《齐志》，历时十余年，至隋开皇年间成书。杜台卿《齐纪》二十卷，成书于开皇初。王劭"好读书。弱冠，齐尚书仆射魏收辟参开府军事，累迁太子舍人，待诏文林馆。时祖孝徵、魏收、阳休之等尝论古事，有所遗忘，讨阅不能得，因呼劭问之，劭具论所出，取书验之，一无舛误。自是大为时人所许，称其博物。后迁中书舍人。齐灭，入周，不得调"（《隋书》卷六十九《王劭传》）。隋开皇时，在家著《齐志》。《史通·古今正史》曰："（王劭）少仕邺中，多识故事。王乃凭述起居注，广以异闻，造编年书，号曰《齐志》，十有六卷。（原注：其《序》云二十卷，今世间传者唯十六卷焉。）"《隋书·经籍志》著录为"十卷"，《旧唐书·经籍志》记曰"十七卷"。

东魏北齐是中国中古史官制度发展变化的一个承前启后的重要时期，尤其是北齐，大臣监修、史馆修史已成定制。史馆地处似在宫禁集书省或起居省，史官大多取自尚书、中书、门下三省及太常等部门的职官，而实际主持史书编纂的官员才能兼或加兼著作郎一职。其他参与史书撰修的官员则称修史臣或"修国史"，不再称为"参著作"或"参著作事"。这与北魏以来秘书监丞典领著作已经大不相同。然北齐史馆修史还与秘书省保持着一定的联系，即秘书省对于史馆修史似负有管理与服务的责任，诸如图书资料的提供与保存，史馆笔墨纸张的供应与日常事务的处理，等等。北齐开启了唐代史馆修史制度，而唐代史馆与秘书省各有执掌，相互独立，互不相属。东魏北齐史官制度变化的基础是礼仪的改订。元善见、高洋、高纬前后数次修订五礼，指导朝仪、官制包括史官制度的调整。唐初，礼仪修订又以东魏北齐为基础，故其制度多以东魏北齐为因子。陈寅恪先生《隋唐制度渊源略论稿》于此已有研究，立论不误。那么唐代史馆沿承北齐，也是自然而然的事情。

（2011年第2期）

# 十六国北朝的史官制度与史学发展

王志刚

十六国北朝时期，皇朝更迭频繁，社会形势动荡，但史官制度却克服了这些不利因素，在制度建设方面取得了积极的进展，有力地推动了史学的发展，并为唐初大规模的史馆修史奠定了基础。[①]在十六国北朝的史官制度和史学发展两者之间，已经建立起比较有效的互动关系，它主要体现在以下三个方面。

## 一、起居注制度的重视和完善及其记注之功

起居注远在先秦就已出现，《周礼》《礼记》和《左传》中均有记载[②]，历经两汉魏晋而逐渐成为一项比较稳定的史料编集工作。见于记载的成果有先秦《穆天子传》，西汉武帝《禁中起居注》，东汉《明帝起居注》《汉献帝起居注》。西晋以来的起居注，唐初时尚有四十二部，一千一百七十八卷。其中十六国北朝的起居注虽仅存三部，但卷数却有三百四十卷，(《隋书》卷三十三《经籍志二》)接近总卷数的三分之一。这同十六国尤其北朝对起居注制度的普遍重视和完善是分不开的。

---

[①] 有关的专论有，牛润珍：《汉至唐初史官制度的演变》，石家庄：河北教育出版社1999年版；娄权鑫：《北朝史官考》，中国知网中国优秀硕士学位论文全文数据库2006年。本文有关史官和史馆设置的内容参考了他们的归纳和考辨。

[②] 《周礼·春官宗伯》："内史掌王之八枋之法，以诏王治"，"掌叙事之法，受纳访，以诏王听治"，"掌书王命，遂贰之"。《礼记·玉藻》："动则左史书之，言则右史书之。"《左传·庄公二十三年》曹刿语："君举必书。书而不法，后嗣何观？"

（一）十六国起居注编集工作的继续

十六国时期，部分政权接续前代从事起居注的编集工作，仍旧以他官兼领，这里综合《晋书》载记、《史通》、《隋书·经籍志》、《册府元龟·国史部》、《十六国春秋》（明屠乔孙辑）的记载归纳如次。后赵（319—351）史官徐光、傅畅、宗历、郑愔、王兰、陈宴、程阴等曾经参与起居注编集并撰有《上党国记》，傅彪、江轨和贾蒲则编集了《大将军起居注》。前燕（335—370）也有起居注。前秦（350—394），苻坚曾经亲自观览史官所记起居注，从事起居注编集工作的史官有梁谠、赵渊、车敬、梁熙、韦谭、董谊等。南燕（398—410）有王景晖所撰《南燕起居注》一卷。此外，成汉（304—347）史官常璩、西凉（400—421）史官刘昞在门下省记载国事，南凉（397—414）史官郭韶以国纪祭酒撰录时事，所记所录，也都是起居注。其中，后赵、前秦参与者多，比较突出。这些政权的起居注积累了第一手史料，为编撰和追撰国史提供了有利的条件。

（二）北朝起居注制度的完善和突出的史料工作

北朝起居注制度在继承汉晋十六国传统的基础上，经历了一个独立的发展过程，后来居上，在北魏孝文帝时代建成了完善的起居注制度，强化了同国史编撰之间的联系。其各项制度创设，后来直接为唐代所沿用和推进。

北魏早期的史料工作，通行原始部落的记事制度，"不为文字，刻木纪契而已，世事远近，人相传授，如史官之纪录焉"（《魏书》卷一《序纪》），到代王什翼犍时，过渡到册簿书记，于门下省置集书省，"掌讽议左右，从容献纳"（《通典》卷二十一《职官三》），由他官掌记起居注，郎中令许谦曾为此事。（《北史》卷二十一本传；《魏书》卷二十四《崔玄伯传》）道武帝著作郎邓渊所撰《国记》，唯次年月起居行事，近似起居注。献文帝以前，起居注之事，以掌文记之侍官或著作官兼任。太和十五年（491）正月，孝文帝分置左、右史官，随后正式建立了专门的记注官制。左、右史即起居令史，后又别置修起居注二人，以他官领之，（见《通典》卷二十一《职官三》；《史通·史官建置》；《魏书》卷一百一十三《官氏志》；《唐六典》卷八《门下省》）领修者先后有李伯尚、崔鸿、王遵业、邢峦、封肃、邢昕、温子升等。(见《魏书》卷三十九、六十七、三十八、六十五、八十五诸人本传)孝明帝时,加强了对起居注编集的控制,置监典官,以裴延儁监起居注,其后监典者又有崔鸿(约在正光、孝昌年间)、祖莹(孝庄帝时)、羊深(普泰初)、裴伯茂(太昌前)等。(见《魏书》卷六十九、六十七、八十二、七十七、八十五诸人本传)监典官多由散骑常侍一类的官员兼掌。这一制度被东魏北齐所沿用。

北魏最高统治者非常重视起居注。孝文帝曾经以起居不修批评了尉羽、卢渊和元景,他批评守尚书尉羽说,"卿在集书,殊无忧存左史之事";批评守尚书卢渊说,"卿始为守尚书,未合考绩。然卿在集书,虽非高功,为一省文学之士,尝不以左史在意,如此之咎,罪无所归";又批评散骑常侍元景说,"卿等自任集书,合省遁堕,致使王言遗滞,起居不修。如此之咎,责在于卿"。(《魏书》卷二十一《广陵王羽传》)孝文帝不仅督促集书省长官务必重视记注工作,而且还亲自命记注官记言记事。为推行汉化政策,孝文帝下令各族一律穿汉服,但却看到洛阳城中妇人仍有"冠帽而著小襦袄者",就此责问尚书元澄,元澄回答"著犹少于不著者",很不以为然,但孝文帝不这么看,他认为"一言可以丧邦者,斯之谓欤",随即下令"史官书之",把元澄的话给记载下来,以为借鉴。(《魏书》卷十九《任城王澄传》)起居注设官的改革和帝王对起居注考绩的重视,充分说明了北魏起居注制度的完善。

北魏所撰起居注见于记载者有李伯尚《太和起居注》,崔鸿、王遵业《高祖世宗起居注》,邢峦《孝文起居注》。宣武以后,历朝均递修起居。《隋书·经籍志》著录《后魏起居注》三百三十六卷,不载撰人,当系综合北魏历朝起居注而成,可见北魏起居注工作成绩之大。

东魏撰修起居注始于天平初年,其制度沿袭北魏,仍设大臣监修,均由中书、门下长官兼领,撰集者也多由侍官充任。如崔悛为常侍,曾经求人修起居注,陈元康也曾修起居注。此后北齐的起居注制度即沿袭东魏。历任起居注官有阳休之、阳斐、崔悛等,仍由大臣监修。天保初年,崔悛除侍中,监起居注。武平初,王晞迁大鸿胪,加仪同三司,监修起居注。(见《北齐书》卷二十三、二十四、四十二、三十一诸人本传)

西魏初,由著作官掌起居注,但多由别职兼任。张轨以中书舍人、左将军、济州大中正兼著作佐郎,修起居注。李彦从孝武入关,兼著作佐郎,修起居注,后拜兵部尚书,加骠骑大将军、开府仪同司,仍监著作。卢柔也以郎兼著作,撰起居注。后来记注官多由中书舍人、中书侍郎兼任,如申徽于大统四年拜中书舍人,修起居注,大统十六年,迁中书侍郎,修起居注。废帝元年(552),薛寘拜中书侍郎,修起居注。(见《周书》卷三十七、三十二、三十八诸人本传)北周改官制,仿周六官之制,在春官府置外史,"外史下大夫,正四命;外史上士,正三命","外史下大夫掌王言及作动之事,以为国志"。(王仲荦《北周六典》卷四《春官府》)国志即起居注,外史即专职起居注官。明克让于明帝时转外史下大夫,(《隋书》卷五十八本传)黎景熙于武成末,转外史下大夫,又在北周初任外史上士。(《周书》卷四十七本传)也有别职兼掌起居注者,如刘行本转御正中士,兼领起居注;牛弘加威烈将军、员外散骑侍郎,修起居注。(见《隋书》卷六十二、四十九二人本传)北周的起居注,至唐初仅存《后周太祖号令》三卷。

史料是史学借以通向客观历史的起点和枢纽,传统史学的起居注制度就起到了采撰编集第一手史料的作用。起居注的内容主要是"录纪人君言行动止之事"(《隋书》卷三十三《经籍志二》),记事的方法和目的是"以事系日,以日系月,以月系时,以时系年。必书其朔日甲乙以纪历数,典礼文物以考制度,迁拜旌赏以劝善,诛罚黜免以惩恶"(《太平御览·职官部·起居郎》)。也就是按照时间顺序,逐日记载帝王的言论行动和封建王朝的军国大政。这种以统治者为中心的记注活动,含有文献编纂的性质,所成起居注是据以撰修国史的基本史料。

## 二、国史编撰的制度化及其撰述成绩

国史编撰始自东汉永平五年(62)班固修东汉史,历魏晋,至十六国北朝,同起居注编集工作的结合日渐紧密,形成了以著作局和著作官为主导的国史编撰制度。

## （一）十六国国史编撰的初步制度化及其成绩

十六国的国史编撰，多以他官兼领，有可以考定是直接建立在起居注编集基础之上的，有仅书撰成某某国史者。一方面这是由于当时起居注制度还不完备，并非所有政权都有起居注；另一方面，也同今存十六国文献不足有关。就后一种情况而言，虽然有些政权并未开展起居注工作，但从史学内在的规律而言，其国史之编撰，一定是建立在史料基础之上的，而这种史料工作，在性质上同起居注又相类似。这里略做区分，综合有关记载，叙述如下。（见《晋书》载记、《史通》、《隋书·经籍志》、《册府元龟·国史部》、《十六国春秋》）

——以起居注为基础的国史。后赵时期，参与起居注编集之著作郎徐光等，撰写了《上党国记》和《赵书》，佐明楷和程机也参与了《上党国记》的编撰。石泰、石同、石谦、孔隆编撰《大单于志》。以汉族士人编撰《赵书》，以胡族官员编撰《大单于志》，这是后赵胡汉分治这一民族问题在史学上的反映。此外，降宋之著作郎王度，追撰后赵国史，有《后赵史》、《赵纪／记》、《二石传》二卷、《二石伪治时事》二卷、《二石伪事》、《邺都记》。降燕之田融、降宋之郭仲产追撰后赵史，集为《邺都记》《赵纪／记》。前燕时期，杜辅全据起居注撰为《燕纪》，崔逞撰《燕记》。前秦时期，国史编撰始终在进行，这可以从苻坚曾经"收起居注及著作所录而观之"一事得到证明，但未有成书。苻坚败亡后，著作郎赵整及其助手车频追撰《秦书》三卷。南燕，王景晖于起居注之外撰有《南燕录》六卷。西凉，刘昞撰关于西凉的《敦煌实录》二十卷，又追撰前凉史《凉书》十卷。刘昞后入北凉（397—439）。成汉常璩撰《汉之书》十卷，入东晋后，改为《蜀李书》九卷；又撰《华阳国志》，具载李氏兴灭。

——以某种史料为基础，但仅书撰成某某国史者。汉／前赵（304—329）时期，公师彧以太中大夫领左国史，撰《高祖本纪》，及功臣传二十人，"甚得良史之体"，又有《刘汉史》。和苞以侍中兼著作，刘曜时撰《汉赵记》十卷，事止当年，不终曜灭。后燕（384—407），著作官董统于建兴元年受诏草创国史（即《后燕书》），著本纪并佐命功臣王公列传，凡三十卷。慕容垂曾经称赞它"叙事富赡，足成一家之言"，同时也批评它"褒述过美，有惭董史之直"。申秀撰《燕书》二十卷。尚书范亨于入魏后追撰《燕书》二十卷。前凉（317—376），索绥作《凉国春秋》五十卷，边浏集内外事协助之。刘庆于张骏时于东苑撰其国书，有《凉记》十二卷。后凉（386—403），佐著作郎段龟龙撰《凉记》十卷，记吕光事，又有《西河记》二卷。后秦（384—417），马僧虔、卫隆景撰《秦史》。姚和都撰《秦记》十卷，记姚苌时事。赫连夏（407—431），著作郎赵逸、太史令张渊《夏国书》，溢美赫连勃勃。

由此可见，十六国的国史编撰，有量又有质。所谓量，就是几乎所有的王朝，无论它持续的时间长短，无论它是何民族当政，都有相应的国史。所谓质，就是在追求"良史"的境界方面，它取得了一定的成绩。不过，从制度上看，这时的国史编撰尚无比较固定的机构和强有力的保障，很多时候要完全依靠史官个人的自觉。这些不足，到北朝才能克服。

## （二）北朝国史编撰制度的曲折发展和显著成绩

北朝的国史编撰历经北魏、东魏北齐和西魏北周，基本实现了制度化的运作，并取得了显著的成绩。

北魏在其统一中国北方的过程中，积极采纳中原的典章制度。就史官制度而言，前燕、前秦、后燕、凉州诸国对其影响很大，其著作官制就是承袭后燕而来。在此制度框架下，北魏逐渐发展出了一套比较成熟的国史编撰制度。

道武帝和太武帝时期是北魏国史编撰制度的初步确立阶段，邓渊和崔浩这两位杰出的史官，极大地推动了此时史官制度和史学的发展。邓渊原仕后燕，"太祖定中原，擢为著作郎"，他"明解制度，多识旧事，与尚书崔玄伯参定朝仪、律令、音乐，及军国文记诏策"。(《魏书》卷二十四本传）邓渊对北魏早期国史编撰的贡献有二：第一，是辑集、汉译传唱拓跋鲜卑早期史事的《代歌》。道武帝时，邓渊奉命将《代歌》从"刻木纪契""口耳相传"的状态整理成了有一定体例的汉译鲜卑史诗，"上叙祖宗开基所由，下及君臣废兴之迹，凡一百五十章，昏晨歌之，时与丝竹合奏"。(《魏书》卷一百零九《乐志》）用成文的史诗表现拓跋鲜卑民族早期的历史，这种形态的转换标志着北魏的国史编撰进入了"《诗》"的时代"。第二，是编次记述道武帝功业的《代记》。天兴五年（402）七月之后，邓渊又奉诏编纂了《代记》，又称《国记》，虽然"惟次年月起居行事"（《魏书》卷二十四本传），体例未成，但《代记》却采用了《春秋》编年体，较之歌咏的史诗又是一个巨大的进步。所以，《代记》的编纂，可以视作北魏国史编撰的"《春秋》时代"。从《代歌》的辑译到《代记》的编次，使得北魏的史学从口述跃进到文字、由史诗跃进到编年，这就奠定了北魏平城时代前期的国史编撰格局。其后，崔浩又推进了邓渊的工作。太武帝神䴥二年（429），"诏集诸文人撰录《国书》，浩及弟览、高谠、邓颖、晁继、范亨、黄辅等共参著作，叙成《国书》三十卷"。崔浩等人奉命接续邓渊《代记》，完成了《国书》，完善了编年体的著史格局。太延五年（439），崔浩再次"综理史务"、"监秘书事"、"损益褒贬，折中润色"，同高允等人"续成前纪"。（《魏书》卷三十五本传）从邓渊辑译《代歌》、编次《代记》，到崔浩主持撰录《国书》，北魏的国史编撰迅速实现了从口耳相传到编年纪事的转型，体现了史官制度的重要性。

孝文帝时期，北魏国史编撰制度完全确立，李彪是这时国史编撰的代表，"区分书体，皆彪之功"。太和十一年，李彪上奏"从迁固之体，创为纪传表志之目"。（《魏书》卷六十二本传）李彪所奏，从史学论及历史，从历史论及现实，明确提出用纪传体编纂国史是史学发展的必然要求这一思想。他以"随时"的观点分三个阶段阐述了历史编纂体裁体例逐渐完善的趋势，运用"史意"和"史体"对举的方法说明了史学从编年到纪传的发展。他认为北魏国史只有运用纪传体才能予以充分反映。他强调说"宜依迁固大体，令事类相从，纪传区别，表志殊贯，如此修缀，事可备尽"，然后"大明之德功，光于帝篇；圣后之勋业，显于皇策。佐命忠贞之伦，纳言司直之士，咸以备著载籍矣"。（《魏书》卷五十七《高祐传》）当年十二月，"诏秘书丞李彪、著作郎崔光改析《国记》，依纪传之体"（《魏书》卷七《高祖纪下》），标志着北魏国史编撰从编年到纪传的根本转型。虽然后来李彪未能亲自完成这项工作，但他却树立了用纪传体编撰北魏国史的原则，对后来的国史编撰产生了积极影响。

北魏还发展了史学的监修制度。前述太武帝拓跋焘两次诏集朝士撰述国书，命崔浩总领史任，即开国史监修的先河。后来，高允、李彪、崔光、崔鸿先后典领国史，渐成制度。其间，虽然又经历了用代人还是用汉人监修的曲折，但监修制度却同出现于和平元年（460）至皇兴五年（471）之间的著作局这一官方修史机构，共同构成了日趋谨严的国史编撰制度。

北魏的国史编撰始终在曲折中持续进行，直至其末叶，后来各项国史编撰制度均被东魏北齐、西魏北周所沿用和发展。

东魏因袭北魏，仍由著作郎、佐郎掌修国史，但著作官多由中书省官员兼领，国史著作权实系于中书。宇文忠之于天平初曾被敕修国史，武定初，仍修史。魏收也曾"求修国史"，"武定二年，除正常侍，领兼中书侍郎，仍修国史"。（《北史》卷五十六本传）东魏史官多是北魏旧人，国史工作比较连续。尔朱兆攻陷洛阳时，"官守奔散，国史典书高法显密埋史书，故不遗落"（《魏书》卷八十一《山伟传》），后来，孝武帝西走长安，未及将国史资料带走，北魏国史旧稿和史料遂入东魏。东魏迁都，它们随之被搬运至邺城，邺城从此取代洛阳，成为收藏北魏国史资料的中心。这是魏收能够在邺都撰成《魏书》的重要基础。

北齐代东魏，国史编撰于斯为盛，不仅史馆制度臻于完善，奠定了唐初大规模开馆修史的基础，而且还编撰完成了北魏国史《魏书》。天保二年，北齐设立史馆。史馆内有楼阁以收藏文献史料，阁下有史官的办公修史场所，还当有缮写抄录的工作室和宿直处。北齐史馆组织与编制相对固定，主要由监修大臣、著作郎、著作佐郎、修史臣、校书郎、令史等组成：（1）监修大臣。天保初，文宣帝高洋就建立了大臣监修国史的制度。第一任监修大臣为平原王高隆之，天保八年夏，魏收除太子少傅，监国史，皇建元年（560），除兼侍中、右光禄大夫，仍仪同、监史。其后，五兵尚书崔劼，尚书左仆射、齐州大中正赵彦深，光禄卿阳休之，特进崔季舒，尚书左仆射祖珽等相继监国史。高隆之监国史，实为虚衔，魏收以后诸监修大臣则负有实责，比如他们围绕国史体例断限所展开的争论。（《北齐书》卷四十二《阳休之传》）（2）著作郎，编制为二人，见于记载者先后仅有魏收、祖珽、杜台卿等三人。（3）佐著作郎，员额八人，见于史籍者有萧慨、元行如、崔镜玄、权会等。后主以后史馆人员有所增加。（4）修史臣，为临时抽调入馆修史的官吏，由别职充任，不属史馆固定编制，员额不限，修撰完毕，即还原职，曾经以别职修《魏书》者有房延祐、辛元植、睦仲让、刁柔、裴昂之、高孝干、陆卬、李广、綦母怀文等。这些修史臣均需著作郎引荐和皇帝诏准，才能入史馆修史。天保以后，史馆的任务是撰著齐史，所以修史臣又称"修国史"。如李德林和魏澹，均曾修国史。北齐的"修史臣""修国史"多是国子士、中书侍郎、舍人、通常侍、司空司马、尚书郎等职卑文吏，他们各有才识。（5）校书郎。（6）书令史。[①] 这一制度不仅是"由华夏民族重视历史记载的长期传统发展而来的"，而且"是北朝时代汉族与鲜卑族共同的文化认同结出的珍贵果实"！[②] 高洋颇想在文治方面有所建树，于是，在设立史馆之际，大力倡导修史，开始收集本朝国史所需史料，（《北齐书》卷四《文宣帝纪》）并积极续成北魏的国史编撰。天保二年（551），高洋即诏魏收专门从事编撰《魏书》。天保五年，魏收即撰成《魏书》，包括十二纪、九十二列传、十志，凡一百三十卷。（《北史》卷五十六本传）成书之日，《魏书》即蒙"秽史"的恶名，后人甚至有完全重修取代之举，但瑕不掩瑜，千百年来，《魏书》经受住了历史的检验，今天对于它的积极认识和正面评价越来越多。这充分表明，北朝的国史编撰制度在推动史学发展上所做出的巨大贡献。

西魏北周的国史编撰，沿袭北魏，由专门的修史机构和史官实施。西魏设有"史阁"（《周书》卷三十八《柳虬传》），其称谓和建置均沿袭北魏，置于秘书省。北周的修史机构，改为"史局"（《周书》卷四十七《艺术传》），隶属春官府外史。史阁、史局编撰国史之际，均以大臣监领。监领大臣之称有"监著作""监修国史""监国史"等。监领大臣主要由内省或春官府的长官充当，不仅深谙本朝掌故，而且深得皇帝和权臣的信任。但比较而言，著作官在国史编撰上起的作用更大。起先国史由各类兼、领的著作官如中书舍人、中书监专掌，如李昶、苏亮。大统十四年，柳虬除秘书丞，监掌史事，此后西魏的国史编撰由中书转归秘书，著作官也由兼职变为专职，如薛寘、李昶等。（《周书》卷三十八李昶、苏亮、薛寘诸人本传）恭帝三年，西魏仿《周礼》，改建六官，著作郎改称著作上士，佐郎为中士，仍掌国史。北周也

---

① 北齐史馆建置情况，详见牛润珍《汉至唐初史官制度的演变》，石家庄：河北教育出版社1999年版，第180—183页。
② 陈其泰：《设馆修史与中华文化的传承》，《清史研究》2003年第1期。

有以他官领撰国史者，有"典""专修"等称，如张羡以司成中大夫"典国史"(《隋书》卷四十六《张煚传》)，寇颙以使持节、仪同大将军"专修国史"(王仲荦《北周六典》卷四《春官府》)。北周行六官，仍以著作上士、中士掌撰国史。

清代史家章学诚，曾以"记注"和"撰述"概括史学的两大任务，说"撰述欲其圆而神，记注欲其方以智"，"智以藏往，神以知来"，"记注欲往事之不忘，撰述欲来者之兴起"，"藏往欲其赅备无遗，故体有一定"，"知来欲其决择去取，故例不拘常"。(《文史通义·书教下》) 如果把编集起居注看作"欲往事之不忘"的"记注"的话，那么国史编撰就是"欲来者之兴起"的"撰述"了。综观十六国北朝的起居注制度和国史编撰制度，二者之间互动良好，成效突出，前者是通向国史编撰的开始和基础，后者是起居注制度所得史料的浓缩和提升。

## 三、史官职掌、良史意识和史学发展

任何一项制度，均须具体地贯彻和执行，而贯彻和执行又需要由具体的人来实现，史官制度也不例外。如前所述，在十六国北朝的著作郎制之下，各类史官的职责主要是编集起居注和编撰国史，即"记注"和"撰述"。两项工作均有专设机构和专门人员开展和完成，但实际情形是，并非旨在"记注"的起居注就能达到"记注"的标准，也并非旨在"撰述"的国史都能达到"撰述"的标准。为什么会出现这样的问题呢？关键在于史家是否具备了良史意识，并将史官固有的职责与之有机结合起来。追求"良史"的境界，是中国史学的重要传统和特点。最早的"良史"，如董狐、南史等，是同"书法无隐"联系在一起的，后世遂以其人其行作为修史的理想。这个理想，始终激励着历代史家。对此，传统史家曾经从史学批评和史学理论方面就之提出了精辟的分析。从唐代刘知幾到南宋曾巩，到清代章学诚，对于"良史"的认识和要求，是越来越深入和越来越严格的。十六国北朝的史官们当然还认识不到这样深的层面，但良史意识却是十分鲜明的。他们以董狐和南史的"书法无隐"来要求自己，也以司马迁、班固等为榜样。我们可以看到，凡是史官职掌和良史意识结合得好的时候，不仅直书胜过曲笔，而且史家还有着强烈的使命感，把著史看作极神圣庄严的事业。① 这时，史书就更接近历史的真实，史学也越有进展——当然，这常常是要付出代价的。

就直书实录方面来说，以北魏崔浩和西魏柳虬为突出。崔浩为之而死，柳虬则尝试使之更好施行的办法。崔浩撰成国史后，有人建议"请立石铭，刊载《国书》，并勒所注《五经》"，崔浩很是赞成，恭宗也表示肯定，"遂营于天郊东三里，方百三十步，用功三百万乃讫"，（《魏书》卷三十五《崔浩传》）"用垂不朽，欲以彰浩直笔之迹"（《魏书》卷四十八《高允传》）。通过镌刻"石史"，尊崇和张大史学的"直书实录"特点和精神，欲与神圣的经学一比高下、永世长存，这在传统史学的发展上是空前绝后的举动。由此酿成了著名的"崔浩国史狱"，崔浩为此付出了生命的代价，同时被处死的有上百人。

柳虬，鉴于史官"密书善恶，未足惩劝"，于是向西魏文帝上疏，说"直笔于朝，其来久矣"，但"汉魏以还，密为记注，徒闻后世，无益当时"，"且著述之人，密书其事，纵能直笔，人莫之知。何止物生横议，亦自异端互起"，"后代纷纭，莫知准的"，因此"诸史官记事者，请皆当朝显言其状，然后付之史阁。庶令是非明著，得失无隐。使闻善者日修，有过者知惧"。（《周书》卷三十八本传）柳虬认为，史官能否做到直笔，关键是要改变那种"密书善恶"实则根本不能显恶扬善的做法，史官应该在朝堂上当着大家的面"显言其状"，这样才能达到明是非、正得失的目的。柳虬的主张，实际上是想借恢复汉魏以前"直笔于朝"的传统，将"直笔"制度化。这在传统史学上是一个非常特别的思路。对此，朝廷还果真听取施行了，在宇文泰废废帝立恭帝元廓时，柳虬终于做了一回"执简书于朝"的新董狐。（《周书》卷二《文帝纪》）

就仿效两汉以来的良史，积极回应时代的迫切需要而言，李彪、崔鸿和魏收均很突出，以魏收为最。李彪、崔鸿所处，正是孝文帝大力推行汉化改

---

① 见葛志毅《史学为中国文化托命之本》，《湖南科技学院学报》2007年第10期。

革的时代，北魏国势如日中天，身为史家，不能不对这时代有所感应。李彪对北魏国史编撰有"定体"之功，此外，在其去世前的奏疏里，他还从史学功能和史官职守的角度论述了修撰国史的必然性和完成的制度保证。他认为国史能够"明乎得失之迹"，但国史的完成离不开史官，尤其是像司马谈、司马迁那样能"世习"的史官。其中有这样一句话："窃寻先朝赐臣名彪者，远则拟汉史之叔皮，近则准晋史之绍统。推名求义，欲罢不能，荷恩佩泽，死而后已。"（《魏书》卷六十二本传）在这里，他从自己被孝文帝赐名为"彪"入手，联系到东汉的班彪和西晋的司马彪这两位良史，表示一定要在有生之年就完成孝文帝的嘱托。这充分显示了李彪深沉的使命感和浓郁的良史情结。

崔鸿"沐浴太和，怀音正始"，有感于"皇魏"实现中国北方统一的艰难历程，决心仿效"谈、迁感汉德之盛，痛诸史放绝，乃钤括旧书，著成《太史》"的做法，以"仰表皇朝统括大义"为旨趣，萃集十六国国史，重新厘定体例、设置年表，将其编成《十六国春秋》一书。初稿写成之后，为着补充成汉史事，又寻访常璩《蜀李书》七年，才最后完稿。（《魏书》卷六十七《崔光传附崔鸿传》）这种以统一的眼光追撰前代国史的做法，这种在史料上不完备则不罢休的态度，都是良史意识的生动体现。

魏收在处理史官职掌和良史意识关系方面，以不朽的《魏书》做出了最好的回答。《魏书》是设馆修史制度和魏收良史意识的结晶。北齐天保二年，诏魏收撰修《魏书》，四年被任命为魏尹，但"专在史阁，不知郡事"，得以集中时间、集中精力编撰《魏书》。如前所述，史馆当中，史料丰富，保存有北魏历朝所编起居注和国史，人员齐备，有朝廷所命显贵大臣"监修"，还有著作郎、著作佐郎、修史臣、校书郎等修史官。史馆为编撰《魏书》提供了很好的制度保障。另一方面，魏收自身鲜明的良史意识，也为确立《魏书》完善的体裁体例和及时撰成起了至为关键的作用。魏收早在北魏节闵帝时，就担任了起居注官，历经东魏、北齐，始终以修史为业，始终有"直笔东观，早成《魏书》"的渴望。（《北齐书》卷三十七本传）即使在北齐天保五年三月已经完成了《魏书》纪、传之后，魏收出于"时移世易，理不刻船"（《魏书·前上十志启》）的紧迫感，"以志未成，奏请终业"（《北史》卷五十六本传），取得文宣帝的支持，在当年十一月奏上十志，"弥历炎凉，采旧增新，今乃断笔"。同时，魏收对前代史家的巨大成就也有着强烈的认同感，他高度评价了司马迁和班固的史学成就，认为司马迁是"命世伟才"，而班固则是"冠时特秀"。不仅如此，他还有着超越他们的意识。比如，对典志体裁的功用，魏收就提出了比马、班更进一步的认识，认为"志之为用，网罗遗逸，载纪不可，附传非宜。理切必在甄明，事重尤应标著"，在此基础上，他根据北魏历史自身的特点，对前代史家所开创十志做了取舍去取，"搜猎上下，总括代终"，设立了《释老志》《官氏志》和《食货志》等深刻体现北魏历史特点的志目，"置之众篇之后"，以"一统天人之迹"，显示了卓越的史识。(《魏书·前上十志启》)此外，魏收所处的时代，北魏从统一走向分裂，因此，他在北齐主修《魏书》的时候，对统一就有了更为深刻的认识，他贬斥了三国和十六国的分裂局面，说吴国和蜀国是"论土不出江汉，语地仅接褒斜"，竟敢"比踪王者"，十六国则是"异类群飞，奸凶角逐"，"各言应历数，人谓迁图鼎"。反之，他对北魏二百年的统一局面则称赞不已，说"天道人事，卒有归焉，犹众星环于斗极，百川之赴溟海"。(《魏书》卷九十五小序)这种对分裂的否定，对统一的肯定，有其历史局限性，不过却透露了魏收对当时北齐、北周和萧梁之间对峙局面的思考，体现了他一定要修成北魏国史的使命感。

总起来看，十六国北朝史家在有机结合史官职掌和良史意识以促进史学发展方面，给我们留下了诸多有益的启示；同时，他们丰富的史学实践也为后人从理论上阐发"良史"内涵提供了宝贵的基础。[①]

(2008 年第 1 期)

---

[①] 刘知幾在《史通》当中有关十六国北朝史学和史官的论述即是最早的范例。

# 魏晋南北朝时期的史学

王俊杰

## 一、魏晋南北朝时期史学的发展

魏晋南北朝时期是我国史学发展的关键时期，是我国史学摆脱经学的附庸地位，在学术领域内形成一门独立学科的重要阶段。

作为这一时期史学发展的标志是：魏晋以后，经、史、子、集四部分目的确立。众所周知，西汉末年的刘向、刘歆父子是对于我国古代学术及文化典籍进行分类整理的创始人。他们把西汉时期一百多年当中政府收集到的古今著述，从内容性质和学术体系上加以区分，著为《七略》，分我国古代学术为六大门类，这六大类是：（1）六艺（即六经），包括《易》、《诗》、《书》、礼、乐、《春秋》、《论语》、《孝经》、小学等；（2）诸子，包括儒家、道家、阴阳家、法家、名家、墨家、纵横家、杂家、农家、小说家等；（3）诗赋；（4）兵书；（5）术数；（6）方技。从这个分类来看，西汉末年，史学还没有作为一门学问而受到应有的重视，还没有在学术领域内取得一定的独立地位。随着学术文化的发展，东汉前期，政府于石室、兰台藏书之外，又增辟了东观及仁寿阁收集新书，然而这时尽管有不少新的著作出现，毕竟属于历史的著述，微不足道。这就使当时典掌国家图书的校书郎，被后世推崇的史学家班固，也还不可能认识到历史将成为专门而独立的学科。因此，他在作《汉书·艺文志》时，也只有继续按照刘氏的分类法，把《世本》《国策》《奏事》《楚汉春秋》及《史记》《太古以来年纪》《汉著记》《汉大年纪》等不能自成一类的所有史书，附于六经的《春秋》之后。

魏晋以后，情况发生了显著的变化。三国时期，富于文化教养的曹氏父子，广采遗书，藏书于秘书中外三阁，并由郑默负责整理。西晋在这个基础上，继续扩大书籍的收存，"虽古文旧简，犹云有阙，新章后录，鸠集已足"（《隋书·牛弘传》）。新著作的大量增加，就不能不使西晋政府掌管图书的秘书监荀勖在郑默所著的《内经》基础上，重新编著了《新簿》。值得注意的是，他把所有文化典籍分为四个部门：一曰甲部，纪六艺及小学等书；二曰乙部，有古诸子家、近世子家、兵书、术数；三曰丙部，有史记、旧事、皇览簿、杂事；四曰丁部，有诗赋、图赞、汲冢书。这个分类开始把史学从经学的附庸中划分出来，承认了史学是学术上的一个单独部门，而列为丙部。这就表明了，到这时历史学的发展与繁荣壮大，在学术领域内已经完全可以取得与经学、诸子、文学等分庭抗礼的地位了。接着，到了东晋，著作郎李充"整理典籍，以类相从，分作四部，五经为甲，史记为乙，诸子为丙，诗赋为丁"。从此，经史子集这个次序完全确定下来，而且从这个四部次序来看，史部的地位提升到仅次于经学的乙部，也说明了史学的日益发展与重要。

自此以后，南朝刘宋秘书监谢灵运造《四部目录》，萧齐秘书丞王亮造《四部目录》，梁时造《天监六年四部书目录》《东宫四部目录》《文德殿四部目录》，陈时造《寿安殿四部目录》，都是经、史、子、集四部并立。虽然刘孝标撰《文德殿四部目录》的同时，由祖暅将术数之书另撰一部，因而梁有所谓《五部目录》，此外处士阮孝绪博采群书，更为《七录》：一曰经典录，纪六艺；二曰纪传录，纪史传；三曰子兵录，纪子书、兵书；四曰文集录，纪诗赋；五曰技术录，纪数术；六曰佛录；七曰道录。但是，无论《五部目录》或《七录》，都不过是于经史子集之外注意到技术和佛、道之学而已。可见这时的史学作为学术领域内重要而独立的部门，已经成为确立而不移的事实了。直到清朝末年，经、史、子、集一直作为代表我国学术和文化典籍的四大门类。而史学之成为我国学术四大方面军的一个独立的和重要的部门，也正是由于魏晋南北朝时期史学的发展而赢得的。

可以作为魏晋南北朝时期史学发展的另一标志是：刘宋时期设立学校，以儒、玄、史、文四科分立。《宋书》卷九十三《雷次宗传》说："元嘉十五年，征次宗至京师，开馆于鸡笼山，聚徒教授，置生百余人。会稽朱膺之、颍川庾蔚之并以儒学，监总诸生。时国子学未立，上留心艺术，使丹阳尹何尚之立玄学，太子率更令何承天立史学，司徒参军谢元立文学，凡四学并建。"设置四种专科学校，以史学为专科之一，表明了史学有其突出的地位和重要性，也表明史学本身的发展。不但如此，政府还设立了学术研究机构名曰总明观，收罗了许多博学之士进行学术研究。总明观也分儒、玄、史、文四部，史学就是其中的一个重要部门。总明观置祭酒一人，访举郎二人，各学部置学士各十人，正令史一人，书令史一人。政府设立的学术机关以史学与儒学、玄学、文学四科并重，不难想见，这是史学发展的一种反映。

从史学本身来看，这一时期历史著作的丰富，也雄辩地说明了史学的发展。魏晋南北朝时期的史部撰著，如雨后春笋，层出不穷，成书之多，卷帙之富，是汉代以前所不能想象的。《隋书·经籍志》主要是依据梁时阮孝绪《七录》写成的，《隋志》所录史部之书，包括梁有而隋已亡者，共为八百七十四部，一万六千五百五十余卷，其中只有几十部是汉代以前和隋代所写成的，其余都是这一时期的作品；至于梁朝以前已经散佚，而为《隋志》所无者，必然还有一个相当大的数目，从各史列传所记，类书摘录，注家所引，尚可考见而不见于《隋志》者，当不下数百种之多。我们只要看一看裴松之注《三国志》，仅止关于三国这一段，引用的史书就有一百四五十种，其中绝大部分都已失传而不见于隋、唐史志，这就可想而知，当时的史部著作，是一个相当可观的数目。

正是由于史书繁多，所以东晋南朝以后出现了削繁、史要、史略一类史书。如《三史略》《史汉要集》《正史削繁》《宋略》《十六国春秋纂录》等等，这类书虽然一般说来价值不高，但却反映了史学发展的两个方面，一个是史书的种类多，分量大，学者无暇遍读，一个是历史在适应学者的需要向普及方面发展，甚至为了普及历史知识，便于蒙童学习，还作有《童悟》这类简明的初学历史读物。

魏晋南北朝时期史学发展的原因是多方面的。首先是，魏晋以后的学术思想突破了汉儒经学的网罗，学术思想从经学的禁锢中得到了一定程度的解放，人们扩大了眼界，发现了经学之外，别有天地。

汉代是儒家称霸、经学独尊的时代。尽管汉儒重家法，长期以来存在着今古文学派的斗争，但这是儒家经学的内部斗争，而且到了东汉末期也因为儒家大师马融、郑玄古今杂采，经学今古之争亦告平息。因此，总的来说，汉代是经学居于统治地位、经学垄断学术、经学笼罩一切的时代。魏晋以后，学术思想急剧变化，新的玄学思想兴起，人们跳出了汉儒拘守经学、专务繁琐章句与注释训诂的治经途径，置经不读，辩论玄理，用老、庄解《周易》，打破了学术思想的禁区，拆除了禁锢思想的樊篱，思想有所解放，眼界为之开阔。于是在经学之外开辟学术发展的新园地，原来附属于经学的历史，就是在这种情况下迅速发展起来的。

第二，文化典籍与文献资料对于史学的发展是必不可少的条件。历代政府重视文化典籍的搜集与保存，对史学的发展，起了不可忽视的作用。

我国历史悠久，有丰富的文化典籍。但是，不幸的是书籍屡次遭受浩劫，所幸的是每经一次惨重的毁灭，历代政府都不同程度地注意于遗书的征集、新书的搜求和存书的整理。这就使许多书籍继续流传于世，成为我们的宝贵遗产和重要的历史文献与资料。我国文化典籍的第一次浩劫，是秦代的焚书与秦末的项火。然而，西汉建立以后就废除了挟书之律，汉武帝开献书之路，置写书之官，孝成帝使谒者陈农求遗书于天下，并由刘向、刘歆父子等进行整理，"论其指归，辨其讹谬"。当时国家收存的图书，共为三万三千九十卷。王莽末年，长安城破，这批书籍散遗净尽。东汉时期，经过一百多年的重新征集，到了汉末董卓之乱，献帝西迁，"图书缣帛，军人皆取为帷囊"。一部分运到长安的书籍，最后也在关中的军阀混战中完全毁灭。

东汉以后的魏、蜀、吴三国政府，对于文化典籍的收集与保存都做出了贡献，特别是曹魏的藏书更为丰富。西晋统一后，在这个基础上继续扩充，《隋书·牛弘传》请开献书表说："魏文代汉，更集经典，皆藏在秘书、内外三阁，遣秘书郎郑默删定旧文。……晋氏承之，文籍尤广。晋秘书监荀勖定魏《内经》，更著《新簿》。虽古文旧简，犹云有缺，新章后录，鸠集已多。……属刘、石凭陵，京华覆灭。朝章国典，从而失坠。"经过西晋末年这次文化典籍的灾难，东晋再次重新收集，据《玉海》引《续晋阳秋》所记，东晋孝武帝时，秘书郎徐广料检秘阁四部书为三万六千卷。此后又经过一百多年的继续增加。不幸，齐末的大火又造成了一次书籍的毁灭。梁朝是南朝文化最盛的时期，梁武帝崇文教，很快又收集了大量的图书，有秘阁之书，有西省文德殿之书，还有东宫之书。梁阮孝绪《七录序》说："齐末兵火，延及秘阁。

有梁之初，缺亡甚众，爰命秘书监任昉，躬加部集，又于文德殿内别藏众书，……其尚书阁内别藏经史杂书，华林园又集释氏经论。自江左篇章之盛，未有逾于当今者也。"《南史·昭明太子传》说：太子"引纳才学之士，……于时东宫有书几三万卷，名才并集，文学之盛，晋、宋以来未之有也"。然而，梁末又遭了一次最严重的灾难。《隋书·牛弘传》说："及侯景渡江，破灭梁室，秘省经籍，虽从兵火，其文德殿内书史，宛然犹存。萧绎据有江陵，遣将破平侯景，收文德之书，及公私典籍，重本七万余卷，悉送荆州。……及周师入郢，绎悉焚之于外城，所收十才一二。"此后的陈朝，不过三十年，是比较短暂的朝代。但是，对于书籍的搜求，也是不遗余力的。《隋志》有《陈天嘉六年寿安殿四部目录》《陈德教殿四部目录》《陈承香殿五经史记目录》，都是陈朝政府所收图书的记录与见证。

至于北朝方面，也不同程度地注意了文化典籍的保存，并且也经历了收集、散亡、再收集的过程。北魏于建国之初就开始了搜求书籍的工作。《魏书·李先传》说："（太祖）问曰：'天下书籍，凡有几何？朕欲集之，如何可备？'对曰：'伏羲创制，帝王相承，以至于今，世传国记、天文秘纬不可计数。陛下诚欲集之，严制天下诸州、郡、县搜索备送，主之所好，集亦不难。'太祖于是班制天下，经籍稍集。"孝文帝迁都洛阳以后，还向南方的齐朝借书抄写，从此秘府藏书稍以充实。及至尔朱荣之乱，这些书不幸又大部散亡。"后齐迁邺，颇更搜集，迄于天统、武平，校写不辍。后周……保定之始，书止八千，后稍加增，方盈万卷。周武平齐，先封书府。"（《隋书·经籍志叙》）可见北朝方面对于文化典籍的保存，并不是漠不关心的，只是在规模方面远远不及南朝而已。

在这里我们必须指出，尽管政府收存的书籍，在利用上是有很大局限性的。但是应该看到，在印刷术尚未应用以前，在书籍文献的记录、抄写、保存、流传还处在十分困难的情况下，如果没有政府的收集、保存，文化典籍要避过难以避免的战乱、火险、天灾、人祸的毁灭而得以继续保存，流传后世，那是根本不可设想的。因之，历代政府对于文化保存的作用是不能低估的。

第三，纸的普遍应用于书写，为学术文化的发展，包括史学的发展，提供了便利的条件。

汉代以前，我国用以记载文字、传播文化的工具是简、牍与帛、素，但是简牍重而丝帛贵，这对文化的传播和发展，不能不是一个极为不利的因素。西汉初年，我国已有纸的制造。东汉以后，纸的制造进一步改进。约于东汉末年，纸开始应用于文字的书写，纳入文具的行列。到了魏晋以后，终于取代简、牍、帛、素而成为书籍抄写的最普遍的文具。《三国志·文帝纪》注引胡冲《吴历》说："(文)帝以素书所著《典论》及诗赋饷孙权，又以纸写一通与张诏。"这是用纸书写的较早纪录，也应当是纸代简、帛的过渡阶段。

西晋以后，一般说来，书籍都是用纸抄写的。如《晋书·王隐传》说王隐作《晋书》，"贫无资用，书遂不就。乃依征西将军庾亮于武昌，亮供其纸笔，书乃得成"。从现有的实物来看，敦煌所得的六朝书籍，即用纸写，纸与纸间，糊缝粘连成为一卷，也完全证明了魏晋以后用纸写书。为了避免蠹蛀，便于长久保存，魏晋时期还采用加工处理的黄纸来写书，也有写过以后再染黄的。高似孙《纬略》卷八云："晋《中经》有黄纸楷书。"《晋书·刘卞传》说："(卞)至洛，得入太学，试经为台四品吏。访问令写黄纸一鹿车。卞曰：'刘卞非为人写黄纸者也。'"颜之推《勉学篇》说："观天下书未遍，不得妄下雌黄。"都是说的用黄纸写书。贾思勰《齐民要术》卷三有染黄及治书法，就是专讲写书的黄纸怎样制造和染黄的，他还讲了染黄的经验，如新写的书，必须用熨斗熨缝然后入潢，否则，入潢之后就会零散。可见这一时期对于如何保存用纸抄写的书卷，也积累了一定的知识。由于书籍的抄写采用了价值低廉、流通方便，又能持久保存的纸，这就给学术的发展提供了便利的条件，也就成为史学发展的一个重要客观因素。

第四，政府对于撰史的重视，推动了史学的进一步发展。

魏晋南北朝时期的每个政府，包括北方各族建立的短期割据政权，都无例外地注意了设立史官，撰写国史。这一时期设置的与撰史有关的职官，是秘书和著作。秘书之职始置于东汉末年，因掌秘记和图书，故称秘书。著作之职始置于魏明帝太和中，顾名思义是担任经史著作的，事实上主要是历史的撰著。晋惠帝时，由秘书监兼统著作局，掌三阁图书，下设秘书丞、秘书郎，并有"著作郎一人，谓之大著作郎，专掌史任，又置佐著作郎八人。著作郎始到职，必撰名臣传一人"(《晋书·职官志》)。魏晋以后，秘书、著作职掌书史，历代相承，成为制度。秘书和著作是一种清贵的职位，也是高门士族进身之阶。此外，南朝的齐、梁和陈朝还有修史学士，这是为名位较高的人从事撰修史书工作而设的。与东晋南朝同时，北方的十六国和北朝也都设有著作令史及秘书郎吏之职，担任此项撰史工作。魏晋南北朝时期的每一朝代，每个政权，在建立之初，便由这些史官开始负起了起居注和国史的撰写或准备工作。尽管史官们写出的价值较高的史学著作并不很多，但是，他们留下了不少重要资料，如《隋志》著录的起居注，自西晋一开始的晋武帝《泰始起居注》起，每一朝代接连不断，就有三十七种，一千一百余卷之多，不见于《隋志》而见于两《唐志》及《通志》《北堂书钞》《艺文类聚》者，还有多种，此外还有关于十六国的起居注多种。这些书作为历史资料来说，还是有一定价值的，也是有益于史学研究者参考利用的。还应该看到，这些曾经任过秘书、著作等史官的人，由于他们接触过大量的历史资料、文献典籍，并且有史学工作的锻炼与经验，他们在调职或辞官之后，往往继续致力于史学，如陈寿、司马彪、孙盛、干宝、王隐、沈约、阚骃、刘昞都写出了较好的历史著作。这些人的成果，既是当时史学发展的重要组成部分，同时也对当时的史学产生了不同程度的影响，推动着史学继续发展。

## 二、魏晋南北朝时期关于古史的著述

魏晋南北朝时期在古史方面有重要影响的著述是谯周的《古史考》、皇甫谧的《帝王世纪》、徐整的《三五历记》。

谯周是蜀国兼治经史的学者。《晋书·司马彪传》说："谯周以司马迁《史记》书周秦以上，或采俗语百家之言，不专据正经，周于是作《古史考》二十五篇，皆凭旧典，以纠迁之谬误。"《古史考》是考辨性质的史学撰著，如《史记索隐》在周纪及秦纪中所引谯书不窋及处父事，词意都是以辩驳为主。谯周用经典所述的古史事实，对《史记》进行考辨，他的基本观点是保守的，他所运用的史料是有很大局限性的，也有许多是不符合事实的。西晋时的司马彪就"以周为未尽善也,条《古史考》中凡百二十二事为不当",同他进行了辩论。我们也认为他在考古史方面取得的成绩,是微不足道的。尽管如此,谯周《古史考》却产生了深远的影响,因为他首先揭开了我国古史考辨的序幕,在我国史学发展中迈出了很重要的一步,把古史研究引向了深入和新的途径。其次,《古史考》在一定意义上具有史学评论的性质。在这以前,《左传》的君子曰,《史记》的太史公曰,《汉书》的赞,《汉纪》的论,都只是对历史人物和事件的简论。而《古史考》除对人物和事件进行褒贬论定是非外,其主要精神是对《史记》的基本观点持有不同意见。当然,我们并不是说谯周的史学观点是对的,事实上他也没有提出什么系统的或进步的论点。但是他对《史记》提出了许多问题,通过他的《古史考》使人们不能不思考,怎样才能写成一部较好的史书。同时通过这部书的正反两方面观点,也给人留下了深刻的印象,这对后来的撰史者并不是毫无作用的。谯周的《古史考》是一部有较大影响的书,直到唐代史学家刘知幾,还认为它有一定价值,说这部书"今与《史记》并行"。

皇甫谧的《帝王世纪》和徐整的《三五历记》是我国古史上不可不注意的两部重要书籍。其所以重要,并不是因为它在今天还有多大的价值,多高的质量,而是因为它把我国古代历史的开端正式提到了三皇以至开天辟地这一最初的历史阶段。

在皇甫谧和徐整以前,我国古文献《尚书》记载的历史是从尧、舜开始的。先秦的经传和诸子中零星片段而无系统地讲到一些关于远古时代的传说,其中不少是神话传说,大家并没有把这些传说作为历史来看待,后来这些神话与传说经过儒家加以理性的诠释和改造,逐渐排除其神话的成分,而代以较合理的人情,使那些接近人性的主人公,成为传说的历史人物。到司马迁写《史记》,才在尧、舜之外接受了黄帝、颛顼、帝喾的历史地位,排列在尧、舜之前,合写而成《五帝本纪》,放在《史记》的第一篇,把黄帝时代作为中国历史的开端。司马迁在《五帝本纪》的篇末说:"学者多称五帝,尚矣!然《尚书》独载尧以来;而百家言黄帝,其文不雅驯,荐绅先生难言之。孔子所传《宰予问五帝德》及《帝系姓》,儒者或不传。余尝西至空桐,北过涿鹿,东渐于海,南浮江淮矣,至长老皆各往往称黄帝、尧、舜之处,风教固殊焉，总之不离古文者近是。予观《春秋》《国语》，其发明《五帝德》《帝系姓》章矣，顾弟弗深考，其所表现皆不虚。书缺有间矣，其轶乃时时见于他说。非好学深思，心知其意，固难为浅见寡闻道也。余并论次，择其言尤雅者，故著为本纪书首。"在这里，司马迁为了要把黄帝等传说人物放到历史之中，虽然讲了一大段理由，发表了声明，但是，他知道当时是有很多人不会轻易接受的，所以他又对那些人先来了一个封口，说"非好学深思，心知其意，固难为浅见寡闻道也"。自从司马迁把黄帝作为我国历史的起点，经过三百多年，黄帝的历史地位似乎不成问题了。

但是，再往上推，黄帝以前又是怎样的呢？世界又是怎样形成的呢？过去的历史家对于这些问题都不敢正视，都避而不谈。到了魏晋之际，魏末的皇甫谧作《帝王世纪》，吴国的徐整作《三五历记》，却整理出了答案，填补了历史的空白。

皇甫谧的《帝王世纪》起三皇，尽汉魏。唐司马贞在《史记》中补《三皇本纪》自注说："按，神农之后凡八代，事见《帝王世纪》及《古史考》。然古典亡矣，况谯皇二氏皆前闻君子，考按古书而为此说，岂至今凿空乎？"《礼记正义》《初学记·帝王部》《艺文类聚·帝王部》都引用皇甫谧《帝王世纪》记载的太皞、神农、黄帝、少皞之事，《太平御览·皇王部》所引尤详。司马贞在补《三皇本纪》开头的序中说："皇甫谧作《帝王世纪》，徐整作《三五历记》，皆论三皇以来事。"徐整除了把我国历史提到最远的三皇时代以外，还根据南方苗瑶民族的传说，参合各种书籍记载的传说，正式发表了盘古开天辟地的看法，来说明世界和人类的起源问题。《艺文类聚》卷一引《三五历记》说，在世界还没有形成以前，"天地混沌如鸡子，盘古生其中。万八千岁，天地开辟，阳清为天，阴浊为地。盘古在其中，一日九变，……天日高一丈，地日厚一丈，盘古日长一丈，如此万八千岁。天数极高，地数极深，盘古极长，后乃有三皇。数起于一，立于三，成于五……"自从盘古开天辟地，形成世界，接着经过三皇五帝直到汉魏，就形成了我国的完整的历史体系，这就是徐整《三五历记》的基本精神和内容。由于皇甫谧和徐整吸收了我国古代的神话和传说，总算把我国最初阶段的历史空白填补起来了。

当然，从神话和传说转变而来的历史，并不等于历史的真实，也不能认为是历史的幸事。不过，神话与传说，往往包含着一些历史的影子，从神话传说中也能反映出历史的轮廓与历史的片断。任何民族都有一段神话的历史时期，这是不足为怪的。而且在今天我们研究原始社会的历史也不能不借助于神话传说。从这个意义来看，皇甫谧、徐整把神话和传说应用于历史研究，补写了我国历史空白着的最初阶段，并为原始社会史的研究开创了道路，这并不是毫无价值的。他们的成就和贡献，也是不能一笔抹杀的。

西晋太康初年出土的《竹书纪年》，是我国古代历史的一件大事。据《晋书·束晳传》说："初，太康二年，汲郡人不准盗发魏襄王墓，或言安釐王冢，得竹书数十车。……大凡七十五篇，七篇简书折坏，不识名题。……漆书，皆科斗字。初发冢者烧策照取宝物，及官收之，多烬简断札，文既残缺，不复诠次。武帝以其书付秘书校缀次第，寻考指归，而以今文写之。"汲冢竹书七十五篇，有一部分损坏严重，不能辨认，以《周易》和《纪年》保存得较为完整。《纪年》是一部重要史书。自从汲冢《竹书纪年》发现以后，由于竹简的散乱，和科斗文字的难以认辨，也就开始了对《竹书纪年》的研究整理工作，担负这项工作的，主要是中书监荀勖、中书令和峤还有著作郎束晳、秘书丞卫恒等。荀勖等有《纪年》十二卷，并《竹书同异》一卷。卫恒撰《汲冢竹书考证》，未毕其功而卒。束晳撰《汲冢书释》随疑分释，皆有义证。与此同时，也引起了当时学者对于竹书的探讨与争论，除续咸撰有《汲冢古文释》十卷外，《晋书·王接传》还说："秘书丞卫恒考正汲冢书，未迄而遭难，佐著作郎束晳述而成之，事多证异义。时东莱太守陈留王庭坚难之（著《难束晳汲冢书释》)，亦有证据。晳又释难（著《汲冢书释难》)，而庭坚已亡。散骑侍郎潘滔谓接曰：'卿才学理义，足解二子之纷，可试论之。'接遂详其得失（作《详正王束二家汲冢书难释得失》一书）。挚虞、谢衡皆博物多闻，咸以为允当。"这里说明了当时有许多人参与了竹书的研究，还有很多人对竹书的研究和辩论大力支持和赞助。

《竹书纪年》的主要内容，西晋杜预曾概括地说："《纪年》篇起自夏殷周，皆三代王事，无诸国别也。唯特记晋国，起自殇叔，次文侯、昭侯以至曲沃庄伯。庄伯之十一年十一月，鲁隐公之元年正月，皆用夏正建寅之月为岁首，编年相次，晋国灭，独记魏事，下至魏襄王之二十年。盖魏国之史记也。……

诸所记多与《左传》符同。然参而求之，可以端正学者。"有了《竹书纪年》的出土与整理，它一方面证明了《左传》是可靠的古史，另一方面也提供了一些新的历史资料并纠正了过去的一些错误说法，这不能不是古史研究上的一件大事。

## 三、魏晋南北朝时期关于后汉史的著述

东汉一代历史的撰写，导源于《东观汉记》。《东观汉记》一百四十三卷，是东汉一百多年中政府先后多次派人连续撰写的一部东汉历史汇编，也是东汉历史资料的宝库。在晋朝以前，它与《史记》《汉书》并称而为三史，六朝至唐初的著述多征引此书，可见它在当时的影响是比较大的。直到唐章怀太子李贤集诸家注范晔《后汉书》，范书渐渐掩盖了《东观汉记》。北宋时仅存残本二十四卷，赵希弁《读书附志》、邵博《闻见后录》都说他们所见到的《东观汉记》乃高丽国所献，可知国内已是罕见之书。《宋史·艺文志》载《东观汉记》八卷，这是南宋尚存的残篇。今有清朝四库馆辑佚本二十四卷。《东观汉记》也存在着很大的缺点，第一是各篇间详略的不相称，特别是东汉中期以后的传记部分，空缺太多，许多重要人物都不见于列传；第二是材料过于庞杂，取舍不当；第三是志的部分不完全，而且有些只是一个期间的片断记述，不能构成一代的史志。正因为如此，魏晋以后有不少人还在继续致力于后汉史的撰写。

三国时期关于这方面的著述有《东观汉记先贤表》、谢承《后汉书》、薛莹《后汉记》、谯周《后汉记》等。

《东观汉记先贤表》是曹魏初年政府为了补充《东观汉记》委派史官撰写的。魏明帝时有《海内先贤传》似即因此表而为传，由于此传不出于史馆，因而别本单行，不用东观之名。薛莹《后汉记》久已失传，而且为其他书籍征引之处也比较少。比较好的是谢承《后汉书》。谢承《后汉书》一百三十三卷，所载人物及其言行，有很多是范晔《后汉书》所看不到的，六朝词人多读此书，因而谢书轶事，往往见于其他各书，说明这部书的资料是比较丰富

的。《北堂书钞·设官部》引有谢书《风教传》，也可以看出谢书是有其独特观点的。

谯周《后汉记》是根据《东观汉记》删削而成的。但是"志"这一部分，大都是他自己研究的成果。司马彪《续汉书·五行志序》里说董巴、谯周都撰有建武以来的《灾异志》，《续汉书·礼仪志》说谯周改定胡广、蔡邕的《仪志》为《礼仪志》，《续汉书·天文志》说蔡邕《天文志》，谯周接继其下。《晋书·天文志序》说："蔡邕、谯周各有撰录，司马彪采之，以继前志。"至于《宋书·礼志》所说的谯周《祭志》及《通典》卷四十八、四十九所引谯周《礼祭集志》可能是谯书散佚后所集存的一部分。谯周《后汉记》在魏晋间是流传较广并有一定影响的书，约在永嘉的变乱中逐渐失传，因此，梁阮孝绪《七录》中，已不见此书。

两晋时期关于后汉历史的著作，有司马彪《续汉书》、华峤《后汉书》、谢沈《后汉书》、张莹《后汉南记》、袁山松《后汉书》、张璠《后汉纪》、袁宏《后汉纪》等，其中较好的是，司马彪《续汉书》、华峤《后汉书》和袁宏《后汉纪》。

关于司马彪《续汉书》的撰写及其内容，《晋书·司马彪传》说："汉氏中兴，讫于建安，忠臣义士亦以昭著，而时无良史，记述烦杂，谯周虽已删除，然犹未尽，安顺以下，亡缺者多。彪乃讨论众书，缀其所闻，起于世祖，终于孝献，编年二百，录世十二，通综上下，旁贯庶事，为纪、志、传凡八十篇，号曰《续汉书》。"这部书是大家比较熟悉的，《三国志》的《武帝纪》和《司马朗传》裴注都有引用。尤其是范晔《后汉书》中的八志三十卷，就是采用司马彪《续汉书》的八志合刊的。这就足以说明它的价值了。

至于华峤《后汉书》，由于他任秘书监"得遍观秘籍"，同时又是西晋时期才学渊博的著名学者，所以他写的这部《后汉书》是诸家后汉书中最好的一种。刘勰《文心雕龙·史传》说：诸家后汉书"若司马彪之详实，华峤之准当，则其冠也"。刘知幾《史通·古今正史》也说："为编年者四族，创纪传者五家，推其所长，华氏居最。"华书原为九十七卷，永嘉丧乱，经籍遗没，后来收集到的华峤《后汉书》仅有五十余卷，已经缺少将近一半。尽管如此，他对于后汉史的影响，还是值得注意的。范晔《后汉书》有很多地方都是以华书为蓝本的。如《肃宗纪》论、《二十八将》论、《桓谭冯衍传》论、《袁安传》论、《班彪传》论、《刘赵淳于江刘周赵传》序,在章怀太子注中都注明为华峤之辞。此外从《三国志·魏志·董卓传》裴注所引还可以看出范晔在《王允传》中也采用了华峤的语句。

《后汉纪》是袁宏撰著的后汉编年史,他在《后汉纪·自序》中说:"予尝读《后汉书》,烦秽杂乱,睡而不能竟也。聊以暇日撰集为《后汉纪》,其所缀会《(东观)汉记》、谢承书、司马彪书,华峤书、谢沈书、《汉山阳公记》、《汉灵献起居注》、《汉名臣奏》,旁及诸部《耆旧先贤传》,凡数百卷。前史阙略,多不次序。错谬同异,谁使正之。经营八年,疲而不能定,颇有传者。始见张璠所撰书,其言汉末之事差详,故复探而益之。"袁宏参考了几百卷关于后汉历史的书籍,用了八年的时间,又参考了张璠的《后汉纪》,最后抉择去取,写成了合乎他自己要求的《后汉纪》三十卷。这部书的特点是简明扼要,纠正了过去各种后汉史书中时间概念不清、叙述次第错乱的缺点,在诸家后汉书中号为精密。因此,它有较强的生命力,流传至今,始终没有散佚。

刘宋时期范晔撰著的《后汉书》是最著名的一部后汉史。他博采众书,取材得当,并且吸收了魏晋七家后汉书和张、袁二家《后汉纪》的撰写经验和研究成果。在内容上做了审慎的选择,做到了简而且周,疏而不漏,既有重点,又顾到了互相关联。刘知幾说:"范晔博采众书,裁成汉典,观其所取,颇有奇工。至于《方术》篇及诸蛮夷传乃录王乔、左慈、廪君、槃瓠,言唯迂诞,事多诡越,可谓美玉之瑕。"(《史通·书事》)这里所说范书的优点是允当的。范晔是神灭论者,曾经打算写《无鬼论》,还说过"天下决无佛鬼"。因此,范书很少有迷信一类的气息,尽管他不是一个彻底的无神论者。刘知幾批评他在《方术传》里记载了王乔、左慈等宗教人物,在少数民族传里记载了廪君、槃瓠等传说,认为这就玷污了《后汉书》,成为此书的严重缺点。我认为这是实录。撰史的首要准则是实录,对于古代宗教人物的活动应该写,这样适足反映宗教迷信的欺骗性;处在落后阶段的民族有神话传说,这是他们解释历史的正常现象。在历史里记载这类人物和事实,并不同于宣扬迷信。此外范书还有一个特点,即突破了《史记》《汉书》《三国志》等正史的内容,为妇女立了《列女传》，记载了才行优异的妇女事迹，把历史的载笔扩展到占人口半数的妇女这一方面。这是他眼界比一般人高明的地方。进入阶级社会以后，妇女已失掉应有的历史地位，而范晔却在历史上多少给了她们一席之地。至于以后的史书，则利用《列女传》作为宣扬节孝的碑文，那就是另外一回事了。

范晔《后汉书》问世以后，为了使这部书更加完善，广为流传，先后有一些人对范书进行音训注解，如刘芳《后汉书音》、韦阐《后汉音》、臧竞《范汉音训》、萧该《范汉音》，而以梁刘昭《后汉书注》最为详博。刘昭除对范书作注外，又取司马彪《续汉书》的八志作注，以补范书所缺的"志"。到后来，唐章怀太子李贤注《后汉书》，就是在以上这些人的基础上，进一步充实的。李贤注的范晔《后汉书》流行以后，与刘昭注的司马彪八志并行，直到宋朝才开始合刊，因此今本《后汉书》实际包含范晔司马彪二书和刘昭李贤二家注。

## 四、魏晋南北朝时期关于三国史的著述

三国时期历史的撰写，开始于三国年间。由于三国时期魏、蜀、吴三国分立，对于史书的撰写也就势在必然地以我为主，自成国史。曹魏王沈的《魏书》就是曹魏政府委派王沈等撰写的一部魏国史书。《史通·古今正史》说："魏史，黄初、太和中始命尚书卫觊、缪袭草创纪传，累载不成。又命侍中韦诞、应璩，秘书监王沈，大将军从事中郎阮籍，司徒右长史孙该，司隶校尉傅玄等复共撰定。其后王沈独就其业，勒成《魏书》四十四卷。"王沈《魏书》久已失传，由于它是魏国官员撰写的魏史，可想而知他们所引用的某些资料是比较原始的。陈寿仕蜀入晋为著作郎，就是借助于此书最后写出《三国志》的。《三国志》和裴注及《太平御览》都有不少引用王沈《魏书》之处。但是，这部书也存在着很大的缺点，《太平御览》卷二百三十三引王隐《晋书》说："王沈……著《魏书》，多为时讳，而善序事。"刘知幾说："王沈《魏书》，假回邪以窃位。"刘知幾和王隐是读过这部书的，我们虽然没有见过

这部书，以情理而论，他们的批评是可信的。

曹魏的郎中鱼豢还写有《魏略》八十九卷。刘知幾说："鱼豢私撰《魏略》，事止明帝。"事实上《魏略》所记之事并不止于明帝，裴松之《三国志》注引《魏略》有记齐王曹芳于嘉平六年被废事，还有赵王干之死、司马文王西征，这些都是明帝以后曹魏末年的事，因此《魏略》的内容，应当是止于魏末。刘知幾还认为，鱼豢著魏史，"巨细毕载，芜累甚多，而俱榜之以略，考名责实，奚其爽欤"。其实《魏略》不略，正为我们提供了大量的史料，从这个意义来看，它不失为一部有价值的书籍。《魏略》虽散佚失传，但《三国志》裴注及《艺文类聚》《北堂书钞》《初学记》《太平御览》等书，都有大量征引。此书有纪、志、列传，列传中有《游说传》《纯固传》《清介传》《勇侠传》《佞幸传》《止足传》等，从这些标题来看，《魏略》对历史人物，显然做了不同于其他史书的区分，这也是此书的一个特点。尤其是《魏略》中有东夷、乌桓、鲜卑、匈奴、西戎等传记，对国内的少数民族特为载记，为我们保存了不可多得的少数民族史资料，值得我们特别重视。

吴国方面，韦昭的《吴书》是吴国政府敕撰的一部吴史。《三国志·吴志·薛莹传》引华覈上疏说："大吴受命，建国南土。大皇帝末年，命太史令丁孚、郎中项峻始撰吴书。孚、峻俱非史才，其所撰作，不足记录。至少帝时，更差韦曜（即韦昭）、周昭、薛莹、梁广及臣五人，访求往事，所共撰立。"这部书虽然开始时是由许多人参加编写的，但是这些人在撰写过程中，有死的，有远徙的，还有下狱的，最后由韦昭写成了《吴书》五十五卷。《吴书》是一部纪传体的正史，《三国志·吴志·韦曜传》说"（吴帝孙）皓欲为父和作纪，曜执以和不登帝位，宜名为传"，可见韦书有纪有传，纪、传分立。而《旧唐书·经籍志》列此书入编年类，因此有些人误以此书为编年史。殊不知《唐志》把伪史与编年合为一篇，也就是说，《唐志》是把《吴书》作伪史放在编年类的，我们不应误解《吴书》为编年史。《吴书》五十五卷，梁时尚存，《隋志》已注残缺，《三国志》裴注引用韦昭《吴书》的地方，多不胜举，《文选》注、《后汉书》注、《通典·礼门》注、《艺文类聚·服饰部》、《太平御览·服章部、布帛部、人事部》都有引用。韦昭《吴书》为三国的历史提供了大量的历史资料。

在蜀国方面，有王崇的《蜀书》记载了蜀国的历史。《华阳国志·后贤志》说王化兄弟四人，其"少弟崇，字幼远，学业渊博，雅性洪粹。蜀时东观郎。……著《蜀书》及诗赋之属数十篇。其书与陈寿颇不同"。王崇在蜀国任东观郎。我们知道，东观是东汉以来史官著作的官府。蜀国的东观郎就是史职。王崇写的《蜀书》是否奉命官修，虽然史无明文可考，但是我们也可看作是政府计划中的蜀国历史。这部书不知亡于何时。陈寿《三国志·蜀志·杨戏传》说杨戏"著季汉辅臣赞，其所颂述，今多载于《蜀书》"。在这里，陈寿告诉我们他是看过《蜀书》的，同时陈寿在蜀国任观阁令史，对于王崇《蜀书》应该是十分了解的，尽管二人之间有所不同，他以后写的《三国志》也必然有很多地方参考了王崇的《蜀书》。

适应着西晋的统一，平吴以后，陈寿写了包括魏、蜀、吴的《三国志》六十五卷。《三国志》的优点，《文心雕龙·史传》说："陈寿《三志》，文质辨洽。"《晋书·陈寿传》说："时人称其善叙事，有良史之才。"《四库全书总目提要》说："《三国志》简质有法。"总之，不外是善于叙事，文笔简练。陈寿《三国志》的缺点是史料贫乏。陈寿写《三国志》是私人著述，他写书时不在京城洛阳，搜集资料是比较困难的，他写作的时间是三国刚一结束西晋建立之初，那时关于三国历史的成书寥寥无几，即便上述几部书他也未必都见过。资料的局限，使他不可能写成一部内容充实的好书。其次，陈寿《三国志》只有纪、传而无表、志，没有表就使在纪、传中无法反映的许多人和事，难以弄清；不写最重要的志，缺少包括政治、经济、军事、文化的典章制度和地理沿革等，也就大大降低了史书的价值。而且就从纪、传部分来说，内容也失之于过分的简略。很多应该存录的人和事都脱漏而不载。如丁仪、丁廙是魏国的著名人物，却无传记，无怪乎大家传说陈寿索米不遂，因而不为立传了。

在陈寿的《三国志》以后，经两晋至刘宋初先后又出现了大量有关三国史的著述。如环济《吴纪》、张勃《吴录》、周处《吴书》、胡冲《吴历》、孙盛《魏氏春秋》、孔衍《汉魏春秋》、习凿齿《汉晋春秋》、阴澹《魏纪》、郭颁《魏晋世语》、王隐《蜀记》，此外还有更大量的关于三国的各种传记，如先贤、耆旧、英雄、高士、逸人、名士、孝子、列女等传，以及名臣奏事、旧事故事、地理风土等书，举不胜举。这些书都是某一范围的专史，虽然从各方面提供了大量的史料，但是却没有一部是包括魏、蜀、吴三国的完整史书。因此，陈寿《三国志》仍是"只此一家"的三国史。

刘宋时期，宋文帝因《三国志》"载事伤于简略，乃命中书郎裴松之兼采众书，补注其阙"。这样就由裴松之完成了《三国志》注。陈寿《三国志》有了裴注，弥补了它在纪、传方面过于简略的缺陷，它在史学上的价值也因之而提高。

裴注《三国志》的基本精神和内容，据裴松之《上三国志注表》说："其寿所不载，事宜存录者，则罔不毕取以补其缺。或同说一事而辞有乖杂，或出事本异，疑不能判，并皆抄内以备异闻。若乃纰缪显然，言不附理，则随违矫正以惩其妄。其时事当否及寿之小失，颇以愚意有所论辩。"简单地说就是补缺，备异，纠谬，论辩。裴注的特点是，与一般做音义训释的注家不同。他不仅纠谬辩论，还增补了大量史料，注处特多。以第一篇《武帝纪》而论，就有注处一百余条，而且注引史料都标明出处，首尾完整，没有《文选》注和《水经注》那样剪截割裂的缺点。从全部注文的分量来看，超过了原书的两倍以上。从引用的书籍来看，清代学者钱大昕说"所引史书凡百四十余种，其与史家无涉者不在数内"。由于注引各书以后大多散亡，因而裴注的史料价值就更为可贵了。当然，裴注也有缺点，裴注嗜奇爱博，又失之过于繁杂，甚至有个别地方的注是毫无可取的。裴注虽然弥补了陈寿《三国志》的一大缺点，但是文略而注繁，打乱了系统性，读起来总使人感觉支离破碎，缺乏统一感。再加上《三国志》没有表和志，因之仍然不能令人满意，这就是直到宋元时期还有多家试图重写三国史的原因。

## 五、魏晋南北朝时期关于两晋、十六国史的著述

两晋南朝时期，关于晋史的撰著不下二十余家。早在西晋年间，就由著作郎陆机写了《三祖纪》，佐著作郎束晳着手撰集十志，这是计划中的晋史稿的一部分。东晋时期，王隐、虞预、朱凤、谢沈四家《晋书》，干宝《晋纪》，

习凿齿《汉晋春秋》，写的都是西晋史。在这几部书中以王隐的《晋书》和干宝的《晋记》较好。王隐《晋书》九十三卷，其内容纯为西晋创基至西晋灭亡事，内容丰富，而且在篇题方面别采新名，如《十士传》《寒俊传》《处士传》等，这样的立传标题说明他对历史人物有不同的看法。唐修新《晋书》时，王隐《晋书》是他们的主要参考书之一。干宝《晋纪》二十二卷，《晋书·干宝传》说："中兴草创，未置史官，中书监王导上疏曰：'宜建立国史，撰集帝纪，……宜备史官，敕佐著作郎干宝等渐就撰集。'元帝纳焉。宝于是始领国史，……著《晋纪》，自宣帝迄于愍帝五十三年，凡二十卷，奏之。其书简略，直而能婉，咸称良史。"干宝《晋纪》是一部西晋编年史，特别突出了史论。《晋纪》开头的《总论》就是他对西晋历史的概论。干宝写史重视凡例，认为写史应先确定准则，内容的选择必须具有统一性。从他以后，邓粲撰《晋纪》，开始制定条例，其他撰史者写史之先都注意了发凡起例，这是史学上的一个进步。干宝《晋纪》多被其他各书引用，如《昭明文选》收有干宝论武帝革命及《晋纪总论》，唐修《晋书》全取《总论》而略加删节。《三国志·少帝纪》注、《曹真传》注、《陈泰传》注，《世说新语·贤媛》注、《方正》注，以及《文选》注、《北堂书钞》等都引用了干宝《晋纪》。由于这部书是比较流行的一部史书，所以梁刘彤还为干宝《晋纪》作了注。干《纪》始终没有散亡，直到今天还保存着完整的面貌。

　　关于东晋史，有邓粲的《晋纪》，起元帝至明帝，是东晋初年的编年史；孙盛的《晋阳秋》，从东晋初写到哀帝末（365）。接着是徐广的《晋纪》，写了晋废帝、简文帝、孝武帝三朝（366—396）。再接下去是王韶的《晋纪》，记晋末安帝时事。以上四书，唐宋以后都已失传，对这些书我们无从谈起，这里把《文心雕龙·史传》对各家晋史的评论录之于下："至于晋代之书，繁乎著作。陆机肇始而未备；王韶续末而不终；干宝述《纪》，以审正得序；孙盛《阳秋》，以约举为能。按《春秋经传》，举例发凡。自《史》《汉》以下，莫有准的。至邓粲《晋纪》，始立条例。又摆落汉魏，宪章殷周，虽湘川曲学，亦有心典谟。及安国立例，乃邓氏之规焉。"上面四家东晋史都不完整，只有宋何法盛《晋中兴书》七十八卷，是包括东晋时期自始至终的一部东晋史。《史通·杂说》云："东晋之史，作者多门，何氏《中兴》，实居其最。而为晋学者，曾未之知，倘湮没不行，良可惜也。"

总括西晋和东晋约一百六十年的史书，是宋末臧荣绪所著的《晋书》。臧书不但包括两晋，而且是纪、传、表、志都有的正史。后来的唐修《晋书》，基本上是以臧荣绪《晋书》为蓝本加以损益、增删而成的。在唐修《晋书》写成后称为《新晋书》，与臧荣绪《晋书》并行。此后，臧书约亡于安史之乱。在臧荣绪《晋书》之后，梁萧子云、沈约也著有《晋书》。萧子云《晋书》一百一十卷，唐初已残，只余十一卷，所以贞观修书诏说："子云学涅涸流。"沈约《晋书》是唐初诏修晋书时尚存的十八家晋书之一。不过唐初晋书的编纂者主要利用的是臧荣绪《晋书》，其次是王隐《晋书》。对沈约《晋书》和其他各家晋书，并没有认真参考利用，这也说明沈书的价值不及臧、王二家。但是，总的说来，各家晋书都是不能令人满意的。这都是唐初诏修晋书的原因之一。

从西晋末年起的一百多年当中，各族统治者先后建立了许多分裂割据的政权，各建国号，自称帝王，有所谓"五胡十六国"之称。十六国时期，各国政府大都设有史官，或任命专人负责记录起居注及撰著国史等工作，同时还有一些政府官员和文人学士以私家著述留下了不少关于各国的史书。根据《隋书·经籍志》的著录、《晋书》载记之所述以及类书的征引，关于十六国时期各国的历史书籍不下数十种之多。记载张氏前凉的，有刘庆所撰《凉国史》《凉记》，索绥《凉国春秋》，张咨《凉记》，喻归《西河记》。记载李氏成汉的有常璩的《蜀李书》。记载匈奴刘氏的，有和苞《汉赵记》，公师彧《汉国君臣纪传》。记载石赵的，有田融《赵书》，程机《上党国记》，王度《二石伪治时事》。崔逞《燕记》、杜辅《燕纪》，述前燕；封懿《燕书》、董统《燕书》，记后燕；还有范亨的《燕书》，合记前燕与后燕。南燕有张诠、王景晖两家《南燕录》和游览先生的《南燕书》。北燕有韩显宗的《冯记》。赵整《秦国史》、何仲熙《秦书》、裴景仁《秦纪》，记前秦；姚和都《秦记》、马僧虔等《秦史》，记后秦。佚名的《西秦书》和赵逸的《夏书》，记载了乞伏氏和赫连氏两个政权的历史。属于河西地区的史书有段龟龙《凉记》，记后凉吕光事；郭韶《南凉国记》，记秃发事；刘昞《敦煌实录》，记西凉事；宗钦《蒙逊记》，及国史所撰《凉书》，记北凉事。此外，还有郭仲产的《仇池记》及佚名的《翟辽记》，分别记述了属于这个时期的而为一般人不甚注意的两个政权。由此可见，即使在比较落后的少数民族统治者统治下，对于历史也是同样重视的，史学也仍然是在不断的发展之中。

关于十六国时期历史的最重要著作，是北魏崔鸿的《十六国春秋》。崔鸿对过去的分国史书和起居注等史料，进行了校比同异、辨析真伪、去粗取精、除繁补缺的工作，写成了一部包括十六国的史书。在《十六国春秋》中，他把分国的国书改名为录，把各国帝纪改名为传，以南方的晋、宋为正统并以晋、宋年号系年。崔鸿身仕北魏，却把北方各族统治者所建立的国家政权，作为区域性的、地方性的政权，把南方的晋、宋政府作为正统，作为整个国家的最高政府，实际上也就是把整个中国作为一个多民族的国家。他的历史观超越了当时长期分裂割据、南北敌对的国家政权界限，是高明的，是有利于国家统一和历史进步的。

《十六国春秋》一百卷，附《序例》一卷，《年表》一卷，是一部较全面、较完整、史料丰富、内容充实的十六国史。由于卷帙繁富，就有一些人对此书进行简化，如《十六国春秋纂录》《十六国春秋略》《十六国春秋钞》，说明崔鸿《十六国春秋》在史学上具有重要的影响与地位。尤其是在十六国的国别史书及起居注等史料较早散亡的情况下，《十六国春秋》就更值得宝贵了。但是这部书后来也散佚了，宋初的《太平御览》还在称引，《资治通鉴考异》虽然屡次提到这部书，但司马光所见到的，已经残缺不全，到了南宋的《崇文总目》就不见这部书了。可能亡于两宋之际。现在流传的《十六国春秋》一百卷，经清代学者考定，是明朝屠乔孙等采取《晋书》中的张轨、李暠二传和载记三十卷，及《艺文类聚》《太平御览》所引《十六国春秋》佚文，以及《魏书》所叙十六国之事，联缀而成的，并不都是崔鸿的原文，也不完全是原书的面貌。

在崔鸿之后，南朝梁元帝的世子萧方等撰著有《三十国春秋》。这位"有俊才，善骑射，尤长巧思"的王子还注范晔《后汉书》未完，他在作战中溺死时才二十二岁。萧方等是一个有思想头脑的人，他写《三十国春秋》立足于整个祖国，首先确认中国是一个统一的整体，然后把目光注视到每一个地区、每一个称王的人物和每一个国家政权。他把三十国掺合在一起，写成一部编年史，这部书上起西晋司马宣王，下至东晋灭亡。以晋为主，把刘渊以下的二十九国大事排列在一起，编成一部史书，对于二十九国不但保存其国名，还称之为国王，不像其他史书那样采取视而不见、不予承认的态度，也不同于一般史书那样使用胡虏戎狄逆贼群盗等辱骂之词，这是根据客观事实的实事求是的实录。他写《三十国春秋》的基本观点和思想，体现了历史发展的动向，也反映了国家统一的历史要求。《三十国春秋》是受人重视的一部书，《初学记·文部、居处部》《太平御览·时序部、兵部、人事部》都有引用。

## 六、魏晋南北朝时期关于南北朝史的著述

南朝时期写成的第一部《宋书》，作者是徐爰。《宋书·徐爰传》说："先是元嘉中，使著作郎何承天草创国史，世祖初，又使奉朝请山谦之、南台御史苏宝生踵成之。（大明）六年，又以爰领著作郎，使终其业。爰虽因前作，而专为一家之书。"徐爰《宋书》记载了自东晋义熙元年，即自刘裕实际掌握东晋政权之年起，至宋孝武帝大明末年止，共六十年的刘宋历史，为书六十五卷，空白了宋末十余年的一段历史。在徐爰等撰写《宋书》的同时，还有一个名叫孙冲之的请求自编《宋书》。《隋书·经籍志》著录有孙严撰《宋书》六十五卷，可能孙冲之就是孙严的字。孙严《宋书》唐宋以后散亡，《初学记·地部、礼部》《御览·兵部、人事部、宗亲部》均有引用。此外还有佚名宋大明年间的《宋书》六十一卷，梁时此书尚存，隋时已亡。

以上几种《宋书》都写于宋代，都有顾忌，不能实录，而且有首无尾，不包括宋末史事。因此，齐永明五年又命沈约撰修了一部新《宋书》（即今二十四史中的《宋书》）。沈约《宋书》基本上是取材于何承天、徐爰的《宋书》，加以补充修订而成的，全书一百卷，为我们保存了较多的史料，其价值是不容抹杀的。沈约收载了当时许多人的奏议、书札、文章等，反映了当时的实况。他对于没有立传的人，在别人的传记里涉及时，就顺便把他的主要事迹加以叙述，这是他撰史的巧妙之处。沈约《宋书》有八志，虽然《礼志》《符瑞志》《五行志》是封建性的糟粕，但是《律历志》录了杨伟《景初历》、

何承天《元嘉历》、祖冲之《大明历》的全文,反映了当时自然科学的成就,《乐志》保存了许多汉魏乐府的诗篇,《州郡志》记载了地理沿革及侨州郡县的分布和户口的统计数字,这是《宋书》极为可贵的一部分。过去有人批评沈志,上追魏晋,失于断根。其实它正补充了《三国志》及各家晋书无志的最大缺点,对于我们来说倒是非常必要的。至于《宋书》的缺点,除了有许多封建性的糟粕以外,主要是宣扬士族门阀制度,为士族树碑立传。

沈约《宋书》写出以后,裴子野根据沈书,删削排比,重新组织,写成了《宋略》二十卷,这是一部简要的编年体宋史。《宋略》行世以后,大家给了它很高的评价。《史通·古今正史》说:"由是,世之言宋史者,以裴《略》为上,沈《书》次之。"这主要是从他剪裁得当、简略扼要而说的。《宋略》一书,见载于《宋史》,散亡于元明时期。唐宋史学家多引此书,唐许嵩撰《建康实录》,对于刘宋一代的载述,即以《宋略》为蓝本。司马光《资治通鉴》关于刘宋事,从《宋略》中引述了十一条,《资治通鉴考异》亦多取《宋略》。《宋略》不只是对刘宋一代史事编年为书,它在叙事之外,还有史论。如《通典·选举门》引鸿胪卿裴子野论,《文苑英华》引了《宋略》一篇贯串宋代始终的《总论》,长达二千四百余言。这个《总论》的形式和干宝《晋纪总论》相同。虽然他的论点对我们来说意义不大,但是它却反映了史学在向理论方面发展的进程。

齐史的撰写,在南齐时首先由江淹开端,他只写了十志的一部分,梁《七录》载有江淹《齐史》十三卷。稍后有沈约著的《齐纪》。据沈约《宋书自序》说,他在建元四年(482)"被敕撰国史。永明二年,又忝兼著作郎,撰次起居注"。《齐纪》二十卷就是他利用起居注和他担任史职所掌握的史料,加以整理的南齐史书。

现在列入二十四史的《齐书》是梁朝时萧子显撰写的,有纪、志、列传共六十卷。萧子显《齐书》吸收了江淹的《齐史》和沈约的《齐纪》,而且萧子显是南齐豫章王的王子,他生长于萧齐的王室贵族之家,对于当代历史和历史资料都有耳闻目睹的便利条件。因此萧书有不少原始资料,如科学家祖冲之的传就记载了不易多得的重要内容。《齐书》有志,比无志是好的,不过《齐书》中《天文》只记灾祥,《祥瑞》多载图谶,《州郡》不志户口,而且没有最重要的食货志，所以志的部分价值不大。《齐书》的文笔欠流畅，在南北朝七史中是文字最差的一部。此外，梁朝时吴均还写了一部编年史《齐春秋》三十卷，这部书元以后失传，《初学记》、《北堂书钞》、《文选》注、《太平御览》都有引用，可见这也是一部不无影响的书。

梁朝是南朝时期学术文化最繁荣的一个朝代。梁朝有撰史学士及著作等史职，同时还临时征调其他官员参与修撰国史工作。关于梁史的编写在梁武帝统治的几十年中，已经由沈约、周兴嗣、鲍行卿、谢昊（或作吴）等先后执笔，写出了上百卷的初稿。不幸，这部史稿在侯景之乱以后被萧绎运往江陵，在北周进攻江陵时，又付之一炬，焚烧净尽。到了陈朝重新开始了梁史的编纂工作。《陈书·许亨传》说许亨"领大著作，知梁史事，……撰《梁史》，成者五十八卷"。又《隋书·许善心传》说："父（亨）撰著《梁史》，未就而殁。善心述成父志，修续家书。其《序传》末，述制作之意曰：……先君昔在前代，早怀述作，……《梁书》纪传，随事勒成，及阙而未就者，目录著为一百八卷。梁室交丧，坟籍销尽，……所撰之书，一时亡散。有陈初建，诏为史官，补缺拾遗，心识口诵。依旧目录，更加修撰，且成百卷，已有六帙五十八卷，上秘阁讫。善心……至德之初，蒙受史任。方愿油素采访，门庭记录，俯励弱才，仰成先志。……忝职郎署，兼撰《陈史》，致此书延时，未即成绩。贞明二年，以台郎入聘，值本邑沦覆，……家史旧书，在后焚荡。今止有六十八卷在，又并缺落失次。自入京邑已来，随见补葺，略成七十卷。"

陈朝时期另一个撰梁史的是姚察。姚察在陈朝任史官，负责撰写梁史和陈史的工作。但是在陈亡之时，他写的梁、陈二史并未完成，直到他死之前仍未完成。后来由他的儿子姚思廉继续撰写，终于著成《梁书》五十六卷、《陈书》三十六卷。但是，这已经是唐朝贞观年间的事情了。姚思廉《梁书》和《陈书》列入二十四史，因为不属于本文的范围，在这里也就不多谈了。

现在仅存的北魏史，是魏收的《魏书》。《北齐书·魏收传》说魏收仕魏入齐，"天保元年，除中书令，仍兼著作郎，封富平县子。二年，诏撰魏史。……始魏初邓彦海撰《代记》十余卷，其后崔浩典史，游雅、高允、程骏、李彪、崔光、李琰之徒世修其业，浩为编年体，彪始分作纪、表、志、传，书犹未出。宣武时，命邢峦追撰《孝文起居注》，书至太和十四年，又命崔鸿、王遵业补续焉，下讫孝明，事甚委悉。济阴王晖业撰《辨宗室录》三十卷。收于是与通直常侍房延祐，司空司马辛元植，国子博士刁柔、裴昂之，尚书郎高孝干专总斟酌，以定《魏书》。辨定名称，随条甄举，又搜采亡遗，缀续后事，备一代史籍，表而上闻之。……凡十二纪，九十二列传，合一百一十卷。五年三月奏上……十一月，复奏十志……合一百三十卷"。这是北魏修史的过程，也是魏收等撰《魏书》的来历。但是这里只讲到崔鸿等写到孝明帝时的魏史初稿，关于孝明帝以后的撰史工作，据《魏书·山伟传》说，"(綦)俊、(山)伟等更主大籍。守旧而已，初无述著，故自崔鸿死后，迄终伟身，二十许载，时事荡然，万不记一，后人执笔，无所凭据"。幸而这二十年的历史有温子升写了《孝庄纪》，还有列朝的起居注和百家谱状一类的书可供参考，魏收的《魏书》就是这样利用过去政府积累的魏史资料和其他撰著成果进一步加工完成的。

在魏收以后，也有一些人写过几种魏史和一些有关魏史的资料，隋时魏澹有《后魏书》一百卷、唐人张太素有《后魏书》一百卷，此外还有裴安时《元魏书》三十卷，但是这些书都不能同魏收《魏书》竞争，早已失传。魏收的《魏书》保存了原始而比较完备的史料，这是读者共同承认的。魏晋以后，史家多不撰志，或有志而无最重要的食货志，魏收写了十志，不但有食货志，而且新增了前所未见的《官氏志》和《释老志》。《官氏志》记官述氏，并叙述了鲜卑拓跋部本身及其与其他各族的关系，对拓跋部的社会发展提供了比较完整的资料和线索，对于研究各民族的社会发展都是极为可贵的参考资料。《释老志》叙述了支配着当时社会的佛教道教，特别是反映了佛教的势力发展、寺院地主同人民之间、僧俗地主之间、佛教与政府之间的矛盾斗争关系，这是当时历史非常重要的内容。魏收突破了正史的成规，开辟了史志的范围，是一大贡献。但是，史学评论家刘知幾却指责《魏书》说："元氏起于边朔，其君乃一部之酋长耳。道武追崇所及，凡二十八君，自开辟以来，未之有也。而《魏书·序纪》袭其虚号，生则谓之帝，死则谓之崩，何异沐猴而冠。"又说："伯起《魏篇》，加之《释老》，徒以不急为务，曾何足云。"我们认为，刘知幾这种指责是一种偏见和短见。刘知幾还说魏收"以平阳王为出帝,司马氏为僭晋,桓、刘已下,通曰岛夷。夫其诋齐则轻抑关右,党魏则深诬江外,爱憎出于方寸,与夺由其笔端"。其实,在当时南北对峙、东西分裂的情况下,东魏贬出奔的孝武帝为出帝,诬南方的政权为僭伪、岛夷,犹之南方称北魏为索虏,不足为怪;也不能因此而否定《魏书》。至于攻击《魏书》最耸人听闻的是,说《魏书》是秽书,说魏收为某人立传不为某人立传是利用修史受贿酬恩报怨,关于这一点,《四库全书总目提要》的评述我认为是恰当的。它说:"魏、齐世近,著名史籍者并有子孙,孰不欲显荣其祖父。既不能一一如志,遂哗然群起而攻。平心而论,人非南董,岂信其一字无私。但互考诸书,证其所著,亦未甚远于是非,'秽史'之说,无乃已甚之词乎。李延寿修北史,多见馆中坠简,参核异同,每以收书为据。其为《收传论》云:'勒成魏籍,婉而有章,繁而不芜,志存实录。'其必有所见矣。"《魏书》的确是比较烦琐,一人立传,他的子孙往往就有附传,附在后面的传有多到一二十人的,几乎成了士族门阀的家谱。

《魏书》在宋初已经残缺不全,经刘邠、刘恕、安焘、范祖禹等校勘,查对出了其中为后人所补的,全缺者二十六卷,部分缺而不全者有三卷,所缺《太宗纪》是用隋魏澹《后魏书》补的,《天文志》是用张太素《后魏书》补的,此外《孝静帝纪》《皇后传》可能也是用魏澹书补的。

关于北齐史和北周史的几种主要著作,成书都在隋朝以后,这里也就不谈了。

## 七、魏晋南北朝时期关于通史、地方史志的著述

梁武帝萧衍在史学上曾经有一个规模宏大的尝试,就是编撰上起三皇下至于梁的《通史》。《梁书·武帝纪》说,太清三年《通史》成,帝"造《通史》,躬制赞序,凡六百卷"。这就是说,梁武帝为这部《通史》亲自作序,并且还给其中的某些篇章作了论赞评语。因此《隋书·经籍志》说此书为梁武帝撰。事实上,《通史》一书是梁武帝命群臣集体编撰的、六百卷的一套史书,决不是三二人从事编写所能胜任的。当时参与编写的许多人和有关编写

的情况，我们已不得而知，只有《梁书·吴均传》说吴均撰修《齐春秋》不实，"坐免职。寻有敕召见，使撰《通史》，起三皇，讫齐代，均草本纪、世家功已毕，唯列传未就。普通元年，卒"。这说明，齐以前的本纪、世家是吴均的初稿。《隋志》说"起三皇，讫梁"，可能是吴均死后，别人接续写到梁代的。这部《通史》写到梁代是完全合理的，隋代此书尚存，《隋志》特别注明"起三皇，讫梁"，应当是可信的。

关于《通史》的内容，《史通·六家》说："梁武帝又敕其群臣，上自太初，下终齐室，撰成《通史》六百二十卷。其书自秦以上，皆以《史记》为本，而别采他说，以广异闻。至两汉已还，则全录当时纪传，而上下通达，臭味相依。又吴、蜀二主皆入世家，五胡及拓跋氏列于《夷狄传》。大抵其体皆如《史记》，其所为异者，唯无表而已。"自班固以后断代为史，梁武帝敕撰《通史》，这是继司马迁之后，经过六百年再一次编写的上起太古、下至当代的中国通史。我们不能不认为这是史学上的一件大事。特别是从汉末以来，三国鼎立，永嘉之后，"五胡"割据，南北分裂，各个政权都以自己为中心写国别史。这就在无形之中起着不利于统一的反作用。梁武帝敕撰《通史》，从历史上阐述我国自古以来就是一个共同体，为国家统一提供历史上的理论根据，这是十分必要的工作，也是意义重大、影响深远的工作。史学应当为政治服务，尽管梁武帝不会提出这样的口号，尽管梁武帝有他的立场和出发点，但是把我国从太古至秦汉魏晋宋齐梁，先后相继一脉相承的朝代作为历史发展的系统，把所有割据政权都纳入这个系统之中，成为一部完整的中国通史，无疑，从思想的影响上，对我国的统一是有积极作用的。

使我们惋惜的是梁代参加撰写《通史》这一班人的史学史才都很平凡，写出的《通史》质量不高，又加以这部《通史》刚一写出，当年就发生了侯景乱梁，梁朝垮台，这部书不但没有得到政治支持与推广，在改朝换代之后反而失掉了应有的重视，所以流传不广。写通史是艰巨而困难的，我国史学家有鉴于此，在以后的长时间里，对于通史的撰写都不敢问津。《通典》《通志》只是一个方面的所谓"通"，司马光也正是吸取了梁武帝敕撰《通史》的教训，不得不改写成编年体的《通鉴》，实际上并不能算是完备的通史。

关于地方史志方面，最著名的书是东晋时期常璩写的《华阳国志》。三国两晋时期，西南地区有不少人致力于地方史、地的撰写，常璩的《华阳国志》就是在这种传统风气的影响下出现的。常璩吸收了前人的许多成果，如谯周《蜀本记》《三巴记》《益州志》，常宽《蜀后志》，黄容《梁州巴记》，三家《巴蜀耆旧传》，祝龟《汉中耆旧传》，陈述《益部耆旧杂传》，陈寿《益部耆旧传》等，在这个基础上，他又参考了《汉书》《东观汉记》《三国志》及成汉政府的档案资料，加以个人的见闻，对西南地区的历史地理人物等各方面进行了系统的综合，写成了涉及上千年的一部西南地区史。

《华阳国志》十二卷，其中《巴志》《汉中志》《蜀志》《南中志》等四卷，记载西南地区的历史地理，对先秦时期巴蜀的历史传说、秦国在巴蜀设郡县开水利的经过、诸葛亮征南中的事实，都有比较其他史书详细而系统的记述。在第五卷至第九卷中，以编年史的形式，叙述了公孙述、刘焉父子、刘备父子、西晋统一及成汉建国等时期的历史。第十卷是前代人物传，十一卷是当代人物传，最后一卷是自序。在传记部分，涉及将近四百人，补充了其他史书不见的资料。书中关于地理的记述，有补证或订正其他史书的作用。特别是《华阳国志》中记载了许多民族或部落的历史传说、风俗习惯、分布地区，这是非常难得的历史资料。《华阳国志》是现存地方史志中较早较好的一种，当然这部书同任何其他古史一样，也包含有封建思想的糟粕。

杨衒之撰写的《洛阳伽蓝记》是记载北魏时期洛阳佛教寺院的一部专著。他在本书的序中说：洛阳京城"至晋永嘉惟有寺四十二所。逮皇魏受图，光宅嵩洛，笃信弥繁，法教逾盛。王侯贵臣，弃象马如脱屣；庶士豪家，舍资财若遗迹。于是昭提栉比，宝塔骈罗，争写天上之姿，竞模山中之影。金刹与灵台比高，广殿共阿房等壮。……暨永熙（532）多难，皇舆迁邺，诸寺僧尼，亦与时徙。至武定五年，岁在丁卯，余因行役，重览洛阳。城郭崩毁，宫室倾覆，寺观灰烬，庙塔丘墟，墙被蒿艾，巷罗荆棘。野兽穴于荒阶，山鸟巢于庭树，游儿牧竖，踯躅于九逵；农夫耕老，艺黍于双阙。《麦秀》之感，非独殷墟；《黍离》之悲，信哉周室。京城表里凡有一千余寺，今日寥廓，钟声罕闻。恐后世无传，故撰斯记。"但是《洛阳伽蓝记》虽然形式上以记载佛刹为主，但其实际内容却不局限于佛教寺院。杨衒之每记一寺，大都联系所在的里巷和方位，附近的形胜和古迹，他不但描写寺院的建筑规模，记述捐建的施主和主持的名僧，而且联系了许多遗闻佚事。在叙述洛阳市区时，不仅反映了当时洛阳京城的布局和各个官署的位置，而且还叙述了市区和里巷手工商业的盛况，特别叙述了外国商人来京贸易和南朝士商在洛居住，以及各国的风土人情、道里远近等情况，是研究南北朝及中外文化经济交流的重要参考资料。《洛阳伽蓝记》还为我们提供了许多不见于他书的史料，尤其是所述尔朱荣变乱之事，委曲详尽，补正了一般史传的缺失，《洛阳伽蓝记》文字优美，叙事细而不厌，它不仅是一部重要史书，而且在文学方面也有较高的评价。因此，这部书受到历代学者的重视。

在我国古代，地理志是史学的一部分，《尚书》有《禹贡》，《汉书》有《地理志》。魏晋南北朝时期关于地理的著作约有三百种之多，最著名者有裴秀《禹贡地舆图》、陆澄《地理书》、任昉《地记》、郦道元《水经注》。

历史地图是历史地理的集中反映。早在先秦时期我国就有了比较详细的地图，汉朝时又根据当时的郡国地理制作有舆地图，汉地图一直沿用到魏晋。西晋时裴秀总结了过去制图的经验，根据魏、蜀、吴三国各地的区域图，又加以亲身的经历和观测，重新设计了晋朝的全国地图，名曰《禹贡地舆图》。《晋书》本传说裴秀"以《禹贡》山川地名，从来久远，多有变易，后世说者或强牵引，渐以暗昧。于是甄摘旧文，疑者则缺，古有名而今无者，皆随事注列，作《禹贡地舆图》十八篇"。裴秀批判了过去的地理图是粗形的，不能反映正确的地理观念，他创立了新的制图准则，按照计里画方，辨正方位，依据道路里数，注意道路高下、方邪、迂直的不同等六项原则，绘制了新型的地图。这种地图比较正确地标出了方位、距离、面积等一些地理概念，结束了以前制图的原始状态，为我国地理制图开辟了新道路。

由于记载地理方面的书籍大量出现，到了南朝萧齐时，陆澄就汇编了他所见到的一百六十家地书，而名之曰《地理书》。到了梁朝时，任昉又在陆澄《地理书》的基础上增加了八十四家，集成了二百五十二卷的《地记》。在陆澄、任昉收集二百四十四家的地理书，成为地理总集以后的一段时间里，原来那二百四十四家还有单行本子存世，可是到了梁朝末年，政府存书都被萧绎运往江陵，江陵覆没时，都被焚烧。幸而有陆澄《地理书》和任昉《地记》汇成的总集，外间多有流传，得以继续保存。此后，陈时顾野王抄撰众家地理之书作《舆地志》三十卷，又吸收了梁陈以后的各家成果。有了以上三书，也就基本上反映了魏晋南北朝时期在地理志方面的总成绩。

郦道元的《水经注》是值得特别注意的一部重要著作。《水经》二卷原为汉代人所著，只记水道经过的郡县都会名称，内容简单，西晋郭璞曾经作注，仅有三卷。郦道元引用了约二百种书籍和各种石刻碑志以及故老传说，又加以他自己的实地考察，作《水经注》四十卷。在《水经注》里，他叙述了一百三十七条水，因水记山，因地记事，繁征博引，对于水道经过的地名和古迹名胜、故城遗址，都做了详细的叙述。并且记载了许多历史上流传的故事，对于引用的材料还加了按语考证，所以这部书不仅成为研究我国古代地理的重要文献，它在历史研究和考古方面也具有极高的价值。又由于这部注书汇集了大量的资料，它和裴松之《三国志》注、李善《文选》注并称三大名注，所以千百年来有许多人在做专门研究《水经注》的工作。这部书虽然也有一些考证失实之处，但总的说来，是相当正确的。

（1980年第2期）

# 试论魏晋南北朝时期史学的兴盛及其特征和原因

高　敏

言古代史学者，无不推崇奠定纪传体史书体裁的大师司马迁与班固，故班马并称，确非虚誉。然而，继承纪传体史书的传统并把它推向一个新的高峰的时期，还是魏晋南北朝时期。这一时期，在政治上虽然分裂割据，战乱不止，烽烟弥漫，使社会经济缺乏统一规划与安定发展的条件，但是，就局部或不同地区来说，社会经济还是有所发展的；社会阶级结构的变化，也比较显著；特别在章典制度、学术思想和民族融合等方面，仍不失为上承秦汉和下启隋唐的重要历史时期；尤其是史学的发展，不论从史学地位的提高、修史制度的改进、史书体裁与体例的发展、史学著作数量的增加和史学流派出现等方面，都有为前一时期所不及的地方。

魏晋南北朝时期史学兴盛的概况，可以从下面一些方面的情况与特征获得说明。

第一，魏晋南北朝时期史学著作的大量涌现，是这一时期史学兴盛的重要表现。

我们知道，《汉书·艺文志》无史部书目，班固把史书目录附于《春秋经》之后，连《春秋》共列书目二十九部。即使经史不分，全部作为史书计算，这个数字也小得惊人。《续汉书》无《艺文志》或《经籍志》，故今本《后汉书》也无此志，致使东汉时期的史书不知其数。到唐初修《五代史志》，其中有《经籍志》，后并入《隋书》，才成为今天《隋书》的《经籍志》。它除了收入《汉书·艺文志》的史书目录外，还增入了自东汉以来迄于隋初的史书目录，"凡史之所记，八百一十七部，一万三千二百六十四卷"，如果"通计亡书，合八百七十四部，一万六千五百五十八卷"。唐初的这个史学书目与卷数，同一向居于独尊地位的经部书目"通计亡者，合九百五十部，七千二百九十卷"之数相比，部数虽不及，卷数却超出一倍有余，而且见于《隋书·经籍志》的史书，绝大部分都是成书于魏晋南北朝时期的著作。这些史学著作，虽然大部分是记录本时期的历史的，但也不乏记载魏晋南北朝之前的历史的，例如给《史记》《汉书》作注的著作就有多部出于魏晋南北朝人之手，其中撰写《后汉书》《后汉纪》《续汉书》者便不下十余家，皆为魏晋南北朝时期人。至于魏晋南北朝时期的史学著作，几乎代代有史，国国有书有录，有的同一朝代或同一国家就有史书多部。此外，还有每一朝代若干帝王的起居注，各朝的法令、官名、簿记、故事等的汇编，也有各朝代典章制度的记录，还有各种家谱、家传、名人传略及各种地方志、小说、杂记性质的著作。其种类之繁多，数量之巨大，都是前所未有的。

第二，"正史"这一名称的出现及其在图书分类中"史部目录"的正式形成，都是在魏晋南北朝时期实现的，从而使史学由作为经学的附庸上升为同经学并立的独立目科，并确立了仅次于经学的重要地位，还影响到了当时取士考试的内容。

由于《汉书·艺文志》把史学书目附于《春秋经》之后，等于把史学视为经学的附庸。

其实班固的这种做法，并非他的发明，他是根据西汉人刘歆的《七略》而这样做的。按，刘歆的《七略》，是我国最早对图书进行分类尝试的。他把西汉末期存在的全部古籍区分为七大类，列为《辑略》《六艺略》《诸子略》《诗赋略》《兵书略》《术数略》和《方技略》。在这里，史学书籍无专门类别，仅以之附于《六艺略》的《春秋经》之后。这说明在刘歆的眼里，史籍不过是经书的附庸而已，也可见班固的做法，不过是刘歆看法的继续。事实证明，他的《艺文志》把全部古籍区分为六大类，分别为六艺、诸子、诗赋、兵书、术数与方技，较《七略》除少《辑略》外，其余的分类名称和次第均同《七略》，无怪乎《隋书·经籍志序》说：东汉"校书郎班固……并依《七略》而为书部，（班）固又编之，以为《汉书·艺文志》"。由此可见，班固对古籍的分类方法和对史籍地位的看法，几乎全本于刘歆《七略》，故史籍在东汉经学盛行的年代，仍然没有它的独立地位。

到曹魏时，秘书郎郑默始创《中经》（又名《中经簿》），把当时宫中所藏古籍整理编目。不久,"秘书监荀勖,又因《中经》,更著《新簿》(又名《新经》)",分群书为甲、乙、丙、丁四部。荀勖的这种分类法,也许即从郑默《中经》而来。但可以断言者,古代诸古籍从此被列入了丙部,因为《隋书·经籍志序》明言荀勖的《新簿》"分为四部,总括群书",其中丙部"有史记、旧事、皇览簿、杂事"。可见史学书目从曹魏、西晋时起开始有了单独的地位,明显摆脱了在此之前以史学为经学附庸的情况。

下及东晋之初,著作郎李充作《晋元帝书目》,以荀勖《新簿》所录书目为基础,校其存、佚,然后总而录之,由于当时古籍数量大为减少了,书目"但以甲、乙为次"(《隋书·经籍志序》),并把《史记》等史学书目归入了乙部,从此史学的地位又从第三位上升到了第二位,仅次于经部,以致后人称史学为"乙部之学"。此后,宋文帝元嘉八年(431)秘书监谢灵运造《四部目录》,齐永明中(483—493)秘书丞王亮、监谢朏造《四部书目》,梁时秘书监任昉、殷钧又造《四部目录》,均以经、史、子、集之名取代原来的甲、乙、丙、丁四部,于是史学在四部书目中占第二位的地位便固定化了。自此以后,经、史、子、集四部之名,沿而不改,直到清人编《四库全书总目》,仍以经、史、子、集四部为名称与次第。由此可见,史学在封建社会里居于第二位的重要地位,就是在魏晋南北朝时期确定下来的。

特别值得一提的是,梁武帝时期的"处士阮孝绪,沉静寡欲,笃好坟史,博采宋、齐已来,王公之家凡有书记,参校官簿,更为《七录》,一曰《经典录》,纪六艺;二曰《记传录》,纪史传;三曰《子兵录》,纪子书、兵书;四曰《文集录》,纪诗赋;五曰《技术录》,纪数术;六曰《佛录》;七曰《道录》"(《隋书·经籍志序》)。不仅如此,每一录又有子目,仅《记传录》的书目又被细分为十二个子目(见《广弘明集》卷三),为史部内部书目类别的划分奠定了基础。然后是《隋书·经籍志》,又在阮氏划分史部书为十二个子目的基础上,把史书划分为十三个类别,分别谓之"正史""古史""杂史""霸史""起居注""旧事""职官""仪注""刑法""杂传""地理""谱系""簿录"。于是"正史"之名便从此确立,史部书目内部的分目也日益细致与严密,而这一切也同样实现于魏晋南北朝时期。

更值得重视的,还是随着史学地位的提高,以致影响到了封建社会取士考试内容的变化。我们知道，在西汉武帝确立"罢黜百家，独尊儒术"的政策后，随之便出现了"通经入仕"的取士制度，使"通经"成了士子入仕的必备条件。西汉如此，东汉也不例外，而且经学演变成了不切实际的章句之学，一天比一天丧失生命力。到曹魏兴起，风气为之一变。曹操的重视刑名和实行"唯才是举"的用人政策，无异于向"通经入仕"制度提出了挑战；加上玄学的兴起，经学的地位便日益走向衰落。而最为重要的，还是史学的兴盛与地位的提高，以致史学与文学都成了取士考试的重要内容。诚如《宋书》卷五十五《臧焘徐广傅隆列传》末"史臣曰"所云："自魏氏膺命，主爱雕虫，家弃章句，人重异术。……自黄初至于晋末，百余年中，儒教尽矣。"这里所说的"儒教"，就是指经学而言。"家弃章句"，就是"通经入仕"制度的动摇。自曹魏开"主爱雕虫"之端，史学与文章就成了取士考试的必备内容。以致像十六国时期那样的动乱时代，后赵石勒还专设史学祭酒；南朝刘宋文帝时期，也把玄、史、文、儒四科并列以取士。史学之所以被列入取士考试的科目，正是史学地位提高以后在封建考试制度上的反映，也是史学兴盛的直接结果。

第三，官、私修史制度的同时并存，也是魏晋南北朝时期史学兴盛的表现之一。

汉代著名史书《史记》与《汉书》，基本上都是私家修成。因为司马谈、司马迁父子虽然均为太史令，但并未奉命修撰《史记》，反之，他们父子因为掌握了当时皇家图书资料，有条件撰写史书，并把它当作名山事业去抒发其个人的思想、观点与感情，与由官府出面组织并监修的史书不同，故《史记》仍应说为私修史书。至于《汉书》，始于班彪，继续于班固，最后完成于班昭，系依靠班氏家族的力量为之。以班彪来说，"采前史遗事，旁贯异闻，作《后传》数十篇"；班彪死，其子班固，继承其父未竟之业，反而被人告发他"私改作国史"，经过上诉，才被除为兰台令史，"探撰前记，缀集所闻，以为《汉书》"。（《后汉书·班彪列传》）后班固因窦宪事免官，旋即被捕入狱，死于狱中，其所修《汉书》实完成于其妹班昭之手。因此，《汉书》也基本上是私家史书性质。

魏晋南北朝时期则不然，官府除了有专门管理图书资料的机构与官吏外，还有专门撰写史书的官吏与机构。从魏明帝太和年间起，专门有秘书省掌管图书典籍，而撰写史书的官吏属中书省。到了晋惠帝元康二年（292），把撰写史书的官吏与掌控图书典籍的官吏，都合并于秘书省，并设著作郎一人（又叫大著作）及佐著作郎八人专门修史，并以豪门士族担任，《史通·辨职》认为以大臣领史局，始自晋惠帝，即指此事而言。南朝时期同样如此，不过从南齐建元二年（480）以后，似乎除著作正郎、佐郎之外，还有起居郎之设置，也有修史学士、撰史著士等官名出现；北朝也于秘书省设著作局，有正郎二人，佐郎四人；废帝普泰之后，别置修史局，供职者多达六人；修起居注者二人。北周、北齐时，同样有修史机构与官吏的设置，只是名称多有变化而已。国家修史机构的完备和修史官吏地位的提高，标志着官府对官修史书的重视。于是魏晋南朝的许多著名史家，如陈寿、陆机、束晳、王隐、虞预、干宝、孙盛、苏宝生、沈约、裴子野等人，或为著作郎写史，或以秘书监兼领著作，以奉官府的命令而撰写史书；北齐的魏收，也以秘书监而奉敕修撰《魏书》。因此，魏晋南北朝时期的许多史书，如《三国志》、《宋书》、王隐《晋书》、《梁书》、《陈书》，及成书于唐初的《隋书》《晋书》《南史》《北史》，等等，都是官修史书。

但是，与官修史书兴盛的同时，私家修史之风不仅没有衰落，反而因社会的动乱不安而有更多的人从事私家修史。他们或以之探讨社会治乱之根源，或以之标榜本家族的渊源，以致修后汉书及晋书者，都各有多家。这种官家修史的进一步制度化和完备化以及私家修史风气的继续盛行，形成了官、私修史并存和并盛的局面，自然会导致该时期史学的兴盛。

第四，史书著述形式的多样化和史学体裁的丰富与发展，也是魏晋南北朝时期史学兴盛的重要表现。

《史记》《汉书》，都是纪传体史书。进入东汉时期后，已有起居注体裁的史书出现，故后汉十二帝各有起居注，为正史提供了原始记载，不过见于《隋书·经籍志》的书目仅有《汉献帝起居注》五卷。到魏晋南北朝时期，起居注体史书进一步多起来了。特别是西晋、东晋时期，起居注体史书特多，其名见于《隋书·经籍志》者就有二十多部，几乎两晋时期的每一帝王都有起居注，甚至每一皇帝的不同年号期间也各有起居注。最后，有刘宋人刘道荟综合两晋时期的诸起居注撰成《晋起居注》三百一十七卷。此外，宋、齐、梁、陈及北周、南燕也各有起居注。总之，属于魏晋南北朝时期的起居注之见于《隋书·经籍志》者，达数十部之多，可见起居注体史书之盛行。

除起居注体史书之外，魏晋南北朝时期还出现了实录体史书，而且形成于南朝的齐、梁之际。据《隋书·经籍志》所载，其杂史类有梁人周兴嗣所撰《梁皇帝实录》三卷，记梁武帝事；有梁人谢昊的《梁皇帝实录》五卷，记梁元帝事；又有《太清录》八卷，《史通·杂说》作《梁太清实录》十卷，想系同书异名。此外，霸史类还有《敦煌实录》，高似孙《史略》中提到了《六朝实录》一书，虽不著撰人姓名及卷数，可见必有此书。这些情况表明，实录体史书，确实肇端于齐、梁之际。按，实录是根据起居注写成的史书，其材料的原始性仅次于起居注。因此，起居注与实录这两种史书体例的出现，为各朝正史的修撰提供了更为丰富与原始的史料，是史料学的一个重大进步。

此外，史注的发展，也是魏晋南北朝时期史书体裁多样化的内容之一。注史的做法，始于东汉时期给《史记》《汉书》作注。这一史书体裁，到魏晋南北朝时期发展到了一个新的阶段。唐人刘知幾的《史通·补注》所列举的注史者，大都是六朝时人，便是明证。其中最为著名、最具特色和最有史料价值的注释体史书，莫过于宋人裴松之的《三国志注》、梁人刘孝标的《世说新语注》、宋人裴骃的《史记集解》、北魏人郦道元的《水经注》及李善注《昭明文选》等。这五人之中，除李善为唐人外，其余四人都是南北朝时期人。通过他们的注释，不仅使后人加深了对《史记》《三国志》《水经》及古代若干文学作品的理解，更为重要和可贵的，还在于他们开创了以其他史书对所注史书进行补阙、纠谬、订讹和考辨的新体例，大大推进和丰富了笺释性的注史体例。

第五，传记、谱牒、方志以及各种汇编、总集之类史料书籍的盛行，也是在魏晋南北朝时期发生的，从而极大地丰富了史料的内容，扩大了史学研究的范围，发展了史学著作的体裁与表述形式。

传记与谱牒，从本质上来说，都属于同一类型，即都是以某一家族、某一人物或某一地区的名门世族为核心而写成的著作。所不同者，在于传记是以人物为中心，而谱牒则以家族世系为脉络而已。关于谱牒之始，桓谭认为《史记》的《三代世表》，"旁行邪上，并效周谱"（赵翼《陔馀丛考》卷十七《谱学》）。这表明周代也许已有类似后世谱牒的萌芽。故唐人柳芳认为三代的世官，便是谱牒的表现。及乎汉代，西汉有《帝王世谱》，后汉有《邓氏官谱》，应劭也有《氏族》之篇，王符《潜夫论》亦有《姓氏》一篇。这些情况表明，汉代确已有后世谱牒的雏形存在。但作为谱牒之学，还是普及于魏晋南北朝时期。因为曹魏实行九品中正制以后，"选举多用世族，下品无高门，上品无寒士，当其入仕之始，高下已分"（《陔馀丛考》卷十七《六朝重氏族》），为什么会如此呢？因为"九品中正之法行，于是权归右姓，州大中正、主簿、郡中正、功曹皆取著姓士族为之。有司选举，必稽谱牒，故官有世胄，谱有世官，于是贾氏、王氏谱学出焉。晋太元中（376—396），贾弼撰《姓氏簿状》，朝廷给以令史缮写，藏秘阁及左右户曹，凡七百十二篇。宋王宏、刘湛好其书。何承天亦有《姓苑》二篇，湛又撰《百家谱》以助铨序。齐永明中（483—493），王俭又广之"。至于贾弼一家更是子孙也擅谱系，又如梁沈约谓"咸和以后，所书语牒，并皆详实"，谓之《晋语》，可见两晋时期谱牒之学又很盛行。梁时，武帝用沈约建议，"诏王僧孺改定《百家谱》，因贾弼旧本，考撰成书，凡《十八州谱》七百一十卷，《百家谱集抄》十五卷，《南北谱集》十卷，故又有王氏谱学"，可见南朝谱系又有进一步发展。（《陔馀丛考》卷十七《谱学》）至于北朝，自"太和中（477—499），诏诸郡中正各立本土姓族次第为举选"，谱牒之学也在北方盛行。北齐魏收所修《魏书》，不仅有《官氏志》专章，而且诸列传叙"诸家亲姻，至为繁碎"，杨愔以此病魏收书，魏收只得以"此事为郑重也"回答，可见由于谱牒之学的盛行，连正史也出现了谱牒化倾向。魏晋南北朝谱牒学的盛行，还影响及于唐代，以致刘知幾在其《史通·书志》中说："谱牒之作，盛于中古"；"逮于晚叶，谱学尤烦"。因此之故，裴松之作《三国志注》，其引书目中，属于谱牒者便有十数种之多，魏晋南北朝谱牒之多，就可想而知了。

与谱牒的形式稍异者，就是传记。它们或以一家一族的先贤为中心，或以某一地区的世族为主轴，为之立传，追索其世系渊源，颂扬其功绩德业，间亦旁及当时社会的政治、经济与风俗习惯等情况，形成了传记体史书形式。在汉代虽有阮仓的《列仙图》、刘向的《列仙传》《列士传》及《列女传》、赵岐的《三辅决录》等，已开此形式之先河。魏晋南北朝继之，此风大盛，先后有各种《先贤传》《高士传》等涌现，仅《隋书·经籍志》的《杂传》书目，就有二百一十七部之多，除极少数属汉及隋者外，绝大部分成书于魏晋南北朝时期。由于谱牒与传记体史书的盛行，除了直接提供了研究当时的社会、家庭、姓氏及其渊源关系的史料外，也为研究九品中正制，门阀制度，各地区间的政治、经济的发展不平衡状况，风俗习惯及各政治集团之间的关系提供了宝贵的依据，因而更有利于其他史书的撰写和史学的兴盛。

地理书与方志体史书的盛行，也同传记与谱牒一样，是该时期史学著作的一个特色。地理书早有《禹贡》开其端，《史记》有《河渠书》，《汉书》有《地理志》，但这些都是以全国为范围的地理书，且均非单独成册的专书。这里所说的地理书，是单写某一地区的地理的专书，而且往往是同该地区的历史与物产、风情相结合的书籍，这种体裁的书，同方志极相类似。这种结合，始自晋人常璩所作《华阳国志》。该书以汉中、巴蜀为范围，既记其上古至西晋的历史状况，又载这一地区的行政区划、风俗习惯、少数民族、名门世族与物产风情，合历史与地理为一体，开后代方志之先河。与此同时或稍后，专门性的古代地志学的书籍也相继问世。校著者有《晋太康三年地志》《元康六年户口簿记》《晋书地道记》及《宋元嘉六年地记》等。北朝的地志学书籍也不少。《隋书·经籍志》所载地理与历史相结合的方志学书目就有一百三十九部之多，其中只有少数属魏晋之前及隋代，绝大部分成书于魏晋南北朝。

汇编、选编之类的书籍，魏晋南北朝时期也出现了一个新局面。以地志学书籍来说，南齐人陆澄，把在他之前的地志学书籍汇集起来，凡一百六十家，编成古地志书一百四十九卷。梁人任昉，又在陆氏基础上新增八十四家，编成《地记》二百五十二卷。这些都是地志方面的汇编性著作，等于又创造了一种新的史学体裁。地志方面如此，在文学方面，尤有过之。个人文集，汉代已开其端。而综合性的汇编则未之见。西晋人挚虞，首编《文章流别集》六十卷，为文章总集或汇编之始。《隋书·经籍志四》云："总集者，以建安之后,辞赋转繁,众家之集,日以滋广,晋代挚虞苦览者之劳倦,于是采摘孔翠,芟剪繁芜,自诗赋下,各为条贯,合而编之,谓之《流别》。自后文集总钞,作者继轨,属辞之士,以为覃奥,而取则焉。"于是罗列了各种流别集五百五十四部之多。由此可见,自西晋人挚虞首创总集、汇编的体裁以后,各种分类总集性书籍便如雨后春笋般出现,如梁人殷淳的《妇人集》,汇集有关妇女的文章;诗、赋方面,有谢灵运的《赋集》《诗集》,梁武帝《历代赋》及谢朓撰的《六代诗集钞》等;文章总集则有梁昭明太子萧统选编的《昭明文选》,流传至今。所有这些总集、汇编体书籍的出现,既保存了文献,又反映了他们各自的选择标准,也丰富了史书修撰的史料来源,从而有助于史学的兴盛。

第六,有关佛教、道教史料的涌现,也是魏晋南北朝史学的特征之一。

随着汉代道教的兴起和东汉中期佛教的传入,到魏晋南北朝时期,二者都很盛行,于是有关佛、道的书籍,包括佛、道的经典和僧、道事迹的记录,便大量涌现。于是,《魏书》始立《释老志》专篇,记载了我国6世纪的北方有佛经四百一十五部、一千九百一十九卷的情况;《隋书·经籍志》也概述了汉魏以来我国佛、道发展的简史,还记载了当时有佛经两千三百二十九部、七千四百一十四卷的盛况。还有《洛阳伽蓝记》,记载了北魏后期洛阳诸寺院的兴衰情况,兼及社会经济、人物与风情。特别是记载佛教高僧事迹的《高僧传》《弘明集》等书,及记载道教的《抱朴子内篇》《神仙传》及陶弘景的《真诰》等书,不仅是佛、道二教的名著,而且包含有丰富的有关当时社会、经济、政治、文化及风尚等方面的史料,尤其是研究魏晋南北朝时期寺院土地所有制形态及寺院内部的阶级结构与阶级关系的重要史料。更加值得注意的是,由于佛、道的传播与产生、演变,它们同传统的儒学及新起的玄学在日益发生关系,并深刻影响了当时的士人阶层,以致各种思想的相互渗透在日益发展,还影响到部分史学家的思想风貌,在史学领域形成了不同流派。因此,有关佛、道书籍的大量涌现,不仅给魏晋南北朝时期历史学增加了神秘的色彩,而且扩大了史学研究的领域,还出现了不同风格的史学派别,这一切本身就是该时期史学兴盛的反映之一。

何以魏晋南北朝时期的修史之风特盛呢？质言之，约有如下几个方面的原因：

首先，有《史记》《汉书》开创了纪传体史书的史例，特别是《汉书》又为断代史的修撰提供了楷模，从而使魏晋南北朝的学者有所取法与依归。关于这方面的原因，几乎尽人皆知，用不着加以论证。史书体例的开创与继承，显然是有难易不同的，班马既已开创纪传体史例，后人照样为之，自然要省去许多心血。试看魏晋南北朝时期的诸多正史，无一不是纪传体史书的事实，对此就可了然于心！

其次，史官制度的完备，既为这时期史书的修撰提供了更为丰富、原始的史料，也为史官修史创造了便利条件，从而促进了史学的发展。

我国古代，虽然早有左史、右史等史官的设置，但他们的职责多限于记录，如左史记言、右史记事，并无修撰史书的专官。西汉时期，虽有太史令丞之设置，但太史令丞还兼管天文、历数，著述之事不专。到了东汉，收藏典籍的东观虽然成了专门从事著述的场所，但尚未以著作名官职之事，以致班氏《汉书》也只能由私家撰写。到了魏晋南北朝时期，情况为之一变。曹魏明帝时，把管理图书典籍的职责归于秘书省，撰写史书的职责归于中书省，这种不同归属的划分，自然会增加修史官吏的职责感。西晋惠帝元康二年，专门负责修史的官吏正式以著作郎命名，还称之大著作，品高位重，属于高门世族希冀为之的清官，自然更能专心修史。而且自此以后，往往以大臣领史局，史局的地位提高了，专心修史的责任也更明确和加重了。自此以后，南北朝双方，大体都有著作郎及著作佐郎专主修史。这种修史制度的完备化和修史工作的受到重视与专职化，自然会大大促进修史工作的进行，试观魏晋南北朝的正史大都为官修史书的事实，就足以说明修史制度的完备化对于该时期史学兴盛的重大作用。

其三，最重要的原因，还在于自汉末起，政权分立，随后又是南北对峙，于是各国统治者各以自己的政权为中原王朝正统，斥其他政权为僭伪，是己非人。在这样的情况下，修撰史书以宣传其主张，标榜其成就，就成了重要手段。从而使同一王朝之史，撰述者多人，不同政权，也各有其史，而且往往不止一部。他们大都各自代表官方，颂扬自己而贬责他方，以致史书百出，不可纪极。据裴松之《三国志注》所引书目，魏吴二国的史书就各有多部，十六国诸政权也各有史书，便是明显例证。

其四，魏晋南北朝时期，承东汉余绪，重勋阶阀阅，讲门第高低、祖宗功业，并用以决定士人社会地位之高低和确定能否为官及为官之高下。而其勋阶阀阅与门第高低的评定，端赖于对其祖宗世系的追述。因而谱牒之学随之盛行，甚至出现了以家谱代替史籍的局面，已于前述。基于此，于是各高门世族，为了追溯其祖宗功德，明其渊源所自，定其贵贱等差，以相标榜，以为依据，修史以溯源，就成了他们维护门阀制度的重要手段，从而使得私家修史之风格外盛行；即使是官修史书，也多论及诸权贵之家亲姻。足见维护门阀制度的政治需要，确为这一时期史学盛行的重要原因。

其五，经学地位的下降与史学、文学在取士考试中地位的取得，也促进了史学的发展。如前所述，西汉武帝"罢黜百家，独尊儒术"以后，经学便成了官学，取士必须试经，"通经入仕"成了不二法门。然而自东汉以后，经学日益走上章句之学的道路，脱离实际，不切实用。加上谶纬之学的盛行，使经学的地位日益下降，自曹魏以后，史学与文学日益进入取士考试的阵地，其地位也日益提高。史学地位的提高，既是史学兴盛在取士考试制度中的反映，反过来又是促进史学进一步发展、兴盛的引诱力。

其六，纸张的发明与应用的推广，也给魏晋南北朝时期史学的兴盛提供了物质方面的条件。我们知道，西汉以前，史书多写于竹简与木牍上，个别也有写在绢帛之上的。前者笨重不便，容量有限；后者价格昂贵，不能大量使用。因而西汉以前，各种著述既短又少，自然无法写作大量的史学著作。东汉中期以后，总结出了以植物纤维造纸的方法。随后，造纸之法逐步推广，使造纸业日趋发达。随着造纸业的发展，大量的植物纤维纸进入了书写领域，以致官府的造籍、信件、公文和古籍的书写，都逐步为植物纤维纸所代替。魏晋南北朝时期，正是造纸术的大发展和植物纤维纸的推广时期，这自然为这时大量史学著作的撰写提供了极为有利的物质条件，从而使史学的兴盛成为可能。

其七，如前所述，魏晋南北朝时期史书编写体裁的增加，既是史学兴盛的特征与表现，又会反过来促进史学兴盛与发展。例如起居注史体的出现，实录体的产生,谱牒与传记史书的盛行,总集、汇编体古籍的诞生,都会给史学著作的撰写提供更为丰富可靠的原始材料,也会拓宽史学著作的表现形式,自然会促进史学的发展与兴盛。

由于这一系列原因的综合作用,终于给魏晋南北朝时期带来了史学的空前繁荣。

(1993年第3期)

# 编年体史书在传统史籍中地位的升降

王锦贵

我国古代史籍之富，浩如烟海，编年体史书便是古代史籍中极为重要的一种。

编年体史书，是以年系事、按年月陈述史事的一种史书，是较早出现的记录史事的一种形式。《隋书·经籍志》史部分类中，编年体尝以"古史"为目，从《旧唐书·经籍志》和《新唐书·艺文志》开始，将"古史"类改为"编年"类，尔后，历代因之。在史部诸史中，编年体历来占据重要一席，几乎与纪传体"正史"并驾齐驱。在封建统治者看来，"编年、纪传均正史也"，而编年所以最终未列"正史"，无非是"班、马旧裁，历朝继作，编年一体，则或有或无，不能使时代相续"。（《四库全书总目提要·史部·编年类序》）这固然是编年体屈居纪传体之下的原因，但我们于此亦可了然编年体地位之重要。先秦以来，我国历史学家前赴后继，撰写出了大量的编年史籍。仅仅在《四库全书总目提要》中正式著录的就有三十八部，二千零六十六卷。收入其"存目"中的有三十七部，八百四十七卷。两项相加，多达七十五部，凡二千九百一十三卷。这些著作还只是乾隆时期清政府统计的数字，既不包括乾隆以前未为官方寓目的作品，更不包括乾隆以后的继出之作。设若将这两种因素亦考虑在内，则编年史的数量将更多。我国古代的编年史籍是前人遗留给我们的极其珍贵的文化财富。就形式论，既有《竹书纪年》《资治通鉴》一类的通代编年，更有《汉纪》《后汉纪》一类的断代编年；就内容论，不仅系统地反映了古代治乱兴衰的政治史，也在不少地方记录了包括古代经籍、文化在内的一些重要史实。毫无疑问，了解和掌握古代编年史书，认真总结和考察这类史书发生、发展的状况及其规律，对我们继承古代文化遗产，深入研究祖国历史，都具有十分重要的意义。

下面拟从几个不同时期谈谈个人的一孔之见，不妥之处，期望行家指教。

## 一、萌芽时期

先秦时期是我国编年史书的萌芽起步时期。

与纪传体相比，编年体的历史更为悠久。《汉书·艺文志》曰："古之王者世有史官，君举必书"，"左史记言，右史记事，事为春秋，言为尚书"。在古代，"春秋"与"年"是同义语，"春秋"即含"编年"之义。[①]

追溯"春秋"之作，"其先出于三代。按《汲冢琐语》记太丁时事，目为《夏殷春秋》"（《史通·六家》）。按刘知幾的说法，大约在商周时期已经有"春秋"之作了。遗憾的是，《夏殷春秋》之类的早期编年史没有流传下来，以致不少人对历史上到底有无其书尚表示怀疑。就目前占有的史料而言，要彻底解决这一历史悬案固非易事，但只要我们对殷、周二朝的考古发现稍加分析，则早期编年史的影子从中依稀可辨。商代文字甲骨文大都是刻在龟甲兽骨上的卜辞，一般在十字左右，多则数十字，最多的有达一百八十字者。西周金文与甲骨文有其相同之处，亦长短不一，但一般铭文都在百字左右，最长的西周毛公鼎铭文计三十二行，长达四百九十七字。从总的情况看，金文要长于甲骨文。当然，无论是甲骨文还是金文，它们所记录的内容都还十分简单，而且是东鳞西爪，毫无联系，绝非系统著述。但观其叙事多以干支纪日，记事首尾粗备，可以说，以时间为纲反映事物的编年特征在甲骨文和金文中已稍露端倪。

迄于东周，编年史书正式出现。《左传》中明确记载，晋国韩宣子聘鲁，曾经见"《易》《象》与《鲁春秋》"（《左传·昭公二年》）。墨子也明确提到当时有所谓"周之《春秋》""燕之《春秋》""宋之《春秋》""齐之《春秋》"，甚至于说"吾见百国《春秋》"。（《墨子·明鬼》）孟子也曾说明"晋谓

---

[①] 据于省吾《岁时起源初考》，《历史研究》1961第4期。他指出，甲骨文及《今文尚书》中的西周之文皆仅有"春秋"而无"冬夏"之名，原因是"四时的划分萌芽于西周末叶"，故古人称年为"春秋"，编年史遂以"春秋"名之。

之《乘》，楚谓之《梼杌》，而鲁谓之《春秋》，其实一也"(《孟子·离娄下》)。由此可见，东周时期不仅周王室拥有"春秋"，即诸侯之国亦不乏名目繁多的编年史籍。遗憾的是，正当"春秋"之作日益发展、编年体称霸史坛之际，秦朝的"焚书坑儒"给史界带来一场空前浩劫。"秦既得意，烧天下诗书，诸侯史记尤甚"(《史记·六国年表》)，举凡前此史籍"非秦记皆烧之。非博士官所职，天下敢有藏《诗》、《书》、百家语者，悉诣守、尉杂烧之"，"所不去者，医药、卜筮、种树之书"。(《史记·秦始皇本纪》)自秦代以后，一度活跃于史坛的"百国《春秋》"几乎绝迹，有幸流传下来的实可谓寥如晨星，屈指可数。今人可见的不过《春秋》《左传》《公羊》《穀梁》以及《竹书纪年》等数种而已。可以想象，假如没有秦朝酿成的一场文化劫难，我们今日所能看到的先秦编年当不止区区此数。

考察先秦时期，编年史籍经历了一个从无到有、由简而繁、初步发展的阶段。它从萌芽状态的只言片语，发展到《左传》的洋洋十八万言[①]；从殷商时期只用干支记事，发展到东周时期的"百国《春秋》"。不仅内容日渐丰富，著作数量也与日俱增。编年史书所以能从无到有、由少到多地发展，归根到底，离不开当时的社会背景。先秦时期，中国由石器时代进入青铜时代，又从青铜时代进入铁器时代。随着社会生产力的日益提高，文化事业也获得相应的发展。最明显的有两个特征。第一是文化阶层的日益扩大。东周以前是"学在官府"，"学不下移"。东周以降，文化垄断日益解体。尤其从孔子以后，随着私人讲学之风的兴起，社会文化以前所未有的速度潮水般冲垮王室宫院和贵族们的藩篱，流入民间。教育的范围从上层的达官贵人扩大到士民阶层，甚至还波及一些被称作"贱人""野人"的引车卖浆者流。第二是文字著述的物质材料日益进步。殷人使用的龟甲兽骨基本上是纯自然物。西周金文已经是铸刻在经过特意加工的器皿上。到了春秋、战国，用以著述的主要材料是更为灵便的竹木简策。先秦编年史书正是在这些条件下日益发展起来的。

毫无疑问，先秦编年史书以年系事，已经粗具后世编年体的规模，然而也还存在不少问题。以孔子删订的《春秋》为例，不仅文字简约，而且从结

---

① 或曰《左传》二十万字。今按现行本《左传》六十卷，凡十八万字。

构看，逐条记事，前后不相联属，致使后人议论纷纷，或曰"断烂朝报"，或曰"流水账簿"。其他几部，或如《左传》"记得事却详，于道理上便差"，或如《公羊》《穀梁》"于义理上有功，然记事多误"。(《朱子语类》)因此，从总体来看，这一时期的编年史书与其说业已成熟，倒莫如以"萌芽起步"名之更为妥帖。

## 二、发展时期

两汉魏晋南北朝时期是编年史籍发展成熟时期。

何以见得呢？

首先，在著述实践中，这一时期的编纂水平逐步提高，日臻成熟。主要体现在：第一，已比较注重史义。《后汉纪》作者袁宏认为，"今之史书，或非古人之心，恐千载之外，所诬者多，所以怅怏踌躇，操笔恨然者也"(《后汉纪序》)。当然，这里的所谓"义"，主要的还是指"名教之本，帝王高义"。但是，如果从著述水平的角度看，不可否认这是一个进步。第二，在史法上有所创新。《汉纪》作者荀悦曾明确提出著史有"五志"："立典有五志焉，一曰达道义，二曰彰法式，三曰通古今，四曰著功勋，五曰表贤能。"同时还有所谓"十六条例"："凡《汉纪》有法式焉，有监戒焉，有废乱焉，有持平焉，有兵略焉，有政化焉，有休祥焉，有灾异焉，有华夏之事焉，有四夷之事焉，有常道焉，有权变焉，有策谋焉，有诡说焉，有术艺焉，有文章焉。"(《汉纪序》)同荀悦一样，晋人邓粲在史法上也有一定建树。他曾著《晋纪》一书流行当世，并且颇得史家好评。《文心雕龙·史传》曰："《春秋经传》，举例发凡；自《史》《汉》以下，莫有准的。至邓粲《晋纪》，始立条例。"惜乎此书后来亡佚，无可查考。显然，与先秦之编年比，这一时期的编纂水平具有很大进步。

其次，这一时期编年史籍的数量亦有较大发展。魏晋南北朝修史者前赴后继，往往一代之史众家竞修。据《隋书·经籍志》记载，仅修东汉史的即达十二家，修三国史的十六家，修晋史的二十三家，修十六国史的三十家，修南北朝史的三十二家。在诸家撰修的史籍中，编年体占据重要地位，仅撰写晋史的编年家即有：陆机、干宝、曹嘉之、习凿齿、邓粲、孙盛、刘谦之、王韶之、徐广、檀道鸾、郭季产等十一人，他们著的书，"或谓之春秋，或谓之纪，或谓之略，或谓之典，或谓之志。虽名各异，大抵皆依《左传》以为的准焉"（《史通·六家》）。其他如刘宋裴子野，南梁吴均、王琰等人，所著编年亦名闻当世。

这一时期的编年史籍主要有两种类型。第一类是传统的编年史籍。影响较大的有三部，即东汉荀悦的《汉纪》三十卷、东晋袁宏的《后汉纪》三十卷、北魏崔鸿的《十六国春秋》一百零二卷。第二类是起居注。起居注是以年月为序记录帝王言行动止的一种官修史书，是编撰国史和"正史"的重要史料来源。较早的起居注有汉武帝《禁中起居注》、东汉明德皇后的《明帝起居注》等。以后起居注时有所作，到北魏正式设立起居注令史。见于《隋书·经籍志》的这一时期起居注多达四十余部。继起居注兴起之后，又产生了"实录"。实录亦是编年的史料长编，它与起居注属于同一性质的作品，可视为起居注的继续和发展。二者的不同之处就在于，起居注侧重于皇帝的起居动止，而实录还兼记国政大事。

考察这一时期，编年史书所以得到一定的发展并日臻成熟，原因有三：（一）造纸术的发明和应用。先秦时期，无论是殷代甲骨文、西周金文，还是春秋战国时期的竹木简策，不仅不易书写，不易收藏，而且携带和使用起来亦极为不便。当时偶尔也使用缣帛素等丝织物，比起其他材料固然要方便些，但其价格昂贵，难以推广。汉代造纸术的发明和应用具有划时代意义。纸张不仅价格低廉，使用起来也极为方便，有利于广泛采用。这就为史家修史提供了良好的物质条件。（二）具有比较丰富的史料。先秦时期，由于各种原因，文化发展缓慢，记载下来的史料不多，两汉以降，有文字记载的史料迅速增加。有了丰富的史料，史家修史就有了充分的依据和营养，从而为编年史书的陆续问世提供了保障。（三）自行竞争的学风。两汉之末，尤其是魏晋以降，社会动荡，战事迭起，疆域分治，邦国林立。在这种特定环境下，私家修史蔚然成风，封建统治者没有也不可能对史学严加控制。试看《史记》问世后，纪传体很快博得统治者的青睐，然而这一时期一直没有确立其"正史"的一尊地位。这样，编年体就可以与纪传体一样，自由发展，自行竞争。西汉以来的编年史书之所以得到进一步发展，可以说与上述原因息息相关。

## 三、低落时期

隋唐时期是我国编年史衰微低落时期。

众所周知，隋唐时期是封建社会政治、经济繁荣鼎盛时期，也是封建文化大发展时期。正是这一时期，封建史学在许多领域都取得显著成就。二十四史中，仅唐代就写了八部，占三分之一。唐人刘知幾的《史通》开古代史评之先河，唐人杜佑的《通典》亦堪称后世政书之先驱。然而，也正是这一时期，编年史书出现了衰弱不振的局面。

这一时期的编年史书主要有两类。第一类是传统编年。见于《新唐书·艺文志》的有，赵毅《隋大业略纪》三卷、张太素《隋后略》十卷、柳芳《唐历》四十卷、吴兢《唐春秋》三十卷等二十余种。第二类是实录。自唐代为始，每当皇帝死后，皆由史官撰写实录。见于《新唐书·艺文志》的实录有：敬播《高宗实录》二十卷、《今上实录》二十卷，长孙无忌《贞观实录》四十卷，许敬宗《皇帝实录》三十卷，令狐德棻、刘知幾等人的《高宗后修实录》三十卷，刘知幾《太上皇实录》十卷等。令人遗憾的是，无论这一时期的传统编年还是实录，后来几乎都是有录无书，损失殆尽。以实录为例，现在能看到的只有一部《顺宗实录》。隋唐五代时期的编年史衰微低落是显而易见的。从规模看，这一时期的编年史书尤其是传统编年，既不能与前期编年相比，也不能与同一时期的纪传体等相比。从内容看，既没有先秦时期《春秋》《左传》一类的开创之作，也缺乏两汉以来《汉纪》《后汉纪》《十六国春秋》那样颇具特色的作品。

隋唐五代时期编年史为什么会出现衰微低落的局面呢？既有特定的社会原因，也有编年体本身的内在因素。大略言之：（一）封建国家的文化专制。众所周知，历史书籍具有察往知来和"垂训鉴戒"的作用。史籍的这一功用早在先秦时期已为统治者所注意，故而地主阶级对史学阵地的控制日甚一日，至隋朝达到空前程度。开皇十三年，隋文帝公然下令天下，"人间有撰集国史、臧否人物者，皆令禁绝"（《隋书》卷二《高祖纪》）。到唐朝变本加厉，国设史馆，宰相监修，史臣记注皆唯上司之意是从。由于隋唐王朝的严密控制，魏晋以来蔚为一时风尚的私家修史急剧转衰，一度活跃于史坛的编年史籍亦随之难产和锐减。（二）编年体例的局限性。这一时期，封建统治阶级正需要总结典章制度之优劣作为垂训鉴戒之用，而编年体最大的局限是仅能单纯地依年纪事，至于委曲琐细，则不能备载，天文地理，国典朝章，无所依附。这在一定意义上说，是不能适应地主阶级垂训鉴戒的政治需要的。纪传体则不然，它有纪、传、表、志四种体例，可用"纪""传"以详治乱兴衰，可用"书""志"以详文化典章，既能纪人，又能纪事，将政治、经济、文化冶于一炉，可谓包罗万象。故此，在统治者看来，纪传体较之编年体更能体现他们的政治意图。这样，纪传体地位日隆，终于达到前所未有的高度。在《隋书·经籍志》里，首次为《史记》《汉书》等纪传体史书贴上"正史"的标签，这就无形中为纪传体规定了至高无上的地位。编年体就受到排挤了。史家修史多宗纪传而弃编年，这一时期的编年史就呈现出了衰微低落的局面。

## 四、繁荣时期

宋元明清时期是我国编年史的繁荣昌盛时期。

这一时期，编年史出现空前繁荣鼎盛的局面，从而体现出两个明显的特点。第一是编纂水平大大提高。最典型的莫过于司马光《资治通鉴》的编纂。司马光才学盖世，又兼刘恕、刘攽、范祖禹等得力助手的通力合作，他们对《资治通鉴》的撰写做了十分精密的安排。首先是编写"丛目"，即将其所选的材料依年依事初步编排起来。其次是按月日衔接，使之成为"长编"。最后是统一剪裁。司马光是《资治通鉴》主编，凡"是非予夺之际，一出君实笔削"（刘羲仲《通鉴问疑》）。编撰史书如此周密，可谓前无古人。在司马光等人努力下，用十九年心血撰写出我国第一部编年体通史巨著——《资治通鉴》。这是古代编年史籍发展史上的一块里程碑，它将编年史书的编纂水平推向空前的高峰，可以说具有划时代意义。第二个特点是，编年史蓬勃发展。这一时期的编年史书可归纳为三类。第一类是通鉴类。《资治通鉴》问世后，编年体史籍空前活跃。围绕《资治通鉴》这一特定体例，续（续写）、仿（模仿）、论（论述）、注（注释）、改（改作）者，代不乏人。所谓"《通鉴》学"蔚为一时风尚，这不仅在编年史籍发展史上前所未有，即在整个古代文化史上亦属罕见。除司马光《资治通鉴》外，较有影响的还有南宋李焘的《续资治通鉴长编》五百二十卷，明人薛应旂的《宋元资治通鉴》十五卷和王宗沐的《宋元资治通鉴》六十四卷，清人徐乾学的《资治通鉴后编》一百八十四卷，毕沅的《续资治通鉴》二百二十卷。此外还有刘恕的《通鉴外纪》十卷，刘时举的《续宋编年资治通鉴》十五卷等。第二类是实录类。自南北朝以来，经各朝修撰，我国实录多达一百一十六部。但历经沧桑，唐、五代、宋、辽、金、元的实录绝大部分已经亡佚。于今，唐代实录仅存韩愈的《顺宗实录》，宋代唯存钱若水的《宋太宗实录》。保存最完备的要数明、清二朝。我国现存的《明实录》，上起明太祖，下终明思宗，凡五百册，二千九百二十五卷。《清实录》凡一千二百二十册，上起清太祖，下终清德宗。第三类是其他编年史籍。较有影响的有南宋李心传的《建炎以来系年要录》二百卷，南宋徐梦莘的《三朝北盟会编》二百五十卷等。纵观宋元明清时期。编年史籍发展速度之快，其内容质量之高，都是以往任何时期无法比拟的。

编年体史籍经历了隋唐五代衰微低落阶段后，何以东山再起，并进入空前繁荣时期呢？推其原因，除这一时期社会较前安定，印刷术日益广泛应用等因素外，还有一个原因是编年体的特长在这一时期得到了较好的发挥。概括起来，编年体有以下两个特长：第一，便于考察一时代之大势。编年体最大的特点是以年为经，以事为纬。这样在同一时代内，各方情形皆可了然，所谓"中国外夷，同年共世，莫不备载其事，形于目前"（《史通·二体》）。第二，编年体宜于长编。尽人皆知，愈至后世，史料愈繁。编年体严于以时间为序编排史事，这就可以尽量避免不必要的重复，节省篇幅，便于读者。试看《资治通鉴》上起战国，下终五代，一千三百六十二年史事仅用三百万字，而反映同一时期的"正史"累计起来多达一千六百万字。可知"理尽一言，语无重出"（《史通·二体》），刘知幾对编年体的评价不无道理。与编年体相比，纪传体不仅没有这一长处，恰恰具有相应的短处，其短处在"事迹分隶凌乱，其年代又重复"，以司马迁之隽识通才犹不可免，因而至荀悦《汉纪》之作，以年系事，易人物本位为时际本位，学者便焉"。(梁启超《中国历史研究法》)如果说编年史的特长在汉代已然有所显示，那么经过北宋史学巨匠司马光之手得到了更大的发挥。在古代编年史籍的发展史上，司马光立下了汗马功劳，我们应当给予他合适的历史地位。

(1984年第3期)

# 中国古代史家的通识与智慧

瞿林东

从很早的时候起,中国先民在认识外部世界和认识自身时,就提出"通变""通识"的观念,当这种观念在不同的事物上反映出来,都闪烁着先民的智慧的光焰。

《周易·系辞下》说:"通其变,使民不倦。"又说:"穷则变,变则通,通则久。"可见,这种"通变"的思想,是来自对于社会和历史的观察和提炼。《礼记·经解》引孔子的话说:"疏通知远,《书》教也。"这可以看作是关于《尚书》特点及其重要性的鲜明概括。《礼记·曲礼上》指出:"博闻强识而让,敦善行而不怠,谓之君子。"这是关于教导人们自我修养和做人的原则。唐初史家作《五代史志》即《隋书·经籍志》时,于史部大序起首写道:"夫史官者,必求博闻强识、疏通知远之士,使居其位,百官众职,咸所贰焉。是故前言往行,无不识也;天文地理,无不察也;人事之纪,无不达也。"这是把《尚书》的"疏通知远"和古时君子之"博闻强识"的自我修养融合起来,这可以看作是对史官学识与器局即通识的高度概括。这在古代史学家中有突出的表现并形成优良传统,使中国史学具有深邃的历史思想和丰富的历史智慧。

在这方面,首先要说到的是太史公马迁。他在《史记·平准书》后论中写道:

> 太史公曰:农工商交易之路通,而龟贝金钱刀布之币兴焉。所从来久远,自高辛氏之前尚矣,靡得而记云。故《书》道唐虞之际,《诗》述殷周之世,安宁则长庠序,先本绌末,以礼义防于利;事变多故而亦反是。是以物盛则衰,时极而转,一质一文,终始之变也。

这段话，前半部是反映了司马迁重视"通"，从"高辛氏之前"说起，继而论到"唐虞之际""殷周之世"；后半部是反映了司马迁重视"变"，他从考察历史中发现"事变多故而亦反是"的法则，亦即"物盛则衰，时极而转，一质一文，终始之变也"。从这里看出，因为"通"而发现"变"。用今天的话来说，就是认识了事物的全过程，才能找到其中固有的规律。司马迁接着又写道："汤、武承弊易变，使民不倦，各兢兢所以为治，而稍陵迟衰微。"在司马迁看来，"变"是社会历史中的常态。社会要稳定，要发展，就必须做到"承弊易变，使民不倦"，所以他在这篇史论最后得出这样的结论："无异故云，事势之流，相激使然，曷足怪焉。"从《史记》全书来看，司马迁在《报任安书》中提出的"究天人之际，通古今之变，成一家之言"的撰述宗旨，渗透于《史记》全书，《平准书》后论只是显得尤为突出罢了。

思想家王充从认识论上分析古今关系，可以看作是对"通变"或"通识"的哲学思考。他批评有些儒生知古不知今或知今不知古，都是不可取的。他尖锐地指出：

> 夫儒生之业，五经也，南面为师，旦夕讲授章句，滑习义理，究备于五经可也。五经之后，秦、汉之事，不能知者，短也。夫知古不知今，谓之陆沉，然则儒生，所谓陆沉者也。五经之前，至于天地始开、帝王初立者，主名为谁，儒生又不知也。夫知今不知古，谓之盲瞽。五经比于上古，犹为今也。徒能说经，不晓上古，然则儒生，所谓盲瞽者也。[①]

这就是说，徒知在特定历史条件下产生的五经，而对五经之后之事或五经之前之事并不清楚，不是"陆沉"就是"盲瞽"，即无益于世之人。这是把知古知今与知今知古，即通识的重要性提到很高的原则来看待了。

史学家范晔生活于南朝刘宋时期，他的通识着重于历史认识。他在撰写《后汉书》的过程中，同时考察了夏、殷、周、秦、西汉、东汉的历史，指出

---

[①] 王充：《论衡》卷十二《谢短篇》，上海：上海人民出版社1974年版，第196页。

这几个朝代的衰落、灭亡各有具体原因，认为：

> 自古丧大业绝宗禋者，其所渐有由矣。三代以嬖色取祸，嬴氏以奢虐致灾，西京自外戚失祚，东都缘阉尹倾国。成败之来，先史商之久矣。至于衅起宦夫，其略犹或可言。何者？刑余之丑，理谢全生，声荣无晖于门阀，肌肤莫传于来体，推情未鉴其敝，即事易以取信，加渐染朝事，颇识典物，故少主凭谨旧之庸，女君资出内之命，顾访无猜惮之心，恩狎有可悦之色。亦有忠厚平端，怀术纠邪；或敏才给对，饰巧乱实；或借誉贞良，先时荐誉。非直苟恣凶德，止于暴横而已。然真邪并行，情貌相越，故能回惑昏幼，迷瞀视听，盖亦有其理焉。诈利既滋，朋徒日广，直臣抗议，必漏先言之间，至戚发愤，方启专夺之隙，斯忠贤所以智屈，社稷故其为墟。《易》曰："履霜坚冰至。"云所从来久矣。今迹其所以，亦岂一朝一夕哉。①

显然，范晔是经过对这几个朝代做了比较之后，才得出这个结论的。这个结论或许并不十分全面，但他从比较中凸显出它们灭亡的具体原因有所不同，反映了他从"通"的视野提出认识的方法论。《后汉书》的《帝纪》史论以及《儒林列传》等，也都反映出范晔在通识上的这一特点，前者清晰地写出了东汉兴衰的几个阶段，后者则写出了东汉一朝经学发展的历史。可见，史家的通识是在宏观把握史事的基础上，善于揭示史事演变的路径及其内在的法则。

当然，史学家因通识而产生智慧，不仅是为了说明历史，而且还在于启示后人，以至于使这种智慧运用于社会。范晔曾说他的《后汉书》将撰写十篇志，并在志中发论，"以正一代得失"②，尽管他最终没有实现撰写十志的计划，但他以史学家的智慧影响社会的理念是非常明确的。从史学与社会的关系来看，范晔的这一撰述理念，为在他之后的一些史学家们所继承并大大发

---

① 范晔：《后汉书》卷七十八《宦者列传》后论，北京：中华书局1965年版，第2537—2538页。
② 沈约：《宋书》卷六十九《范晔传》，北京：中华书局1974年版，第1831页。

展了。唐初的魏徵、唐中叶的杜佑和北宋的司马光便是这方面的几位有重要影响的史学家。

魏徵是一位政治家，也是一位史学家，他作为唐太宗统治集团中的核心人物之一，在政治和史学两个方面都做出了重要的贡献。在政治方面，魏徵以审时度势、忧患意识和敢于直谏而享誉当世，被唐太宗称为他的"三镜"[①]之一。这一比喻，深刻地反映了魏徵在当时政治生活中的重要地位。在史学方面，魏徵参与主持了"五代史"（即梁、陈、北齐、北周、隋五朝历史）撰述，并撰写了《梁书》《陈书》《北齐书》的《帝纪》总论以及《隋书》纪、传的全部史论，表明他对他所处时代的"近代史"的洞察和见识。不仅如此，魏徵更是深刻地提出了以隋朝之兴亡与秦朝之兴亡相比较的论点，认为"隋之得失存亡，大较与秦相类"[②]，这是把隋朝兴亡的历史放到唐以前的整个历史行程中去加以考察而得出的一个重要的历史结论。由于秦朝是第一个建立统一政治局面的盛大皇朝，其何以兴何以亡，在历史上产生了极大的震撼力，也给人们（尤其是政治家、史学家、思想家）留下了很多值得深思的问题。魏徵尖锐地提出这个问题，对于唐初的统治者来说，自是具有特殊的借鉴意义。值得注意的是，魏徵还进一步指出：隋朝的灭亡是一个不断演变的过程，"迹其衰怠之源，稽其乱亡之兆，起自高祖，成于炀帝，所由来远矣，非一朝一夕"[③]。这一认识显然是要提醒当时的统治者应当具有兢兢业业、防微杜渐的意识。总之，可以认为，魏徵的通识所凝聚的智慧，在唐太宗贞观年间产生了非常重要的政治影响，并受到后人的一再称颂。

魏徵的通识与智慧之所以能在政治活动中产生积极作用，除了上述他的主观因素外，还有其客观原因：一是他生活在唐初创业时期，统治集团十分重视历史上的经验教训的借鉴作用；二是他本身正处于这个统治集团之中，并有参与最高决策的机会；三是他遇到了一个比较开明的君主唐太宗，能够虚心纳谏。从这个意义上来说，正是一定的历史条件造就了魏徵这一历史

---

① 吴兢：《贞观政要·任贤》，长沙：岳麓书社2000年版，第38页。
② 魏徵等：《隋书》卷七十《杨玄感传》后论，北京：中华书局1973年版，第1636页。
③ 魏徵等：《隋书》卷二《高祖纪下》后论，北京：中华书局1973年版，第56页。

人物。

在通识与智慧方面与魏徵相近甚至超过魏徵的史学家、政治家杜佑,因没有具备如同魏徵所具备的历史条件,其价值与影响是以另一种形式表现出来的。杜佑在其约六十年的政治生涯中,有三件事是值得后人关注的,一是他作为封疆大吏,以淮南节度使的身份,镇守淮南十四年;二是他在唐宪宗时居相位十年,受到朝野的敬重;三是他在为官期间以三十六年时间撰成《通典》巨帙,凡九门二百卷,传播于当时及后世,影响深远。

《通典》的通识,一是贯通历代典章制度,自传说中的黄帝直至唐玄宗天宝年间(个别史事下限写至唐德宗贞元十三年,其上书为贞元十七年);二是贯通历代"群士论议",这可视为兼容历史上各种见解的"通论";三是杜佑本人的融会贯通之论。尤其是后者,充分显示出杜佑在通识的基础上所提炼出来的对于历史经验的总结与历史智慧的凝聚。《通典》的史论,有序、论、说、议、评。序,有全书之序,有门类之序,还有篇章之序。论,有前论和后论。至于说、议、评之间的区别,杜佑在《通典·礼二·沿革二·吉礼一》的一段"说曰"的文末自注说:"凡义有经典文字其理深奥者,则于其后说之以发明,皆云'说曰'。凡义有先儒各执其理,并有通据而未明者,则议之,皆云'议曰'。凡先儒各执其义,所引据理有优劣者,则评之,皆云'评曰'。他皆同此。"这一段话对于理解《通典》史论的涵义,理解杜佑的所谓"说""议""评"的真谛,具有至关重要的意义。从这段引文的本义来看,杜佑所谓"说""议""评"是属于三个层次的史论:说,是阐说"经典"的深奥;议,是议先儒的"未明"之义;评,是评"先儒"所据之理的优劣。概括说来,这三个层次就是经典、义、理的区别,故分别用说、议、评表示出来。这里除了反映出作者在三者之间所把握的极鲜明分寸感之外,还有对前人思想遗产的极谨慎的态度。[①]

杜佑的通识与智慧因所处历史条件及最高统治集团的群体素质均不能与魏徵相比拟,故其在当时的政治实践中并未产生与之相适应的重大作用。尽管如此,因《通典》一书作为贯通的制度史专书及其丰富的史论,它反映了

---

[①] 见拙著《中国史学史纲》,北京:北京出版社1999年版,第340—346页。

作者对当时社会结构和国家职能的认识，在当时已经受到政治家们的高度重视。与杜佑同时代的人们评论《通典》说："施于文学，可为通儒；施于政事，可建皇极"（李翰《通典序》）；"诞章闳议，错综古今，经代（世）立言之旨备焉"（权德舆《岐国公杜公墓志铭并序》，见《唐文粹》卷六十八）；清代乾隆皇帝从治国安邦的角度高度评价《通典》说："观其分门起例，由食货以讫边防，先养而后教，先礼而后刑，设官以治民，安内以驭外，本末次第，具有条理，亦恢恢乎经国之良模矣。"① 从这些评价来看，可知《通典》一书在"经邦""致用"方面所蕴含的历史智慧是非常丰富的。

杜佑以下，司马光作《资治通鉴》，而司马光的通识则主要反映在他提出了史学与政治之关系至关重要的问题，这就是他在《进资治通鉴表》中所强调指出的："删削冗长，举撮机要，专取关国家兴衰，系生民休戚，善可为法，恶可为戒者，为编年一书。"哪些史事"关国家兴衰"？哪些举措"系生民休戚"？这是司马光向自己提出的大问题，也是他留给后人阅读《资治通鉴》时应当着重思考的大问题，而智慧就蕴含在这些大问题之中。此外，郑樵的《通志·总序》对"会通之旨""会通之道"的阐发，以及他对《通志》二十略的论述与撰写，表明他在理论上和知识结构上的通识，其中自亦包含着学术思想上的渊博与睿智。马端临在《文献通考序》中提出了"理乱兴衰，不相因者也"，"典章经制，实相因者也"两个历史命题，正是他的"通识"的一种反映，如无贯通的思考与见识，是不可能提出这样重大的历史命题的。那么，何以"不相因"？何以"实相因"？切切实实回答这两个命题，或者这对两个命题做合理的辨析，也正是提炼历史智慧的过程。

清代史家王夫之在解释他所理解的《资治通鉴》的"通"的内涵时写到："其曰'通'者，何也？君道在焉，国是在焉，民情在焉，边防在焉，臣谊在焉，臣节在焉，士之行己以无辱者在焉，学之守正而不陂者在焉。虽扼穷独处，而可以自淑，可以诲人，可以知道而乐，故曰'通'也。"② 在王夫之看来，所谓"通"，包含着治国、治民、治军、治身、治学及人生价值观等等，

---

① 乾隆丁卯《重刻通典序》，见《通典》附录，北京：中华书局1988年版，第5513页。
② 王夫之：《读通鉴论》，北京：中华书局1975年版，第1114页。

我们也可以把这理解为通识,自亦包含着与此有关的见识与智慧。

通识是通向智慧的路径,中国古代史学家多倡导通识,反映了他们重视历史经验的总结和重视历史智慧的凝聚,以及这些经验与智慧在现实历史运动中的价值。不论是从学理上看,还是从实践上看,这都是中国史学史研究者发掘、梳理和阐释中国古代历史理论的重要任务。

(2012 年第 3 期)

图书在版编目（CIP）数据

《史学史研究》文选. 中国古代史学卷. 上 / 汪高鑫主编. --北京：华夏出版社，2017.2
ISBN 978-7-5080-9055-9

Ⅰ．①史… Ⅱ．①汪… Ⅲ．①史学史－文集 ②史学史－中国－古代－文集 Ⅳ．①K091-53 ②K 092.2-53

中国版本图书馆 CIP 数据核字（2016）第 305654 号

## 《史学史研究》文选. 中国古代史学卷. 上

| 总 主 编 | 杨共乐 |
|---|---|
| 本卷主编 | 汪高鑫 |
| 责任编辑 | 杜晓宇　王　敏　董秀娟 |

| 出版发行 | 华夏出版社 |
|---|---|
| 经　　销 | 新华书店 |
| 印　　刷 | 三河市少明印务有限公司 |
| 装　　订 | 三河市少明印务有限公司 |
| 版　　次 | 2017 年 2 月北京第 1 版<br>2017 年 2 月北京第 1 次印刷 |
| 开　　本 | 720×1030　1/16 |
| 印　　张 | 27.25 |
| 字　　数 | 394 千字 |
| 定　　价 | 68.00 元 |

华夏出版社　网址：http://www.hxph.com.cn　地址：北京市东直门外香河园北里 4 号　邮编：100028
若发现本版图书有印装质量问题，请与我社营销中心联系调换。　电话：(010) 64663331（转）